rowohlts deutsche enzyklopädie

Herausgegeben von Ernesto Grassi

Universität München

LEO TREPP

Das Judentum

Geschichte und lebendige Gegenwart

3., vom Autor durchgesehene und ergänzte Auflage

rde

ROWOHLT

Redaktion: Ursula Schwerin
Eginhard Hora / Ragni M. Gschwend
München

Aus dem Amerikanischen übersetzt von Karl-Heinz Laier

22.–24. Tausend November 1982

Veröffentlicht im Rowohlt Taschenbuch Verlag GmbH,
Reinbek bei Hamburg, März 1970

Gesamtherstellung Clausen & Bosse, Leck
Printed in Germany
980-ISBN 3 499 55325 2

INHALTSVERZEICHNIS

Gedenke der Tage der Urwelt,
faß die Jahre, Geschlecht zu Geschlecht,
deinen Vater frag, der dirs melde,
deine Alten, sie sprechen dir zu . . .
Anteil IHM, ist sein Volk, Jakob seines Eigentums.
(5. Mose, ‹Reden›, 32 : 7,9)

Für Susan und Myron

VORWORT

Diese Einführung in Wesen und Geschichte des Judentums wendet sich an Leser, denen der Stoff fremd ist. Der Verfasser hofft, damit sowohl dem Studenten, der Grundvorlesungen über das Judentum besucht, als auch dem Leser, dem nur an einer allgemeinen Orientierung über das Wissensgebiet gelegen ist, einen Dienst erweisen zu können. Die Darstellung ist darum kurz und allgemein gehalten, verzichtet auf die Erörterung allzu komplizierter Zusammenhänge und ist in sich abgeschlossen, so daß ein Heranziehen von Fachliteratur nicht erforderlich ist. Sie möchte dazu beitragen, die jüdische Religion als einen lebendigen Glauben verstehen zu lernen, die Weite und Tiefe ihres Wirkens und die bleibenden Errungenschaften, die sie der Menschheit brachte, zu erkennen, zugleich aber auch einen Eindruck vermitteln von der Gemütswärme, dem Charme des jüdischen Glaubens und Lebens und der unwiderstehlichen Kraft, mit der das jüdische Geisteserbe auf seine Bewahrer wirkt.

Um dem Bedürfnis jener Leser zu entsprechen, die nicht in der Lage sind, sich mit einem ausführlicheren Werk über das Judentum zu befassen, mußte ich den Stoff nicht nur beschreibend darlegen, sondern auch deuten und erklären. Die Verantwortung für diese Interpretation trage ich allein, denn das Judentum kennt keine Behörde, die unter irgendeine Veröffentlichung ihr Imprimatur setzen könnte. In der Regel hielt ich mich an die rabbinische, im Talmud, den Kommentaren und Gesetzessammlungen vorliegende Ausdeutung der Heiligen Schriften, denn die Betrachtungsweise der Rabbinen hat die Anschauungsart des Juden und damit sein Verständnis der Bibel gegeprägt. Doch ließ ich die wissenschaftlichen Forschungsergebnisse keineswegs außer acht, so daß mir die Entscheidung, ob ich mich der Anschauung der Rabbinen oder der der Forscher anschließen sollte, oft schwerfiel. Ich habe mich bemüht, weder für noch gegen irgendeine der modernen konfessionellen Richtungen innerhalb des Judentums und ihrer Weltanschauungen Stellung zu nehmen.

Die Einleitung bestimmt den Begriff des Juden und untersucht die Elemente, aus denen das Judentum gebildet wurde. Die Kapitel 1–4 handeln von den entscheidenden äußeren Entwicklungsphasen der jüdischen Geschichte und ihrem damit verquickten geistlichen und geistigen Werdegang; denn zum Verständnis einer sich historisch entfaltenden Religion wie der jüdischen sind Geschichtskenntnisse unentbehrlich. Um Wiederholungen zu vermeiden, entschloß ich mich nach gewissenhafter Überlegung, den historischen und den geistigen Entwicklungsprozeß gemeinsam zu behandeln. Kapitel 5 befaßt sich mit dem Verhältnis zwischen Christentum und Judentum, vor allem in unserer Zeit; die Kapitel 6 und 7 untersuchen kurz die Quellen jüdischen Geisteslebens, vor allem die Torah, den Talmud und die Gesetzessammlungen. Kapitel 7 legt in seinem Schlußteil die aus diesen Grundwerken hervorgegangenen Begriffe, Glaubensinhalte, Bräuche und Symbole dar. In den Kapiteln 8–13 werden die gegenwärtigen Erscheinungsformen des Judentums in Gottesdienst und Alltagsleben besprochen. Kapitel 14 gibt einen abschließenden Überblick. Zur Erleichterung des Eindringens in den Stoff habe ich im Anhang eine Liste der im Text vorkommenden hebräischen Wörter und Begriffe zusammengestellt und erläutert.

Mit dem Erscheinen der deutschen Übersetzung dieses Buches verbinde ich die Hoffnung, daß das Verständnis für das Judentum und seine Sendung dem deutschen Leser in seinem Bemühen um menschliche Lebensentfaltung Hilfe und Kraft geben kann, wie es das einst lebende deutsche Judentum erstrebte, dessen Andenken dieses Werk gewidmet ist. Die Übersetzung wurde vom Verfasser überprüft. Wie meinem amerikanischen Verleger, Dickenson Publishing Company, spreche ich meinem deutschen Verleger, H. M. Ledig-Rowohlt, dem Herausgeber, Professor Dr. E. Grassi, sowie allen sonst am Zustandekommen der deutschen Ausgabe Beteiligten für ihre wertvolle Hilfe und ihre Freundschaft meinen aufrichtigen Dank aus.

Leo Trepp

Zur zweiten Auflage

Es ist des Verfassers Hoffnung, daß auch die zweite Auflage, in der neue Erkenntnisse sowie die geschichtliche Entwicklung der letzten Jahre berücksichtigt wurden, dem ökumenischen Dialog dienen möge, und seine Überzeugung, daß das Judentum der Menschheit Wesentliches zur geistlich-geistigen Entwicklung zu geben vermag. Seit dem Ersterscheinen des Buches haben sich Zwiegespräch und Zusammenarbeit zwischen den Religionen erweitert und vertieft. Möge die neue Auflage auch diesem Werk dienen und durch Kenntnis tieferes gegenseitiges Verständnis erwirken.

Leo Trepp

EINLEITUNG: DIE JUDEN UND DIE ELEMENTE DES JUDENTUMS

Die Eigenart des Juden wird bereits deutlich, wenn man sich fragt: Was ist denn ein Jude? Am ehesten läßt er sich vielleicht noch als ein Mensch definieren, der sich selbst für einen Juden hält, weil er sich dem jüdischen Volk auf Gedeih und Verderb zugehörig fühlt. Als was soll aber nun das jüdische Volk begrifflich gefaßt werden? Eine Rasse sind die Juden keineswegs. Unzählige Bestandteile verschiedenster Rassen lassen sich unter ihnen nachweisen. Es gibt kaukasische, negroide und japanische Juden. Vom frühesten Beginn der jüdischen Geschichte an hat es einen unaufhörlichen Zustrom mannigfaltigster rassischer Gruppen gegeben. Etliche große Führergestalten der Judenheit, sogar schon in der frühesten Zeit, so z. B. auch DAVID, Israels größter König, haben nichtjüdische Ahnen.

Diese Vermischung von Rassen hat sich bis heute fortgesetzt und schreitet immer noch weiter. Sind die Juden eine Nation? Im neuen Staat Israel nennen sie sich stolz eine solche. In Rußland gelten sie als Nation und werden als Angehörige eines Volkes ‹fremder Ideologie› auf der Stufe von Staatsbürgern zweiter Klasse gehalten. Nur weil sie ihren Glauben, ihre Traditionen bewahren wollen, schikaniert man sie, sollen sie durch eine Zermürbungspolitik vernichtet werden. Gleichzeitig wird ihnen Auswanderung sehr erschwert.

Die amerikanische Judenschaft dagegen betrachtet sich in erster Linie als religiöse, keineswegs aber als nationale Gruppe. Aber auch die religiöse Zusammengehörigkeit taugt nicht zu eindeutiger Definition. Sie berücksichtigt nicht das starke Verantwortungsgefühl der Juden allen ihren Brüdern in der ganzen Welt gegenüber und ihren Stolz auf den Staat Israel. Was aber sind die Juden dann?

In der Bibel wird das jüdische Volk eine ‹Hausgemeinschaft›, *Beth Jissrael*, das Haus Israel, genannt. Mit dieser begrifflichen Bestimmung dürfen wir uns schon eher zufriedengeben. In einer Hausgemeinschaft bildet sich eine nur ihr eigentümliche Atmosphäre heraus. Sie entsteht durch die Liebe ihrer Angehörigen zueinander, durch die ihnen gemeinsame Überlieferung, die jeden einzelnen von ihnen prägte, durch die Erfahrungen, die sie gemeinsam machten und noch machen werden. Der Geist dieser Atmosphäre umgreift nicht nur alle, die innerhalb der Familienwohnstatt leben, sondern auch jene, die es in die Fremde verschlug, nicht nur die, die in das Heim hineingeboren wurden, sondern auch jene, die sich erst später der Gemeinschaft anschlossen. Jede Familie bringt auf eine bestimmte, allen ihren Mitgliedern gemeinsame Art diesen Geist in Sitten und Bräuchen zum Ausdruck. Und sogar jene unter den Familienangehörigen, die diese Ausdrucksformen ablehnen, haben Teil an dem spezifischen Familiengeist, an der Liebe, ja selbst an den Konflikten der Familie und bleiben einander durch ein Gefühl der Verwandtschaft, die nichts mit einem politischen Zusammenschluß zu tun hat, verbunden. So beschaffen ist das Haus Israel: geformt durch seine Geschichte, seine Hoffnungen, seine Traditionen, seine Prüfungen und Erfolge in Vergangenheit und Gegenwart, durch das Füreinandereinstehen seiner Mitglieder und ihre Bindung an das Vätererbe, durch seine schöpferischen Kräfte und das, was es zu den Errungenschaften der Menschheit beitrug, durch alles, was es um seiner selbst und um aller Menschen willen erstrebt.

Die Torah (das Gesetz, die Weisung)

Der Charakter des jüdischen Volkes ist durch seine Tradition, die *Torah*, gestaltet worden. «... aus deinen Anreden trägt es davon *Weisung*: ‹Mosche entbots uns›. Erbgut: Jaakobs Gesamtschaft» (5. Buch Mose bzw. nach Buber, ‹Reden›*, 33 : 4; Luther übersetzt: «Mose hat uns das *Gesetz* geboten, das Erbe der Gemeinde Jakobs»). In frühester Jugend schon lernt das jüdische Kind diese Worte auswendig und sagt sie fortan täglich auf. Aus ihnen geht hervor, was Torah bedeutet. Das hebräische Wort *‹Torah›* bedeutet *‹Weisung›*, *‹Unterweisung›*; denn die Torah ist mehr als nur Gesetz: sie ist Inbegriff aller Unterweisung, Leitfaden zur Lebensführung. Mit dem Ausdruck *Torah* ist im engsten Sinne die Schriftrolle der fünf Bücher Moses gemeint, wie sie in jeder Synagoge aufliegt. In einem weiteren Sinn meint der Begriff der *Torah* die in dieser Schriftrolle enthaltenen Lehren und zugleich jene Lehren, die in den übrigen Büchern der hebräischen Heiligen Schriften stehen. Seit eh und je gab es jedoch zum geschriebenen Wort auch erläuternde Auslegungen. Ein Teil dieser Deutungen wurde später im *Talmud* (‹Lehre›, vom Zeitwort *lamâd*, lernen, lehren), schriftlich zusammengefaßt; desungeachtet ist die stetige Weiterentwicklung solcher Auslegungen bis auf den heutigen Tag nicht zum Stillstand gekommen. Torah bedeutet deshalb auch das unablässig weiterwachsende Gesamt der Lehren: sie ist das ‹Erbe›.

* Die Bibelzitate werden im folgenden zunächst stets in der Übertragung von Martin Buber wiedergegeben (auf sie wird, wie hier, durch die aus dem Hebräischen übersetzte Bezeichnung des jeweiligen alttestamentlichen Buches verwiesen); dann folgt in der Regel die Luther-Übertragung des betreffenden Zitats. (Anm. d. Red.)

Die Torah kommt den Nöten und Bedürfnissen einer jeden Generation der Gemeinde Jakobs entgegen. Jede Generation fügt ihr Neues aus ihren eigenen Erlebnissen und Erfahrungen hinzu. Dadurch spiegelt die Torah das ganze jüdische Geschick wider. Sie hat dieses Schicksal gelenkt, und mit jedem hinzugeborenen jüdischen Kind bereichert und erweitert sie sich. Moses gab sie uns als Aufgabe auf, Moses, der als der größte Lehrmeister gilt, aber Mensch war wie wir. So ist die Torah zugleich etwas Göttliches und etwas Menschliches: aus menschlichem Erleben bildete sie sich im Gegenüber von Mensch und Gott heraus. Aus der jüdischen Geschichte wird Gott offenbar.

Das besagt jedoch keineswegs, daß der eigentliche Text der Torah, die fünf Bücher Moses und der ganze *Tenach*, von minderer Bedeutung seien. Die Lehrmeister und Rabbinen maßen vielmehr jedem einzelnen Wort des Textes, ja sogar jedem Buchstaben höchste Wichtigkeit bei. Die einstmals mündlich überlieferte und deshalb Mündliche Torah genannte, später im Talmud schriftlich niedergelegte erläuternde Auslegung der schriftlichen Torah fußt auf peinlichst genauer Ermittlung jeglicher Einzelheit des Textes und jeglicher Bedeutung, die darin gemeint sein konnte. Der moderne Jude versteht, wissentlich oder unwissentlich, den Torahtext stets aus der Sicht der Interpretation durch die Mündliche Torah. Dadurch wird er ganz unbewußt zu einer anderen Auffassung des Textes kommen, als voraussetzungsloses Aufnehmen des bloßen Wortlauts sie zu vermitteln vermag. Im vorliegenden Buch wird man mit der erstgenannten Textauffassung konfrontiert. Wir haben es tatsächlich mit einer ständig lebenden Torah zu tun. Zwischen Gott als dem Gebenden und dem Volk als dem Antwortenden hat sich eine schöpferische Spannung herausgebildet. Nach jüdischer Überlieferung hat die Torah ihren Ursprung in der Wüste, auf dem Berg Sinai, der niemandem gehörte. Dadurch ist sie frei von aller Bindung an irgendeinen bestimmten Volksboden, gilt ewig und allgemein für alle Länder und Lebensverhältnisse. Sie ist das Erbgut der ‹Gemeinde›, wo immer diese sich aufhalten mag. Sie hat die Gemeinschaft überhaupt erst geprägt.

Gott

Die Torah spricht zu uns von Gott. ER ist ihr Quellgrund. Sie sagt uns, daß ER der Schöpfer des Weltalls, daß ER der Herr der Geschichte, daß ER der Eine ist. Letztlich bleibt ER zwar dem Menschengeist, der IHN nicht zu fassen vermag, verborgen, ER offenbart sich aber in der Natur wie auch in den Geschehnissen des Lebens. Als Moses bittet, «Sein Antlitz sehen zu dürfen», wird ihm die Antwort: «Mein Antlitz kannst Du nicht sehen, denn nicht sieht Mich der Mensch und lebt» (2. Mose, ‹Namen›, 33 : 20; Luther: «Mein Angesicht kannst Du nicht sehen, denn kein Mensch wird leben, der mich sieht»). «... siehst Du Meinen Rücken (d. h. was Gott gewirkt, erschaffen hat), aber Mein Antlitz darf nicht gesehen werden» (2. Mose, ‹Namen›, 33 : 23; Luther: «wirst Du mir hintennach sehen; aber mein Angesicht kann man nicht sehen»). Dann zählt Gott dem Mose Seine göttlichen Eigenschaften auf: «Vorüber fuhr ER an seinem Antlitz und rief: ER ER, Gottheit, erbarmend, gönnend, langmütig, reich an Huld und Treue, bewahrend Huld ins tausendste, tragend Fehl Abtrünnigkeit Versündigung, straffrei nur *freiläßt ER nicht»* (2. Mose, ‹Namen›, 34 : 6–7; Luther: «Und der Herr ging vor seinem Angesicht vorüber und rief: Herr Herr Gott, barmherzig und gnädig und geduldig und von großer Gnade und Treue! Der da bewahrt Gnade in tausend Glieder und vergibt Missetat, Übertretung und Sünde, und vor welchem niemand unschuldig ist»). In ihrer Schriftauslegung zogen die rabbinischen Lehrmeister es vor, diese Textstelle so zu lesen, daß die hier kursiv gedruckten Worte ausgelassen wurden. Also spricht Gott selbst die Schuldigen frei. In dieser Abänderung des Wortlauts zeigt sich mehr als bloß ein Beispiel dafür, daß sich die Torah immer weiter entwickelt. Die rabbinischen Lehrmeister wollen damit sagen, daß man Gott nur versteht und findet, sofern man IHM ‹nachlebt›. Dazu gehört aber auch daß man denen vergibt, die uns unrecht getan haben. *Was* Gott wirklich ist, wissen wir nicht. *Daß* ER *ist*, erfahren wir, wenn wir die Geschichte, soweit sie schon abgelaufen ist, rückschauend überblicken: wir können dann nicht umhin, Seine Gegenwart zu erkennen, denn wir erschauen ja Seinen ‹Rücken›. In unseren Lebensläuften werden wir Seiner in dem Maße gewahr, wie wir uns mühen, dem Vorbild Seiner Eigenschaften nachzuleben.

Dies bedeutet jedoch keineswegs, daß die Juden nicht nachgrübelten über das Wesen und die Wesensmerkmale Gottes. Daß ER Einer ist, beteuert jeder Jude täglich neu: «Höre Jissrael: ER unser Gott, ER, Einer!» (5. Mose, ‹Reden›, 6 : 4; Luther: «Höre Israel, der Herr, unser Gott, ist ein einiger Herr»). Das ist eine wesenhaft theologische Aussage. Doch gerade auch Gottes Einssein ist, wie der große spanische Rabbi und Philosoph Maimonides (1135–1204) auseinandersetzt, so absolut, daß nichts von unseren Erlebnissen oder Erkenntnissen damit verglichen werden kann.

Manchen heutigen Juden, vornehmlich im Staat Israel, mag zwar das jüdische Volk lediglich als eine nationale Einheit, ein völkisches Gebilde unter vielen anderen erscheinen; im Grunde aber bleibt auch für sie die Torah Urgrund und Quelle jüdischer Geistes- und Wesensentwicklung. Daher können auch sie sich nicht auf die Überlieferung oder auf die schöpferische Äußerung des Volksgeistes berufen, ohne sich mit Gott auseinanderzusetzen; denn Gott und Torah sind unzertrennlich. Selbst der Jude, der Atheist ist, ringt noch mit IHM, erkennt IHN gerade dadurch an, daß er IHN leugnet. Die Juden haben sich stets bemüht, im täglichen Leben innerhalb der menschlichen Gemeinschaft dem Vorbild seiner Eigenschaften nachzuleben – wenn auch aus verständlicher Schwäche nicht immer mit dem erforderlichen Nachdruck. Ohne Gott hat das Dasein des Juden letztlich keinen Sinn.

Die Juden erfaßten Gott in vermenschlichenden Begriffen. Das ist, da der Durchschnittsmensch kein Philosoph ist, ganz natürlich. Gott wurde ihnen so zum liebenden Vater im Himmel, zu ihrem König, ihrem Richter. In Seine *Hände* legten sie ihren Leib und ihren Geist (Psalm, ‹Preisung›, 95 : 4; 2. Buch Samuel, ‹Schmuel›, 24 : 14; usw.). Gegen derartige Verbildlichungen ist gar nichts einzuwenden; in ihnen kommt ja nur Gottes persönliche Fürsorge und Liebe, wie die Juden sie verstanden, zum Ausdruck. ER ist ihr Schirm und Schild. Die Heilige Schrift gibt Gott Eigenschaften, die vom Menschlichen her gesehen sind. Die Torah spricht die Sprache des einfachen Menschen. So kann jeder IHN verstehen. Liebe konnte also erfleht und auch geschenkt werden. Nur ein wahrhaft liebender Gott konnte also sagen: «So liebe denn IHN deinen Gott» (5. Mose, ‹Reden›. 6 : 5; Luther: «Und du sollst den Herrn, deinen Gott, liebhaben . . .»). ER ist allezeit ihr Erhalter gewesen und als ihr Erlöser begriffen worden. Zwischen jedem einzelnen Juden und Gott kann es daher ein echt persönliches Verhältnis geben. Doch weiß der Jude auch, daß Gott, während ER alles dieses ist, darüber hinaus unendlich viel mehr ist und darum menschliches Verstehen und Begreifen übersteigt.

Gerade weil ER soviel mehr ist, könnte Er niemals etwas Geringeres sein. ER kann also nie irgendeine Gestalt annehmen noch in irgendeiner Form verbildlicht werden. Form ist statisch, Gott aber ist dynamisch. Die Form, jegliche Form, ist vergänglich, Gott ist ewig. Die Form zerstört die göttliche Einheit, denn sie setzt sich aus vielerlei Bestandteilen zusammen. Der jüdische Gottesbegriff steht somit in grundlegendem Gegensatz zum christlichen, vom Gott, der Menschengestalt angenommen hat.

Es ist für einen Juden ohne weiteres möglich, sich Gott in den mannigfaltigsten Begriffen vorzustellen und dadurch seine Gottesauffassung mit naturwissenschaftlichem Denken in Einklang zu bringen. Wie wir noch sehen werden, haben Mordechai Kaplan, Hermann Cohen und andere eine derartige Harmonisierung zuwege gebracht. Alle diese so sehr menschlichen Bemühungen, in das unergründliche Anderssein des unwandelbaren Gottes einzudringen, bedeuten nichts weniger als seine Herabminderung, sondern erhellen vielmehr gewisse Auswirkungen seines Seins.

Das LAND

Vom Beginn ihrer Geschichte an ist das Schicksal der Juden unauflöslich mit dem Geschick des Landes Israel verknüpft geblieben. Für den Juden fängt die Geschichte seines Volkes damit an, daß an Abraham das Gebot ergeht, ins verheißene Land zu ziehen, weil er sich nur dort als Gottes Knecht und Künder zu vollenden vermag. Seinen Kindern ist das LAND verheißen, und niemals verließen sie es gänzlich, nicht einmal während jener Jahrhunderte, da das Volk Israel in Ägypten weilte. Das Land Israel blieb allezeit das verheißene Land. Dort allein konnte die Torah in voller Freiheit ins Alltagsleben einer unabhängigen Nation übertragen werden.

In der Auseinandersetzung mit den fremden, heidnischen Weltanschauungen rings um die Juden her siedelnder Nachbar- und Erobervölker gewann das typisch jüdische Wesen allmählich Gestalt. Immer wieder zeigte es sich, daß völkische Unabhängigkeit aufs engste mit geistiger Erneuerung verknüpft war. Nur auf dem Boden des Heimatlandes Israel begann sich der Glaube des Volkes Israel zu einer Religion zu entfalten, die aller Menschheit etwas zu bringen hat. Tritt ein Heimatloser für menschheitsweite Allgemeingültigkeit sittlicher Lebensweisen und Grundsätze ein, so meint er es damit vielleicht nicht ehrlich, wird jedenfalls bestimmt nicht für ehrlich gehalten. Da er auf andere angewiesen ist und von ihnen abhängt, mag es ihm im Grunde um nichts als um Verständnis und Mitgefühl für sich selbst gehen. Anders verhält es sich mit einem freien Mann auf eigenem Boden. Läßt er die übrige Menschheit an seinen Erkenntnissen und Anschauungen teilhaben und bezieht sie in den Kreis derer ein, die Gott mit seiner Liebe umfängt, dann erweist er sich damit als wahrhaft hochherzig und brüderlich gesonnen. Weil die Propheten im Boden ihres Landes wurzelten, schlossen sie tatsächlich unterschiedslos die gesamte Menschheit in ihre Warnungen vor der Sünde, ihre Verurteilung des Lasters und, vor allem, ihren Trost ein.

Nachdem ihm das LAND genommen war, mußte sich das Volk nach einer neuen Rechtfertigung seiner fortdauernden Existenz umtun. Bodenständige Menschen brauchen nur zu leben. Wer dagegen vom Heimatboden losgerissen ist, muß eine vernünftige Begründung für sein Weiterleben finden. Eine solche Begründung war die

Gewißheit, daß sie, sobald Gott es so wollte, ins LAND heimkehren würden. Sie mußten also in der Fremde ihr Glaubensleben noch inniger gestalten, um zu überleben und so dereinst einer Heimkehr würdig zu sein. So entfalteten sich die Synagoge, das Miteinanderleben der Kultgemeinde, und die Liturgie, das gottesdienstliche Ritual. Diese Hoffnung auf ein freies Leben im eigenen Land und auf selbständige Gestaltung ihres Schicksals im Angesicht Gottes gab der messianischen Idee Auftrieb. Aus der in jedem ihrer Gebete eingeschlossenen, aber auch deutlich ausgesprochenen Gewißheit, eines Tages heimkehren zu dürfen, schöpften sie die Kraft, jahrhundertelang Demütigungen und Verfolgungen zu ertragen. Mit Hilfe dieses Denkens an das LAND wurde die Einheit der über die ganze Welt hin verstreut lebenden Gemeinde des Hauses Israel geschmiedet und gefestigt. Die Spannung zwischen den gegensätzlichen Polen LAND und *Diaspora* (griechisch, ‹Die Zerstreuung›, d. i. die Gemeinschaft der in der ganzen übrigen Welt verstreut lebenden Juden) regte zu schöpferischem Denken in Philosophie und Dichtung an; denn Sinn und Bedeutung dieses Zerstreutwordenseins wie auch ihres LANDES, das ihnen damals nicht gehörte, mußten immer wieder klargemacht werden.

Im 19. und 20. Jahrhundert verdichtete sich die religiöse Sehnsucht nach Herbeikunft messianischer Zeiten zu greifbaren und politischen Zielen: das LAND sollte alle jene in sich aufnehmen, deren Leben durch Verfolgungen unerträglich geworden war, und es nahm sie bei sich auf, zwar nicht alle, doch Millionen, die sonst umgekommen wären.

Manche Israelis sähen es heute gern, wenn sämtliche Juden ins Land Israel heimkehrten. Das ist praktisch unmöglich. Zudem teilen in anderen freien Ländern lebende Juden diesen Wunsch nicht. Doch sie blicken voll Stolz und in verwandtschaftlichem Zusammengehörigkeitsgefühl auf den neuerstandenen Staat Israel und seine Bewohner, stehen ihnen hilfreich bei und gewinnen daraus, daß es das Land Israel wieder gibt, neuen Auftrieb und seelische Kraft. Denn das LAND ist eben nicht lediglich ein politisches Gebilde, sondern für den Juden göttliche Verheißung, ein wesentlicher *theologischer* Grundstein im Gesamtbau des Judentums.

Die Mitzwah (das Gottesgebot und die Gebotserfüllung)

Mitzwah heißt Gebot; es schließt Handeln ein. Durch die Mitzwah entspricht der Jude, vernehmend und antwortend, dem Anspruch Gottes. Am Berge Sinai gelobte das Volk: «Alles, was ER geredet hat, wir tuns (wir verstehens), wir hörens» (2. Mose, ‹Namen›, 24 : 7;

Luther: «Alles, was der Herr gesagt hat, wollen wir tun und gehorchen»). Das Vernehmen ereignet sich gerade im Tun, sofern das Tun als ein Dienst an Gott geleistet wird und aus der redlichen Absicht des Herzens (*Kawwanah*) quillt. Bloß formale Ausführung einer Handlung ist nahezu wertlos. Auch das bloße Lippenbekenntnis des ‹Glaubens› taugt wenig. Erst Glaube und Tat zusammengenommen begründen das Gott-Dienen, sobald die *Kawwanah* jeglichen Gedanken, jedes Gebet, jedes Tun durchdringt. Gerade dadurch, daß der Mensch sein wirkliches Leben lebt und bewältigt, wird er zu Gottes Mitwirkendem.

Die Torah kennt zweierlei *Mitzwoth* (= Mehrzahl von Mitzwah): religiöse Vorschriften, die der Mensch Gott gegenüber zu befolgen hat, und Gebote, die die Menschen untereinander einhalten sollen. Wo von der Mitzwah die Rede ist, wird Gott mitunter *Makom* (Stätte, Ort) genannt: ER, der jegliche *Stätte* des Alls erfüllt und heiligt. Die Mitzwah ist also ein Jasagen, ein Bekenntnis zu Gott. In diesem Sinn sind auch jene Mitzwoth, die wir unseren Mitmenschen gegenüber zu erfüllen haben, Mitzwoth gegenüber Gott. «Halte lieb deinen Genossen, dir gleich» (3. Mose, ‹Er rief›, 19 : 18; Luther: «Du sollst deinen Nächsten lieben wie dich selbst»), ist mithin die grundlegende Mitzwah überhaupt, und die Weisen und Schriftgelehrten haben sie ganz zu Recht als den Grundstein des Judenglaubens herausgestellt.

Soziale Gerechtigkeit ist Mitzwah. Sowohl dem Gebenden wie auch dem Empfangenden verleiht sie den Rang und die Würde von Kindern Gottes. Das Judentum hat darum sozialer Gerechtigkeit auch überragende Wichtigkeit beigelegt. Kraft ihrer setzen wir Gott erst wahrhaft als *Makom* ein.

Kraft der Mitzwah gelangt der Jude erst zu seinem eigentlichen Wesen. Doch dazu muß er Quellgrund, Zweck und Sinn der Mitzwah kennen, und deshalb wird das Erlernen der Torah als solches zu einer Mitzwah. Hierin finden wir auch die Grundlage für das Interesse des Juden an Erziehung und Bildung in allen Formen. Studieren ist Mitzwah, und in allem Lernen wird irgendwie Gott klargemacht. Es in Seine Schöpfung, die wir dabei betrachten und ergründen.

365 der 613 Mitzwoth, wie sie nach althergebrachter Auffassung dem Juden aufgetragen sind, sind Verbote, 248 davon aber zum Handeln aufrufende Gebote. Die Anzahl der Verbote entspricht der Zahl der Tage des Jahres: die Tätigkeit eines jeden Tages soll durch Selbstdisziplin in den Machtbereich Gottes eingefügt werden. Die Anzahl der gebotenen Arten des Tuns entspricht den Teilen des menschlichen Körpers. Zur Förderung der Herbeikunft Seines Reiches hat jeder Körperteil einsatzbereit zu sein.

Die Zeit und die Gewalten mögen zwar das Volk davon abhalten, die Mitzwoth ganz zu erfüllen: gleichwohl hat daneben auch immer schon die Hoffnung bestanden, es werde einst der Tag kommen, von dem an weder das Volk Israel noch die ganze übrige Menschheit länger daran gehindert würde, die Mitzwoth in Freiheit, Liebe und allseitiger Gerechtigkeit, erlöst von Krieg und Verfolgung, zu erfüllen. Dies ist die Zeit des Messias. Mancher moderne Jude hält keine religiösen Bräuche und Vorschriften mehr ein, doch üben sämtliche Juden die Mitzwah sozialer Gerechtigkeit, auch wenn es ihnen vielleicht gar nicht mehr bewußt ist, daß ihre Tradition sie dazu treibt. Und alle Juden ersehnen die messianischen Zeiten, und wäre es auch nur in dem Sinn, daß sie auf den Tag hoffen, an dem «sie ihre Schwerter zu Pflugscharen und ihre Spieße zu Sicheln machen» werden (Micha 4 : 3; Luther). Alle sind sie willens, auf diesen Tag hinzuarbeiten.

Der Bund

Gott, Torah, LAND, Mitzwoth, diese vier hauptsächlichen Kräfte wirken gegenseitig so aufeinander ein, daß jede einzelne sich aus den übrigen dreien entwickelt und jede zu den anderen hinführt. Untrennbar hängen sie zusammen. Auf dieser Grundlage begreift der Jude sein Verhältnis zu Gott: es ist ein Bund. Als Streiter für IHN oder als Sein Leid erduldender Knecht auf der Welt zu sein, ist die Sendung des Juden. Im zweiten Buch Moses 19 : 5–6, ist die Rede von diesem Bund:

«Und jetzt, hört ihr, hört auf Meine Stimme [indem ihr euch mit der Torah befaßt] und wahrt Meinen Bund [durch die Tat], dann werdet ihr MIR aus allen Völkern ein Wesensgut. Denn Mein ist die Erde all [Mein, als des allumfassenden Gottes], ihr aber sollt MIR werden ein Königsbereich von Priestern [durch Erfüllung Seiner Geheiße im Bereich der Religion, wodurch für Gott Zeugnis abgelegt wird], ein heiliger Stamm [indem ihr allen Völkern auf dem Gebiet sozialer Gerechtigkeit ein Vorbild werdet, auf daß auch jene IHM vielleicht nachfolgen werden].» Oder mit Luther: «Werdet ihr nun meiner Stimme gehorchen und meinen Bund halten, so sollt ihr mein Eigentum sein vor allen Völkern; denn die ganze Erde ist mein. Und ihr sollt ein priesterlich Königreich und ein heiliges Volk sein.»

Die Juden durften sich keineswegs für von Gott bevorzugt halten. Vielmehr war ihnen gesagt worden, ihre Auszeichnung, falls davon überhaupt die Rede sein könne, liege einzig und allein in einer höheren Verantwortlichkeit. «Euch nur habe ICH auserkannt von allen Sippen des Bodens, darum ordne euch ICH zu alle eure Verfehlungen», heißt es bei Amos (3 : 2; Luther: «Aus allen Geschlechtern auf Erden habe ich allein euch erkannt; darum will ich euch heimsuchen in all eurer Missetat»). Die Einzigartigkeit der Kräfte, die das jüdische Volk geprägt haben, führt zwangsläufig auch zu einer Einmaligkeit seiner Verpflichtungen. Gott–Torah-LAND–Mitzwoth legen der Judenschaft Verantwortungen auf, denen sie im Angesicht Gottes um der gesamten Menschheit willen gerecht werden muß.

Mit ihrem prominenten Wortführer Mordechai Kaplan machen heute manche Juden Schluß mit der Anschauung, Israel sei das auserwählte Volk. Dabei können sie sich sehr wohl auf den Propheten Amos berufen, der sich an alle Völker der ihm bekannten Welt wendet und es als einzige Auszeichnung Israels ansieht, daß es besondere Strafen zu gewärtigen habe, falls es sich seiner Menschheitsaufgabe entziehe. Damit soll jedoch nicht gesagt sein, daß jene, die Israels Auserwähltsein bestreiten, zugleich auch die Kräfte leugneten, die die Judenheit in ihrer Eigenart prägten. Diese Kräfte werden vielmehr ausdrücklich anerkannt. Sondern damit ist gemeint, daß wir jedes Volk als ein durch seine eigenartigen Gaben und Fähigkeiten, seine Geschichte, sein Land, seine Kultur einmalig auserwähltes aufzufassen haben. Und weil alle Völker erwählt sind, haben sie auch die Pflicht, ihre jeweiligen besonderen Gaben in der Mitzwah fruchtbar zu machen. Israels Auserwähltsein auf Grund jener Kräfte, die es formten, dient der Menschheit somit als Vorbild dafür, daß auch sie sich als zur Pflichterfüllung ausersehen und vor Gott für die gehörige Erfüllung ihrer Pflicht verantwortlich aufzufassen habe.

I. DER WEG DER GESCHICHTE

1. Biblische Zeit, talmudische Zeit

Die jüdische Geschichte hier in einem auch noch so gedrängten Abriß darstellen zu wollen, würde den Rahmen der vorliegenden Abhandlung sprengen. Im folgenden soll deshalb dem mit diesem Stoff noch völlig unvertrauten Leser nur ein grob skizzierter Überblick über den Gang der jüdischen Geschichte als Leitfaden und Ordnungsschema an die Hand gegeben werden. Das wird ihm ermöglichen, Gestalten und Ideen in ihrem geschichtlichen Zusammenhang zu sehen und das bunte Gewebe des Judentums zu verfolgen, das sich ständig ändert, weil seine vier Grundbestandteile: Gott, Torah, Mitzwoth, LAND vom jüdischen Volk zu immer neuen Mustern zusammengefügt werden.

Die Frühgeschichte

Etwa im ersten Viertel des zweiten Jahrtausends vor der Zeitenwende «zog Abraham aus dem chaldäischen Ur, ins Land Kanaan zu gehen» (1. Mose, ‹Im Anfang›, 11 : 31; Luther: «... aus Ur in Chaldäa, daß er ins Land Kanaan zöge»). Dies könnte man den Anfang der hebräischen Geschichte nennen.[1]

Abraham war auf der Suche nach dem Einen Gott, und nur in dem LAND konnte er IHN finden. Und in seinem inbrünstigen Bestreben, dem Anspruch Gottes durch die Mitzwah zu entsprechen, fand Abraham sich bereit, den eigenen Sohn Isaak IHM zum Opfer zu bringen (1. Mose, ‹Im Anfang›, 22 : 1–18). Das Opfer wurde gnädig zurückgewiesen; denn «die Toten können IHN nicht preisen», nur die Lebenden müssen Seinen Anspruch vernehmen und ihm entsprechen. So lautete die Torah. Das LAND war dem Samen Abrahams verheißen, und Abrahams Nachkommenschaft verließ es auch nie mehr völlig. (Wie der Archäologe William F. Albright darlegt, hat es in Kanaan immer Hebräer gegeben, selbst als die Mehrheit im alten Ägypten seßhaft geworden war.)

1 Nach William F. Albrights Erklärungsversuch soll das Wort ‹Hebräer› (*Ivrrij*) ‹Eseltreiber› bedeuten und auf das Nomadenleben jener Wanderhirten verweisen, die man so nannte. Laut Albright ist das Wort von ‹staubig› hergeleitet, da jene Leute mit ihren Eseln beim Wandern auf den Überlandwegen viel Staub aufwirbelten. (*The Biblical Period from Abraham to Ezra.* New York and Evanston, Harper Torch Book, 1963)

Zwei Menschenalter später wanderte ABRAHAMS Sippe nach Ägypten, um einer verheerenden Hungersnot zu entgehen. JAKOB, ein Sohn ISAAKS, hatte sich den Namen ISRAEL, d. i. Der mit Gott Ringende, erworben, und seine Hausgemeinschaft hieß fortan ‹Die Kinder Israels›. Als unerwünschte Fremdlinge gerieten sie bald in Knechtschaft und mußten in Fronarbeit dem Pharao gewaltige Bauten aufführen. Nach vielen Jahren der Sklaverei wurden sie befreit und zogen unter MOSES Führung aus Ägypten, etwa 1280 vor der Zeitwende [v. d. Z.]).

MOSES wurde ihr Lehrmeister, stiftete ihnen die Torah, lehrte sie die Mitzwoth, hielt sie 40 Jahre in der Wüste zurück, um sie aus einem Haufen Sklaven zu einem freien Volk umzuerziehen, und führte sie dann bis an die Grenzmark des ihnen verheißenen LANDES.

Das LAND mußte erst wiedererobert und neu besiedelt werden. Von den umliegenden feindlichen Völkern wurde das Volk hart bedrängt. Unter dem Einfluß nichthebräischer Nachbarstämme mit fremden Anschauungen wurde es dem Einen Gott oft abtrünnig und verfiel der Abgötterei. Die Stammeseinheit löste sich auf. Wiederholt überzogen mächtigere Nachbarn den Stamm Israel mit Krieg und unterwarfen ihn. In schlimmsten Bedrängnissen schlossen die Hebräer sich aber wieder zur alten Einheit zusammen, erkoren aus ihrer Mitte einen Mann von überragenden Fähigkeiten zu ihrem Führer, griffen geschlossen zu den Waffen, erwehrten sich der Feinde und rangen sie nieder. Der so erwählte Oberbefehlshaber blieb dann bis zu seinem Tod ihr Führer, fungierte als Richter, lehrte die Torah und stärkte das Zusammengehörigkeitsgefühl unter den Stammesgenossen. Mit seinem Tode erlosch sein Einfluss, und der Ablauf der Geschehnisse wiederholte sich endlos in geradezu tragischer Monotonie.

Das Volk begriff nicht, daß seine eigentliche Stärke in seinem Geisteserbe lag und es nur dadurch, daß es Gott als seinen Oberherrn anerkannte, Einigkeit und Kraft gewinnen und beide durch Befolgung von Torah und Mitzwoth noch vertiefen könnte. Statt dessen verfielen die Juden auf einen neuen Notbehelf: ein Erbkönigtum, und hofften, damit die Frage der Führung ihres Volkes endgültig beantwortet zu haben.

Um 1020 wählten sie SAUL zu ihrem König. Dem aber ging es vornehmlich darum, seine Herrschermacht auszubauen und seinem Haus den Thron auf lange Sicht zu erhalten. Er begann als Befreiungsheld. Dann aber versagte er in der Aufgabe, das Wohl des Volkes zu sichern: in einem Krieg gegen die Philister mußte das Heer unter seinem Oberbefehl eine vernichtende Niederlage hinnehmen. Die kriegerischen Philister hatten sich in der Küstenebene Kanaans niedergelassen und waren wegen ihrer größeren Einigkeit und ihrer neuen überlegenen eisernen Waffen in der Lage, die uneinigen, nur mit alten Bronzewaffen gerüsteten Israeliten zu besiegen und zu unterjochen.

SAULS Nachfolger DAVID wetzte um das Jahr 1000 die Scharte wieder aus. Er war nicht nur ein tüchtiger Heerführer und geschickter Staatsmann, sondern auch ein feinsinniger Dichter und Tonkünstler. Auch er war zwar mit allen menschlichen Schwächen behaftet, besaß aber das Format, seine Irrtümer zuzugeben, für ihre Auswirkungen geradezustehen und seine Verfehlungen wieder gut zu machen. Er wurde Israels vorbildlichster König. Er eroberte Jerusalem, machte es zu seiner Hauptstadt und verhalf seinem Volk zu Macht und Größe. Dem LAND gewann er neue Gebiete hinzu. Mit Preisgesängen und Taten entsprach er Gottes Geboten und hörte auf Seinen Tadel. So schuf er das Leitbild des Gesalbten, des Messias, der dereinst aus DAVIDS Samen hervorgehen, seine Weisheit besitzen und Israel und die Menschheit einem Zeitalter immerwährenden Friedens entgegenführen würde.

DAVIDS Sohn SALOMO (etwa 961) hatte den Hang, als ein Monarch und Staatsmann orientalischen Stils zu erscheinen. Auf der von seinem Vater geschaffenen Grundlage baute er das Reich weiter aus, festigte es und förderte Handel und Gewerbe. Er errichtete den prachtvollen ersten Tempel in Jerusalem und für sich selbst einen herrlichen Palast. Er bildete sich zwar ein, der weiseste der Menschen zu sein, vermochte sich aber nur sehr mangelhaft in die Mentalität des einfachen Volkes einzufühlen, das er um der Ausführung seiner überspannten Pläne willen durch hohe Steuern und Frondienste ausbeutete.

Als das Volk vor SALOMOS Sohn und Nachfolger REHABEAM (RECHABAM) trat, ihm seine Beschwerden vortrug und ihn bat, die Mißstände wieder abzustellen, wurde es verächtlich abgewiesen. Daraufhin fielen zehn der zwölf Stämme Israels von REHABEAM ab und schlossen sich zu einem neuen Königreich Israel im Norden des Landes zusammen. Nur jener Stamm, dem das Königshaus angehörte, der Stamm Juda (Jehuda), und der Stamm Benjamin hielten weiterhin zur Herrschersippe DAVIDS.

Beide Königreiche erlebten eine wechselvolle Geschichte, je nach der herrschenden Dynastie und der Persönlichkeit des jeweiligen Königs (im Königreich Israel). Das Königreich Juda besaß das Nationalheiligtum Jerusalem. Im allgemeinen war es sich seines Auftrags und seiner Sendung im Angesicht Gottes stärker bewußt als das Nordreich, dem es eher um realpolitische, momentane Vorteile als um die redliche Bewahrung des Erbes ging. Diese Periode, etwa zwischen dem 8. und 4. Jahrhundert v. d. Z., zeichnet sich durch das Auftreten der großen, wortmächtigen Propheten aus. Die Teile ihrer

Werke, die auf uns gekommen sind, zählen zu den bedeutendsten Denkmälern des Menschengeistes. Die Propheten predigten, tadelten und mahnten zur Erfüllung der Aufgaben, sprachen aber auch Trost zu.

722 v. d. Z. zerschlugen die Assyrer das Nordreich Israel; die in ihm zusammengeschlossenen zehn Stämme wurden zersprengt oder gingen unter. Das Südreich Juda hingegen beugte sich der assyrischen Fremdherrschaft und rettete so seinen Bestand. Von da an gab es nur noch die Abkömmlinge Judas, die *Juden*.

Um 621 fand man im Tempel ein Buch, das dem Glaubensleben starken Auftrieb gab und es erneuerte. Nach Ansicht neuzeitlicher Bibelerforscher muß dieser Fund das Fünfte Buch Moses (Deuteronomium = Gesetzeswiederholung), ‹Reden› (*D'varim*), gewesen sein, das tatsächlich damals auch verfaßt worden ist. Man sammelte neue geistige und Glaubenskraft, und das tat dringend not.

Die babylonische Gefangenschaft

586 eroberten die Babylonier, die damals auf Kosten der Assyrer zur führenden Großmacht des Ostens aufgerückt waren, das Königreich Juda und zerstörten den Tempel. Ein Teil der Judenschaft floh vor ihnen nach Ägypten, die meisten Juden aber wurden in die Verbannung nach Babylon verschleppt. Sowohl die Flüchtlinge in Ägypten wie auch die Verbannten in Babylon überlebten diesen Zusammenbruch. Nachdem – und weil – das LAND verloren war, zogen sich die Juden ganz auf das Geistige zurück und läuterten ihren Glauben im Schmelztiegel des Exils.

Abgesehen davon, daß sie sich als Vertriebene fühlten, fanden sie am Leben in der Fremde nichts auszusetzen: sie durften die Angelegenheiten ihres Gemeinwesens eigenständig regeln, waren den Babyloniern rechtlich gleichgestellt, und etliche unter ihnen stiegen sogar zu hohen Ämtern auf. Babylon wurde ihnen gleichsam zu einer geistigen Werkstatt. Das LAND und seine Wiedergewinnung vergeistigten sie zu Zielen des Hoffens und des sehnsüchtigen Verlangens. Mittelpunkt des Lebens war die Torah, und der Rabbi (Meister), der sie den Gläubigen auslegte, nahm daher bald eine Schlüsselstellung ein. Das Gebet trat an die Stelle der einstigen Opferbräuche. Die Mitzwoth erfüllten eine Doppelaufgabe: durch sie entsprach man dem Anspruch Gottes, und sie bildeten zugleich das einigende Band, durch welches das Haus Israel zusammengehalten blieb. Damals entwickelten sich die Synagoge und die Liturgie zu dem, was wir heute darunter verstehen.

Obwohl sich die Juden in den Alltag Babyloniens gut einlebten, vermochten sie zuinnerst das Schock-Erlebnis der Vertreibung aus der Heimat nicht zu verwinden. Im Psalm 137 äußert sich deutlich ihre Erschütterung, aber auch ein recht unwürdiges, aus Hoffnungslosigkeit und Ohnmacht geborenes Rachegelüst. Als sie aus der Benommenheit ihrer Verzweiflung nach und nach wieder zu sich kamen, drängten sich ihrem Denken unwillkürlich zwei Fragen auf: warum widerfuhr uns das? und: wie lange soll das währen? Die nächstliegende Antwort lautete: es geschah, weil wir den Bund brachen und so sündigten. Wird aber das Verweilen in der Fremde bald ein Ende haben? Der Prophet JEREMIA macht ihnen klar, daß sie wohl recht lange unter den heidnischen Fremdvölkern würden bleiben müssen. Er rät ihnen, in der Fremde seßhaft zu werden, «sich zu mehren ... nicht aber sich zu mindern». Während ihres Bleibens unter anderen Völkern hätten sie jedoch mehr zu leisten, als sich lediglich mit ihrem Schicksal abzufinden: «Fragt dem Frieden der Stadt nach, dahin ICH euch verschleppen ließ, betet für sie zu MIR, denn in ihrem Frieden wird euch Frieden sein» (Jeremia, 29 : 4–7; Luther: «Suchet der Stadt Bestes, dahin ich euch habe lassen wegführen, und betet für sie zum Herrn; denn wenn's ihr wohlgeht, so geht's euch auch wohl»). Loyalität gegen den Staat, dessen Bürger man wurde, wird damit also zu einer religiösen Pflicht gemacht. Das Land, in dem sie sich niedergelassen haben und geboren wurden, sollen die Juden als eine dauernde Wohnstätte ansehen. Der Argwohn gegen Fremde, wie er dem einzigartigen, mitten unter heidnischen Fremdvölkern lebenden Volk bisher gepredigt worden war, wurde in sein Gegenteil verwandelt: an seine Stelle hatte nun aufrichtige, ernsthafte Sorge zu treten um das Wohlergehen des Landes, in dem man lebte, und seiner Bürger, um seinen Frieden im Inneren und nach außen hin, und in Gebet und tätiger Anteilnahme Ausdruck zu finden. Seit jener Zeit sehen wir die Juden von ernsthaftem Bestreben erfüllt, das Wohlergehen aller Länder, in denen sie in der Diaspora seßhaft wurden, zu fördern.

Unter diesen Umständen muß die erste Frage erneut gestellt werden: Bedeutete ihr Leben in der Zerstreutheit denn wirklich Verbannung und Strafe oder nicht vielmehr eine Aufgabe? Legte man eine lange währende Verbannungszeit als Folge der Sünde aus, so hieße das ja, die Kinder hätten ihrer Väter Verfehlungen zu büßen. Damit setzten sich die Propheten JEREMIA und HESEKIEL auseinander:

«‹Väter essen Herlinge, Söhnen werden Zähne stumpf!› Sowahr ich lebe, Erlauten ists von meinem Herrn, IHM: wirds euch fortan noch möglich sein, mit diesem Gleichwort zu wörteln in Jissrael, ...! ... Wenn jemand ein

Bewährter ist, tut Recht und Wahrhaftigkeit ... leben soll er, leben ... Zeugt der einen verbrecherischen Sohn ... sollte der leben bleiben? Leben darf er nicht, all die Greuel hat er getan, sterben muß er, sterben, ... Zeugte der nun einen Sohn, der sah alle Sünden seines Vaters, die er getan hat, und sah ein: er tut nicht ihresgleichen ... der stirbt nicht um seines Vaters Verfehlung, leben soll er, leben» (Jeremia 31 : 29–30; Hesekiel 18 : 3–17; Luther: «Die Väter haben Herlinge gegessen und der Kinder Zähne sind stumpf geworden. Solch Sprichwort soll nicht mehr unter euch gehen in Israel ... Wenn nun einer fromm ist, der recht und wohl tut ... das ist ein frommer Mann, der soll das Leben haben. ... Wenn er aber einen Sohn zeugt und derselbe wird ein Mörder ... sollte der leben? Er soll nicht leben, sondern, weil er solche Greuel alle getan hat, soll er des Todes sterben. ... Wo er aber einen Sohn zeugt, der alle solche Sünden sieht, so sein Vater tut, und sich fürchtet und nicht also tut ... der soll nicht sterben um seines Vaters Missetat willen, sondern leben»).

Diese Worte sollten unabsehbare Folgen haben und die Denkweisen von Grund auf wandeln.

Der babylonischen Judengemeinde mitsamt ihrer ganzen Nachkommenschaft wurde damit kundgetan, daß sie nur deswegen unter Menschen anderen Glaubens lebten, weil Gott verfügt habe, daß sie am Aufbau einer guten Gesellschaftsordnung schöpferisch mitwirken sollten. Nicht Sündhaftigkeit, sondern ein göttlicher Aufruf war der Grund ihrer Zerstreuung gewesen. Juden dürfen also ganz in den Völkern jener Länder, deren Staatsangehörige sie wurden, aufgehen und sich völlig eins mit ihnen fühlen.

Verfolgt und unterdrückt man sie in etlichen Ländern, so ist das wiederum keineswegs die Folge ihrer Sünden, sondern vielmehr eine Prüfung, die Gott ihnen auferlegt. In ihrem Status als Minderheit werden die Juden auf die Probe gestellt, damit sich zeige, wie groß die Kraft ihres Glaubens ist. Aber auch die nichtjüdische Bevölkerung in ihrer Überzahl wird geprüft: diese Mehrheit hat zu zeigen, wie gottesfürchtig und rechtschaffen sie gesinnt ist. Ihr wird die Möglichkeit geboten, eine Minderheit gütig und barmherzig zu behandeln. Mißlingt das der Gesamtbevölkerung in ihrer Mehrheit, dann wird durch ihr Versagen deutlich, daß sie *selbst* Gottes Willen zuwiderhandelte. Daß er bloßstellt, wie die Menschheit versagt, wenn es gilt, geistliche Ziele zu erreichen, und sie aufruft, darüber vor Gott Rechenschaft abzulegen, *das* ist der Beitrag, den der Jude unter widrigen Umständen für die Menschheit leistet.

Die Suche nach dem Sinn der Verbannung führte in den nach der babylonischen Gefangenschaft entstehenden Schriften zur umfassenden Erörterung von Leiden und Sünde überhaupt. In seinem Gleichnis vom leidenden Knecht (Kap. 53) legt der Zweite Jesaja dar, daß der unerschütterliche Glauben dessen, der Leid erduldet, ein Vorbild schafft, aus dem künftige Geschlechter lernen und Nutzen ziehen sollen. Die Legende von Hiob (der ja auch in einer nichtjüdischen Umgebung lebte) stellt dies nachdrücklichst heraus. Der Mensch habe Leiden als Prüfung seines Glaubens hinzunehmen, und dadurch, daß er sie geduldig annimmt, werde er neue Kraft finden und zu größerem Verständnis gelangen.

Einer rabbinischen Ansicht (Makkoth 24a) zufolge hebt Hesekiels neue Weisung kühn einen sogar in den Zehn Geboten ausdrücklich genannten Grundsatz auf, den Satz nämlich: «ICH dein Gott bin ein eifernder Gottherr, zuordnend Fehl von Vätern ihnen an Söhnen, am dritten und vierten Glied» (2. Mose, ‹Namen›, 20:5; Luther: «... der da heimsucht der Väter Missetat an den Kindern bis ins dritte und vierte Glied»). Dies macht deutlich, wie sehr sich im Laufe der Generationen die Erkenntnis der Juden vertieft hat: Erbsünde gibt es nicht; dagegen besteht persönliche Verantwortlichkeit jedes Einzelmenschen für sich selbst und für jene, auf die er etwa Einfluß ausübt. Dies ist die unerschütterliche Überzeugung der Juden geblieben und steht im Gegensatz zu dem Glauben der Christen an eine Erbsünde, wonach alle Menschen mit der Sünde ihrer gemeinsamen Ureltern Adam und Eva behaftet seien. Die Juden glauben nicht an die Erbsünde.

Nachdem die Juden eingesehen hatten, daß ihr Wohnen unter den Völkern der Welt von Dauer sein würde, mußten sie ihr Glaubensleben auf neue Grundlagen stellen. Das LAND konnte von nun an nur noch als geistig-geistlicher Ansporn dienen. Der Tempel stand nicht mehr; Opfer konnten hinfort nicht mehr dargebracht werden; die Priesterkaste (die Sippe Aarons) hatte ihre Funktion verloren. Die Anpassung des Glaubenslebens an die neuen Gegebenheiten, wie sie in Babylon eingeleitet und auch nach der Rückkehr eines Teiles des Volkes in die Heimat weitergetrieben wurde, war so genial und zweckmäßig, daß die neu erarbeitete Glaubensform allen abendländischen Religionen als Muster und Vorbild gedient hat.

Zum Ausgleich des Verlustes des sichtbaren LANDES wurden Torah und Mitzwoth verstärkt und ausgebaut. Das Wort der Torah sollte fortan dem Volk regelmäßig vorgelesen, erklärt und ausgelegt werden; man hatte sich gründlich darein zu vertiefen. Dazu brauchte man Lehrer, keine Priester. So entstand das Amt des Rabbis, aus dem sich das Amt des Rabbiners herleitet. Der Rabbi konnte Priester oder Laie, reich oder arm, edler Abkunft oder ein jüngst erst zum Judenglauben Übergetretener sein, es kam nur darauf an, daß er zum Lehrer taugte, redlich und charakterfest war, unermüdlich nach Wissen und Erkenntnis strebte und ganz in seinem Beruf aufging. Alles, was er brauchte, war eine Schar Jünger und Schüler und, zum Schutz gegen die Unbilden der Natur, ein Dach überm Kopf. Seine Arbeit ließ sich überall und allezeit verrichten. Mit dem Rabbineramt bildete sich so die Einrichtung des Hauses der Begegnung und Gemeindeversammlung heraus, das dann auch zum Bethaus wurde. Das Volksheiligtum zu Jerusalem war, wie sämtliche Tempel der Antike, weniger eine Stätte der Versammlung der Volksgemeinde als vielmehr ein Wohnort Gottes. Die Mitglieder der Gemeinschaft waren in erster Linie Zuschauer bei einem festliegenden Ritual. In dem nun aufkommenden Gemeindehaus hingegen wirkten sie als aktive Teilnehmer am Gottesdienst mit. Hieraus entsprang die Institution des *Gotteshauses* der abendländischen Religionen. Statt der Opferhandlungen bildete nun die Torah den Mittelpunkt des *Gottesdienstes*. Die Lesung des Torahtextes war eingerahmt von Gebeten und Psalmengesang und erhielt ihren eigentlichen Sinn erst durch die Auslegung des Rabbiners. So schuf man ein Muster vom Gottesdienst, an das sich wiederum viele abendländische Konfessionen hielten: Verlesen von Abschnitten der heiligen Schrift, Predigt, Gebet und Kirchengesang.

Heimkehr aus der babylonischen Verbannung: geborene und bekehrte Juden

538 ließ der Perserkönig Kyros, der Eroberer Babyloniens, die Juden in ihre Heimat zurückkehren. Er war überzeugt, daß sie aus Dankbarkeit für diesen Gefallen ihm in jener exponierten palästinensischen Grenzmark seines Reiches eine Beständigkeit verbürgende Bevölkerung sein würden. Achtzig oder neunzig Jahre später kamen auch Nehemia und Esra nach Jerusalem, denn in Babylonien war eine zahlreiche jüdische Gemeinde zurückgeblieben, und die beiden großen Führer hatten in ihr und am Hof des Königs hohe Ämter bekleidet. In Israel forderten beide nachdrücklich Reinerhaltung der Sippen, ja nötigten sogar die in der alten Heimat wieder seßhaft Gewordenen, sich von ihren nichtjüdischen Frauen zu trennen. Unter allen, die zu unbedingtem Gehorsam gegen Gott und Torah verpflichtet waren, sollte die Bedeutung der jüdischen Blutsverwandtschaft verstärkt werden. Man erkannte, daß nur eine Familie, die der Torah und den Mitzwoth kompromißlos verbunden ist und deren Angehörige seit Generationen darin erzogen sind, den Weiterbestand der Judenheit zu gewährleisten vermöge. Die Samaritaner, ein Volk halb jüdischer, halb nichtjüdischer Abkunft mit einer aus allerlei Bräuchen und Ritualen zusammengesetzten Mischreligion, schloß man aus.

Die Einstellung des Judentums gegen Konvertiten hatte sich also unter dem Druck äußerer Umstände gewandelt. In der Zeit ihrer früheren Seßhaftigkeit im LANDE hatten sich die Juden allen Konvertiten gegenüber aufgeschlossen gezeigt. Während alle anderen Völker des Altertums die ‹Barbaren› ablehnten, nahmen die Juden als erstes und einziges Volk jenes Zeitalters Fremdstämmige auf, die bereit waren, ihr Schicksal mit ihnen zu teilen. Das Buch Ruth, von dem später noch die Rede sein wird, zeugt aufs anmutigste von dieser Fremdenfreundlichkeit: die im Volk mit Liebe aufgenommene Konvertitin Ruth wurde die Urahnin König Davids. Jetzt aber, da ihnen die Gefahr der Überfremdung und der Zersetzung drohte, richteten sie Schranken auf. Seit jener Zeit ist die Einstellung der Juden zur Konversion zwiespältig geblieben. Bisweilen, so z. B. während der Römischen Kaiserzeit, einer Epoche, in der viele im Reich nach einer glaubensstarken Religion suchten, war es gang und gäbe, Heiden zu bekehren. Damals war man der Auffassung: Wenn Menschen sich nach geistlicher Anleitung sehnen und der Judenglaube ihnen diese bieten kann, dann müssen wir ihnen den Wunsch auch erfüllen. Späterhin bemühte man sich kaum noch, Nichtjuden zu bekehren, zum Teil freilich, weil das Christentum Bekehrungen zum Judentum verbot. Heutzutage, so scheint es, herrscht eine etwas großzügigere Auffassung vor, zumindest bei den religiösen Juden liberaler Richtung. Der Konvertit kann ein ebenbürtiger und wohlgelittener Angehöriger des jüdischen Volkes werden.

Neuaufbau und Ausbau

Nach der Heimkehr wurde die Torah dem im LAND wieder ansässig gewordenen Volk erneut feierlich verkündet, und alle Volksgenossen schlossen 444 v. d. Z. einen Bund des Gehorsams gegenüber der Torah. Von 520 bis 515 v. d. Z. hatte man zwar einen zweiten Tempel erbaut; den Führern aber genügte das noch nicht: sie räumten der Torah und den Mitzwoth die zentrale Stellung im Alltagsleben und im Gottesdienst ein. Das Amt des Rabbis gewann immer größere Bedeutung. In den folgenden Jahrhunderten mühte man sich unablässig, Kenntnis und Geist der Torah zu festigen und auszubreiten. Und nur das rettete das Judentum, nach späterer Zerstörung auch des zweiten Tempels. Unmittelbar nach diesem Ereignis fand das jüdische Glaubensleben im Lehrhaus seinen Mittelpunkt.

In Streitgesprächen, Erörterungen, rabbinischen Urteilsentscheidungen und erläuternden Auslegungen ging die Suche nach dem Sinn der Torah mehr und mehr in die Tiefe. Die allmählich zu einer ganzen Sammlung anwachsenden Auslegungen wurden jahrhundertelang nur mündlich überliefert. Eine mündliche Torah entfaltete sich und, als schließlich der Stoff zu umfangreich wurde und Verfolgungen das Leben der Rabbinen, die Träger dieses Wissenschatzes waren, gefährdeten, legte man die ‹Mündliche Torah› schriftlich fest. Diese Niederschrift ist dann unter dem Namen *Talmud*, d. i. Zusammenfassung des Lehrguts, bekanntgeworden. Bis auf den heutigen Tag ist dieser, den wir später noch eingehender besprechen werden, die ‹Enzyklopädie der Juden› geblieben.

Wenn immer es notwendig wurde, übersetzte man die Torah auch in fremde Sprachen, damit sie jenen Juden, die das Hebräische verlernt hatten, weiterhin Richtschnur und Anleitung bleibe. Die wohl früheste Übertragung, ins Griechische, nennt man die *‹Septuaginta›*, d. i. lateinisch ‹siebzig›, weil sie das Werk von 70 Schriftgelehrten gewesen sein soll.

Das Auftreten Alexanders des Grossen von Makedonien auf dem Schauplatz der Weltgeschichte führte zur Durchdringung des Gesamtraumes seines Reichs mit griechischer Kultur (Hellenismus). Bei seiner Eroberung der damaligen Welt (336–323 v. d. Z.) zog Alexander auch in Jerusalem ein und war zu den Juden so gnädig, daß viele ihre Söhne nach ihm benannten. Nach seinem frühen Tod geriet das Gebiet Juda zunächst unter die Herrschaft der Ptolemäer Ägyptens (der Gründer dieser Dynastie, Ptolemaios I. Sôtêr, war einer jener Feldherren Alexanders, die nach seinem Tod sein Riesenreich unter sich aufteilten). Der Einfluß des Hellenismus war so stark, daß viele der im übrigen strenggläubigen Juden Ägyptens das Hebräische nicht mehr verstanden, weshalb die soeben erwähnte Septuaginta-Übersetzung notwendig wurde.

Bald schon entriß jedoch die makedonische Diadochendynastie der Seleukiden den Ptolemäern das Land Juda und gliederte es ihrem Königreich Syrien ein. Antiochos IV. Epiphanes, einer der seleukidischen Könige Syriens, der sein Reich durch Einführung griechischer Götterverehrung und Wissenschaft zusammenschweißen wollte, machte sich daran, den Judenglauben zu unterdrücken. 167 v. d. Z. riefen seine Gewaltmaßnahmen einen Aufstand der Juden unter der Führung des Judas Makkabäus (*Maqqavah*, der Hämmerer) aus dem Hause Hasmon hervor. Dieser Aufstand, dessen glücklicher Ausgang mit dem *Chanukkah*-Fest (vgl. S. 209) gefeiert wird, errang dem Land schließlich wieder die volle Unabhängigkeit. Weil die Hasmonäer ihr Geschlecht vom Stammvater Aaron, dem Hohenpriester, herleiteten, gehörten sie der Priesterkaste an, die allein befugt war, Gottesdienst im Tempel abzuhalten und das Amt des Hohenpriesters zu bekleiden. Diese Hasmonäer bestiegen nun den Königsthron und hatten zugleich in Personalunion das Hohepriesteramt inne. Ihre Macht war schlechterdings absolut und entartete bald.

Römische Fremdherrschaft

Als die beiden Brüder Hyrkanos und Aristoboulos aus dem Hause der Hasmonäer einander in einem harten Zwist die Königswürde streitig machten, riefen sie Rom als Schiedsrichter ihres Streites an. 63 v. d. Z. erschien Pompejus auf dem Plan, sprach Hyrkanos, dem schwächeren der beiden Brüder, die Königsmacht zu und gab ihm einen Ratgeber, in Wirklichkeit aber einen Aufpasser, bei, dessen Aufgabe es war, den Römern die Macht im Lande zu erhalten, die ihnen in den Schoß gefallen war. Zum Ratgeber setzte er den Antipater, einen Idumäer, ein, den Angehörigen eines Volkes, das die Hasmonäer gewaltsam dem Judenreich botmäßig gemacht und zur Annahme des Judenglaubens gezwungen hatten, das sich jedoch nie aus echter Überzeugung zu dieser Religion bekannte. Antipaters Sohn, dem der Vater den Aufstieg zum Thron ermöglichte, war Herodes der Grosse (37–4 v. d. Z.), der dann, obgleich er in dieses Geschlecht eingeheiratet hatte, fast die ganze Hasmonäerdynastie ausrottete, mit dem Volk aufs grausamste verfuhr und alles tat, um den römischen Herren zu Gefallen sein.

Im Laufe der Zeit übernahmen die Römer die gesamte Macht und ließen das Land durch Statthalter, die sogenannten *Prokuratoren,* regieren. Diese Vögte waren alle grausam und bestechlich. In stillschweigender Abmachung hatte Rom sie in die ferne Provinz geschickt, damit sie dort ihre privaten Finanzen sanierten. Sie bedienten sich u. a. der Methode, das unterworfene Volk dadurch zu reizen, daß sie den römischen Adler, der als ein geschnitztes Bildwerk den Juden ein Greuel sein mußte, öffentlich aufstellen ließen. Sie fachten zunächst eine aufrührerische Stimmung im Volk an, um dann den Aufruhr, sobald er losbrach, blutig niederzuschlagen, verurteilten Hunderte zum Kreuzestod, beschlagnahmten deren Besitz und ließen ihn in die eigene Tasche wandern. Die Unruhe wuchs. Der Schrei nach Befreiung von unerträglicher Unterdrückung wurde lauter und lauter. Zumal in Galiläa schwelte Aufsässigkeit. Unter diesen brutalen römischen Gouverneuren war Pontius Pilatus einer der schlimmsten. Kein Wunder also, daß er das Wirken und die messianischen Kundgebungen Jesu als Auflehnung gegen die Staatsgewalt ansah und ihn als ‹König der Juden› kreuzigen ließ, um an ihm ein Exempel zu statuieren, damit jedermann sehen könne, was mit dem geschähe, der Unabhängigkeit erzwingen und ‹König› oder Messias sein wollte. Die Juden haßten und verachteten PONTIUS PILATUS, sie leisteten ihm Widerstand, wollten lieber sterben, als ihren Glauben, ihr Vätererbe aufgeben, und viele mußten die Kreuzigung, jenes rohe Hinrichtungsverfahren der Römer, erleiden.

Schließlich wurde des PILATUS Machtmißbrauch sogar den Herren in Rom zu viel: man berief ihn ab. 64 n. d. Z. trat FLORUS, der letzte Prokurator, sein Amt an. Er provozierte die Juden so sehr, daß sie sich zuletzt in einem bewaffneten Aufstand gegen ihn erhoben. Weil es ihm nicht glückte, des Aufruhrs Herr zu werden, sah er sich gezwungen, römische Legionen zu Hilfe zu rufen. Sie kamen, geführt von dem Feldherrn VESPASIAN, dem späteren römischen Kaiser (69–79 n. d. Z.). Nach jahrelangem Krieg eroberte TITUS, der Sohn VESPASIANS, schließlich Jerusalem (70 n. d. Z.) und legte es in Schutt und Asche. Unterdessen hatte man aber schon in der kleinen Hafenstadt Jabneh ein religiöses Zentrum eingerichtet, damit sogleich, falls der Tempel zerstört würde, die Torah ihn als zentrale Kraft ablösen könne.

Zuversicht und Kampfgeist der Juden erloschen danach keineswegs, sondern trieben das Volk noch zu etlichen weiteren Aufständen, durch die es das Land zurückerobern und darin wieder eine selbständige jüdische Herrschaft aufrichten wollte. Der Aufstand des BAR KOCHBA (132–135 n. d. Z.) war der letzte. Er mißlang: Kaiser HADRIAN schlug ihn nieder, sah jedoch allmählich ein, daß man mit den Juden auf die Dauer einfach nicht fertig werden konnte, solange sie noch ihre Torah und Mitzwoth als Rückhalt hatten. Und deshalb verbot er beide. Die Juden wurden zu Märtyrern ihres Glaubens. Nach HADRIANS Tod (138 n. d. Z.) gestattete man ihnen wieder die Ausübung ihrer Religion. Die römische Provinz Palästina *, die die Römer eigens so benannten, um den Juden das Recht, dieses Land zu besitzen und ihm ihren eigenen Namen zu geben, abzusprechen, blieb nach wie vor das Zentrum jüdischen Lebens in der ganzen Welt. Hier hatte der Patriarch seinen Sitz und fungierte als zentrale Autorität für die jüdische Diaspora, die sich bis in ferne Länder wie z. B. Babylonien, Ägypten, Rom, die Provinzen des Römerreiches bis nach Germanien hinein ausdehnte.

Die christliche Glaubenslehre gewann nach und nach immer mehr Anhänger und wurde schließlich die Staatsreligion des Römischen Reiches (schon das 325 in Nikäa in Kleinasien abgehaltene Konzil brachte einen entscheidenden Durchbruch). Immer stärker wurden die Juden innerhalb des nun ganz christlich gewordenen Römischen

---

* *Pläschäth*, d. i. Land der Philister, *Plischtim*.

Reiches in ihren Rechten und Freiheiten beschnitten: sie waren das verfluchte Volk geworden. 425 schaffte man das Amt des jüdischen Patriarchen ab und verlieh dem christlichen Bischof zu Jerusalem den Patriarchentitel. Doch mittlerweile hatte sich das Zentrum jüdischen Lebens schon ganz nach Babylonien, also in ein nichtchristliches Land, verlagert.

Der Einfluß griechischen Denkens

Man darf nicht meinen, das Judentum habe fremdländisches Denken von vornherein abgelehnt. Obwohl es stets der Torah verhaftet geblieben ist, hat es sich doch allezeit für nichtjüdische Kultur und Denkart aufgeschlossen gezeigt. Ausländische Anschauungen und Bräuche, die ihm wertvoll erschienen, übernahm es bereitwillig, ja verleibte sogar einige davon seinem Glaubenssystem ein. Nur jene Ansichten und Sitten, die es für schädlich hielt, lehnte es ab.

Das griechische Denken übte einen außerordentlich starken und nachhaltigen Einfluß aus. Die Propheten waren keine systematischen Denker gewesen. Von Gottes Geist getrieben redeten sie voll leidenschaftlicher Inbrunst. Unter griechischem Einfluß eigneten sich die Juden systematisches Denken so sehr an, daß es zu einem bleibenden Instrument ihres Studiums wurde. PLATON, ARISTOTELES und die Stoiker nahm man ernst. Gerade in seiner Tätigkeit als Neuerer der Gesetzgebung und Rechtsprechung bezeugt das *Sanhedrin* *, der jüdische oberste Gerichtshof, den Einfluß der gesetzgebenden Versammlungen im alten Griechenland.

Ein treffliches Beispiel ist die Haltung des Judentums gegenüber dem allgemeinen Studium der Torah. PLATON hatte ein allgemeines öffentliches Erziehungswesen gefordert. ARISTOTELES hatte dargelegt, daß der Wissenstrieb des Menschen wirkliche und größte Glückseligkeit ausmache, dabei jedoch eingeräumt, daß solches Glück den Mittellosen, die sich keine Muße zum Lernen leisten könnten, versagt bleiben müsse. Diese beiden Ansichten PLATONS und ARISTOTELES' verbanden die Juden mit dem Geheiß der Torah, «einschärfe sie deinen Söhnen» (5. Mose, ‹Reden›, 6 : 7; Luther: «und sollst sie deinen Kindern einschärfen»), und gelangten so zu der Überzeugung, Erziehung müsse allgemein sein, und der Einzelmensch müsse, um die Glückseligkeit des Lernens zu erreichen, sich mit dem allerunumgänglichsten Existenzminimum bescheiden, notfalls sogar darben. «Iß Brot mit Salz, trinke Wasser mit Maßen, schlafe auf dem Fuß-

* griech: *Synhedrion*, Ratssitzung, Gerichtshof.

boden, schicke dich in ein Leben des Verzichts und der Entsagung, doch lerne unermüdlich in der Torah! Tust du das, dann heil dir! es wird dir wohlergehen! heil dir hienieden! Gutes erwartet dich in der künftigen Welt.» (Talmud, Mischnah Abot 6 : 4).

Die Philosophie Epikurs dagegen, die Gottes Dasein und ein Leben der Seele nach dem Tod leugnet, lehnte der Judenglaube ab. Das schlimmste Schimpfwort für einen Juden, der seinem Väterglauben gänzlich abtrünnig wurde, war ‹Epikureer›.

Der 20 v. d. Z. bis 54 n. d. Z. im ägyptischen Alexandrien lebende Philosoph Philon der Jude sprach und schrieb zwar griechisch und führte sein Leben ganz im Geist und Sinn der Stoiker, blieb zugleich aber ein tief religiöser, die Vorschriften seines Väterglaubens streng einhaltender Jude. Angeregt durch die griechischen Denker seiner Zeit, die Homer allegorisch und als Anleitung zu sittlichem Lebenswandel neu interpretierten, legte Philon die Torah nach eben diesen Deutungsprinzipien aus. Seiner Auffassung gemäß weisen die in der Torah berichteten Ereignisse auf tiefere Bedeutung von sittlichem Belang hin. So seien z. B. die Mitzwoth, die Gottesgebote, sinnfällige Werkzeuge und Medien, durch die Gott ewige Vernunftwahrheiten zu enthüllen suche. Indem die Juden sich eingehend mit der Torah befassen und die Mitzwoth befolgen, brächten sie so immer aufs neue ewige, allgemeingültige Wahrheiten zum Vorschein und zur Sprache.

Die Sekten

Im Zeitabschnitt zwischen Esra und dem Ende des 2. Jh. unserer Zeitrechnung blühte ein reges Glaubens- und Geistesleben. Unter dem Einfluß des Hellenismus entstanden mehrere Sekten, deren Wirken erst mit der Zerstörung des zweiten Tempels erlosch.

Eine dieser Sekten waren die *Sadduzäer*, reich, aristokratisch und konservativ. Sie scharten sich um den Hohenpriester und den Tempeldienst als Garanten des Überlebens. Im Gegensatz zu den Rabbinen, vor allem zu den Pharisäern, lehnten sie die Fortbildung der Torah durch Neudeutung der Schrift ab; sie leugneten die Unsterblichkeit der Seele, da davon in der Schrift nicht ausdrücklich die Rede war, und bei vielen hieß es: «Gibt es weder Lohn noch Strafe in einer künftigen Welt, so mögen wir das Leben rückhaltlos genießen.» Diese Gruppe folgte dann dem Vorbild römischer Lebenshaltung. Ein Sadduzäer war z. B. der Hohepriester Kaiphas, der vom Prokurator Pilatus in sein Amt eingesetzt worden war; um den Tempel und damit die Zukunft Israels zu erhalten, war er bereit, Jesus zu opfern, nachdem dieser von den Römern als Aufrührer betrachtet wurde.

Im Gegensatz zu ihnen glaubten die *Essener* (Essäer), daß das Ende der Tage unmittelbar bevorstehe, entsagtem irdischem Besitz und zogen als Bußprediger im Lande umher. Gewisse Untergruppen der Essener zogen sich in Klöster zurück und schworen dem Kontakt mit der Welt in strikter Kompromißlosigkeit ab. Sie waren fest davon überzeugt, sie würden, sobald das Jüngste Gericht, der Tag der großen Rechenschaftsablegung und des Kampfes zwischen «den Söhnen des Lichts und den Söhnen der Finsternis», anbräche, jenes letzte Häuflein sein, das gerettet wird. Die jüngst am Toten Meer wieder aufgefundenen Schriftrollen verschaffen uns einigen Aufschluß über die Lebensweise, die Organisationsform und die Anschauungen dieser Sekte.

Die *Zeloten* («Eiferer») riefen im Namen Gottes zum bewaffneten Aufstand gegen Rom auf. Selbst nach dem Fall Jerusalems leistete ein Teil von ihnen noch zwei Jahre lang in der Festung Masadah Widerstand. Schließlich nahmen sie sich das Leben, um der Knechtschaft zu entgehen.

Tonangebend war die Sekte der *Pharisäer*. Streng und ohne Abstriche hielten sie sich an die Torah und erfüllten die Mitzwoth gewissenhaft bis ins kleinste, denn sie wußten, daß nur durch diese beiden das Weiterbestehen der Judenheit verbürgt werden könne. Aber bloß oberflächliche Befolgung der Vorschriften war ihnen ein Greuel: das Herz müsse ganz auf Gott eingestellt sein. Wie inbrünstig sie die Mitzwoth befolgten, erhellt eindeutig aus der Weise, wie sie ihr Alltagsleben führten. Die Geschichte kennt kaum eine Gemeinschaft, der die Nachwelt weniger gerecht geworden wäre. Man verschrie die Pharisäer als Heuchler, obwohl sie das gerade Gegenteil davon waren. Sie waren der Ansicht, zum Dienen unter Gott bedürfe es des menschlichen Herzens und unserem Handeln müsse Liebe zu IHM und dem Mitmenschen zugrunde liegen, denn es komme auf Absicht und Gesinnung, nicht aber auf gehaltleeres Tun an. Demut und Bescheidenheit seien die Tugenden, die Gott fordert. «Was dir selbst unangenehm ist, das tue keinem anderen», war die goldene Sittenregel, ja recht eigentlich das Grundgesetz des Judentums für HILLEL, der ein Pharisäer war. Stolz erkennt das Judentum die Pharisäer als seine geistigen Väter an.

Mit der Einhaltung der Mitzwoth nahmen es die Pharisäer peinlich genau. ‹Pharisäer› bedeutet ‹Die Abgesonderten›, und zwar in dem Sinn, daß sie den anderen Menschen Vorbild sein sollen. Ihr Ziel war, «um die Torah eine Umzäunung (aus Mitzwoth) aufzurichten», auf daß die Torah nie durch die Einwirkung äußerer Einflüsse Schaden nehmen möge. Liebe zu Gott, Liebe zum Menschen, Torah und Mitzwoth im Sinne eines Antwortens auf das göttliche Gesetz durch sittlichen Lebenswandel und Befolgung der Glaubensvorschriften, das ist ihr Vermächtnis. Diese Grundforderungen sind das Bollwerk gegen den Untergang.

Einer der größten pharisäischen Lehrmeister war HILLEL (30 v. d. Z. bis 10 n. d. Z. Oberhaupt der nach ihm benannten Schule). In der Überzeugung, Nächstenliebe sei die Grundlage des Judenglaubens und sein Ausgangspunkt, von dem aus man sich erst richtig in die Torah vertiefen könne, gründete er eine hohe Schule, bildete viele Schüler aus und paßte, wenn irgend möglich, die Torah dem Leben an, so wie ja das Leben sich nach der Torah ausrichten muß. Manchen Meinungsstreit focht er mit seinem glaubensstreng-unbeugsamen Zeitgenossen SCHAMMAI aus, der gleich ihm Oberhaupt einer Schule war. Beider Meister Lehrmeinungen gelten der Judenreligion, da in ihr Meinungsverschiedenheiten nicht unzulässig sind, als «die Worte des lebendigen Gottes». Bei der Entscheidung von Streitfragen ist gleichwohl HILLELS Auffassung die maßgebende geblieben. HILLEL hatte Vertrauen zum Volk. Deshalb wurde seine Langmut sprichwörtlich: «Sind es auch keine Propheten, so sind es doch Söhne von Propheten». Dies ist eine der Quellen, aus der die Philosophie der modernen jüdischen Konservativen entspringt, nach deren Auffassung der unausgesprochene Wille des Volkes die Torah mit Gottes Zustimmung weiterentwickelte. Vermöge ihrer Herzensgüte und Demut wurden die pharisäischen Lehrmeister, die keine beruflichen Rabbinen, sondern bescheidene Handwerker oder Kleinbauern waren, zu den maßgebenden Führern des jüdischen Volks. Sie zählen zu den größten Sittenlehrern der Welt.

Als die Römer Jerusalem belagerten, erlangte der pharisäische Rabbi JOCHANAN BEN SAKKAI eine Audienz bei VESPASIAN, in deren Verlauf der Feldherr ihm gestattete, die Schule in Jabneh zu gründen. Nach Jerusalems Fall erloschen die übrigen Sekten, und die Pharisäer wurden *die* Lehrmeister, die Rabbinen, schlechthin. In den hohen Schulen arbeiteten sie Torah und Tradition Wort für Wort mit peinlichster Genauigkeit durch, diskutierten und entschieden Fragen von Gesetz und Recht, wobei die Stimmenmehrheit in der Versammlung den Ausschlag gab. Auf diese Weise bildete sich die *Halachah,* das jüdische Religionsgesetz, heraus. Als Prediger machten sie dem Volk sittliche Grundsätze begreiflich und bedienten sich zu deren Veranschaulichung dabei oft der *Haggadah,* des Gleichnisses und der Parabel. Unter dem Titel ‹Sprüche der Väter›, *Pirke Aboth* (‹Vater› galt damals als ehrende Anrede des Rabbi), wurden viele ihrer Lebens- und Sittenregeln als Anleitung zum rechten Lebenswandel von Generationen gesammelt. Von Mund zu Mund gab jede Generation der nächsten diese Mündliche Torah weiter. Doch lag in dieser Übermittlungsform eine Gefahr. Denn wer konnte dies alles im Gedächtnis behalten, da es doch ständig weiter wuchs, und wer konnte es wagen, das gesamte überlieferte geistige Gut des Judentums einigen wenigen Männern anzuvertrauen, die vielleicht ihr Wissen vor der Zeit mit sich ins Grab nehmen würden?

Rabbi Akiba (50–135) studierte vierundzwanzig Jahre lang, ehe er sich berufen fühlte, Lehrmeister des Volkes zu sein. Er starb den Märtyrertod für seinen Glauben während der Verfolgungen, die nach dem Verbot des Judenglaubens durch Hadrian ausbrachen, weil er diesem Verbot getrotzt hatte. Er wie sein Nachfolger Rabbi Meir (130–160) sahen sich bereits genötigt, ihre Vorlesungen schriftlich zu fixieren.

Die Mischnah

Angesichts dieser Lage entschloß sich der Patriarch Rabbi Judah, ein Freund des Kaisers Antoninus Pius (und vielleicht auch des Kaisers und Philosophen Mark Aurel, eines Neffen des Antoninus), die ‹Mündliche Torah› zu bearbeiten und niederschreiben zu lassen. Diese Niederschrift, die man *Mischnah*, d. i. Zweitschrift, Überarbeitung, nennt und auf die wir später noch näher eingehen werden, wurde erst um etwa 200 n. d. Z. abgeschlossen, gerade noch zur rechten Zeit, da die äußeren Umstände recht schwierig wurden.

Auf der Grundlage der Mischnah gingen die Auseinandersetzungen weiter, doch diese neuerliche Sammlung von Auslegungen, der sogenannte Jerusalemer Talmud, blieb unvollendet. Die damaligen Zustände machten ihren Abschluß unmöglich. Mittlerweile hatte jedoch das in Babylonien bestehende Zentrum jüdischen Glaubenslebens zu blühen begonnen.

Die babylonische Judenschaft

Als in den ersten Jahren des 3. Jahrhunderts zwei Schüler Rabbi Judahs aus Rom nach Babylonien zogen, um dort der Lehre und ihrem Studium einen geistigen Mittelpunkt zu geben, bedeutete das für sie kein gewagtes Unterfangen. Die babylonische Judenschaft konnte schon auf eine achthundertjährige, ununterbrochene, ruhmreiche Geschichte zurückblicken. – Sobald damals ihre Brüder nach der Rückkehr aus der Verbannung in Jerusalem wieder seßhaft geworden waren, galt zwar den in Babylonien weiterhin verbleibenden Juden Jerusalem als geistliches, geistiges, aber auch irdisch-geographisches Zentrum der gesamten Judenheit; doch vernachlässigten sie darüber keineswegs den weiteren Ausbau der eigenen Einrichtungen in Babylonien. So hatte Hillel, ehe er nach Judäa auswanderte, um dort seine Ausbildung abzuschließen und schließlich als maßgebender

Lehrmeister dort tätig zu sein, seine ersten Studien in Babylonien absolviert. Und nun machten sich ABBA AREKA (ABBA DER LANGE), leiblich wie geistig ein wahrer Riese, und sein Amtsbruder SAMUEL auf, in Babylonien die Hauptausbildungsstätte für Führungsnachwuchs einzurichten.

Die in Babylonien ansässigen Juden waren glücklich, wohlhabend und angesehen. Mehrere Millionen Mitglieder zählte die große Gemeinschaft. Die Juden besaßen alle Bürgerrechte und gründeten sogar einen eigenen autonomen Staat innerhalb des Königreiches (etwa einem Bundesstaat innerhalb der Bundesrepublik vergleichbar). Diesem Staat im Staate stand der *Resch Galûtha*, der Exilarch, vor, der aus dem Hause DAVIDS stammte und als Gouverneur im eigentlichen Sinn des Wortes regierte. Die Juden Babyloniens hatten sich gänzlich in die Verhältnisse ihrer Umwelt eingelebt, waren tief religiös und stolz auf ihre beiden wichtigsten, in den Städten Sura und Nehardea bestehenden Akademien (die Hochschule in Nehardea verlegte man später nach Pumbedita), deren Rektoren zugleich als die geistlichen Oberhäupter und obersten Richter des jüdischen Gemeinwesens fungierten und den Titel *Gaôn,* d. i. Exzellenz, führten. ABBA AREKA und SAMUEL wurden Rektoren der beiden Hochschulen. ABBA AREKAS Ansehen war so groß, daß alle Welt ihn einfach *Rab,* d. i. Meister, nannte. Im Gegensatz zu den palästinensischen Rabbinen, die man mit ‹Rabbi› anredete, legte man von da an allen führenden Rabbinen Babyloniens, die ja durch den Talmud zu uns sprechen, den Titel Rab bei.

Der Talmud

Zur theoretischen wie auch praktischen Weiterentfaltung der Mischnah bildete man ein bemerkenswertes Verfahren aus: Zweimal jährlich, im Frühling und Herbst, kamen die Schriftgelehrten zu je einen ganzen Monat dauernden Tagungen zusammen, auf denen sie alle anfallenden Fragen erörterten. Bei Abschluß der Tagung bekam jeder Teilnehmer eine ‹Hausaufgabe› zugewiesen, die er daheim neben seinem eigentlichen Beruf bis zur nächsten Sitzungsperiode oder *Kallah,* d. i. Versammlung, durchzuarbeiten hatte. Diese Erörterungen hielten sich strikt an den Text der Mischnah, und man zeichnete sie wortwörtlich auf. Die Sammlung dieser Niederschriften wurde die *Gemara,* d. i. Vervollständigung, Zusatz zur Mischnah, genannt. Die Gemara ist durchaus keine trockene Gesetzessammlung, sondern erfüllt von lebendigem dialogischen Geist. Wir finden in ihr das Widerspiel aus Frage und Antwort, Untersuchung rechtlicher Probleme und homiletische Deutung der Schrift, bildhafte Sprache neben peinlich genauer Untersuchung der Nuancen in der Sprache des Rechts, ernste Ermahnung neben klugem Witz und heiterem Scherz. Der Atem des lebendigen Geistes durchweht sie. So kommt es dann, daß vielfach Gedankengänge weitschweifig ausgesponnen werden, daß man vom Gegenstand abkommt und daß Themen lediglich durch freie Ideenassoziation miteinander verbunden werden.

Nach und nach wuchs der Stoff zu solchem Umfang an, daß er überarbeitet werden mußte. Unter der Aufsicht des Rab Aschi und Rabina wurde dieses Vorhaben um etwa das Jahr 500 zu Ende gebracht. So wurden Mischnah und Gemara im *Talmud* zusammengefaßt.

Neue Probleme: Der Islam, die Karäer, Saadja

Forschung und Studium gingen weiter. Babylonien geriet in den Einflußbereich des Islam (vgl. S. 39 f). Das Verhältnis der beiden Religionen ließ sich ausgezeichnet an. Damals tauchten jedoch mehrere neue geistige und geistliche Schwierigkeiten auf: Die Karäer, eine jüdische Sekte, sprachen dem Talmud jegliche Geltung ab und erkannten einzig und allein die schriftlich vorliegende Torah als maßgebend an. Hätte man sich aber der Auffassung der Karäer angeschlossen, dann wäre das einer Verfälschung des eigentlichen Sinns und Gehalts der Torah gleichgekommen. Nachhaltiger wirkte sich jedoch die Herausforderung aus, die aus der immer gründlicher werdenden Erarbeitung und Kenntnis der Werke des Aristoteles erwuchs, dessen so logisch dargelegte Schlüsse den Lehrmeinungen der Torah zuwiderlaufen. Auch mußten die Ansprüche des Islam, er sei der alleinseligmachende Glaube, logisch widerlegt werden.

All diesen Aufgaben unterzog sich der Gaôn Saadja (882–942), der als der erste jüdische ‹Scholastiker› gilt, weil er Aristoteles, wo irgend möglich, mit der jüdischen Tradition zu vereinbaren, soweit eine solche Synthese nicht möglich war, ihn mit logischen Mitteln zu widerlegen suchte. In seinem Buch ‹Glauben und Wissen› geht er darauf aus, den Judenglauben als den Vernunftglauben schlechthin hinzustellen. Für ihn gibt es in der Torah nichts, was jenseits der Vernunft läge. Auch die von Gott geoffenbarte Wahrheit, deren Sinn uns noch verborgen ist, werde die Menschenvernunft nach und nach doch begreifen. Derartige Wahrheiten seien uns nur offenbart worden, damit wir, während wir noch unermüdlich nach ihrem Sinn suchen, unser Leben schon veredeln. Daß Gott uns eine der Vernunft widerstreitende Weisung gegeben haben könnte, ist für Saadja undenkbar. Er schrieb arabisch, also in der internationalen Verkehrssprache jener Zeit, und konnte so von jedermann verstanden werden.

In vielen Streitschriften focht er überdies die Anschauungen der Karäer an. Zum Gebrauch für sein Volk übertrug er die Bibel ins Arabische, stellte eine hebräische Grammatik zusammen und gab das Gebetbuch heraus. Zwar verlief sein Leben wildbewegt, doch sein Anliegen ist eindeutig: er wollte die lebendige, stetig wachsende und sich weiter entfaltende Torah vor den Einflüssen fremdartigen Denkens bewahren. Doch alles, was, am Maßstab jüdischer Überlieferung gemessen, gut war, hatte ein Recht darauf, aufgenommen zu werden.

Nach und nach büßte die babylonische Judenschaft zwar ihre führende Stellung in den Kriegen und Wirren, die den Nahen Osten heimsuchten, ein, doch hat sich in Persien bis auf den heutigen Tag eine Judengemeinde erhalten. Unterdes waren dafür in Spanien und Deutschland neue Sammelpunkte entstanden.

2. Die Welt des Mittelalters

Für die Juden setzte das Mittelalter mit dem Aufstieg des Christentums in Europa ein und klang in Westeuropa mit der Emanzipation des 18. und 19. Jahrhunderts aus, während in Osteuropa manche Lebensbedingungen der Judenschaft bis heute mittelalterliche Züge tragen.

Die mittelalterliche Welt war in zwei religiös ausgerichtete Machtbereiche gespalten. Im 4. Jahrhundert wurde das ganz Westeuropa mitsamt Britannien umfassende Römerreich christianisiert. Der Islam breitete sich im 7. und 8. Jahrhundert von Arabien her ostwärts über Babylonien hinaus und westwärts über Nordafrika bis nach Spanien hinein aus. Die Juden wanderten innerhalb dieser beiden Machtbereiche hin und her und ließen sich da und dort nieder. Dabei entwickelten sich mancherlei Unterschiede in Bräuchen und Formen des religiösen Lebens sowie auch in der Aussprache des Hebräischen. Diese Unterschiede bestehen weiter, haben aber die Einheit der Gesamtjudenheit nicht zu sprengen vermocht.

Eine Teilgruppe der Juden folgte den römischen Legionen und ließ sich in Italien, Gallien, Germanien, Britannien und späterhin auch in Osteuropa nieder. Allenthalben, zumal aber in Deutschland und später in Polen und Rußland, richteten sie bedeutende hohe Schulen der Gelehrsamkeit ein. Die Angehörigen dieser Gruppe nennt man *Aschkenasim*, nach dem in der Bibel vorkommenden Namen *Aschke-*

nas, der angeblich die Region Germanien bezeichnete. Ihre Nachkommen bilden die Hauptmasse der heutigen Judenheit.

Die zweite Gruppe wanderte im Kielwasser des westwärts vorstoßenden Islam mit, gründete Niederlassungen in Nordafrika und dann in Spanien, das sie zu einem Zentrum jüdischer Gelehrsamkeit und blühenden jüdischen Kulturlebens ausbaute. Die Angehörigen dieser Gruppe heißen *Sefardim*, weil man meint, das in der Bibel vorkommende Wort *Sefarad* könne der Name für die Iberische Halbinsel gewesen sein. Die sefardische Ausspracheform des Hebräischen wurde im neuen Staat Israel für amtlich erklärt und wird sich daher wohl bei der gesamten Judenheit durchsetzen. Von den Sefardim soll, nach einer kurzen Darlegung des Verhältnisses zwischen Judentum und Islam, zunächst die Rede sein.

Judentum und Islam

Als MOHAMMED im 7. Jahrhundert den Schauplatz der Weltgeschichte betrat, bildeten die Juden auf der arabischen Halbinsel eine in ihrer Umwelt völlig aufgegangene Gemeinschaft. Ihre Lebensweise unterschied sich in nichts von der ihrer Nachbarn. Es ist möglich, daß die Juden den Anbau der Dattelpalme in Arabien eingeführt haben. Von ihrer Umwelt hoben sie sich einzig und allein durch ihre Religion ab. Ihre Mitbürger nannten sie ‹Das Volk des Buches› und bewunderten sie wegen der Unerschütterlichkeit ihres Glaubens. MOHAMMED hielt sich für einen neuen Propheten und wähnte, seine Offenbarungen würden an die Stelle der älteren Religionen, namentlich des Judenglaubens und des Christentums, treten. Er war fest überzeugt, die Juden würden seine Lehren annehmen, um so mehr, als die Juden von den Arabern als Brüder angesehen wurden: Es hatte sich nämlich die Auffassung herausgebildet, die Juden, die ja den Arabern wirklich nahestehen, seien Abkömmlinge ISAAKS, des Sohnes ABRAHAMS, während die Araber von ABRAHAMS anderem Sohn, ISMAEL, abstammten (1. Mose, ‹Im Anfang›, 16 und 21). Zu MOHAMMEDS Leidwesen sträubten sich die Juden aber standhaft, von ihrem Glauben zu lassen. MOHAMMED, der für seine Lehren allerlei Anleihen bei jüdischen Glaubensinhalten gemacht hatte, grollte ihnen daraufhin heftig, denn er war von der Idee besessen, ganz Arabien müsse unter einem einzigen Glauben geeint werden. (Nachdem er zunächst vorgehabt hatte, Jerusalem zum Zentrum seines Islam zu machen, besann er sich anders und wählte Mekka zur heiligen Stätte.) Er ging tätlich gegen die Juden vor und dezimierte sie in schrecklichen Blutbädern.

Nach seinem Tod fanden seine Nachfolger eine leidliche Form des

Zusammenlebens mit den in ihrem Herrschaftsbereich ansässigen Anhängern nichtislamischer Glaubensgemeinschaften. Die Andersgläubigen durften wohnen bleiben und ihren Besitz behalten, wurden aber Einschränkungen unterworfen, die sich je nach der Laune der Herrscher änderten, und hatten hohe Steuern zu entrichten.

Der Koran, die heilige Schrift des Islam, ist vom Judentum wie vom Christentum beeinflußt. JESUS z. B. rechnet er, unmittelbar nach MOSES, unter die Propheten. Mit dem Judenglauben teilt der Islam den Glauben an einen *einzig* einen Gott, im Gegensatz zu der christlichen Dreifaltigkeitslehre. Der Koran nimmt jedoch Juden wie Christen gegenüber eine zwiespältige Haltung ein: einerseits rühmt er ihren Monotheismus, anderseits tadelt er sie, weil sie sich nicht bereit finden, den Islam als endgültige, höchste göttliche Offenbarung anzuerkennen.

Die Sefardim

Im Machtbereich des Islam galten die Juden theoretisch als den Mohammedanern nicht gleichberechtigt, praktisch jedoch durften sie sich am politischen, sozialen, kulturellen und wirtschaftlichen Leben voll beteiligen. Viele stiegen an den Höfen der Kalifen, der islamischen Herrscher, zu hohen Ämtern auf und nutzten ihre einflußreichen Stellungen, um die Lebensbedingungen ihrer jüdischen Brüder zu sichern.

Den Juden ist es übrigens zu danken, daß das griechische Geisteserbe ins mittelalterlich-christliche Westeuropa gelangte, indem griechische Werke zunächst ins Arabische, dann ins Hebräische und aus diesem schließlich ins Lateinische übersetzt wurden. Unter den sefardischen, spanisch-jüdischen Philosophen ragen namentlich zwei durch ihre Bedeutung hervor:

JUDAH HALEVI (1080–1140), aus Toledo gebürtig, war ein äußerst warmherziger Mensch. Gleich so vielen anderen Juden zog es ihn zur Heilkunst, diesem herrlichen Beruf, der in allen seinen Aspekten nichts anderes als echte Mitzwah, nämlich Gesunderhalten und Heilen der Kinder Gottes ist. Er war ein Mann von großer Ausstrahlungskraft, besang als Dichter den Frühling und schöne Frauen; den Gipfel seiner Dichtkunst indes und deren eigentliches Anliegen erreichte er erst da, wo er seine und seines Volkes unendliche Liebe zum Land Israel zur Sprache brachte:

Zion, fragst du denn nicht, ob des Friedens Fittiche
Schatten spenden jenen Gefangenen, die deinen Frieden ersehnen?
Sieh, in West und Ost und Nord und Süd – weltweit –
Alle von nah und fern ohn' Unterlaß

Grüßen dich: Friede über Frieden allerseits.
Deine Not zu beweinen, wuchs mein Schrei zu unsäglicher Stärke,
Und weil ich erträume, dich in deiner Eigenheit neu erstehen zu sehen,
Bin ich die Harfe, auf der dir dein Lied erklinge.
Dein Gott erkor dich zur Wohnstatt,
Und glückselig der Mensch, den ER sich auserwählt
Und zu SICH nimmt, auf daß er mit IHM in deinen Mauern ruhe!*

Hier erschallt der Ruf nach dem LAND, das die Kraft hat, wenngleich nicht in Wirklichkeit, so doch durch Hoffnung, Sehnsucht, das Geschick seines Volkes zu gestalten.

Als alter Mann entsagte HALEVI den Annehmlichkeiten seines behaglichen Heims zu Córdoba, wo er sich niedergelassen hatte, und zog aus zur Siedlung im Heiligen Land. Es geht die Sage, angesichts der Stadt Jerusalem habe er sich in ehrfürchtiger Scheu anbetend in den Staub geworfen, da sei er von den Hufen des Rosses eines zufällig vorübersprengenden Arabers zu Tode getreten worden.

JUDAH HALEVI war aber auch Philosoph. Als eines Rahmens und Ansatzes zu seiner Darlegung des Judenglaubens bediente er sich eines geschichtlichen Ereignisses, des Übertritts König BULANS und des ganzen Chazarenvolkes zum Judentum (ca. 740 n. d. Z.), und berichtet, der Chazarenkönig sei mit seinem Heidenglauben unzufrieden gewesen und habe deshalb drei Weise, einen Mohammedaner, einen Christen und einen Juden zu sich rufen lassen. Der Jude habe den König von der Überlegenheit des Judenglaubens überzeugen können. Im Rahmen seines Berichtes darüber setzt JUDAH HALEVI Ansichten und Inhalte des Judenglaubens auseinander. Zwar seien die Juden tatsächlich Gottes auserwähltes Volk, jedoch nur, um der Menschheit zu dienen. Sie seien das Herz der Menschheit: nur um ihretwillen schlage es, leide es, und ohne es könne die Menschheit gar nicht auskommen. In diesem seinem *‹Chusari›* betitelten Werk erläutert HALEVI Torah und Mitzwoth und weist nachdrücklich darauf hin, wie sehr die Judenheit verwandtschaftlich zusammengehöre. Diesem Zusammengehörigkeitsgefühl fügt er – in seinem Dichten, Leben und Sterben – das Land Israel als jene Kraft hinzu, dank der der Jude sich als wegweisende Fackel und Leid erduldender Knecht der ganzen Menschheit im Angesicht Gottes aufrechterhalten konnte.

Der berühmteste aller spanischen Juden war MOSES MAIMONIDES (1135–1204), ein Universalgenie, von dem es hieß: «Von Moses (dem Lehrmeister vom Sinai) bis Moses (MAIMONIDES) hat es nie

---

* Nach der englischen Übertragung von NINA SALAMAN in: *A Book of Jewish Thoughts.* New York 1943, übersetzt von K.-H. LAIER. (Anm. d. Red.)

einen wie Moses gegeben.» An ihm wird uns das Zusammenspiel jener aufeinander einwirkenden inneren und äußeren Kräfte deutlich, die den Judenglauben und die Juden in ihrer Eigenart geprägt haben. Als er zu Córdoba geboren wurde, setzte gerade eine fanatische Mohammedanersekte der dortigen Judengemeinde ungemein hart zu und ließ deren Angehörigen nur die Wahl, entweder zum Islam überzutreten oder außer Landes zu gehen. Zehn Jahre lang mußte die Familie des kleinen MAIMONIDES von Land zu Land ziehen. Der einzige Gewinn dabei war für den Knaben, daß er bei vielen verschiedenen Lehrern lernen durfte. Zwar zog ihn das Land Israel derart an, daß er am liebsten für immer dort gelebt hätte; doch ließ er sich schließlich in Fostat (Alt-Kairo) nieder, wurde Leibarzt am Kalifenhof und Oberhaupt der dortigen Judengemeinde. In seiner Geburtsstadt Córdoba ist ein Platz nach ihm benannt, in der nordisraelischen Hafenstadt Akre (Akkon) hat man an dem Stadttor, durch das er einst einzog, eine Tafel zu seinem Andenken angebracht, und in Tiberias am See Genezareth ist heute noch das Grab zu sehen, in das er angeblich nach seinem Tod überführt wurde. Diese geographischen Punkte stecken den Weg seiner geistigen Pilgerschaft durch die Weisheit Israels und der Welt ab, die ihn zum Lehrmeister des Judentums und zu einem der großen Philosophen der Welt machte.

MAIMONIDES' erste Sorge war die Bewahrung der Torah. Um ihretwillen schrieb er einen Kommentar zur Mischnah, worin er jüdisches Denken und aristotelische Philosophie synkretistisch aufeinander abstimmte. Als der systematische Denker, der er war, suchte er die grundlegenden Überzeugungen des Judenglaubens in Form eines Glaubensbekenntnisses bündig zu fassen, an das sich, obschon es des öfteren angefochten wurde, auch heute noch die überlieferungstreuen Juden halten. Später erhielt es die Gestalt eines Gedichtes, des *Jigdal,* (‹Groß sei gerühmt›), das allenthalben im Gottesdienst als Choral gesungen wird.

Sein Glaubensbekenntnis gliedert sich in dreizehn grundlegende Artikel.

«Ich glaube:

1. Daß nur Gott allein der Schöpfer ist.
2. Daß ER durchaus nur ein alleinig-einzig Einer ist.
3. Daß ER keinen Leib noch irgendeine leibhafte Gestalt hat.
4. Daß ER Ursprung und Ziel ist.
5. Daß wir nur zu IHM, aber zu niemandem sonst beten dürfen.
6. Daß der Propheten Worte wahr sind.
7. Daß Moses Kündung wahr und er der Vater aller Propheten ist.
8. Daß die Torah, wie sie uns nun vorliegt, dem Moses eingegeben wurde.
9. Daß diese Torah unwandelbar ist, und es eine andere Torah vom Schöpfer niemals geben wird.

10. Daß der Schöpfer alle Gedanken und Taten des Menschen kennt.
11. Daß ER gemäß den Taten belohnt und straft.
12. Daß der Messias kommen wird. Und ließe er auch lange auf sich warten, so werde ich doch alle Tage seiner harren.
13. Daß die Toten auferstehen werden.»

Wie kraftvoll des MAIMONIDES Fassung der Glaubensartikel ist, wird beispielhaft deutlich daran, daß die Blutzeugen des Warschauer Ghettos mit einem Choral in den Tod gingen, der sich auf dem Grundelement seines Bekenntnisses: «Ich glaube» aufbaute.

Die ewige Gültigkeit der Torah wurde so dem jüdischen Volk erneut eindringlich vor Augen geführt.

In zweiter Linie ging es MAIMONIDES um die Mitzwoth. Nachdrücklich weist er darauf hin, daß sie nicht nur für das religiöse, sondern ebenso für das soziale Leben wichtig sind. Da ihm der Talmud als Gesetzbuch zu unklar abgefaßt erschien und vor allem die in ihm verstreut aufgezeichneten Religionsentscheidungen einer systematischen Anordnung bedurften, schrieb er einen Leitfaden zur gesamten Mündlichen Thorah, den er *Mischneh Torah* (Wiederholung der Torah) nannte und der es nach seiner Überzeugung jedermann, vor allem aber jedem Rabbiner ermöglichen würde, alle maßgebenden Beantwortungen strittiger Fragen rasch zu finden. Die Mischneh Torah ist eine systematisch angeordnete, vernunftgemäß erläuterte Übersicht über Torah und Talmud. Die Wichtigkeit der Mitzwoth und die Pflicht, sie zu befolgen, konnten nun nicht mehr bezweifelt werden.

Aus seinem dritten Werk, ‹Der Führer der Verwirrten›, wird die Einwirkung seiner Umwelt ersichtlich. Ein Schüler hatte dem Meister geschrieben, die aristotelische Philosophie habe viele Menschen derart verwirrt, daß sie nun meinten, sie müßten entweder die Glaubenslehren der Torah fahren lassen und dem Vätererbe abtrünnig werden oder allem redlichen Denken abschwören und die Beweisführungen des ARISTOTELES ablehnen, um ihren Glauben zu retten. Als Antwort darauf verfaßte MAIMONIDES sein philosophisches Werk, legte darin mit philosophischen Mitteln das absolute Einssein Gottes dar und zeigte, daß Anthropomorphismen nur Ausflüsse der Wirkung Gottes auf den Menschen und IHM nicht wesentlich sind. Zwar vernähmen die Menschen Seine Weisung, als hätte ein Mund sie verkündet, doch besage das keineswegs, daß Gott wirklich einen Mund habe. Tatsächlich sei Gott dem Menschengeist schlechterdings unfaßlich. Man wisse nicht, *was* ER ist, obgleich man sehr wohl wisse, *daß* ER ist. Dies hat man ‹negative Theologie› genannt. Sie entspringt tiefstem Glauben an Gott und einem Wissen um die engen Grenzen, die menschlichem Erkennen gesetzt sind.

Des ARISTOTELES Anschauung, die Welt sei ewig, unterzieht MAIMONIDES streng philosophischer Untersuchung und Kritik. Die Ordnung innerhalb der Welt als eines Ganzen ist ihm Beweis dafür, daß die Welt das Werk eines göttlichen Schöpfers ist. Es sei überdies ein Grundirrtum anzunehmen, die Schöpfung des Weltalls *als eines Ganzen* sei nach denselben Gesetzlichkeiten und unter den gleichen Bedingungen abgelaufen wie das Erschaffen der Dinge innerhalb der Welt. Bei innerweltlichen Dingen sei Schaffung aus dem Nichts unmöglich. Doch gerade auch dieser Grundsatz, dieses Gesetz, wonach aus nichts eben nichts kommen kann, habe ja schließlich selber erst einmal geschaffen werden müssen. Im Anfang habe es nicht einmal diesen Grundsatz gegeben, und somit habe er für die ganze Schöpfung keine Geltung haben können. Dieser Grundsatz müsse also aus dem Nichts erschaffen worden sein, und zwar durch Gott, der auch die Welt aus dem Nichts erschuf. Nach MAIMONIDES' Meinung irrte ARISTOTELES, als er annahm, dieselben Gesetzlichkeiten, nach denen nun innerhalb der Welt alles abläuft, müßten auch der Schöpfung selbst bestimmend zugrunde gelegen haben. Die Frage, warum Gott die Welt erschaffen und warum er sie gerade zu einem ganz bestimmten Zeitpunkt erschaffen hat, sei illegitim, weil wir keine angemessene Gotteserkenntnis haben. Angesichts dieses, aber auch verschiedener anderer Einwände gegen ARISTOTELES und seine Anhänger ist MAIMONIDES der Meinung, die Anschauung des ARISTOTELES sei so unhaltbar geworden, daß wir gut daran täten, uns an die Lehren der Religion zu halten, die aufweisen, daß es einen in seinem Willen freien Schöpfergott gibt, der die Welt im Irdisch-Zeitlichen erschaffen hat.

Auf diese Weise wird es MAIMONIDES auch möglich, die Existenz von Wundern anzuerkennen. Doch macht er darin einige Vorbehalte. Nicht alle als Wunder hingestellte und berichtete Begebenheiten seien tatsächlich auch Wunder gewesen. Man könne sie vielmehr als gewöhnliche Geschehnisse erklären, die bloß von Menschen als Wunder angesehen worden seien oder einfach in der seherischen Schau von Kündern und Propheten wurzelten. Von Wundern, die er als wirkliche Wunder gelten läßt, sagt er, Gott habe sie keineswegs nachträglich erst ersonnen und dann in die übrigen gewöhnlichen Geschehensabläufe der Welt eingefügt, sondern schon im ursprünglichen Schöpfungswerk vorgesehen, derart, daß sie sich zu einem bestimmten Zeitpunkt und an einem bestimmten Ort ereignen sollten.

Höchst bezeichnend ist, daß MAIMONIDES das Sichbefassen mit Philosophie nicht bloß *gestattet*, sondern es für eine *Pflicht* erachtet. Rabbinen gelten ihm als Philosophen. In dem göttlichen Palast, zu dem alle Menschen den Zugang zu suchen hätten, bewohne der Philosoph einen Raum im Innersten. Er stehe am höchsten auf der Leiter der Vollkommenheit. Von der Vernunft Gebrauch zu machen sei völlig rechtmäßig. Und dafür, wie sich die Vernunft zur Weiterentfaltung der Torah einsetzen lasse, liefert MAIMONIDES unter anderem das folgende überzeugende Beispiel: Alle Gebote hätten einen vernünftigen Grund. So lasse sich z. B. der Opferkult psychologisch erklären. Solange alle übrigen Völker ihren Göttern Tiere opferten, habe Gott Seinem eigenen Volk das nicht sogleich verbieten wollen. Statt dessen habe ER es dazu bewegt, Opfer nur noch an einem einzigem Ort, dem Tempel, und ausschließlich IHM allein darzubringen. Die eigentliche Form des Gottesdienstes aber, zu der ER Sein Volk führen wollte, sei das Gebet; aus diesem Grunde kann dieses ihm überall dargebracht werden.

MAIMONIDES, der allen Einflüssen aufgeschlossen war, hat das Gebäude jüdischen Lebens und jüdischer Gelehrsamkeit auf der Grundlage der Synthese all dieser Einflüsse errichtet. Die inneren Kräfte Gott-Torah-Mitzwoth-LAND, auf die er Gewicht legte, erlauben die Hereinnahme äußerlicher Kräfte, sofern diese sich in jene einfügen lassen. Man hat MAIMONIDES seiner Anschauungen wegen vielfach angefeindet; dennoch war sein Einfluß auf jüdische und christliche Philosophie, einschließlich der des THOMAS VON AQUIN, tief und nachhaltig.

Es wären freilich noch viele andere bedeutende Geister – Exegeten, Dichter, Weltreisende, Mystiker – zu nennen, die nach dem göttlichen Jenseits ausgriffen. Die wenigen, die wir hier erwähnten, vermitteln aber schon eine Vorstellung von der Bedeutung der damaligen spanischen Judenschaft.

Die Rückeroberung Südspaniens durch die Christen. Die Inquisition

Je weiter die christlichen Spanier Schritt für Schritt nach Süden vorstießen und die Mauren zurückdrängten, desto mehr verschlechterten sich die Lebensverhältnisse für die spanische Judenschaft. Vorderhand taten zwar Juden an den Höfen der von neuem gegründeten christlichen Königreiche als Ratgeber der Herrscher noch Dienst, doch wurde ihre Aufgabe, das Leben ihrer Brüder zu schützen, immer mehr erschwert. 1233 wurde in Aragon die Inquisition eingeführt und der neugeschaffene Dominikanerorden mit ihrer Leitung betraut.

MOSES NACHMANIDES, einer der führenden Rabbinen, wurde im Jahr 1263 zu einer Disputation mit den Dominikanern gezwungen, die zu gewinnen ihm nicht erlaubt war und die er doch im Interesse seiner Judengemeinde nicht verlieren durfte. König und Hof fanden sich zu diesem Streitgespräch in Barcelona ein. MOSES NACHMANIDES flehte umsonst, dem schauerlichen ‹Wettstreit› ein Ende zu machen. Gebrochen verließ er einige Jahre später sein geliebtes Spanien, um sich in Palästina anzusiedeln.

Vertreibung aus Spanien

Sogar in ihren eigenen Synagogen mußten sich Juden christliche Predigten anhören. Die Volksmeinung wandte sich gegen sie, und der Pöbel ließ sich zu Übergriffen hinreißen. Nach der Vereinigung Kastiliens und Aragons zum Königreich Spanien unter Ferdinand und Isabella und der Vertreibung der letzten Mauren im Jahr 1492 waren die Juden dort die einzigen ‹Ungläubigen›. Sie wurden durch ein Edikt des Königspaares noch im gleichen Jahr sämtlich des Landes verwiesen. Das bedeutete das Ende der einst blühenden Judengemeinschaft Spaniens. Wenn sich auch im 20. Jahrhundert neue jüdische Gemeinden in Spanien bildeten, so wurde das Edikt von 1492 offiziell doch erst im Jahr 1969 aufgehoben.

Bleiben durfte nur, wer zum Christentum übertrat; um sich zu tarnen, nahmen viele Juden der Form halber den Christenglauben an, lebten aber heimlich weiterhin nach ihrer Konfession. Ein höchst gefährliches Tun! Wer sich nämlich erst einmal zum Christentum bekannt hatte, dann aber wieder davon abfiel, galt als Ketzer. Schon auf den geringsten Verdacht hin kam die Inquisition über derartige Leute, verhaftete sie, rang ihnen in Folterkammern Geständnisse ab und ließ sie auf Scheiterhaufen verbrennen. Das Volk war im allgemeinen mißtrauisch gegenüber Neubekehrten und nannte sie *‹marranos›*, Dreckskerle. Dennoch überlebten einige Juden in Spanien und bekannten sich im 20. Jahrhundert wieder offen zu ihrem Glauben. Daß auch Columbus ein Marrano gewesen sei, wurde oft behauptet, die Beweise dafür sind aber nicht gerade überzeugend. Auffällig ist bloß, daß er in seinen Tagebüchern voll Mitgefühl von den Juden schreibt, die zur selben Zeit, da er zur Entdeckung der Neuen Welt ausfuhr, aus dem Land getrieben wurden und in seeuntüchtigen Booten seinen Weg kreuzten.

Die Flüchtlinge fanden in Holland, im Türkenreich und anderen Ländern eine neue Heimat. Ihre Tüchtigkeit brachte diesen Staaten großen Nutzen. Einige Flüchtlingsgruppen zogen nach Palästina, andere in die Kolonien der Neuen Welt. Joseph Karo (1488–1575), ein maßgebender Rabbiner in Palästina, erkannte die Notwendigkeit, den in vielen Ländern verstreut lebenden und dort Verfolgung leidenden Juden einen neuen inneren Zusammenhalt zu geben. Die Mitzwoth konnten als ein solches einigendes Band dienen. So schrieb er ein

Werk, in dem alle Gesetze systematisch geordnet dargelegt wurden, den ‹*Schulchan Aruch*›, den ‹wohlgeordneten Tisch›. Dieser ‹*Schulchan Aruch*› wurde, nachdem Moses Isserles (1530–1572) ihn, um ihn für die praktischen Bedürfnisse der Aschkenasim verwendbar zu machen, durch Zusätze ergänzt hatte, späterhin für sämtliche traditionsgebundenen Juden *das* Gesetzbuch schlechthin und ist dies bis heute auch geblieben.

Die Aschkenasim

Im Schicksal der aschkenasischen Judenschaft spiegeln sich der Konflikt zwischen weltlichen Herrschern und Päpsten, zwischen Nationalbewußtsein und universaler Kirche, und der Widerstreit der Meinungen in Renaissance, Reformation und Aufklärung. Soziale Unruhen und politische Umwälzungen hinterließen ihre tiefen Spuren auch im Leben und Leiden dieser jüdischen Gruppe.

Manches deutet darauf hin, daß die Juden schon im Gefolge der römischen Legionen nach Germanien kamen. Die früheste, das Bestehen einer dort seßhaften Judengemeinde belegende Urkunde stammt aus dem Jahr 321. Als Hitler die Juden mit allen Mitteln auszurotten suchte, waren sie auf deutschem Boden länger als jede andere Volksgruppe ansässig gewesen und hatten dem deutschen Volk die Möglichkeit geboten, im Geiste echter Gerechtigkeit an ihnen zu handeln und sich dies zur Gewohnheit zu machen. Denn diese Juden wollten ja nur eines: als Menschen leben und ihre Glaubensüberlieferung uneingeschränkt pflegen dürfen. Daß die Deutschen darin gänzlich versagten, sich als unfähig erwiesen, diese ihnen gestellte sittliche Aufgabe zu erfüllen, ist eine ihrer größten Tragödien.

Zunächst hatten die Juden es noch gut. Als Karl der Grosse sein Reich gründete und festigte (800–814), behandelte er sie mit Güte. Zu der Abordnung von Botschaftern, die der Kaiser zu Harun al Raschid, dem Kalifen von Bagdad, sandte, gehörte auch ein Jude namens Isaak. Als einziger überstand er die Fährnisse der Reise und überbrachte Karl dem Grossen als Geschenk vom Kalifen einen Elefanten, der, weil diese Tierart bis dahin in Deutschland unbekannt war, ein ungeheures Aufsehen erregte.

In Deutschland, wo sie als Kaufleute wirkten und die vermittelnde Zwischenschicht zwischen Bauernschaft und Adel bildeten – eine soziale Funktion, die ihnen auch in anderen Ländern zufiel –, waren die Juden wohlgelitten, durften z. B. auch Grundbesitz erwerben und bauten sich, sobald ihre Mittel es ihnen erlaubten, stattliche Häuser.

Die berühmte Familie Kalonymos, aus der nachmals große Gelehrte, Dichter, Mystiker und Männer tiefster Frömmigkeit hervorgingen, wurde wohl zwischen 917 und 990 aus Lucca bei Pisa nach Mainz gerufen. Den Angehörigen dieses Geschlechts gestand man das Recht zu, den Reichsadler als Zeichen kaiserlicher Gunst im Hauswappen zu führen. Die Säule mit dem Adler war bis zum Zweiten Weltkrieg noch erhalten. In ihren Schaft war ein Medaillon mit der Reliefbüste des Kaisers und darunter einem huldigend knieenden nackten Mann eingeschnitten. Mit diesem Sinnbild zeigten die KALONYMOS, wie sehr sie sich ihrem kaiserlichen Herrn zu Dank verpflichtet fühlten, von dem letztlich ihre Nahrung, Wohnung und Kleidung herkamen und dem sie in Liebe und aufrichtiger Untertanentreue zutiefst ergeben waren. Das waren tatsächlich Jahre des Wohlergehens für die Juden.

Je mehr aber der Glaubenseifer und gleichzeitig das weltliche Machtstreben der Kirche wuchsen, desto mehr Abstriche erfuhr die soziale Stellung der Juden. Die cluniazensischen Reformen des 10. Jahrhunderts untersagten u. a. sämtlichen Christen jederlei Geldgeschäfte aufs strengste. Von nun an drängte man die Juden gewaltsam in *diesen* Erwerbszweig und schloß sie von anderen aus.

Die um 1096 einsetzende Kreuzzugsbewegung bedeutet für das Schicksal der Juden die entscheidende Wende; denn von nun an wurden sie unterdrückt. Viele Kreuzfahrer meinten, sie könnten, ehe sie ins Heilige Land aufbrächen, um die Ungläubigen daraus zu verjagen, ihre Methoden ebensogut zunächst einmal an jenen Ungläubigen erproben, die mitten unter ihnen wohnten: den Juden. Ganz nebenbei verhieß das zugleich auch fette Beute. In Mainz, Worms, Speyer, jenen Mutterstädten aschkenasischer Judenheit, setzten sich die Juden tapfer zur Wehr, wurden aber von den zügellosen Volkshaufen überrannt und zogen es vor zu sterben, anstatt ihren Glauben aufzugeben. Tausende kamen ums Leben. Durch die Dekrete des Laterankonzils von 1215 wurde ihr Leben noch unsicherer. Papst INNOZENZ III., der sich als Oberhaupt und Schiedsrichter der gesamten Christenheit betrachtete, war entschlossen, die Juden in Schande, Erniedrigung und Verzweiflung zu stürzen. Um sie als Angehörige einer verfluchten Rasse zu brandmarken, zwang man sie, auf der Brust das gelbe Abzeichen der Vogelfreien und auf dem Kopf den kegelförmigen Spitzhut, das Sinnbild des Horns des Teufels, als dessen Brut und Ausgeburt man sie hinstellte, zu tragen (vgl. S. 167). Durch diese Anprangerungen waren sie nun den Quälereien ihrer Peiniger ständig wehrlos ausgeliefert. Ihre Absonderung in Ghettos und ihre Verfolgung wurden offiziell verfügt.

Kaiser und Könige betrachteten Juden als ihr persönliches Eigentum und zwangen sie, im Geldverleih, diesem für Christen nach kirchlichen Vorschriften als illegal geltenden Gewerbe, tätig zu sein. Den christlichen Gewerbetreibenden und Geschäftsleuten kam dies sehr gelegen: sie hatten inzwischen genug Sachkenntnis und Erfahrung erworben, um sich selbständig in allen Handels- und Gewerbezweigen betätigen zu können, und bestanden darauf, daß die Juden vollends daraus verdrängt würden. Die Zünfte nahmen die Juden niemals auf und verschlossen ihnen damit jede Möglichkeit, irgendein Handwerk auszuüben. Den Herrschenden dienten die jüdischen Geldverleiher als «Schwämme, die man ausdrücken kann». Eine Weile ließ man sie neues Vermögen anhäufen, dann enteignete man sie wieder. Ein Herrscher konnte so z. B. die Juden einer ihm unterstehenden Stadt einem Vasallen oder einer anderen Gemeinde als ‹Schenkung› übermachen, was bedeutete, daß das gesamte Privatvermögen dieser Juden dem Empfänger der Schenkung anheimfiel. Man konnte sie sogar aus ihrem Wohnort vertreiben, und selbstverständlich mußten sie dann ihren ganzen Besitz zurücklassen. Auch konnten die Schulden, die die Christen bei ihnen hatten, kraft fürstlicher Verordnung für null und nichtig erklärt werden.

Da der Bevölkerung nichts anderes übrigblieb, als Darlehen, noch dazu zu hohen Zinsen, bei den Juden aufzunehmen, entwickelten sich bei ihr immer stärkere Haßgefühle, die sich häufig in massiven Ausschreitungen gegen die Juden Luft machten. Aus solchen Erfahrungen lernten die Juden, wie gefährdet irdischer Besitz ist. Von frühester Jugend an mußte deshalb jedes ihrer Kinder auswendig hersagen können: «Die Torah und nur die Torah ist das [gesicherte] Erbe der Gemeinde Jakobs». Sonst war nichts sicher. Doch diese Lebensumstände ließen die Juden erst recht zu einer geschlossenen Gemeinschaft zusammenwachsen. Ein heute noch reicher Jude konnte morgen schon ein obdachloser Flüchtling sein. Darum machte er es sich zur Gewohnheit, jeden seiner Brüder, der hilfesuchend an seine Tür klopfte, gastlich bei sich aufzunehmen. Immer wenn Stadtgemeinden Juden wieder nötig hatten, forderten sie jene, die sie jüngst erst mit Schimpf und Schande weggejagt hatten, freundlich auf, zurückzukehren und sich erneut bei ihnen niederzulassen – für eine Weile. Ein tragisches Karussell! Schließlich begannen christliche Bankleute in vielen Ländern, sich über die Verbote der Kirche hinwegzusetzen, liehen Geld in großem Stil aus und forderten sogar noch höhere Zinsen. Man drängte die Juden aus dem Bankgeschäft und sorgte dafür, daß sie Geldverleih nur noch auf der untersten Stufe betreiben und allenfalls mit alten Kleidern handeln durften; einen anderen Broterwerb gestand man ihnen nicht mehr zu. Mitunter trieb man sie, sobald man sie wirtschaftlich als Geldverleiher nicht mehr brauchte, überhaupt aus dem Land.

Bösartige Verleumdungen wurden über die Juden in Umlauf gesetzt. Das ärgste Greuelmärchen aber war, daß man sie beschuldigte, beim Gottesdienst des Pessach-Festes Blut von Christenkindern rituell zu verwenden. Eine ähnliche falsche Anschuldigung hatten einst die Heiden, die die Eigenart des Abendmahls, die Verwandlung des Weins in CHRISTI Blut, noch nicht begriffen, gegen die Urchristen erhoben: man bezichtigte sie des Ritualmords an Heiden und der Verwendung ihres Blutes bei der Kommunion. Und nun scheuten sich die Christen nicht, die Juden mit der gleichen üblen Nachrede zu verleumden, deretwegen sie einst selbst soviel zu leiden gehabt hatten. Vergebens legten sich die Päpste ins Mittel, verkündeten, daß diese Anschuldigung jeder Grundlage entbehre, und stellten ihre Weiterverbreitung unter Strafe. Es half nichts. Der Pöbel scherte sich überhaupt nicht um dieses Verbot, sondern ging noch weiter und beschuldigte die Juden der Entweihung der heiligen Hostie und damit des Frevels an CHRISTUS selbst. Die Verleumder kümmerten sich dabei gar nicht darum, daß die Juden nicht an die Transsubstantiation und die Heiligkeit der Hostie glaubten und daß eine solche Entheiligung, die doch voraussetzt, daß der Frevler das zu Entheiligende zunächst einmal selber für etwas Heiliges ansieht, für die Juden keinerlei Sinn gehabt hätte. Die Greuelgerüchte gingen indes weiter und forderten ihre Opfer.

England, Frankreich, Deutschland

Zu den Orten, wo die falsche Anschuldigung, Juden verwendeten rituell Christenblut, ständig die nichtjüdische Einwohnerschaft aufhetzte, zählte auch die englische Stadt Lincoln (1255). Das Verhältnis von König und Volk zur Judenschaft wurde so gespannt, daß man die Juden schon wenige Jahre nach den ersten Lincolner Ausschreitungen allesamt des Landes verwies (1290).

Freilich fanden sich im christlichen Europa auch einige Juden, die, um der Ausweisung zu entgehen, zum Christentum übertraten. Bemerkenswert daran ist, daß es nur so wenige waren. Einige dieser Neubekehrten entwickelten sich – um ihren Übertritt zu rechtfertigen – zu rabiaten Judenhassern und bekehrungswütigen Missionaren unter den Juden. Weil sie wußten, daß die Torah die Quelle ist, aus der sich die jüdische Lebenskraft erneuert, ließen sie ihren ganzen Haß an der Torah (nicht jedoch am Alten Testament, das ja den Christen ebenso heilig war, sondern bloß an der Mündlichen Torah, dem Talmud) aus. Sie beschuldigten den Talmud, christenfeindliche Behauptungen zu enthalten. Auf eine solche Verleumdung hin kam es 1242 in Frankreich zur öffentlichen Verbrennung ganzer Wagenladungen voll unersetzlich kostbarer Handschriften. Nachdem die Juden durch die öffentliche Verpönung ihrer heiligsten Schätze herausgestellt und als Träger einer auf umstürzlerischen Lehren fußenden volksfeindlichen Weltanschauung gebrandmarkt waren, gerieten sie bei der Bevölkerung immer mehr in den Geruch, nicht nur Christenfeinde, sondern auch Widersacher des sich damals herausbildenden Nationalbewußtseins zu sein.

Als sich die Volksmassen in Frankreich wegen der hohen Steuerlasten – woran ihrer Meinung nach die jüdischen Geldverleiher mit ihrer fremdländischen Gesinnung schuld waren – empörten, beschwichtigte der König sie dadurch, daß er die Juden insgesamt aus dem Lande trieb (1394). Nur in der dem Papst unmittelbar unterstehenden kirchenstaatlichen Enklave Avignon durften sie wohnen bleiben. Die Vertriebenen suchten in Deutschland und Polen Unterschlupf. Wenige Jahre vor diesen Ereignissen in Frankreich hatte ein entsetzlicher Schicksalsschlag die Juden ganz Europas getroffen: 1349 suchte der Schwarze Tod das Abendland heim. Wo er vorüberzog, blieb auf seiner Bahn nichts als Leichen und Verwüstung zurück. Die hartgeprüften Volksmassen haderten mit ihrem Geschick. Wieder einmal mußten die Juden als Sündenböcke herhalten. Weil ihre Glaubensvorschriften und Bräuche die Juden zur Reinlichkeit anhalten, mag die Sterblichkeitsziffer bei ihnen geringer gewesen sein. Nun bezichtigte man sie jedenfalls, die Brunnen vergiftet zu haben, schlug sie haufenweise tot und jagte sie außer Landes. Viele kehrten Deutschland auf immer den Rücken und fanden eine neue Zuflucht im gastlichen Polen, das ihrer Tüchtigkeit dringend bedurfte. Damit setzte dort eine Neuansiedlung großen Ausmaßes ein. Die Umsiedler ahnten freilich nicht, wie kurz der Friede für sie währen sollte.

Trotz allem verblieben sehr viele Juden in Deutschland. Das war nur möglich, weil sie als persönliches Eigentum des Kaisers galten, der sie ausquetschen durfte, wann immer es ihm beliebte. 1356 legte die Goldene Bulle die Verfahrensweisen zur Wahl des jeweiligen Kaisers fest. Sieben höchste Würdenträger des Reiches, darunter sowohl Kirchenfürsten wie auch weltliche Landesherren, wurden dabei mit der Kurwürde, d. h. dem Recht belehnt, von Fall zu Fall einen neuen Kaiser zu küren. Durch diese Bulle wurden die Juden, die in den Hoheitsgebieten der Kurfürsten ansässig waren, diesen vom Kaiser als ‹Melkkühe› übermacht. Der Rest verblieb weiterhin im Besitz des Kaisers: er konnte sie nach Gutdünken, wem er nur wollte, zum Geschenk machen.

Nach dem Erlöschen der Pest nahmen viele Staaten und Städte Juden nur zu gern wieder bei sich auf. Doch für die Genehmigung, sich neu niederlassen zu dürfen, und die Verlängerung ihrer alljährlich wieder ablaufenden Aufenthaltserlaubnis hatten die Juden hohe Gebühren zu entrichten. Zum Wohnen wies man ihnen nun jeweils einen besonderen Sperrbezirk an, ein paar enge Gäßchen, zu denen man nur durch besondere, nachts verschlossene Tore gelangte: das *Ghetto*. Da sich dieses Ghetto, wenn auch die Zahl seiner Bewohner immer größer wurde, keineswegs erweitern ließ, mußte man die Häuser in den übervölkerten Vierteln immer höher aufstocken, bis kein Sonnenstrahl mehr in Fenster und Gassen dringen konnte. Von der Berührung mit der freien Natur waren die Juden sowieso schon seit geraumer Zeit abgeschnitten.

Lehrmeister der aschkenasischen Judenschaft

Sämtliche aus der aschkenasischen Judenschaft hervorgegangenen Lehrmeister hier zu erwähnen ist unmöglich. Nur von einigen unter ihnen soll darum die Rede sein.

Das oben schon erwähnte Geschlecht der KALONYMOS nutzte seinen Reichtum und sein Ansehen zur Förderung hoher Schulen der Gelehrsamkeit. Bald wurden Mainz, Speyer und Worms zu Mittelpunkten des Judentums. Aus der Sippe der KALONYMOS erwuchsen Schriftgelehrte, Dichter und Mystiker. Der bedeutendste unter ihnen, Rabbi KALONYMOS BEN MESCHULLAM (11. Jahrhundert), verfaßte eines der herrlichsten liturgischen Gedichte des jüdischen Schrifttums, worin er die Heiligkeit der ‹Tage der Ehrfurcht› besingt und Gott als den höchsten Richter rühmt, der des Menschen Geschick bestimmt, aber allezeit bereit ist, Reue, Gebet und Werke der Barmherzigkeit als Sühne jeglicher Sünde gelten zu lassen. Seinem Sohn und seinem Enkel wurde (1090) das Recht verliehen, sich in Speyer niederzulassen, wo sie ein Haus der Gelehrsamkeit gründeten. JUDAH, ein anderer Sproß der KALONYMOS, der erst später aus Italien zuwanderte, starb, als die Kreuzzugsbewegung ihren Höhepunkt erreichte (1200). Er wohnte bald in Worms, bald in Regensburg und schlug einen etwas anderen Weg ein als die übrigen Mitglieder seiner Sippe. Er versenkte sich in Gebet und Mystik, entzog sich so der diesseitigen Welt, die so unglücklich war, und floh in eine andere. Man nannte ihn JUDAH HA-CHASSID, Judah den Frommen (Mystiker), und durch ihn faßte die Mystik des Chassidismus (vgl. S. 60 ff) in Europa Fuß. Sie wirkte später vor allem in Polen, wo sie dank den dortigen Chassidim neuen Einfluß gewann.

960–1040 war GERSCHOM BEN JUDAH das Oberhaupt der Mainzer hohen Schule. Er genoß ein so hohes Ansehen, daß man ihm den

Ehrennamen ‹Leuchte der Diaspora› verlieh, und seine Schule war so hoch angesehen, daß ihre Verfügungen von der ganzen abendländischen Judenheit als verbindlich anerkannt wurden. GERSCHOM setzte z. B. fest, daß niemand einen nicht an ihn gerichteten Brief lesen dürfe; daß keine Frau gegen ihren Willen von ihrem Mann geschieden werden dürfe; er verbot die Polygamie, die zwar praktisch schon längst aufgegeben, aber noch nicht offiziell für rechtswidrig erklärt worden war. Zudem zog GERSCHOM sich viele Jünger heran.

Aus seiner Schule und der Wormser Akademie ging der bedeutendste aller Schriftgelehrten, Rabbi SALOMO BEN ISAAK (1040–1105) hervor, dessen Namen man dann zu RASCHI zusammenzog; fehlte sein Kommentar, so wäre uns der Talmud ein Buch mit sieben Siegeln geblieben. Er wurde in Troyes, der Hauptstadt der Champagne, geboren, verbrachte seine Jugend mit Studien in den Städten am Rhein und kehrte später wieder nach Troyes zurück, wo er ein kleines Weingut besaß, von dessen Erträgen er lebte. Er leitete dort die Akademie, ohne eine Entlohnung dafür zu empfangen. Gerade noch zur rechten Zeit, ehe es in Deutschland zu den Massenmorden an Juden anläßlich des 1. Kreuzzuges kam, kehrte er von dort nach Frankreich zurück und verbrachte seine letzten Lebensjahre in seiner Geburtsstadt.

In einfachsten Worten und äußerster Klarheit schrieb RASCHI Kommentare zu Bibel und Talmud, erläuterte diese Werke Satz für Satz, hellte schwerverständliche Stellen auf, indem er den Text klärend analysierte und seinen Sinn erläuterte. An manchen Stellen pflegte er sogar schwierige hebräische Wörter ins Französische zu übersetzen, woraus hervorgeht, daß sich die Juden ihrer Umwelt angepaßt hatten.

Ohne RASCHI kämen wir überhaupt nicht zurecht, und die Nachwelt hat in seinen abgekürzten Namen RASCHI eine andere Abkürzung hineingelesen: die zusammengezogenen Anfangsbuchstaben der drei Worte *Ra*bban *sch*el *J*issrael, der Lehrmeister Israels. Sein Kommentar gewann mit der Zeit auch bei christlichen Fachleuten Einfluß. NIKOLAUS VON LYRA befaßte sich eingehend mit RASCHIS Werk, namentlich aber mit seinem Bibelkommentar, und VON LYRAS Werk wurde von LUTHER für seine Bibelübertragung herangezogen. Es mag sehr wohl sein, daß RASCHIS klare, eindeutige Schriftauslegung manch einen dazu brachte, die von der katholischen Kirche festgelegte Deutung der Bibel nicht mehr fraglos hinzunehmen, und dadurch zur Entstehung jener Geisteshaltung beitrug, die dann zur Reformation führte.

Gestützt auf RASCHI verfaßten die Meister der französischen Schulen Zusatzkommentare, worin sie bestimmte Stellen des Talmud näher ergründeten. Ihre Kommentare nennt man *Tossafoth*, Hinzufügungen. In jeder Talmudausgabe steht auf dem Innenrand jeder Textseite RASCHIS KOMMENTAR, auf dem Außenrand die Tossafoth.

1286 beschloß der große Rabbiner Rabbi MEIR AUS ROTHENBURG, der sich seinen Schmerz über die Verbrennung des Talmud in einem verzweifelten Klagelied vom Herzen geschrieben hatte, nach Palästina auszuwandern. Dort allein lasse sich die Torah weiterentfalten, denn «aus dem Boden des LANDES ströme einem Weisheit zu», während es hier nur Prüfungen gäbe. MEIRS Vorhaben schlug fehl. Unterwegs wurde er erkannt und auf Befehl des Kaisers RUDOLF VON HABSBURG, der für ihn ein Lösegeld erpressen wollte, verhaftet und eingekerkert. MEIR verbot seinen Leuten, ihn freizukaufen, damit an ihm kein Präzedenzfall geschaffen werde und noch mehr Rabbinen, gleich ihm, um eines Lösegeldes willen eingesperrt würden. Sieben Jahre saß er in Haft, und dann mußte das Lösegeld doch noch bezahlt werden – nämlich für seinen Leichnam.

MEIRS Schüler Rabbi MORDECHAI BEN HILLEL wollte, um den entwurzelt in der Fremde Lebenden mehr Halt zu geben, die Mitzwoth noch schärfer betont wissen und entwarf die Grundlage zu einer Gesetzessammlung. 1289 erlitt er in Nürnberg den Märtyrertod.

Seinem Amtsbruder Rabbi ASCHER BEN JECHIEL glückte es, nach Spanien zu entkommen und so eine Verbindung zwischen aschkenasischer und sefardischer Überlieferung herzustellen. Dort führten er und sein Sohn JAKOB, indem sie die Lehrgebäude der deutsch-jüdischen und der spanisch-jüdischen Meister aufeinander abstimmten, das von MORDECHAI BEN HILLEL geplante Gesetzeswerk aus und nannten es nach den vier *Reihen* von Edelsteinen, womit einst das Brustschild des Hohenpriesters geschmückt war, *‹Turim›*, die Reihen. Es umfaßt vier Bände. Die Edelsteine sind die Mitzwoth. JOSEPH KARO legte seinem *‹Schulchan Aruch›* sowohl die Werke des MAIMONIDES wie auch die Turim zugrunde und versinnbildlichte, da er sein Werk in Palästina verfaßte, damit die Einheit des jüdischen Volkes kraft der Mitzwoth und des LANDES.

Sitten und Gebräuche (*Minhagim*) der Juden nehmen in den einzelnen Ländern unterschiedliche Formen an, d. h. sie bilden sich jeweils aus dem Aufeinanderwirken äußerer und innerer Kräfte, von Umwelt und Überlieferung, heraus. Darum mußte z. B. auch der aschkenasische Rabbiner MOSES ISSERLES einen Anhang zum *‹Schulchan Aruch›* für aschkenasische Juden schreiben.

In den Lebensumständen der Juden schuf die Renaissance kaum einen Wandel. Zwar konnte der große, mannhafte Humanist Johannes Reuchlin als vorzüglicher Kenner des Hebräischen die Arglosigkeit jüdischer Bücher, entgegen den verleumderischen Angriffen des zum Christentum übergetretenen Juden Johannes Pfefferkorn, dartun und sie so vor Verbot oder Verbrennung retten (1510); und ebenso vermochten die italienischen Juden trotz der Isoliertheit ihres Ghettolebens am kulturellen Wiederaufblühen jener Zeit teilzuhaben; im allgemeinen aber blieb die Lage der Judenschaft auf dem europäischen Festland nach wie vor dieselbe. Tatsächlich wurden überhaupt erst um diese Zeit in Italien Ghettos errichtet. Dies mag so zu erklären sein, daß die katholische Kirche zu fürchten begann, der Geist der Renaissance, der ja schon die Reformation ins Rollen gebracht hatte, könnte die katholischen Volksmassen Italiens, falls sie noch länger mit den Juden in Berührung blieben, zu noch ganz anderen ketzerischen Anschauungen verführen. Also mußten die Juden von der übrigen Bevölkerung in Sperrbezirken abgesondert werden. Desungeachtet ließ der humanistisch gesinnte Papst Leo X. den Talmud neu drucken, weil er der Ansicht war, daß altüberkommenes Schriftgut der Nachwelt erhalten bleiben sollte.

Eine Zeitlang stellte Luther sich mit den Juden gut, denn wie einst Mohammed hoffte er, sie würden sich seiner Bewegung anschließen. Als sie sich weigerten, wurde er, wiederum genau wie vormals Mohammed, gegen ‹Die Juden und ihre Lügen› ausfällig (1546); fortan sind seine Lehren von einer antisemitischen Gesinnung getragen. Zweierlei, woraus den Juden späterhin schlimmstes Leiden erwuchs, steckt in seiner Theologie und seinem Denken: erstens der Antisemitismus seiner reiferen Jahre, der dann auf viele Anhänger seiner Kirche abfärbte, und zweitens sein ausdrückliches Bestehen auf der Lehre, daß nur der Glaube, nicht aber gute Werke, Erlösung bewirke und daß die evangelische Kirche in allen weltlichen Dingen der Obrigkeit gehorchen müsse. In der Nazizeit raffte sich deshalb die evangelische Kirche nur dann dazu auf zu protestieren, wenn die Regierung die evangelische Konfession bedrohte und gegen das Glaubensleben des Volkes vorging. Gegen die unchristlichen, mörderischen Maßnahmen, die das Regime gegen die Juden ergriff, nahm sie jedoch keineswegs Stellung, wiewohl doch die Möglichkeit bestand, daß ihr Widerstand einiges gefruchtet hätte. Gewisse Züge des Antisemitismus der Deutschen lassen sich dadurch vielleicht etwas besser begreifen.

Nur in England vollzog sich als Ergebnis der Reformation ein entschiedener Wandel: Bei seinem Studium der Heiligen Schrift gelangte Oliver Cromwell zu der Überzeugung, Christus werde nicht wiederkommen, ehe nicht die Juden über alle Länder der Erde verbreitet seien. Deshalb sollten sie auch wieder nach England zurückkehren. Unterhandlungen mit dem holländischen Rabbiner Manasseh ben Israel führten schließlich zu der förmlichen Erklärung, daß es im englischen Recht keinerlei Bestimmung gebe, die der Neuniederlassung der Juden in England entgegenstehe (1655). Damit setzt die Entstehung der neuzeitlichen Judengemeinde in Großbritannien ein.

Trotz aller Prüfungen behielten die Juden ihren Glauben, ihr seelisches Gleichgewicht, ihren Humor und sogar ihren Kontakt mit der Welt. Weil sie nie wußten, wie lange die Mitglieder einer Familie an einem Ort zusammenbleiben würden, vertieften sie ihren Familiensinn. Und weil sie immer darauf gefaßt sein mußten, daß die kostbare Handschrift, die sie besaßen, schon morgen verbrannt sein könnte, versenkten sie sich in ihren Inhalt: in das Studium der Torah. Weil sie nie die Garantie hatten, daß ihnen nicht im nächsten Augenblick schon ihr Hab und Gut weggenommen und sie selbst über Nacht entwurzelt würden, halfen sie den aus anderen Ländern Geflohenen und nahmen sie gastlich bei sich auf. Ihr seelisches Gleichgewicht erhielten sie sich dank der Torah und den Mitzwoth und kraft ihrer inbrünstigen Hoffnung, daß der Messias jederzeit kommen könne, um ihnen ihre Freiheit und ihr Land wiederzuschenken. Schon allein daraus geht deutlich hervor, wieviel großartige Kraft im Vätererbe, im umweltlichen Miteinander und in der Überlieferung der Juden liegt.

Bei Beginn des 15. Jahrhunderts hatten sich die Bräuche der deutschen Judenschaft schon von jenen der polnischen Juden wegentwikkelt. Die Rabbinen jener Zeit sammelten diese Bräuche und entschieden, wie sie auszuüben seien. Rabbi Jakob Levi Moelln (abgekürzt: Maharil), der 1427 starb, bestimmte, daß diese *Minhagim* vollgültige Richtlinien zur alltäglichen Lebenspraxis seien; daneben war er auch ein ausgezeichneter Kantor, d. i. Vorsänger im Gottesdienst, und verfügte, daß die althergebrachten Melodien, besonders der liturgische Gesang der hohen Feiertage, in denen sich jahrhundertealte Sehnsüchte ausdrücken und an die die Gläubigen sich so sehr gewöhnt hatten, nicht geändert werden dürften. Die Judengemeinde in Mainz, der er angehörte, hielt sich am getreulichsten an diese Festsetzung. Selbst in der Neuzeit mußten die nach Mainz berufenen Kantoren die dort gebräuchlichen Synagogengesänge eigens erlernen, da man sie nur im allgemein üblichen Synagogengesang ausgebildet hatte. Weil diese Gesangsweisen nur dem Gehör und Gedächtnis nach überliefert wurden, werden sie nun, nach der Vernichtung des deutschen Judentums, allmählich leider ganz verlorengehen.

Nicht nur in den Bräuchen, sondern auch in der Musik bildete sich so ein deutlicher Unterschied zwischen Europas Ost- und Westjuden heraus, der dann die Schwierigkeiten, mit denen sich die Ostjuden, als sie in Massen nach Westeuropa und Amerika überzusiedeln begannen, auseinanderzusetzen hatten, und die Mißhelligkeiten zwischen West- und Ostjuden verschärfte.

Das Schicksal der Ostjuden

Das Geschick der polnischen und russischen Judenschaft mutet in seinem Auf und Ab zwischen Wohlergehen und entsetzlichstem Leiden wie eine Kurzfassung des Schicksals der Gesamtjudenschaft im Laufe ihrer Geschichte an.

Die Einwanderung nach Polen und Rußland setzte während der Kreuzzüge ein, da damals die Lebensumstände in Deutschland für viele Juden unerträglich wurden, und schwoll immer dann wieder stark an, wenn Unterdrückung und Verfolgung in Deutschland überhandnahmen: So strömten z. B. nach den fürchterlichen Ausschreitungen während der Pestseuche Juden in Massen ostwärts. Polens Herrscher nahmen sie gern im Land auf, die katholische Kirche jedoch verabscheute sie zutiefst. Die polnischen Könige erkannten die wirtschaftlichen Vorteile, die die Juden ihren unerschlossenen, einer Mittelklasse von Händlern und Kaufleuten entbehrenden, ihrer aber bedürfenden Ländern bringen konnten, unterstellten sie als ihr persönliches ‹Eigentum› ihrer unmittelbaren Schirmherrschaft, gestatteten ihnen, sich im ganzen Land mitten unter dessen christlichen Einheimischen niederzulassen, und gestanden ihnen Freizügigkeit und Handelsfreiheit zu. In den folgenden Jahrhunderten wurden sie wie Spielbälle und Schachfiguren zwischen den ständig zerstrittenen weltlichen Herrschern und Kirchenfürsten hin- und hergeschoben und verschachert. Hatte die Kirche genug Macht, um ihren Willen durchzusetzen, dann hatten die Juden zu leiden. Setzte der König sich durch im Kampf gegen die Kirche, um die unangefochtene Macht im Staat zu erlangen, dann hatten die Juden vorübergehend ein glücklicheres Leben.

Im allgemeinen verschlechterte sich ihre Lage aber rasch. Da zu jener Zeit die polnische Sprache und die polnische Kultur noch keinen sonderlich hohen Entwicklungsstand erreicht hatten, hielten die Juden in Polen an ihrem mitgebrachten Deutsch fest, gestalteten es aber allmählich zum Jiddischen um; sie bewahrten auch ihre deutsche Tracht: den *Kaftan.* Kulturelle Grundlage aber blieb die Torah. Da sie als Fremdlinge galten und schon deswegen den Einheimischen verdächtig erschienen, boten sie den katholischen Geistlichen ein bevorzugtes Objekt für aufhetzende Predigten. Unaufhörlich wurde den Polen der ‹Makel› der Juden, eben ihr ‹Jude-Sein›, so eingebleut, daß die Bevölkerung, sobald Katastrophen oder soziale Unruhen ausbrachen, begreiflicherweise die Juden zu Sündenböcken dafür machte. Als 1494 in Krakau eine Feuersbrunst wütete, beschuldigte man die Juden völlig grundlos der Brandstiftung und verwies sie nach dem Wiederaufbau in ein Ghetto.

Aus Angst vor der Roheit und Ungebildetheit der polnischen Beamten hatte die polnische Judenschaft schon sehr früh erfolgreich um das Recht nachgesucht, ihr Gemeinwesen selbständig verwalten zu dürfen. Die Könige erkannten die Oberrabbiner der einzelnen Gemeinden als für die Judenschaft allein zuständige Richter und oberste Verwaltungsbeamte an. Man richtete eine Ratsversammlung der Juden ein: die ‹Vierländersynode› (nach den vier Landesteilen, aus denen Polen bestand). Der Rat trat regelmäßig zu Tagungen zusammen, setzte Steuern fest und vertrat als Wortführer jüdische Belange, wobei als Mittelsmänner vor allem diejenigen seiner Mitglieder dienten, die als Finanzleute des Königs ohnedies bei Hofe aus- und eingingen. Die Macht der Laien von Rang und Stand, der *Schtadlan* [*Schetadlan,* großer Fürsprecher], wurde dadurch groß. Sie wirkte sogar noch spürbar nach, als sich viel später erst die Judenschaft Amerikas, die ja überwiegend aus osteuropäischen Eingewanderten besteht, zu organisieren begann. Bezirksversammlungen vollstreckten die Verordnungen der höheren Ratsversammlungen, und jede einzelne Gemeinde (*Kahal*) bildete eine Verwaltungseinheit, durch die jeder Bereich des Alltagslebens: Lebensführung, Recht, Bräuche, Verkehr mit der nichtjüdischen Bevölkerung geregelt wurde. Das jüdische Gemeinwesen bildete tatsächlich einen streng in Zucht und Ordnung gehaltenen Staat im Staate. Als diese derart an das Gemeindeleben gewöhnten Juden viel später dann nach Amerika übersiedelten, konnte es gar nicht ausbleiben, daß sie anfänglich auch dort in kleinen Gemeinschaften geschlossen zusammenlebten, in denen genau wie einst in ihren östlichen Heimatstädtchen ihre eigenartigen Sitten und Gewohnheiten weiter gepflegt wurden.

Ihre Absonderung von der übrigen Welt und der Umstand, daß jene östliche Umwelt keine der ihren vergleichbare Kultur aufzuweisen hatte, brachten es mit sich, daß die Ostjuden sich in einer nirgends sonst je erreichten Intensität mit dem Talmud befaßten. Früh schon stellten Druckereien eine Fülle von Büchern bereit: Die Bibel wurde erstmals 1530 gedruckt, und mit dem Druck des Talmud begann man 1559 in Lublin.

Rabbi Schalom Schakna (1500–1599) entwickelte eine Methode

des Talmudstudiums, nach der man jeden Vers und jedes einzelne Wort ausführlichst untersuchte und deren Zweck es war, eine grundlegende ‹Übereinstimmung› der Meinungen einer Vielzahl einander widerstreitender Kommentare unzähliger Autoren aus vielen Ländern und aus verschiedensten Zeiten zustande zu bringen. Dies war nur durch spitzfindigste Logik möglich, so daß die Methode geradezu zu einer Geistesakrobatik entartete, was zwar das Denkvermögen schärfte, im Grunde aber sinnlos blieb. Diese sogenannte ‹*Pilpul*›-Methode [‹kritische Untersuchung›] wird in gewissen altmodischen theologischen Akademien auch heute noch gepflegt, die dadurch den Anschluß an die Hauptströmung des sich weiterentwickelnden Judenglaubens verloren haben.

Kommentare wurden nun auf Kommentare gehäuft. Erziehung war nahezu Gemeingut aller polnischen Juden. Schon die kleinen Kinder mußten den *Cheder* (das Schulzimmer) besuchen, um dort vom frühen Morgen bis zum späten Abend unter der Anleitung eines Lehrers, der zumeist durchaus kein ausgebildeter Pädagoge war, Bibel und Talmud zu studieren. Fortgeschrittenere Schüler wurden dann auf die *Jeschiwah* (‹Sitzungsplatz›), die Talmudhochschule, in die Stadt geschickt, wo sie als Kostgänger reihum bei allen Familien der dortigen Judengemeinde aßen, und zwar so, daß jede Judenfamilie jeden Tag einen anderen Studenten verköstigte.

Das Studieren wurde nun des jungen Mannes Hauptberuf: er las bis tief in die Nacht hinein. Bald schon verlor sein Gesicht die frische Farbe der Jugend. Viele fanden nie im Leben wieder einen Weg aus dieser Lebensweise heraus. Heirateten sie, dann mußten wohl oder übel ihre Schwiegereltern für sie sorgen, und wenn sie dazu außerstande waren, pflegte die Ehefrau, um ihrem Mann ungehindertes, pausenloses, lebenslanges Studieren zu ermöglichen, an seiner Statt ein Leben lang einen kärglichen Lebensunterhalt zu verdienen. Das Ansehen solcher Gebildeter und Gelehrter war hoch. Den großen Rabbinen brachte man tiefste Ehrfurcht entgegen. Reiche Judenfamilien rissen sich um hervorragende ‹Studenten› als Schwiegersöhne: sie konnten sich für ihre Töchter keine passenderen Männer vorstellen.

Im 17. Jahrhundert kam es erstmals zu wahrhaft grausigen Judenpogromen größten Ausmaßes, wie sie sich danach noch oft ereigneten, nämlich zu den sogenannten CHMIELNITZKY-Massenmorden. CHMIELNITZKY war der Anführer einer brandschatzend im Lande umherziehenden Bande von Marodeuren, den Kosaken, die als Griechisch-Orthodoxe gegen die katholischen Polen meuterten; die Juden gerieten zwischen die Mühlsteine des aus dem Aufruhr aufbrechenden Bürgerkriegs. Die mit ihrem Los unzufriedenen Leibeigenen schlossen sich den Kosakenbanden an: Die Mordbrenner verheerten das ganze Land und schlugen Zehntausende von Juden tot.

Als alles vorüber war, schlug man auf der Suche nach Erlösung von diesen greulichen Leiden mehrere Richtungen ein: Man versenkte sich immer tiefer in den Talmud und entsagte gleichzeitig immer mehr der Welt. Die Mitzwoth beherrschten das Leben mehr und mehr. Geheiße wie z. B. das Verbot, den Bart an den Backenseiten zu stutzen (3. Mose, ‹Er rief›, 19:27: «abrundet nicht die Ecke eures Haupthaars, verdirb nicht die Ecken deines Bartes»; Luther: «Ihr sollt euer Haar am Haupt nicht rundumher abschneiden noch euren Bart gar abscheren»), nahm man nun buchstäblich, was dann zu den typischen Schläfenlocken führte, die nie zurückgeschnitten wurden. Zur Absonderung, in die die Welt die Juden drängte, trat so noch eine selbstgewählte hinzu. Die Mitzwoth bildeten die Trennmauer.

Die Hoffnung auf eine baldige Heimkehr nach Palästina erwachte in jener Zeit aufs neue. Ein fast traumhaftes Ereignis trug dazu bei, das Erhoffte wie etwas Wirkliches erscheinen zu lassen. Ein junger, bildschöner Jude aus Smyrna in Kleinasien, Sabbatai Zewi (1626 bis 1676), gab sich für den Messias aus. Tausende von Juden in Deutschland und Polen ließen sich von dieser Nachricht betören, machten ihre Liegenschaften flüssig, packten ihre bescheidene Habe auf Fuhrwerke und hielten sich fahrbereit. Da stellte es sich heraus, daß das ganze eine grausige Täuschung war. Sabbatai entpuppte sich als ein sehr schwacher Mensch. Die osmanische Obrigkeit machte ihn dingfest und stellte ihn vor die Wahl, sich zum Islam zu bekehren oder sich hinrichten zu lassen. Er entschied sich für das erstere. Viele Jahre lang wollten seine Anhänger diesen Schlag nicht wahr haben: sicherlich würde der Messias Sabbatai wieder erscheinen. Unterdes fiel ihr Alltagsleben gleichwohl wieder in das altgewohnte Schema des Leidens zurück. Die Armut wurde noch schlimmer.

Der Chassidismus

Zur selben Zeit aber trat der Rabbi Israel Baal Schem (1700–1760), der Gründer des Chassidismus, in Erscheinung. Er pflegte unter den Leuten umherzugehen, ihnen mit Hilfe von leicht verständlichen Gleichnissen und Erzählungen neuen Mut und Trost zuzusprechen und sie so mit neuer Hoffnung zu erfüllen. Er lehrte, Gott selber bedürfe der Erlösung, denn auch ER müsse, weil die Welt so sündig sei, mit seinem Volk in der Verbannung leben. Damit die Welt wieder zu jener Einheit, die sie durch der Menschen Sündhaftigkeit verloren habe, zurückgeführt werden könne, brauche Gott die erlösende Tat jedes einzelnen Menschen. Bei dieser Aufgabe habe der Jude eine wichtige Rolle zu spielen. Jede menschliche Aufgabe, einerlei ob niedrige Dienstleistung oder Geistesarbeit, Essen oder Trinken, könne, sofern sie nur als eine Mitzwah in freudigem Dienen um Seinetwillen getan werde, ein dem Anspruch Gottes antwortendes Entsprechen sein. Jedermann, auch der ungebildetste Mensch, ja gerade der vielleicht eher als alle anderen, trage die messianische Bürde der Vorbereitung der Welt auf ihre Zukunft. Jedes Glied unsres Leibes könne zum Werkzeug dieses Dienens werden.

Von allen Seiten strömten die Leute dem BAAL SCHEM zu. Sie steigerten sich in Verzückungen, wiegten in Anbetung ihre Leiber hin und her, um mit jedem Muskel und Knochen Gott ihre treue Ergebenheit auszudrücken; denn, so hieß es, das Gebet müsse, um wirklich bis zu Gott durchzudringen, dem tiefsten Grund der Seele entströmen und sich durch die ganze Person des Betenden äußern. In fröhlicher Selbsthingabe pflegten die Leute so vor IHM zu tanzen. Sie hatten eine neue Hoffnung gefunden.

Die Leute aus dem Volk waren überzeugt, daß die Führer der Bewegung ein tieferes Verständnis der verborgenen Bedeutungen der Heiligen Schrift hätten; ein solcher Führer wurde *Baal Schem,* d. i. Meister des göttlichen Namens, genannt. Es waren Wundermänner, die mittels des göttlichen Namens Wunder und Heilungen wirkten, jenes schöpferischen Wortes, kraft dessen einst die Welt erschaffen ward und durch das ihr Gang auch aufs neue wieder beeinflußt werden könne. Und also kamen die Leute zu ihren Führern, um bei ihnen Hilfe in ihren persönlichen Nöten zu finden, wie gebannt hingen sie an ihren Lippen, nach mystischen Worten der Offenbarung lechzend. Jeder derartige Führer wurde *Zaddik,* d. i. der Gerechte, genannt. Er brauchte gar nicht gebildet zu sein, denn er würde die göttlichen Gaben ohnehin von seinem Vater erben.

Darin lagen aber auch die Ursachen des schließlichen Verfalls des Chassidismus. Die Zaddikim hielten Hof wie Fürsten, rivalisierende Parteien bildeten sich, jede mit ihrem eigenen Zaddik. Allmählich verlor die Bewegung ihre Vitalität. Doch hatte sie die Macht der Mitzwah demonstriert. An dieser Bewegung wurde deutlich, wie tief der Jude sich mit der ganzen Menschheit verwandt, verbunden und für ihre letztliche Errettung verantwortlich fühlt.

Chassidische Anschauungen und Leitbilder haben bis in unsere Zeit hinein fortgewirkt. Ihnen entstammt z. B. die Begeisterung, mit der sich die Pioniere des heutigen Israel bei der Befreiung und Wiedergewinnung des LANDES härtester Mühsal unterzogen. Jede diese neue Landnahme fördernde Tat galt ihnen als eine Mitzwah: es war ins Irdisch-Weltliche übertragener, auf die leibhaftige Erlösung des LANDES und Volkes angewandter Chassidismus. Die Volkstänze der Pioniere entspringen zum Teil der chassidischen Verzückung.

Der Philosoph MARTIN BUBER, der sich eingehendst mit dem Chassidismus befaßte, hat die Erzählungen der chassidischen Lehrmeister einem weiten Leserkreis zugänglich gemacht. Mit seiner dialogischen Ich-Du-Philosophie setzt BUBER, worauf wir weiter unten noch näher eingehen werden, bei chassidischen Grundlagen an.

ELIJAH BEN SALOMON (1720–1779), den sein Gemeindevolk in liebevoller Verehrung den Gaon von Wilna nannte, vertrat im Gegensatz zu den Chassidim das Prinzip der Vernunft und sah die Erscheinungsformen der Zeitentwicklung. Er erkannte, daß der Judenglauben auf den Weg der Vernunft zurückgeholt werden müsse, damit in ihm die Gelehrsamkeit wieder auf sinnvolle Weise betrieben werden könne. Sogar einiges weltliche Wissen schien ihm ratsam, weil sich so der Talmud und die Gesetzbücher besser verstehen lassen würden. Der Gottesdienst sollte sinnvoller und behutsam neuzeitlicher gestaltet werden. Seine so weise Empfehlung fand indes keineswegs allgemein Anklang; nur wenige hießen sie gut – sie war der Zeit zu weit voraus. Zwar verehrte man ihn allerseits als überragende Persönlichkeit, doch war seiner Bemühung, Millionen damaliger Juden die *Pilpul*-Methode abzugewöhnen, kein Erfolg beschieden. Wäre ihm diese Entwöhnung geglückt, dann wäre wohl der Übergang zur modernen Lebensform, zumal in Amerika, nicht so jäh und schroff gewesen und wäre bei den Einwanderern in die Neue Welt ein Gutteil der krassen Entfremdung zwischen Kindern und Eltern und deren religiösen Bräuchen vermieden worden.

Das Leben unter den Zaren

Im Lauf des 18. Jahrhunderts wurde Polen in drei Schüben gänzlich zwischen Preußen, Österreich und Rußland aufgeteilt. Dadurch geriet ein beträchtlicher Teil der polnischen Juden unter russische Herrschaft. Die Petersburger Regierung hielt es für richtig, die Juden zur Aufgabe ihres Glaubens oder zumindest ihrer sonderbaren Bräuche zu zwingen. Da die Juden sich weigerten, mußte man sie aus dem eigentlichen Rußland fernhalten. 1804 wurde ein eigens geschaffener Sperrbezirk umrissen, in dem man die Juden aus dem gesamten Reich ansiedelte. Tausende kamen bei dieser Aktion um ihre Berufsmöglichkeiten und Einnahmequellen, wurden von aller Berührung mit der Außenwelt abgeschnitten, verarmten völlig und waren Pogromen wehrlos ausgeliefert. Der *Kahal*, die Gemeindeversammlung, einer jeden Stadt hatte dafür zu sorgen, daß die Steuern rechtzeitig und in der veranlagten Höhe eingetrieben wurden, und allmählich wurde die ‹Vierländersynode› zu einem bloßen, steuereintreibenden Exekutivorgan der Regierung. Zum Unterricht in allen weltlichen Lehrfächern mußten die Juden Schulen einrichten, die staatlich kontrolliert wurden. Die hintergründige Absicht dieser Bestimmungen war, den jüdischen Nachwuchs seiner Väterüberlieferung zu entfremden.

Dann fiel NAPOLEON in Rußland ein und mit ihm ein flüchtiger Abglanz von westlicher Aufklärung. Es gab Juden, die sich begeistert auf das Neue stürzten. Da die Judengemeinde jedoch um ihren Fortbestand fürchtete, verbot sie ihren Mitgliedern aufs strengste alle Beschäftigung mit nichtjüdischen Wissensgebieten, so daß, wer sich dennoch dafür interessierte, sich heimlich und autodidaktisch damit befassen mußte. So entstand die *Haskalah* (Aufklärung), jene zahlenmäßig unbedeutende Aufklärungsbewegung, deren Träger alle nur Dilettanten und Amateure waren und in Gegensatz zur Religion gerieten. Auch dies zeitigte dann schwerwiegende Folgen, insofern sich der Intellektuelle immer mehr seinem Väterglauben entfremdete. Hätte sich der Gaon von Wilna durchzusetzen vermocht, dann hätte sich wohl der Übergang in die Neuzeit geordneter vollzogen.

Nach Waterloo setzte in ganz Europa die Reaktion ein, und der Druck auf die Juden verschärfte sich. NIKOLAUS I. (1825–1855) schränkte den Reservatbezirk für Juden noch mehr ein, so daß sie immer enger zusammengepfercht leben mußten. Um ihren Übertritt zum Christentum zu forcieren, führte er die Wehrpflicht für Juden ein (1827). Sie mußten 25 Jahre dienen. Zu höheren Rängen konnten sie nur befördert werden, wenn sie sich taufen ließen. Zur ‹vormilitärischen Ausbildung› im Hinblick auf den eigentlichen Wehrdienst, zu dem Juden mit 18 Jahren einberufen wurden, konnten bereits zwölfjährige Kinder herangezogen werden (was tatsächlich auch geschah); sie wurden dem Elternhaus entrissen, mißhandelt, ja sogar gefoltert, um sie so weit zu bringen, daß sie ihrem Glauben abschworen. Viele kamen in heldenhafter ‹Verstocktheit› dabei um.

Nachdem NIKOLAUS I. tot war, wurden zwar die schlimmsten Unterdrückungsmaßnahmen (1855) wieder rückgängig gemacht, doch unter ALEXANDER III. und NIKOLAUS II. wurden den Juden neuerlich harte Einschränkungen auferlegt. Rußlands Volksmassen waren unzufrieden und murrten unter ihrem Joch. Um dem Volkszorn ein Ventil zu schaffen, zettelte man als Ablenkungsmanöver seit 1881 gezielt Pogrome gegen die Juden an. Die Welt entsetzte sich über deren Ausmaß und Grausamkeiten. Christen aus dem gesamten Westen protestierten entrüstet. Die Auswanderung russischer Juden in die USA schwoll zu einer Sturzflut an.

Damals rief Leo Pinsker (1821–1891) zur Selbstemanzipation auf. Die Auswanderung nach Palästina kam in Gang, geleitet von jungen Juden, die sich unter dem Namen *BILU* (d. i. die Abkürzung des hebräischen Satzes: «O Haus Israel, mach Dich auf, laßt uns fortziehen!») zu einem Verband zusammengeschlossen hatten. Daneben bildete sich ein zweiter Verein, der sich ‹Die Freunde Zions› nannte und denselben Zweck verfolgte. Der Zionismus kam in Bewegung. Theodor Herzl sollte ihm Namen und Organisationsform geben.

In Rußland blieben die Methoden der Unterdrückung der Juden bis heute die gleichen: Diskriminierung – sogar der jüdischen Soldaten im Ersten Weltkrieg –, Pogrome. Nach dem Sturz des Zaren wähnte die Judenschaft nun endlich frei zu sein, doch sie hatte nur neue Verfolgungen zu gewärtigen: In der Ukraine brachen Pogrome aus; die Bolschewiki hatten es darauf angelegt, sie als Bourgeois, d. h. Angehörige des Mittelstandes, auszurotten (1917). Unterdrückung und Verfolgung der Juden haben bis auf den heutigen Tag in Rußland nicht aufgehört.

Wie Kulturen miteinander verschmelzen

Gerade weil die Geschichte der Juden während des Mittelalters von Not und Elend geprägt ist, nimmt es um so mehr wunder, daß sie dennoch in ihren neuen Heimatländern so tief Wurzeln schlugen. Jiddisch, im Mittelalter die Sprache der Aschkenasim, und Ladino, die Mundart der Sefardim, sind Mischsprachen aus teilweise hebräischem Wortschatz und deutschem bzw. spanischem Rahmen und Gefüge. Als Zweitsprachen sind sie auch heute noch bei vielen Juden in Gebrauch. Desgleichen wurde der Kaftan, die einstige Tracht des mittelalterlichen Stadtbürgers, dann in Osteuropa zur ‹Judentracht› schlechthin. Wie die häufigen kirchlichen Verordnungen, die zu schärferer Trennung der Juden von den Christen anhalten, zeigen, müssen sich offenbar trotz aller Verbote freundschaftliche Beziehungen zwischen Angehörigen beider Konfessionen erhalten haben. Die Juden konnten ihren christlichen Nachbarn in vielem behilflich sein, denn sie besaßen allerlei Fachkenntnisse und Fertigkeiten, vor allem aber beherrschten sie im Gegensatz zur ganzen umwohnenden nichtjüdischen Bevölkerung fast alle die Kunst des Lesens und Schreibens. Umgekehrt waren ihnen aber auch die Christen behilflich. Doch obwohl die Tür zur Kirche ihnen allezeit offenstand und jeder Jude durch die Taufe mit einem Schlag seine ganze rechtliche und staatsbürgerliche Deklassiertheit hätte loswerden können, mochten sie dem Väterglauben nicht abtrünnig werden.

Nie verloren sie ihre Lebensfreude. Diese wird wohl eine der Quellen jenes ganz eigenartigen kauzigen, aber zugleich warmherzig humanen, skeptischen, unerschütterlich zuversichtlichen jüdischen Humors sein, der aus einem Hochmaß an Liebe und Glauben entspringt, mit seiner Kritik weder Gott noch die Menschen verschont, alle allzumenschlichen Schwächen voll Verständnis in seine Arme nimmt. Dieser spezifische Humor erstand aus der Besinnung auf das eigene Schicksal: Zwar waren sie Gottes liebste Kinder, doch langte es ihnen zumeist kaum zum nackten Vegetieren, zwar waren sie Sein auserwähltes Volk, doch gefährdete größte Unsicherheit ihr Leben hienieden. So etwas durfte man ruhig eine ‹Göttliche Komödie› nennen. Doch wer wollte wagen, an IHM zu zweifeln? Diese ihre Zuversicht, ihr Glaube an IHN und daran, daß die Menschen im Grunde doch gut seien, welcher Glaube sogar noch aus ANNE FRANKS erschütterndem Tagebuch hervorleuchtet, half ihnen immer wieder, alle Schicksalsschläge durchzustehen.

Narben blieben indes zurück. Ihre gesellschaftliche und wirtschaftliche Situation war völlig abnorm. Grund und Boden, woran sie ehedem so sehr gehangen hatten, durften sie nicht besitzen. Sie, die so früh schon in der Menschheitsgeschichte für jene Findigkeit, jenes hohe Können in allem Handwerklichen berühmt waren, wodurch gleichsam der Massenproduktion erst der Weg geebnet wurde, blieben von allen Zünften ausgeschlossen. Manche Spuren dieser vernarbten Wunden lassen sich noch an heutigen Juden erkennen, die vor so kurzer Zeit erst der Verfolgung entronnen sind, daß die meisten von ihnen durch Augenzeugenberichte davon erfuhren, wenn sie nicht gar selbst ihre Opfer waren. Aus dieser Sicht müssen wir auch gewisse soziale und wirtschaftliche Unausgewogenheiten verstehen, die heute noch andauern und durch moderne Formen beruflicher Diskriminierung gefördert werden. Dann läßt sich auch jene Tendenz begreifen, sich gegen die Außenwelt abzuschließen, die der jahrhundertelang eingewurzelten Angst entspringt, nicht für voll genommen zu werden. Andererseits wird aber auch das gegenläufige Streben der Juden nach Erfolg und Anerkanntwerden verständlich – eine wahrhaft zwiespältige Haltung. Dieser neue Entwicklungstrend wurde durch die (sogenannte) Emanzipation, von der nun die Rede sein soll, nach und nach in Gang gesetzt.

3. Emanzipation und Neuzeit

Europas *Renaissance* im 16. Jahrhundert, in der der Mensch neues Selbstvertrauen gewann, ließ die alte Einheit aus Glauben und Leben auseinanderfallen und führte zur Aufklärung des 18. Jahrhunderts, deren Leitgedanke ‹Vernunft und Fortschritt› hieß. Für den Juden des westlichen Abendlandes brach die Renaissance erst an, nachdem die Aufklärung sich durchgesetzt hatte, und in Osteuropa kam sie für ihn überhaupt nie. Die neue Zeit bedeutete für die westliche Judenheit Lockerung des einst festverflochtenen Gewebes aus Gott, LAND, Torah und Mitzworth, jenen Bausteinen, aus denen der Volksgeist der Juden sich gebildet hatte. Mit Hilfe der Vernunft bemühten sich einzelne führende Juden, ein Judentum zu schaffen, das mit dem Zeitgeist und der Wissenschaft Schritt halten könnte. Dies führte schließlich zur Emanzipation.

Emanzipation heißt das Freiwerden jener, die bis dahin keine Freiheit besaßen. Im Sonderfall der Juden besagte Emanzipation jedoch zweierlei. Ihnen sollte rechtliche und staatsbürgerliche Gleichstellung zugestanden und ihre staatsbürgerliche Beeinträchtigung also aufgehoben werden. Als Gegenleistung sollten die Juden ihre Selbstabsonderung ablegen, auf ihren Anspruch auf ein eigenständiges innerjüdisches Rechtswesen verzichten und vorbehaltlos in der Gesellschaftsordnung und Kultur der Länder, in denen sie lebten, aufgehen. Dies war ein Versuch, den Regierungen und fortschrittlich Gesinnte unternahmen. Während Westeuropas Juden die Emanzipation als die Morgenröte eines neuen Tages begrüßten und sich bedingungslos daran machten, sich ihrer Umwelt dadurch anzupassen, daß sie deren Kultur übernahmen und ihre Bürgerpflichten als auch für sich bindend anerkannten (mitunter schossen sie in ihrem Streben nach Angleichung und Aufnahme vielleicht ein wenig übers Ziel hinaus), kamen ihnen Staat und Gesellschaft nur zögernd und zurückhaltend entgegen, hintertrieben oft wieder, was sie zugestanden hatten, verhielten sich distanziert und kamen von vielen ihrer Voreingenommenheiten nicht los.

Auf dem Wege zum gleichberechtigten Staatsbürger

Die große Revolution in Frankreich bescherte den dortigen Juden die staatsbürgerliche Gleichberechtigung, und Napoleon trug diese Revolutionsideen dann in jene Länder, die er eroberte. Um sich die Juden gefügig zu machen, zog er ihre Gemeindeverwaltung nach seinem Plan neu auf.

Nach seinem Vorbild wandelten die europäischen Staaten ihre Judengemeinden in bloße Glaubensgemeinschaften bzw. Kultusgemeinden um und hoben deren Sonderrechte, wie z. B. die innergemeindliche Selbstverwaltung und die Rechtsprechungsbefugnisse der Rabbiner in familienrechtlichen Angelegenheiten, auf. Das Judentum sollte fortan nur eine Konfession sein. Als nunmehr gleichgestellte Vollbürger waren die Juden bereit, für ihre jeweiligen Vaterländer zu kämpfen. Im Freiheitskrieg gegen NAPOLEON (1815) kämpften Hunderte von Juden als Freiwillige für Preußen. Doch nachdem NAPOLEON besiegt war, wurden die rechtlichen Zugeständnisse, die man den Juden jüngst erst gemacht hatte, wieder für null und nichtig erklärt.

Erneut setzte ein zähes Tauziehen um kleinste Schritte vorwärts ein. Die Gesetze waren so hart (so etwa in Bayern, wo Eheschließungen staatlichen Restriktionen unterlagen), daß viele Juden in die USA auswanderten. Bestrebungen, die deutschen Länder in einen demokratischen Einheitsstaat zusammenzuschließen, führten schließlich zur Revolution von 1848, deren Fehlschlagen viele Liberale und Juden zur Flucht und Emigration nach Amerika zwang, wo sie ein freieres Leben zu finden hoffen durften.

Nach und nach bekamen die Juden zwar wieder eine Reihe von Staatsbürgerrechten zugestanden; in Deutschland jedoch wurde ihnen vor 1918 *de facto* nie die volle, unangefochtene Gleichgestelltheit gewährt. Abgesehen von wenigen Ausnahmen konnten sie bis 1918, falls sie sich nicht taufen ließen, weder Richter noch Beamte noch Offiziere sein. Sie hofften, sie könnten, indem sie ihre Vaterlandsliebe unter Beweis stellten, ihrer Mitwelt zeigen, daß sie der vollen Gleichberechtigung würdig seien. Die Angst vor der Unsicherheit ihrer Lage machte aus vielen geradezu chauvinistische Patrioten. Sie distanzierten sich betont von ihren ostjüdischen Brüdern, denen sie zwar materielle Unterstützung zukommen ließen, mit denen sie aber nichts zu schaffen haben wollten. Dennoch bestand, so, wie sich in Deutschland die Verhältnisse politisch und sozial entwickelten, Hoffnung, daß über kurz oder lang die Gleichstellung praktisch zustande kommen würde, und die deutschen Juden empfanden Deutschland als ihre Heimat. Schließlich hatten sie ja mindestens 1500 Jahre in Deutschland gelebt, zu seinem Kulturleben tätig beigetragen, es mit ihrem Fleiß, ihrer Tüchtigkeit wirtschaftlich befruchtet. Sie bildeten darin einen gutfundierten, wohlhabenden Mittelstand mit allen Tugenden und Fehlern eines solchen. Von insgesamt etwa 500 000 Juden fielen 12 000 als deutsche Soldaten auf den Schlachtfeldern des Ersten Weltkrieges.

In Moses Mendelssohn (1729–1786, geboren in Dessau) erhielt das deutsche Judentum seinen großen geistigen Führer. Klein von Gestalt, bucklig, wohl weil sein frühes Wachstum durch Hunger und Entbehrungen gehemmt worden war, zeichnete er sich durch einen glänzenden Verstand aus, der ihn schon in jungen Jahren zu intensivster Beschäftigung mit jüdischer und nichtjüdischer Philosophie führte. Freisinnig in seiner Denkart und fortschrittlich in seinen Anschauungen, war er doch tief religiös und hielt die Mitzwoth gewissenhaft ein. Für eine Abhandlung, die er der preußischen Akademie der Wissenschaften im Rahmen eines Wettbewerbs vorlegte, bei dem übrigens kein geringerer als Kant mit ihm wetteiferte, gewann er als junger Mann einen Preis. In Literatenkreisen gefeiert, mit Kant und Lessing (der die Gestalt *Nathans des Weisen* nach Mendelssohns lebendigem Vorbild konzipierte) befreundet und Friedrich dem Grossen bekannt, der ihm (wenngleich ziemlich widerwillig) eine Wohnerlaubnis für Berlin gewährte, wurde Mendelssohn ein führender Vertreter der Aufklärung. Zugleich aber blieb er ein wahrhaft gläubiger Jude, verteidigte kühn seinen Glauben gegen den Schweizer Philosophen und Theologen Lavater (1741–1801), der ihm nahegelegt hatte, entweder den Judenglauben innerhalb der Grenzen der Vernunft zu rechtfertigen oder Christ zu werden. Mannhaft entgegnete Mendelssohn, er habe seinen Glauben gründlich überprüft und sei dabei erst recht darin bestärkt worden; vor dem Gott der Wahrheit bezeuge er hiermit, daß er so lange an diesen seinen Überzeugungen festhalten werde, wie seine Seele ihr Wesen nicht ändere.

Mendelssohn ließ keinen Zweifel daran, daß vom Standpunkt der Aufklärung aus anzunehmen sei, daß alle Menschen unterschiedslos Zugang zu jener Wahrheit hätten, die die Erlösung bringt. Die Ideale der Religion könnten nur durch die Vernunft, mit der alle Menschen begabt seien, gefunden werden. Am Sinai seien den Juden keine Ideale, sondern ein Gesetz gegeben worden. Die Judenreligion sei geoffenbartes Gesetz, ihr Kern seien die Mitzwoth. Der Geist habe daher die Freiheit, sich, ungehemmt von religiösen Bindungen, auf allen Gebieten uneingeschränkt der Forschung hinzugeben.

Mendelssohn wollte so seine jüdischen Brüder dazu erziehen, fortan eine ihrer nichtjüdischen Umwelt vollständig angepaßte, an deren Kultur und Geistesleben vorbehaltlos mitschaffende Gruppe zu sein. Zu ihrer Anleitung übertrug er die fünf Bücher Mose in zeitgenössisches Deutsch, verfaßte zugleich aber auch einen hebräischen Kommentar dazu. Aus eigener Schatzkammer konnten die Juden nun die

Sprache erlernen, die ihnen den Weg zur Verständigung und zur Teilhabe am Leben der Gesamtheit öffnen sollte. In modernem Hochdeutsch fanden sie sich zur Einhaltung der Mitzwoth ermahnt. Gleichzeitig konnte der hebräische Kommentar etwaige Unverständlichkeiten klarstellen, so daß sie nach wie vor ein Leben lang Gottes Geboten unerschütterlich treu zu bleiben vermochten. Von der christlichen Umwelt erwartete Mendelssohn volle Anerkennung der Juden als gleichberechtigte Mitbürger und Achtung für ihren Glauben, wie ja auch das Judentum allen anderen Bekenntnissen Achtung entgegenbringt. Damit tat Mendelssohn, ohne sich dessen bewußt zu sein, einen Schritt vorwärts zu jener Auffassung, für die Judesein nur noch etwas rein Konfessionelles ist.

Die Religion paßt sich einem neuen Zeitalter an

Wie stand es aber mit den Mitzwoth und dem Wissen um das gemeinsame Schicksal, wodurch das Bewußtsein der Juden, einem ganz bestimmten Volkstum anzugehören, lebendig erhalten worden war und immer noch erhalten wurde? Die Anführer der Französischen Revolution wußten darauf eine Antwort. Sollten die Juden gleiche Bürgerrechte haben? «Juden als Individuen geben wir alles, Juden als Nation nichts.» Die Auswirkung dieses Grundsatzes war nachhaltig. Um in Übereinstimmung mit den Gegebenheiten modernen Lebens zu sein und aus den Vorteilen der Vollbürgerrechte auch wirklich praktischen Nutzen ziehen zu können, mußten die Juden ihre Weltanschauung wandeln. Manche uralten Grundpfeiler des Judenglaubens wurden dabei erschüttert, gewisse andere im Ausgleich gestärkt.

Als eine erste Aufgabe galt es, die geistes- und naturwissenschaftliche Erforschung des Judentums, seines Ursprungs und des Werdegangs seiner Lehren und Einrichtungen in Angriff zu nehmen, wobei die Vernunft als Richtschnur, die modernen wissenschaftlichen Methoden als Werkzeug zu dienen hatten. Die von Leopold Zunz (1794–1886) gegründete ‹Wissenschaft des Judentums› brach sich Bahn. Die Modernisierung des Judentums hatte begonnen.

Gottesdienst und Bräuche mußte man mit der Kultur der umwohnenden Nichtjuden und deren Ausdrucksformen, die sich die Juden rasch zu eigen machten, in Einklang bringen. Dies führte zu Konferenzen und schließlich zum Hervortreten gewisser Wortführer, die verschiedene Richtungen verfochten: Abraham Geiger, 1810–1874, gründete die Reformbewegung, Zacharias Frankel, 1801–1875, die konservative Bewegung, Samson Raphael Hirsch, 1808–1888, die

Neo-Orthodoxie. Die Rabbiner mußten akademisch an Universitäten und modernen Seminaren ausgebildet werden: Für die Reformierten gab es in Berlin die ‹Hochschule für die Wissenschaft des Judentums›, an der auch GEIGER lehrte. Ausbildungsstätte der Konservativen war das von ZACHARIAS FRANKEL in Breslau gegründete ‹Jüdisch-Theologische Seminar›. Für die Orthodoxen hatte ISRAEL HILDESHEIMER in Berlin das ‹Rabbinerseminar› eingerichtet.

Das Reformjudentum

Die Infragestellung und kritische Analyse der Mitzwoth, deren Inhalte MENDELSSOHN noch für fraglos und unantastbar gehalten hatte, war gar nicht mehr zu umgehen. Hatten denn Dogmen und Prinzipien über das LAND und das jüdische Volkstum überhaupt noch Daseinsberechtigung im Rahmen des Glaubensgebäudes des modernen, als Vollbürger eines westeuropäischen Staates lebenden Juden? Was sollte mit den Mitzwoth werden, vor allem jenen, die sich entweder auf das LAND und seine Verwirklichung bezogen oder zu einer Selbstabschließung der Juden gegenüber der Gesamtbevölkerung führen mußten? Wegen derartiger Fragen erörterte man auf vielen Tagungen, vor allem aber jenen in Braunschweig, 1844, und Frankfurt, 1845, Torah und Mitzwoth unter wissenschaftlichen Gesichtspunkten. Bezeichnend für diese jüdische ‹Renaissance› ist es, daß einzelne Männer darin die treibenden Kräfte waren und machtvoll ihre Ansichten gegen die übrigen Tagungsteilnehmer und das Gros der Juden durchsetzten.

Auf diesen Konferenzen tat sich ABRAHAM GEIGER als der überragende Geist des Reformjudentums hervor und wurde dann auch zu dessen eigentlichem Begründer. Für ihn stand fest, daß es für einen wissenschaftlich Geschulten unmöglich ist, so etwas wie Offenbarung anzuerkennen, denn Offenbarungen, einerlei welcher Art, lassen sich wissenschaftlich überhaupt nicht beweisen. Während MENDELSSOHN den Judenglauben als *geoffenbartes* Gesetz ansah, verwarf GEIGER diese Auffassung als unhaltbar, wie er grundsätzlich auch die Möglichkeit geoffenbarter Lehren leugnete. Die Hoffnung auf eine Heimkehr ins LAND erklärte er für sinnlos; denn das Land, in dem der Jude Bürgerrecht genießt, ist sein Land. Damit stellte er die durchgängige Gültigkeit der Torah, der Mitzwoth und der Idee des LANDES in Frage. Fraglos bestehen blieb nur noch das tiefeingewurzelte Gefühl der Zugehörigkeit zum jüdischen *Volk* (ein Zusammengehörigkeitsgefühl, dessen GEIGER persönlich sich vielleicht nicht bewußt war, das ihn aber doch davor zurückhielt, die Auflösung des

Judenglaubens zugunsten einer allgemeinen Religion sittlicher Lebensführung zu fordern). Kurzum, die Torah ist ihm nur noch eine Quelle der Ethik, die Einhaltung der Mitzwoth etwas, was der freien Entscheidung des einzelnen überlassen bleiben muß, aber keine bindende Pflicht. Auch Talmud und ‹*Schulchan Aruch*› sind nicht mehr bedingungslos verpflichtend, und die messianische Hoffnung ist bereits durch die jüdische Emanzipation erfüllt. Die Befähigung des jüdischen Volkes zum sittlichen Erzieher betonte GEIGER jedoch mit Nachdruck. Die hebräische Gebetssprache sollte wegen ihrer Gemütswerte wenigstens teilweise bewahrt werden. Bildung, Predigt und Gottesdienst hätten fortan die Torah nach dieser neuen Auslegungsweise auszuwerten, und die Mitzwoth seien als das Leitbild jenes Sendungswillens zu begreifen, der sittliche Gesinnung unter alle Völker der Erde zu tragen sucht. Dafür hat der Jude zu leben. Die Auswirkungen von GEIGERS Reformjudentum sollten sich späterhin, namentlich in den USA, sehr nachdrücklich zeigen.

Das konservative Judentum

An der ersten Rabbinerkonferenz nahm auch ZACHARIAS FRANKEL teil. Doch er reiste mit der Überzeugung wieder ab, daß diese radikale Methode zu einem negativen Judentum führen müsse. Auch er war naturwissenschaftlich ausgerichtet: die Geschichte der Juden erkannte er als Ablauf eines Entwicklungsgeschehens. Das Judentum sei nie zum Stillstand gekommen, deshalb könne seine künftige Entwicklung auf der Grundlage eines ‹*positiv-historischen Judentums*› gefördert werden. Die Torah, das Erbgut der Gemeinde Jakobs, gehöre dem Volk. Zwischen ihren Weisungen und den sich stetig wandelnden Lebensverhältnissen bestehe eine beständige schöpferische Spannung. Mit seiner ihm innewohnenden Weisheit passe das Volk die Torah nach und nach behutsam den Lebensgegebenheiten an: der Talmud selbst sei ja das trefflichste Beispiel solcher Anpassung. Die Torah sei mithin nicht an Gottes *unwandelbares* Wort gebunden, sondern an das *Volk*, das als *Gottes Mitarbeiter* die Torah durch seine allgemeine, wenn auch nicht im Wort, so doch in seiner Lebenshaltung erkennbare Übereinstimmung weiterentwickle. Das sei allerdings eine langsame Entwicklung; es erhalte aber die Torah, die Mitzwoth (sofern sie nicht vom Volk geändert werden) und die Grundsätze jüdischen Volkstums, des LANDES und seiner Erlösung. Die Verbindung mit der Vergangenheit und mit der Zukunft reiße nie ab. Darum seien Lernen und Bildung wesentlich; wie in jedem lebendigen Organismus stürben verbrauchte Zellen ab und bildeten sich neue. Das ist die Grundauffassung des konservativen Judentums, das in Deutschland stark war; wir werden auch in den USA seinen Aufschwung beobachten.

Die Neo-Orthodoxie

Ein dritter Rabbiner, SAMSON RAPHAEL HIRSCH, nahm an den Konferenzen nie teil. Als streng Orthodoxer hielt er sich zwar ganz an MOSES MENDELSSOHNS Anschauungen, vermochte sich indes dem Einfluß GEIGERS, den er als seinen großen Gegenspieler ansah, nicht ganz zu entziehen. Ihm galt die Torah sowohl in ihrer Gesetzgebung wie auch in ihren übrigen Lehren als buchstäbliche Offenbarung Gottes; sie konnte deshalb nie geändert werden. Doch habe man daneben jenes missionarische Ideal, von dem GEIGER sprach, ebenfalls als Ziel zu verfolgen. Erfüllt werden könne dies, sofern der Jude sich erstens gründlich mit der Torah befasse und zweitens in allen Einzelheiten den Mitzwoth gemäß lebe. Indem der Jude ein Beispiel vorbildlichen Gehorsams gegen Gott durch religiöse Lebensführung und in allen seinen menschlichen Beziehungen gebe, könne er einen Maßstab des Menschseins schlechthin setzen und einer Welt, die sich Gott entfremdet hat, den Weg zurück zu IHM weisen. Der Jude könne ‹Mensch-Israel› sein. Das Einhalten der Mitzwoth sondere ihn zwar von anderen ab, darüber hinaus habe er sich jedoch um Freundschaft mit seinen christlichen Mitmenschen zu bemühen und ganz in westlichem Staat, Kultur und Zivilisation aufzugehen. Dies sei eine Pflicht, und auch die ästhetischen Werte des Abendlandes seien, sofern sie nicht der Torah widerstritten, zur Ausgestaltung des Gottesdienstes und des religiösen Lebens voll einzusetzen. Das LAND, dessen Erlösung durchaus nicht verneint wird, komme erst in der Zukunft. Es werde erlöst, wenn Gott die Zeit für gekommen erachtet. Es durch Menschenwerk wiedererobern zu wollen hieße gegen Seinen Willen handeln.

Diese Anschauung hegte die Neo-Orthodoxie, die sich streng von allen anderen jüdisch-konfessionellen Gruppen absonderte, da sie diese nicht als legitime Formen des Judentums ansah. Gleichzeitig bedurfte diese Lebenshaltung zu ihrer Durchsetzung einer religiös und weltlich hochgebildeten Judengemeinde. Als Organisation ist sie darum auch in den USA verhältnismäßig klein geblieben. Ihr Einfluß auf eine Reihe orthodoxer Gruppen nimmt jedoch zu: zum Guten, weil sie abendländische Kulturwerte annimmt, zum Schlechten, weil sie anderen jüdischen religiösen Gruppen das Recht abspricht, als echte Formen des Judentums angesehen zu werden.

Unterdes hatte die russische Judenheit unvorstellbare Leiden auszustehen. Mit dem erwachenden Nationalismus des 19. Jahrhunderts kam verständlicherweise auch unter Juden der Gedanke auf, nur eine Rückkehr ins LAND könne wirkliche Freiheit bringen. *Auto-Emanzipation* (Selbstbefreiung) hieß das Schlagwort des jüdischen Arztes und Volksführers Leo Pinsker (1821–1891), der den Antisemitismus für ein unheilbares Leiden der Menschheit hielt. Nur nationale Unabhängigkeit könne ihn heilen.

Achad Ha-am (1856–1927, Pseudonym Ascher Ginzbergs mit der Bedeutung ‹Einer aus dem Volk›) war gleich Pinsker durch die Haskalah, die Aufklärungsbewegung, geprägt, die in gewissen ostjüdischen Kreisen Boden gefaßt hatte. Auch er glaubte an die Juden als ein Volk. Aber kein Volk kann schöpferisch sein, meinte er, wenn es keinen geistigen und kulturellen Mittelpunkt in einem ihm eigenen Lande besitzt. Wenn man Palästina als Mittelpunkt jüdischen Lebens wiedererstehen läßt, so wird das Judentum zu neuem Leben erwachen. Völkerrechtliche Souveränität über das Land wäre zwar wünschenswert, aber nicht notwendig. Damit war der *Kulturzionismus* geschaffen.

Die Sehnsucht nach Freiwerden von unerträglicher Unterdrückung und die Hoffnungslosigkeit des Schicksals der Juden in Rußland führten zu wiederholten Versuchen, sich im LAND wiederanzusiedeln. Organisationen, wie z. B. *Chovave Tsijon*, ‹Die Freunde Zions›, wurden gegründet; Studenten verließen die Hörsäle, um sich der Mühsal der Urbarmachung von Palästinas gottverlassenen Wüsten zu unterziehen. Der Baron Rothschild aus Paris finanzierte Niederlassungen für die Neueinwanderer. Das Zuwandern war jedoch schwierig, weil Palästina damals noch eine Provinz des Osmanischen Reiches war und der Sultan in Konstantinopel eine großangelegte *Alijah*, den ‹Hinaufzug› ins LAND, mit vielen Schikanen zu hintertreiben trachtete. Es fehlte zunächst sehr an einem wahren Volksführer, der imstande gewesen wäre, ein detailliertes Programm zu entwerfen und dessen Durchführung zu organisieren, und der die Ausstrahlungskraft besessen hätte, die Bewegung in einen festen Rahmen zu bringen. Dieser dringend benötigte Führer fand sich in Theodor Herzl.

Theodor Herzl (1860–1904)

Herzl entstammte einer weitgehend ihrer österreichisch-ungarischen Umwelt und deren Lebensformen assimilierten Budapester Familie.

Von der Natur zwar bestens ausgestattet, charmant, gutaussehend, geistreich, hatte er doch in seiner Studentenzeit gegen Antisemitismus zu kämpfen. Er entschloß sich für den Beruf des Journalisten. Außerdem war er auch ein erfolgreicher Dramatiker und Romanschriftsteller. Für die Wiener ‹Neue Freie Presse› fuhr er nach Paris und schrieb über die Affäre Dreyfus, einen der aufsehenerregendsten politischen Prozesse des Jahrhunderts. Dreyfus (1859–1935), aus Mühlhausen im Elsaß, aktiver Hauptmann und einziger Jude im französischen Generalstab, war der Weitergabe streng geheimer Schriftstücke an die Deutschen angeklagt. Die ihn vor Gericht brachten, wußten, daß er unschuldig war. Der deutsche Kaiser wußte, wer der wirkliche Verräter war, der die Geheimsachen übergeben hatte. Doch der Jude Dreyfus mußte als Sündenbock herhalten. Mit Drohungen erpreßte man Meineide von Zeugen. Man sprach Dreyfus schuldig, deportierte ihn zu lebenslänglicher Zwangsarbeit auf die Teufelsinsel vor Cayenne in Französisch Guayana. Größtenteils dank den Bemühungen opferbereiter, streitbarer, beherzter Männer wie z. B. des Schriftstellers Zola und des Politikers Clemenceau wurde ein paar Jahre später das Verfahren noch einmal aufgerollt, Dreyfus freigesprochen und rehabilitiert. Der Prozeß löste in Frankreich judenfeindliche Hetze und Ausschreitungen aus.

Herzl gingen endgültig die Augen auf. Konnte in Frankreich, der Wiege aller europäischen Demokratie, so etwas geschehen, dann waren Juden nirgends sicher. Es gab nur noch eine einzige Antwort: Schaffung einer freien, international anerkannten Heimstatt der Juden. In der Flugschrift ‹Der Judenstaat› (1896) legte Herzl den Plan zur Schaffung dieser neuen Heimat vor. 1897 veranstaltete er in Basel einen Judenkongreß, den 1. Zionistenkongreß, und setzte ihm die «Schaffung einer international anerkannten Heimstätte der Juden in Palästina» zum Ziel. Im Entwurf legte der Kongreß fest, mit welchen Maßnahmen diese Aufgabe zu bewältigen sei. So kam der *politische Zionismus* zustande.

Die Last der Ausführung dieses Vorhabens hatte Herzl zu tragen. Zweierlei mußte er tun: erstens seine europäischen Mitjuden davon überzeugen, daß sein Plan nicht nur durchführbar, sondern auch wünschenswert sei. Bei denen, die sich in ihrer Umgebung sicher fühlten, stieß er auf zähen Widerstand. Diese jüdischen Menschen hatten ihr ganzes Leben und Denken auf der Annahme aufgebaut, daß sie vollberechtigte Bürger der Länder seien, an die sie sich mit Leib und Seele in aufrichtiger Loyalität gebunden hatten, und es auch bleiben würden. Zweitens bei Fürsten, Machthabern, Regierungen vorsprechen, um Audienzen nachsuchen, sie für das Projekt interessieren, ihre Unterstützung gewinnen. Wie sehr das, was er sich damit vornahm, die Kraft eines Menschen überstieg, kann man sich heute kaum noch ausmalen. Ohne Rückendeckung oder Unterstützung seitens irgendeiner Macht, als Fürsprecher einer Masse ohnmächtiger, bedrängter, unterdrückter Menschen, wagte sich da ein schwaches, wehrloses Individuum, ein einzelner Mensch, ins offene Kampffeld der Machtpolitik hinein, wo nichts zählt als Macht. Im zähen Kampf um die Durchführung seiner Sendung rieb Herzl sich derart auf, daß er allzufrüh, erst 44 Jahre alt, genau 44 Jahre vor der Verwirklichung seiner Hoffnung, starb. Weitergeführt wurde sein Werk von seinen Jüngern, unter ihnen Chaim Weizmann (1874–1952), ein hervorragender Chemiker, der den großen Ruhm, den ihm seine wissenschaftliche Arbeit eingetragen hatte, in den Dienst an seinem Volk stellte und sein Leben als der erste Präsident des Staates Israel beschließen sollte.

Der Antisemitismus

Der Antisemitismus blühte. Im deutschen Reichstag gab es eine antisemitische Partei. Judenfeindliche Gefühle verbargen sich mitten in christlichen Lehren. Im Lauf der Geschichte hatte sich durch die häufige, regelmäßig wiederkehrende Judenverleumdung der Haß bei vielen so tief eingegraben, daß er ihnen zur zweiten Natur geworden war.

Wie wir gesehen haben, brach er in Frankreich anläßlich des Dreyfus-Prozesses ganz unvermutet in größter Heftigkeit aus.

In Deutschland, wo der Staat die Oberaufsicht über alle Glaubensgemeinschaften für sich in Anspruch nahm, gab er der Judengemeinde einen Verwaltungsüberbau nach dem Vorbild der evangelischen Kirche. Das Judentum wurde zu einer Konfession und nichts weiter. Im Grunde lief dies den Auffassungen Mendelssohns, Geigers oder Hirschs nicht zuwider, so daß sich die deutschen Juden auch selber als eine vor allem religiöse Gemeinschaft auffassen konnten. Tatsächliche volle staatsbürgerliche Gleichstellung wurde den Juden nur in der kurzen Frist der Weimarer Republik, 1918–33, zugestanden. Unter den christlichen Deutschen war Voreingenommenheit gegen Juden weit verbreitet. Die deutschen Juden glaubten jedoch, «wenn sie sich als gute Mitbürger erwiesen, ihrem Vaterland allezeit tatkräftige Unterstützung angedeihen ließen», würden die übrigen Deutschen die Juden allmählich in ihrem wahren Wesen erkennen und ihre Vorurteile gegen sie ablegen. Deutsche Juden wurden glühend patriotisch, lehnten den Zionismus ab, weil er ihre Gefühle für ein anderes Land in Anspruch genommen hätte (und nach Hirschs

Ansicht verstieß das ja auch gegen das jüdische Gesetz, denn nur zu der fernen Zeit, da es Gott gefallen würde, und der Messias käme, sollte das LAND wiedergewonnen werden, und voreiliges, eigenwilliges Tun in dieser Hinsicht sei keinesfalls statthaft). Gerade weil die deutschen Juden sich selbst in so unsicherer Lage befanden, distanzierten sie sich von ihren osteuropäischen Brüdern, halfen jenen zwar materiell, erklärten sich aber nicht solidarisch mit ihnen. Eine beträchtliche Anzahl von ihnen war im jüdischen Sinn gut gebildet und hielt die Mitzwoth gewissenhaft ein, manche Gruppen hingegen assimilierten sich damals vorbehaltlos.

Die Jahre nach dem Ersten Weltkrieg waren voll schwerer Sorgen. Deutschlands Wirtschaftsleben brach zusammen. Weil die Deutschen keine Erfahrung mit der Demokratie hatten und es nicht verstanden, mit ihr zu leben, zogen sie ihre neue Staatsform in den Schmutz. Die drückenden Versailler Reparationen verschärften die Lage. Die Zeit war ein guter Nährboden für Demagogen. Hitler gewann Zulauf und Beifall in weiten Kreisen, indem er den Deutschen statt Freiheit nationale Größe, Macht und Wohlstand versprach. Das unmittelbare, greifbare Ziel, das die Deutschen zu verfolgen hätten, sei die Enteignung der Juden. Nicht nur als Sündenböcke konnte man sie gut gebrauchen, sie konnten auch, weil sie im Volk alle für sehr reich galten, als Quelle des Wohlstandes für die Armen hingestellt werden.

Ganz ähnlich wie die Deutschen waren auch die Juden durchdrungen von einem Glauben an Recht und Ordnung, Liebe zur Bildung, Sparsamkeit und Ehrgeiz. Durch ihr gründliches Torahstudium war den deutschen Juden, wie übrigens auch den russischen, die Abneigung gegen jegliche Gewaltanwendung ganz in Fleisch und Blut übergegangen. Dank den Lehren ihrer Führer waren sie zu der Anschauung gelangt, die Gesellschaftsordnung entwickle sich ganz von selbst immer mehr zum Besseren hin (wachse dem messianischen Zeitalter entgegen). Dies alles wirkte sich zu ihrem Schaden aus, als Hitler 1933 an die Macht kam. Zwar hatte man sie in den Jahren nach ihrer Emanzipierung noch recht oft zu Sündenböcken gemacht, doch solche Zwischenfälle faßten sie als bloße Nachklänge einer tragischen Vergangenheit auf und wähnten, fortschreitende Bildung und Gesittung würden mit der Zeit all das völlig überwinden. Daß die in der deutschen Verfassung verankerten Grundrechte auf Anhieb gänzlich über den Haufen geworfen werden könnten, vermochten sie sich überhaupt nicht vorzustellen. Da sie jahrhundertelang als Außenseiter in Deutschland gelebt hatten, war es verständlich, daß sie das Beste an deutscher Kultur und deutschem Wesen für die ganze Wirklichkeit hielten. So sahen sie z. B. in Schiller nicht nur den deutschen Nationaldichter, sondern auch einen Volkserzieher zu allgemeiner großzügiger Menschlichkeit und vermochten nicht zu erkennen, wie wenig nachhaltigen Einfluß seine großen Ideen auf das Verhalten der Allgemeinheit hatten. Daher waren sie außerstande, jenes bodenlos Irrationale zu begreifen, daß auf Befehl von ein paar verrückt gewordenen Fanatikern eine ganze Nation mit einemmal geschlossen auf sie losging. Da alle Gewalttat ihnen zuwider war, griffen sie nicht zu den Waffen (wie ihre Vorfahren das noch getan hatten, als sie während der Kreuzzugszeit in Deutschland angegriffen wurden, und nachmals die Helden aus dem Warschauer Ghetto nach langem Zaudern, als der Kelch ihrer Leiden nachgerade überlief, zu tun sich entschlossen). In den deutschen Städten wohnten sie ja durchaus verstreut in allen Bezirken, in enger Nachbarschaft mit nichtjüdischen Menschen. So waren sie weder in der Lage, sich im eigenen Bezirk abzuriegeln und zusammenzuschließen, noch waren sie geistig und gefühlsmäßig auf die Notwendigkeit eines solchen Widerstandes vorbereitet. Obwohl die Älteren großenteils im deutschen Heer gedient hatten und viele der Jüngeren auch sportlich aktiv waren (vor allem in jüdischen Sportvereinen, die in jeder Stadt entstanden waren und aus Gründen antisemitischer Voreingenommenheit auch entstehen mußten), kam es ihnen gar nicht in den Sinn, sich mit der eigenen ‹Wehrertüchtigung› zu befassen. Dadurch kamen sie überhaupt nicht dazu, sich, geschlossen organisiert, handgreiflich zur Wehr zu setzen.

Nach 1933 verschlechterten sich ihre Lebensverhältnisse zusehends. Es begann 1933 mit dem Boykott jüdischer Unternehmen. Doch immer noch glaubten die Juden, daß sich die Lage im Rahmen der verfassungsmäßigen Entwicklung wieder ändern werde und daß die Nazis durch kommende Wahlen ihre Macht verlieren würden. Als gute Staatsbürger hielten sie es für unmöglich, daß man die Verfassung über den Haufen werfen und daß die Bevölkerung sich, zum Teil begeistert, zum Teil lethargisch, der Machtübernahme anpassen und sich mit ihr identifizieren würde. Als die Juden endlich aufwachten, war es zu spät; eine Emigration war wegen der strengen Einwanderungsbedingungen der anderen Länder für die meisten nicht mehr möglich. 1935 wurden die Nürnberger Rassengesetze erlassen. Sie schlossen die Juden aus dem gesamten kulturellen, wirtschaftlichen und gesellschaftlichen Leben des Landes aus. 1938 wurden die Synagogen niedergebrannt und jüdischer Besitz geplündert. Man verschleppte die Juden in die längst schon bereitstehenden Konzentrationslager. Im Laufe des Zweiten Weltkriegs zwang man die noch nicht Verschleppten, zusammengepfercht in Ghettos zu hausen und den gelben Davidstern zu tragen, und dann wurden sie in allen Ländern, wo Hitlers Heere eindrangen, entweder sofort umgebracht oder in die Vernichtungslager deportiert und dort vergast. Sechs Millionen Juden kamen dabei um.

Warum wurde gerade Deutschland zum Brennpunkt des modernen Antisemitismus? (In Rußland trug der Judenhaß noch ganz mittelalterliche Züge.) Aus England und Frankreich waren die Juden vertrieben worden und erlangten erst nach mehreren Jahrhunderten dort wieder Siedlungsrecht. Die Abwesenheit der Juden führte, wenn nicht zum Erlöschen, so doch zum Verblassen der Ressentiments der Bevölkerung ihnen gegenüber, so daß man ihnen bei ihrer Rückkehr vorurteilsfreier gegenüberstand. In Deutschland, wo Juden ununterbrochen gelebt hatten, häufte sich dagegen Vorurteil auf Vorurteil. Und diese Vorurteile gegen die Juden hatten genügend Zeit, dem Volk in Fleisch und Blut überzugehen, und die Juden konnten, da sie eine wohlhabende, aber kleine Minderheit waren, nur zu leicht als Sündenböcke benutzt werden.

Es dürfte angebracht sein, an dieser Stelle von den vielerlei Formen des Antisemitismus zu sprechen, die dann in der Ausrottung von sechs Millionen Juden durch Hitler gipfelten. Historisch lassen sich folgende Phasen erkennen:

Im alten Rom hegte man Antipathien gegen sie, denn sie weigerten sich, Roms Götter anzuerkennen, entrüsteten sich auf Grund ihrer strengen, auf die Schrift gegründeten moralischen Prinzipien über die Lasterhaftigkeit der römischen Gesellschaft, lehnten es ab, beim römischen Gastmahl mitzuhalten, weil die aufgetischten Speisen nicht den Essensvorschriften der Torah entsprachen; sie waren als faul verschrien, weil sie am Sabbath nicht arbeiteten, ließen sich aus Sendungseifer allenthalben auf Bekehrungskampagnen ein und brachten es dabei tatsächlich zuwege, sogar hochgestellte Bürger des Reiches, die ein Bedürfnis nach Seelsorge und moralisch-religiöser Anleitung verspürten, das ihre angestammte Religion nicht befriedigen konnte, zum Übertritt zum Judenglauben zu bewegen. Kurzum, man empfand die Juden als Landplage und Ärgernis, sie waren lästig. Ihre Anschauungen schienen die römische Lebensform zu untergraben. Und zu allem Überfluß gelang es ihnen sogar wirklich, Anhänger zu gewinnen. Mit ihrer Bekehrungstätigkeit schufen sie in Rom die Grundlagen, auf denen später die christliche Missionierungsarbeit weiterbaute.

Die Christen des Mittelalters gaben den Juden die Schuld an Christi Tod und hielten sie für von Gott verstoßen. Das Phänomen, daß diese Verworfenen aber trotz allem immer noch weiterlebten, erklärten die christlichen Theologen ganz einfach als eine Fügung Gottes, derzufolge die Juden gerade durch ihre Not und Ausgestoßenheit als lebendiger Beweis für den Sieg der Kirche zu dienen hätten. Dieser sogenannte theologische Antisemitismus fußt auf einer Lehre, die das Ökumenische Konzil von 1965 für falsch erklärte. Doch gerade dieser theologische Antisemitismus und diese Doktrin wurden jahrhundertelang offen gelehrt und dann durch LUTHERS Antisemitismus dem Bewußtsein der Deutschen tief eingeprägt. Der Haß auf die Juden als die Ungläubigen und Gottesmörder führte zu ihrem Ausschluß aus Landwirtschaft, Handwerk und Gewerbe, bis auf das Gewerbe des Geldverleihens, das den Christen von der Kirche verboten war und zu dem die Juden, wie wir sahen, daher gezwungen wurden. Eben dadurch zogen sie sich die zusätzliche Beschuldigung zu, sie seien Wucherer, raffgierige, eiskalte und unehrliche Geschäftemacher. Da die Kirche sie alle als die Angehörigen *eines einzigen* verfluchten Volkes ansah, galten sie allen Völkern als verruchter Feind der Menschheit schlechthin.

In der Aufklärung fiel jede Grundlage für einen theologischen Antisemitismus weg, und so konnten die Juden kraft der aufklärerischen Denkart emanzipiert werden. Danach brach das ‹wissenschaftliche› Zeitalter an, durch das sich viele Menschen von ihrem blinden Festhalten an theologischen Dogmen abbringen ließen, so daß sich die Judenfeindlichkeit noch weiter abschwächte. Aber auf die Aufklärung folgte die Romantik, jene Zeit des Gefühlsüberschwangs, des schwärmerischen Zurückblickens auf die Vergangenheit, die die Romantiker für besser als die Gegenwart hielten. Und aus der Romantik brach mit Macht der Nationalismus hervor. Bei diesem Zurückblicken auf die vermeintlichen Herrlichkeiten der Vergangenheit wähnten die Deutschen zu entdecken, daß immer dann, wenn die Juden aus dem Leben des Volkes ausgeschlossen gewesen waren, dieses für mächtig gegolten hatte. Nun war Deutschland schwach, und die Juden waren gleichberechtigt. Da die Deutschen schon immer durch judenfeindliche Lehren verseucht und verhetzt waren, gingen sie politischen Bauernfängern nur zu leicht auf den Leim: Konnte man denn nicht die Juden für alles zu Sündenböcken machen, was schief gegangen war? Sie seien die Feinde des Nationalstaates, hieß es, und eine internationale Verschwörerclique. Diese üble Nachrede stützte sich auf jene internationale Ausgestoßenheit eines verfluchten Volkes, die die Kirche über Juden seit Jahrhunderten verkündet hatte. Eine Fälschung, die sogenannten ‹Protokolle der Weisen von Zion›, die man heimtückisch für den Plan der internationalen Führer des Weltjudentums zur Zerschlagung der Nationen und Übernahme der Weltherrschaft ausgab, wurde in Umlauf gesetzt. Die Fälschung erfüllte ihren Zweck: sie schürte den Haß nur zu gut, bis auf den heutigen Tag.

Und da ja Wissenschaft immer ausschließlicher für alle Bereiche maßgebend wurde und Glauben und Dogmen verdrängte, ersannen *die schon längst in lauter Vorurteilen Befangenen* noch eine weitere, bis dahin unerhörte neue Wissenschaft oder Pseudowissenschaft, mit deren Hilfe sie nachweisen wollten, daß die Juden, wissenschaftlich gesprochen, eine verderbte, ihre Umwelt zersetzende Rasse seien. An der Behauptung, daß die Juden überhaupt so etwas wie eine Rasse seien, ist auch nicht ein Funken wissenschaftlich nachweisbarer Wahrheit, doch die ‹wissenschaftlich denkenden› Antisemiten griffen diese Idee sofort begeistert auf und säten die Saat, die dann eine Ernte des Entsetzens zum Reifen brachte.

Eine jüdische Renaissance

In den Jahren vor und während des Naziregimes hatte sich das deutsche Judentum geistig und religiös gefestigt. Zu jüdischen Philosophen wie Hermann Cohen (1842–1918), Franz Rosenzweig (1886 bis 1929) und Martin Buber (1878–1965) gesellten sich große Rabbiner wie z. B. Leo Baeck (1873–1956). Das Judentum erlebte eine Wiedergeburt. Jüdisches Forschen, jüdische Gelehrsamkeit entfalteten sich zu neuer Fülle, immer zahlreichere Bücher, hebräisch und deutsch, kamen heraus, in jeder Judengemeinde richtete man Lehrhäuser für Erwachsenenbildung ein, in denen jüdisches Wissen gelehrt wurde. Männer wie der Rabbiner Leo Baeck, die aus freien Stücken ins KZ gingen, um mitten unter ihren Brüdern zu leben, fuhren selbst dort fort, zu unterrichten, die Lagerinsassen durch geistige Güter mit neuem Mut zu erfüllen und ihnen den Sinn jüdischen Lebens und Leidens klarzumachen, auch wenn sie heimlich und ohne Bücher lehren mußten, weil die Nazis das verboten hatten. Gerade in der schlimmsten Notzeit rang sich das deutsche Judentum zu Leistungen von übermenschlicher Größe durch.

Als bereite es sich gleichsam auf diese Stunde der Not vor, brachte das deutsche Judentum Denker aus sich hervor, die zwar an deutscher Philosophie geschult, doch von einer tiefen Liebe zu ihrem Vätererbe und gründlichstem Wissen darüber erfüllt waren. Daß manche unter ihnen *Baale Teschûvah*, ‹Reumütig Zurückgekehrte›, waren, die aus den äußersten Randzonen erst wieder zum Kern des Judentums zurückgefunden hatten, macht ihr Werk für heutige Juden erst recht bedeutsam. Es ist auch aufschlußreich, daß sie alle sich mit dem Problem der Dreiheit Torah-Mitzwoth-LAND auseinandersetzten. Und wenn dabei auch die Meinungen darüber, in welchem dieser drei Elemente die Hauptgrundlage für das Überleben der Judenheit zu erblicken sei, auseinandergingen und der eine dieses, der andere jenes für das Entscheidende erklärte, so wurden deshalb doch von niemandem die beiden übrigen gänzlich ausgeschlossen.

Hermann Cohen war Kantianer: er gründete die sogenannte ‹Marburger Schule› des Neukantianismus. Anfangs war er noch so von der Kultur Deutschlands durchdrungen, daß er sogar dafür eintrat, den Sabbath auf den Sonntag zu verlegen, um eine noch vollere Übereinstimmung mit den landläufigen Bräuchen herzustellen. Später bekannte er freimütig, er habe inzwischen diese jugendliche Verirrung bereut. Sein bedeutendstes Werk ist ‹Die Religion der Vernunft aus den Quellen des Judentums› (Leipzig 1919). Die Vernunft (d. h. die Torah im weitesten Sinne) ist der Grundstein seines Systems. Gott, der den Menschen Unvorstellbare, ist ewige Herausforderung. Jede neue Erkenntnis bringt uns IHM ein Stück näher. Unter Anwendung Kantscher Begriffe setzt Cohen Gott dem Ding-an-sich gleich. Das Ding-an-sich sei aber nicht, wie Kant behauptete, uns auf ewig verborgen. Werfen wir einen Stein in einen Teich, dann bildet das Wasser Kreise, einer größer als der andere. Genauso führe uns jede teilweise Gotteserkenntnis endlos zu immer neuer Erkenntnis weiter. Und Hand in Hand mit der Erkenntnis der *Welt* Gottes werde uns auch unsere *sittliche Pflicht* immer klarer. *Natur und Sittlichkeit gehören zusammen, weil beide denselben Ursprung haben: Gott.* Daß Gott Eins ist, lasse sich folgendermaßen beweisen: Das Reich der Natur und das Reich der Sittlichkeit seien völlig aufeinander abgestimmt, sie müßten also einen und denselben, d. h. einen einzigen Schöpfer gehabt haben. Nach einer *Welt* zu streben, worin vollkommen *sittliches Handeln* allgemein ist, sei unsere Aufgabe. Dies sei in der *Idee des Messias,* in der Zukunft, symbolisiert. Vollkommene, auf alle Menschen sich erstreckende Liebe ist das Gebot für den Juden. Es müsse auf *ethischem* Prinzip beruhende *Gerechtigkeit* geben, diese aber müsse zu *Mitgefühl* werden, welches Grundbestandteil aller Religion sei.

Weil die Juden um dieser Ideale willen lebten und litten, seien sie der übrigen Menschheit unentbehrlich. Das Judentum habe so der Welt die Idee von dem Einen Gott, welcher Geist ist, geschenkt, mit dieser Idee die messianische Idee, nach der (wenngleich nicht in Gestalt eines personhaften Messias) gestrebt werden solle, verbunden und der Menschheit Gott als den liebenden Vater enthüllt, der alle Menschen in Seine Arme nehme und dem Sünder ganz und aus der Fülle Seiner Barmherzigkeit vergebe.

Daher müßten die Juden ein Volk bleiben und die Mitzwoth befolgen, durch die sie zur Erfüllung ihrer Aufgabe erzogen und als die Vertreter des reinen Monotheismus in der Welt erhalten werden, wenn auch unterdes die Gesetze sich weiterentwickeln. Dies alles werde um der Menschheit willen getan.

Wenn wir in diesen Gedankengängen die Widerspiegelung der Lehren FRANKELS erkennen, dann irren wir uns nicht; denn in seiner Jugend, als COHEN noch vorhatte, Rabbiner zu werden, war er tatsächlich FRANKELS Schüler. Dieses Bewußtsein der Zugehörigkeit zu einem Volk, auf das FRANKEL so nachdrücklich hingewiesen hatte, zeigte sich darin, daß COHEN nach Polen ging, weil er hoffte, der polnischen Judenschaft zu besserer Anpassung an ihre Umwelt verhelfen zu können, wenn er ihnen als Mittel dazu eine Kombination aus Judentum *und* Kultur brächte. Am Ersten Weltkrieg wurde diese Hoffnung zuschanden. Für COHEN ersetzte das Volkstum das LAND. Die *Torah*, die Vernunft, stellte den Daseinsgrund für den Weiterbestand der Juden bereit.

Hier vollzog sich eine Synthese aus deutschem Denken und jüdischer Überlieferung, wie sie für die deutschen Juden typisch war; zugleich aber war diese Synthese auch eine aus deutschem Staatsbürgersein und jüdischer Volkszugehörigkeit. Geliefert wurde damit überdies eine einleuchtende Erklärung aller Prüfungen der Juden. Juden werden geprüft und zeigen dabei der Menschheit den Weg.

FRANZ ROSENZWEIG, COHENS Schüler, war Hegelianer. *Mitzwoth als Antwort auf Gott durch die Tat* ist der krönende Schlußstein seines Denkens. Weil ROSENZWEIG das Judentum seiner Familie nur noch als eine Form von ethischem Humanismus ansah, war er nahe daran, sich zum Christentum zu bekehren. Doch er bedachte noch einmal gründlich, ehe er diesen Übertritt wagte, was er mit seinem alten Glauben aufgäbe, und kam dabei zu der Überzeugung, daß er Jude bleiben müsse. Aus HEGEL wußte er, daß die Geschichte sich in einem fortwährenden Prozeß des Werdens befindet, und dieser Prozeß ist die Entfaltung des Absoluten. Diesen HEGELschen Gedanken ließ er für alle Völker und Religionen der Erde gelten, nur für die Juden und ihren Glauben schien er ihm nicht zuzutreffen. Alle seien auf dem *Weg* zum VATER, und das *Christentum* sei einer, und überdies ein *guter Weg zu IHM*. Der *Jude hingegen ist schon beim VATER*, meint ROSENZWEIG. Die Juden seien gar nicht mehr unterwegs auf ein Ziel zu, sondern hätten es längst erreicht. Sie lebten in Gottes Gegenwart und brächten dies durch ihre innere Entwicklung in den Mitzwoth und in ihrem Denken ihr Leben lang zum Ausdruck. An ihrem Beispiel könne die Menschheit erkennen, daß auch sie in ihrer Gesamtheit zu IHM gelangen könne. Um diese an ihnen verwirklichte Möglichkeit immerdar unter Beweis zu stellen, müßten die Juden als Volk weiterleben.

Das Weltall könne man sich in Form eines aus Gott, Welt und

Mensch gebildeten Dreiecks vorstellen. Gott ist sein Scheitelpunkt. Mensch und Welt stehen einander an den Winkeln der Basis gegenüber, indem sie Seine Absicht erfüllen. Die dynamischen Elemente, dank denen es zu einer Weiterentwicklung in der Welt kommt, lassen sich etwa in Form eines entgegengesetzten Dreiecks schematisieren. Seine Ecken sind: Schöpfung (Ursache der Welt), Offenbarung (sie gibt dem Menschen seine Aufgabe) und Erlösung (als Einswerden von Mensch und Schöpfung). Die Welt bemüht sich, diese beiden Dreiecke zusammenzufügen. Ihr Sichbemühen ist ihre Geschichte. Der Jude hat seinen Weg durch die Geschichte schon hinter sich und mithin schon die *Synthese der Erlösung erreicht.* Bei ihm haben sich die beiden Dreiecke bereits zum sechszackigen Stern, dem Sinnbild des Judentums, dem ‹Stern der Erlösung›, wie ROSENZWEIGS Hauptwerk heißt, zusammengefügt. Das, worum es in ROSENZWEIGS System zentral geht, ist *das Leben.*

In der Blüte seines Lebens wurde ROSENZWEIG von einer lähmenden Krankheit befallen, die ihn sieben Jahre hindurch fortschreitend so zerstörte, daß er zuletzt nur noch hilflos und bewegungsunfähig dalag. Dennoch arbeitete er unbeirrbar und verbissen weiter. Diese seine Selbstüberwindung war Mitzwah, Erfüllung des Gottesgebots: Wer bei Gott ist, braucht bloß Geist. Sein Volk konnte so ROSENZWEIGS Leben als ein Sinnbild des eigenen Daseins und seiner Gotteswürdigkeit ansehen, auch wenn der Feind sein leibliches Dasein lähmte und auslöschte.

Auch bei ROSENZWEIG haben wir es mit einer Synthese aus deutsch-HEGELschem und jüdischem Denken zu tun. Die Grundgedanken darin sind Gott, Torah (als Offenbarung) und die Mitzwoth, wobei die Mitzwoth, insofern sie der Weiterentwicklung unterliegen, die Schlüsselstellung innehaben. Das LAND bleibt in ROSENZWEIGS Denken außer acht. Gewännen die Juden das Land Israel nochmals zurück und bauten es wieder auf, dann würden sie damit erneut den Schauplatz des Werdens, der geschichtlichen Entwicklung betreten und auf ihrer Suche nach dem Weg zum VATER wiederum Prüfungen und Irrtum ausgesetzt sein. Als ROSENZWEIG des ungeheuerlichen Wandels, der sich zu seiner Zeit anbahnte, innewurde, begann er die anfänglichen Bemühungen um Israels Neubau als Kraftquelle jüdischer Erneuerung zu erkennen. Der Tod versagte ihm den Einbau des Zionismus in seine Theologie des *Volkes* beim VATER.

MARTIN BUBER ist der dritte jüdische Denker dieser Periode. LAND und Volk bilden den Brennpunkt seines Denkens. Er kommt vom Chassidismus her, dessen Eigenart er in gründlichen Abhandlungen darstellte. Das Verhältnis von Mensch zu Mensch und von Mensch zu Gott sah er existentialistisch. Ich kann mich zu meinem Mitmenschen so verhalten, daß ich ihn als Werkzeug benutze. Das ist ein verwerfliches Verhältnis, denn er wird für mich ein Gegenstand, ein *Es*. Mein Verhältnis zu ihm muß das zum *Du* werden. Genau wie in einem Gespräch zwischen gleichgestellten Partnern beide sich selbst und einander finden, so ist es auch im Leben. Es muß den Dialog des Tuns zwischen Ich und Du geben. (BUBERS Hauptwerk heißt ‹Ich und Du›). Derselbe Dialog geht auch zwischen Mensch und Gott vor sich. Ich muß auf IHN hören, muß wissen, was ER von mir will. Was immer ich nach Seinem Willen im einzelnen zu tun geboten bin, ER offenbart es mir erst in dem Augenblick der Tat: und dann nur mir allein, weil ich der einzige bin, der es tun kann. Gott lenkt meinen Tat-Dialog mit meinem Mitmenschen: ER sagt mir, was ich tun soll, und wenn ich es tue, bleibe ich im Dialog mit Gott. Gott-Mensch-Mitmensch sind unlösbar zusammengekoppelt; der gerade Weg zu Gott führt über die Menschheit. Es handelt sich hier um eine Universalphilosophie, und deshalb hat BUBER auch auf christliche Denker einen tiefen Eindruck gemacht.

Führt diese Philosophie aber nicht aus dem eigentlichen Judentum hinaus (falls ich z. B. finde, daß sämtliche Mitzwoth der Torah mich nicht mehr als Gottes lebendiges Wort ansprechen)? Wo ist noch der Vernunftgrund des Daseins der Judenheit? Er liegt darin, daß die Juden *ein Volk* sind. Zwischen Israel und Gott geht *ein ganz besonderes* Zwiegespräch vonstatten: seinen Ausdruck findet es im gesellschaftlichen Miteinanderleben der Juden. In dieser speziellen jüdischen Lebenserfahrung erkennen wir den Einfluß des Chassidismus. BUBER geht aber noch weiter: Judentum und Judenglaube finden Erfüllung nur in einer eigenständigen jüdischen Gesellschaftsordnung im *eigenen Land*. Nur in Israel lasse sich eine Gesellschaftsordnung schaffen, die dann der ganzen Menschheit zum Vorbild dienen könne. Weil Israel am Geist des Ostens, zugleich aber auch an den Errungenschaften des Abendlandes teilgehabt habe, könne es zur Brükke zwischen Kulturen und Völkern werden. Israel wirke für die Erfüllung der Zukunft, die Vereinigung der gesamten Menschheit unter Gott, somit für das messianische Zeitalter. Es handle, und durch sein Handeln finde es zu Gott. «Die Wahrheit als Tat ist sein Ziel, ihr zuzustreben, sein Sinn und Bestand.» (‹Reden über das Judentum›. 1932, S. 148) Es lese die Torah immer wieder neu, je aus der Sicht seiner Aufgabe. (Mit ROSENZWEIG hat BUBER die Torah in ein herrlich erhabenes Deutsch übersetzt.) LAND und Volkstum verleihen im Zwiegespräch mit Gott sowohl der Torah wie auch der Tat einen eigenartig jüdischen Sinn.

Zu Beginn des Ersten Weltkriegs lebten etwa 80 000 Juden in Palästina, das unter türkischer Herrschaft stand. 1917/18 eroberten die Briten das Land; auf der Konferenz der Siegermächte in San Remo 1920 wurden sie mit dem Mandat für die zivile Verwaltung betraut und vom Völkerbund 1922 als Mandatsträger bestätigt. Den Juden gegenüber befolgte Großbritannien zunächst die Grundsätze der «Balfour Declaration», die es 1917 verkündet und die der Völkerbund übernommen hatte: «S. M. Regierung betrachtet die Schaffung einer nationalen Heimstätte in Palästina für das jüdische Volk mit Wohlwollen und wird alle Anstrengungen machen, um die Erreichung dieses Zieles zu erleichtern, wobei Klarheit darüber herrschen soll, daß nichts getan werden soll, was die bürgerlichen und religiösen Rechte bestehender nichtjüdischer Gemeinschaften in Palästina ... beeinträchtigen könnte.»

Innerhalb von zehn Jahren stieg nun die Zahl der Juden in Palästina, am stärksten durch Einwanderung aus Osteuropa, auf etwa 200 000 an, ein Fünftel der Gesamtbevölkerung. Die Einwanderer brachten moderne landwirtschaftliche, gewerbliche und industrielle Technik und Arbeitsamkeit ins Land und damit wirtschaftlichen Aufschwung. Aber sie waren dem erwachenden arabischen Nationalismus unwillkommen, und ihre demokratische Lebensform bedeutete eine Herausforderung für das herrschende feudale Gesellschaftssystem der Araber. So wuchs der arabische Widerstand gegen jüdische Einwanderung und äußerte sich zunehmend in Unruhen, Aufständen und Überfällen.

Die furchtbaren Judenverfolgungen der Nazis seit 1933 ließen die jüdische Einwanderung – unter dem Druck der Not vielfach jetzt auch illegal – derart anschwellen, daß die Juden zu Beginn des Zweiten Weltkriegs mit einer halben Million ein Drittel der Bevölkerung bildeten. Die Briten kamen nun mehr und mehr zu der Überzeugung, daß nur eine Aufteilung des Landes unter Juden und Araber die Probleme lösen könne. Der Sicherheitsrat der Vereinten Nationen folgte 1947 dieser Auffassung, die Araber wiesen den Plan zurück. Daraufhin gab Großbritannien das Mandat auf und zog seine Truppen am 14. 5. 1948 ab. Am gleichen Tag wurde der Staat Israel von einem durch die jüdische Bevölkerung erwählten Volksrat in Tel Aviv proklamiert.

Offene Kämpfe zwischen arabischen und jüdischen Gruppen hatten bereits zuvor begonnen. Auf die Verkündigung des Staates Israel antworteten die umliegenden arabischen Staaten (Ägypten, Transjordanien, Irak, Syrien, Libanon) mit Krieg. Die Araber wurden von den entschlosseneren, besser ausgebildeten, besser bewaffneten und besser organisierten Israelis innerhalb eines Jahres geschlagen, und unter Vermittlung der Vereinten Nationen mußte ein arabischer Staat nach dem anderen einem Waffenstillstand zustimmen (Februar–Juni 1949), der den kämpfenden Parteien die von ihnen bis dahin besetzten Gebiete bis zu einem künftigen gegenseitigen Friedensvertrag mit dauernder Festsetzung der Grenzen überließ. Mit diesem, auf der Willkür des Schlachtfeldes ruhenden Territorium wurde der Staat Israel am 11. Mai 1949 als Mitglied in die Vereinten Nationen aufgenommen.

Im Verlaufe der gewaltsamen Auseinandersetzungen waren Hunderttausende von Arabern aus Palästina vertrieben worden oder geflohen. Sie fanden in Flüchtlingslagern in den angrenzenden arabischen Staaten Aufnahme und werden noch heute von den Vereinten Nationen betreut. Gleichzeitig wurden Hunderttausende von Juden aus den arabischen Staaten vertrieben oder mußten fliehen. Sie wurden der Gesellschaft des Staates Israel eingegliedert.

Die im Staat Israel verbliebenen Araber wurden Bürger des Staates Israel, entsprechend der Unabhängigkeitserklärung bei der Gründung des Staates, die sie dazu aufrief, «den Frieden zu wahren und auf der Grundlage voller und gleicher Bürgerrechte und gebührender Vertretung in allen ... Körperschaften am Aufbau des Staates mitzuarbeiten». Unvermeidlich allerdings gibt es auf Grund der Spannungen zwischen Israel und den arabischen Staaten Mißtrauen zwischen jüdischen und arabischen Bürgern, und im allgemeinen dienen Araber nicht in der israelischen Armee.

Die Waffenstillstandsvereinbarungen zwischen Israel und seinen arabischen Nachbarstaaten sind bis heute noch nicht durch einen Friedensvertrag abgelöst worden. Es kam noch nicht einmal zu Friedensvertragsverhandlungen, im Gegenteil: Die fortwährenden Spannungen steigerten sich bisher dreimal zu erneuten Kriegen. Im Oktober 1956 beantwortete Israel eine Blockade des Golfs von Akaba durch Ägypten mit der Eroberung der Sinaihalbinsel und des Gazastreifens, gab diese Eroberungen aber auf Beschluß der Vereinten Nationen wieder heraus. Im «Sechstagekrieg» vom Juni 1967, der auf arabischer Seite vor allem von Ägypten, Jordanien und Syrien geführt wurde, gelang es den israelischen Streitkräften, bis zum Suezkanal vorzudringen und Westjordanien wie syrische Grenzgebiete einzunehmen, wodurch sich die Grenzen des Staates über die des Waffenstillstands von 1948 hinaus erweiterten. Im «Jom-Kippur-Krieg», den Ägypten und Syrien im Oktober 1973 durch einen Überfall am höchsten jüdischen Feiertag begonnen hatten, siegte Israel erneut, wenn auch unter schweren Verlusten. Eine Friedenskonferenz in Genf, die noch im Dezember 1973 zustande kam, führte zwar nicht zu einem Ergebnis, doch konnte der amerikanische Außenminister Henry Kissinger im Januar 1974 zwischen Ägypten und Israel, Ende Mai 1974 zwischen Syrien und Israel Abkommen erreichen, die zu einem Auseinanderrücken der Streitkräfte und einem begrenzten Rückzug der israelischen Truppen führten.

Unter den palästinensischen Flüchtlingen bildete sich eine Reihe von Organisationen, die für eine «Befreiung Palästinas» kämpfen, d. h. den Staat Israel wieder beseitigen wollen. Größere Bedeutung als ihre zahlreichen Überfälle in Israel und an seinen Grenzen und ihre spektakulären Terrorakte in aller Welt gewann die Politik der Dachorganisation PLO (Palestine Liberation Organization) unter der Führung Jassir Arafats, die seit 1973 von der Arabischen Liga, von der Organisation der blockfreien Staaten und den Vereinten Nationen als legitime Vertretung der Palästinenser mit dem Recht auf einen eigenen Staat anerkannt wurde. Am 26. März 1979 wurde in Washington nach mehr als anderthalbjährigen Verhandlungen unter erheblicher Beteiligung der USA ein Friedensvertrag zwischen Israel und Ägypten unterzeichnet. Obwohl ihn die übrigen arabischen Staaten und die PLO entschieden ablehnen, bedeutete er doch einen großen Fortschritt zur Lösung der Nahostprobleme.

Israel hat rund dreieinhalb Millionen Einwohner, davon eine halbe Million Araber. Landwirtschaft ist zwar der wesentliche Teil der Landesentwicklung, doch lebt die Mehrheit in großstädtischen Ballungsräumen: eine Million in Tel Aviv, je eine halbe Million in Haifa und Jerusalem. Die Einwanderer aus so unterschiedlichen Kulturgebieten (zu 40 Prozent kommen sie aus europäischen Ländern, zu 60 Prozent sind sie Vertriebene aus Nordafrika und orientalischen Ländern) und der stetig wachsende Teil ihrer im Lande geborenen Nachkommen, unter völlig anderen Bedingungen aufwachsend als ihre Eltern, haben Schwierigkeiten, gesellschaftlich und politisch zusammenzuleben; aber die äußere Bedrohung wie ein inneres Zusammengehörigkeitsgefühl wecken viele Kräfte, sie zu überwinden. Landwirtschaft und Industrie sind hochentwickelt und sorgen für einen hohen Export; doch ist das Land zu einem ganz unverhältnismäßig hohen Aufwand für seine Verteidigung gezwungen, leidet unter großem Außenhandelsdefizit und einer erheblichen Inflation. Es ist weitgehend auf finanzielle Unterstützung von außen, vor allem aus den USA, angewiesen.

Israel ist ein moderner demokratischer Staat, der nach sozialer Gerechtigkeit im Sinne der Prophetenbotschaft strebt und in der kurzen Zeit seines Bestehens große wirtschaftliche, soziale und kulturelle Leistungen vollbracht hat, auch wenn man dort, wie überall, oft genug gegenüber dem Ideal versagt hat. Die Erneuerung des Staates Israel nach zweitausend Jahren hat den Juden der Welt neue Kraft und neues Selbstbewußtsein gegeben. Das jüdische Volk sieht, bewußt oder unbewußt, in der Neugestaltung des Staates Israel ein «heilsgeschichtliches» Ereignis. Hieraus erwächst eine Frage, die die Eigenart des Staates Israel schlaglichtartig beleuchtet: Könnten sowohl Judentum wie Christentum eine Zerstörung des Staates Israel überleben, ohne ihre Überlebenskraft und ihren jeweiligen Berufungsauftrag zu verlieren? Theologie wirkt hier als formende Kraft in der Geschichte. Es ist zu hoffen, daß die Frage nie akut werde.

Die außerhalb Israels und der USA lebenden Juden

Die Auswirkungen der ereignisreichen Zeit haben sich in vielen Ländern fühlbar gemacht, besonders dort, wo sich die Judenschaft nach und nach wieder von den schrecklichen Verlusten des Krieges erholt hat.

In *England* leben heute etwa 400 000 Juden. Die ‹United Synagogue› gilt dort als die offizielle religiöse Landesgemeinde und besitzt im Chiefrabbinat ihre Führung, im Jews' College ihr Rabbiner-Seminar. Daneben gibt es aber auch liberale Gemeinden, eine liberale Rabbinerschule, das Leo Baeck-College, und ultra-orthodoxe Gemeinden. Die im Grunde orthodox ausgerichtete United Synagogue stand früher lange Zeit einer ziemlich weitgespannten Skala aller möglichen Schattierungen von Anschauungen und Ritualen zwischen starr orthodox und liberal-gemäßigt konservativ offen. Heute jedoch läßt sie bei sich gar keine Abweichungen von der absolut orthodoxen *Lehre* zu, nicht einmal dann, wenn die orthodoxe *Praxis* in keiner Weise in Frage gestellt ist. Die Schuld an diesem Wandel ihrer Einstellung mag am Anwachsen des östlichen Elements durch Einwanderung liegen, vielleicht aber auch an der tiefen Enttäuschung über die westliche Zivilisation und die Bemühungen, sich ihr anzugleichen, die schließlich doch nur zum vollkommenen Versagen der westlichen Welt, den Hitler-Terror zu verhüten, geführt hatten. Dennoch müht man sich heute auch um die Klärung solcher theologischer Probleme, die erst das 20. Jahrhundert aufwarf. Der fähigste Theologe der orthodoxen Gruppe ist Louis Jacobs, doch gerade ihm entzog man wegen Meinungsverschiedenheiten über gewisse Lehren die Erlaubnis, als Rabbiner in der United Synagogue zu fungieren; er mußte sich daraufhin eine eigene Gemeinde aufbauen.

In *Frankreich* lebt die viertgrößte Judengemeinde der Welt. Mit einem jüdischen Bevölkerungsanteil von über 500 000 rangiert Frankreich allerdings weit hinter den USA mit ihren nahezu 6 000 000, der Sowjetunion mit etwa 3 000 000 Juden und Israel. Auf Grund der Umwälzungen im Krieg und in der Nachkriegszeit haben Zusammensetzung und Eigenart der französischen Judenschaft sich radikal gewandelt. Die zumeist aus Aschkenasim bestehende dortige Judenschaft der Vorkriegszeit hatten die Nazis größtenteils ausgerottet. Jene Vorkriegsjuden Frankreichs hatten sich dem französischen Lebensstil ganz angeglichen und hielten sich deshalb in ihren religiösen Einstellungen an einen selbstzufriedenen Konservativismus. Auf diese dezimierte Bevölkerung wurde nach dem Krieg eine große Anzahl sefardischer, streng orthodoxer Juden aus den nordafrikanischen Besitzungen Frankreichs, vor allem Algerien, gepfropft. Diese Juden, die bereits französische Staatsbürger waren, flohen nach Frankreich, als Algerien unabhängig wurde, weil sie sich vor dem Judenhaß der Araber fürchteten. Die französische Regierung half ihnen, in Frankreich wieder Fuß zu fassen, sie gründeten allenthalben im Lande Judengemeinden, erweckten seit alters bestehende, aber nahezu ausgestorbene Gemeinden zu neuem Leben und brachten es zuwege, daß sich heute eine jüdische Bevölkerung sowohl geographisch über ganz Frankreich wie auch soziologisch über alle Berufssparten und Gesellschaftsschichten des Landes verteilt. Die Führungsspitze des französischen Judentums begriff, daß dem französischen Volk Wesen und Eigenart des Judentums erklärt und das, was die Juden für die Menschheit geleistet haben, aufgezeigt werden mußte. Daneben war zugleich eine neue Synthese aus jüdischer Religion und Weltaufgeschlossenheit, aus alteingesessenen jüdischen Bürgern und Neuzugewanderten zustande zu bringen. Die Judengemeinde Frankreichs ist wegen ihrer Größe heute zu einem tonangebenden Wortführer des europäischen Judentums überhaupt geworden. Frankreichs Juden haben die Aufgabe, die sich ihnen schicksalhaft stellte, angenommen. Ab 1955 wurden an einigen Universitäten, namentlich in Straßburg und Paris, Lehrstühle für Judaistik eingerichtet, die damit ihren festen Platz im Zentrum geistig akademischen Lebens erhielt. Professoren sind so zu Repräsentanten geworden. Sie sehen es als ihre Aufgabe an, der Welt die authentischen Lehren des Judenglaubens in einem echten Dialog darzulegen, und tun dies aus der Überzeugung heraus, daß ein Judentum, das seine Entwicklungen durch seine *eigenen* Mittel und Lebenskräfte ermöglicht, für die ganze Menschheit eine lebenswichtige Aufgabe erfüllt. Sie haben damit den Weg beschritten, den ROSENZWEIG einst wies. Die Werke von Männern wie EMMANUEL LEVINAS (*‹Difficile Liberté›*), ANDRÉ NEHER (*‹L'Existence Juive›*, 1962) und *‹La Conscience Juive›* (1963, von LEVINAS und NEHER gemeinsam) üben ihren Einfluß auf die Denker des französischen Sprachbereichs dadurch aus, daß sie ein umfassendes Bild des Judentums, seiner Tradition, seiner Werte, seines Lebens und dessen vermitteln, was das Judentum aus eigenen Kräften für die nach geistig-geistlicher Anleitung suchende Menschheit geleistet hat. Die Grundeinstellung dieser Autoren ist traditionalistisch.

In *Sowjetrußland* wird die alte, schon in der Zarenzeit geübte Taktik der Zermürbung der Juden auch heute noch fortgesetzt. Synagogen werden geschlossen. Es fehlt an Rabbinern, weil es an Rabbinerseminaren fehlt. Weder Gebetbücher noch Kultgeräte und andere religiöse Artikel dürfen aus dem Ausland eingeführt werden. Christen und Juden aus aller Welt haben schon energisch gegen diese neue Form der Ausrottung protestiert, doch die Russen beteuern wider alle Augenzeugenberichte, eine solche Judenunterdrückung gebe es bei ihnen nicht. Gerade der Druck aber erweckte neues Selbstbewußtsein in jungen Juden, obgleich die Lehren des Judentums nicht gelehrt werden dürfen. Viele suchen auszuwandern, obgleich ein solches Gesuch Arbeitsverlust, Ächtung und sogar Einkerkerung bringen kann. Nur wenigen wurde die Auswanderung erlaubt. Die Aufgabe der freien Welt besteht darin, Fürsprecher für Religionsfreiheit der Bleibenden und Auswanderungsrecht der anderen zu bleiben.

In Moskaus Satellitenstaaten sind die Lebensverhältnisse für die jüdischen Minderheiten zwar besser, doch ihre Zukunft ist unsicher. Nach der nazistischen Ausrottung und weil viele auswanderten, sind die Judenminderheiten dort heute zumeist klein. Wie dort mit den Juden gerade verfahren wird, hängt ganz von der Laune derer ab, die am Ruder sind, davon, wie frei oder wie gebunden die Machthaber Moskau gegenüber sind, und davon, wie die Launen der Moskauer Staatsmänner wechseln. In *Rumänien* ergeht es den Juden etwas besser, aber Aussicht auf eine schaffensreiche Zukunft für die dortigen Judenschaften besteht kaum.

Eine starke jüdische Gemeinschaft besteht in Südafrika, etwa 125 000; Australien hat etwa 80 000 Juden. Das Schicksal der 750 000 Juden in Südamerika hängt vom Willen der ständig sich wandelnden Regierungen ab. Eine Großzahl dieser Juden besteht aus ehemaligen deutschen Juden und ihren Nachkommen. In Buenos Aires gibt es jetzt ein Rabbinerseminar für spanischsprechende Rabbiner.

4. Amerika als Lebensraum

In Amerika schufen Einwanderer aus vielen europäischen Ländern eine neuartige Gesellschaftsordnung in unverkennbar amerikanischem Geist, eine ‹aus freiem Land geborene Demokratie›.

Diese spezifisch amerikanische Denkart machte sich sogleich bei jenen armseligen 23 Flüchtlingen bemerkbar, die aus den Verfolgungen nur das nackte Leben gerettet hatten und 1654 in Neu-Amsterdam, dem nachmaligen New York, landeten. Kaum angekommen, erkämpften sie sich nicht nur unverzüglich das Recht, sich an diesem Ort niederzulassen, sondern auch das Recht, gleich den übrigen Stadtbürgern zur Verteidigung der Ansiedlung Waffen zu tragen, und erreichten die Wiederaufhebung der judenfeindlichen Verordnungen des Gouverneurs STUYVESANT. Dabei waren diese Neueinwanderer vor kurzem erst noch selber Opfer von Verfolgungen gewesen. Voller Selbstvertrauen gelobten sie und verpflichteten sich, für diejenigen ihrer Glaubensbrüder aufzukommen, die wirtschaftlich schwach gestellt waren, ohne die öffentliche Fürsorge in Anspruch zu nehmen. Ihrer zähen Beharrlichkeit war es zu danken, daß man ihnen schließlich die Einrichtung einer Synagoge gestattete.

Die nur 2500 Juden zählende Gemeinde zur Zeit der ‹Amerikanischen Revolution› nahm in uneingeschränkter patriotischer Hingabe an Kämpfen und Schlachten teil. Obgleich manche unter ihnen (wie übrigens auch viele nichtjüdische Amerikaner) sich aus Loyalität verpflichtet fühlten, die Krone Englands zu stützen, opferten die meisten Juden bereitwilligst alles, was sie besaßen, Leben und Vermögen, für die Sache der Vereinigten Staaten.

Ganz anders als ihre in Europa verbliebenen Brüder durften sie der Unterstützung seitens der Staatsmänner aus der Zeit der Unabhängigkeitserklärung der USA gewiß sein. BENJAMIN FRANKLIN (1706 bis 1790) zeichnete als erster auf der Liste für private Geldspenden zum Bau einer Synagoge in Philadelphia einen Betrag. THOMAS JEFFERSON (1743–1826) war so aufgeschlossen, daß selbst Juden sich an ihn wenden und ihn über ihre Bestrebungen, jüdische Religionsformen im Sinne der Aufklärung zu modernisieren, unterrichten konnten. JOHN ADAMS (1735–1826) äußerte die Hoffnung, daß durch das gute Beispiel der USA alle Voreingenommenheiten gegen die Juden allmählich von der Erde verschwinden würden. Mannhaft und freimütig setzte sich in Maryland der aus Schottland stammende Presbyterianer THOMAS KENNEDY in mitreißenden Reden für die Rechte der Juden ein. Obwohl er gar keine Juden persönlich kannte, glaubte er, daß die bloße Gerechtigkeit dies verlange. Die umfassendste Unterstützung wurde ihnen jedoch von GEORGE WASHINGTON (1732 bis 1799), persönlich zuteil, der in seinem Schreiben an die jüdische Gemeinde in Newport im Bundesstaat Rhode Island klipp und klar erklärte: «Zum Glück verlangt die Regierung der Vereinigten Staaten, die weder scheinheilige Frömmelei gutheißt, noch Glaubensverfolgungen begünstigt, von den unter ihrem Schutz Lebenden nur, daß sie sich wie gute Staatsbürger benehmen und die Regierung allzeit tatkräftig unterstützen. Mögen daher die Nachkommen ABRAHAMS, die in unserem Land leben, sich auch weiterhin des guten Willens der übrigen Einwohner würdig erweisen und erfreuen. So wird ‹ein jeglicher unter seinem Weinstock und Feigenbaum wohnen ohne Scheu› [Micha 4 : 4].» Für die Juden war dies eine Garantie, zugleich aber auch ein Ansporn. Amerikanische Juden wurden zu Patrioten, ohne daß sie ihren Glauben preisgegeben hätten.

Die neue Gesellschaftsordnung

In dieser neuartigen Umwelt, dieser aus dem Geist der Aufklärung erbauten Gesellschaftsordnung, mußte die europäische Form der Synagoge, d. h. ihr Gottesdienst, ihre Bräuche, zu guter Letzt als ein Anachronismus erscheinen. Bis etwa 1850 gab es überhaupt keine ordinierten Rabbiner, so daß man einfach gewisse Einwanderer, die in Dingen des jüdischen Glaubens etwas Erfahrung besaßen, beauftragte, Gottesdienst zu halten, die Kinder zu unterweisen und sonstige religiöse Aufgaben zu erfüllen. Neuankömmlinge fanden im Schoß des jüdischen Gemeinschaftslebens mit seinen ihnen aus der Heimat vertrauten altertümlichen Formen Geborgenheit und Schutz vor der neuen Welt. Doch schon die zweite und dritte Generation vermochte dies nicht mehr zu ertragen: für sie hatte die althergebrachte Glaubensform keinen echten Bezug mehr zum wirklichen Leben in der Welt: Reformen waren nicht mehr zu umgehen.

Der alte Glaube und die Neue Welt

Gegen 1875 war die Judengemeinde auf 250 000 Köpfe angewachsen. In der Mehrzahl stammten ihre Mitglieder aus Deutschland, von wo sie ausgewandert waren, um Unterdrückungen und Beschränkungen von seiten des Staates zu entgehen. Diese Deutschjuden fanden im Mittelwesten, wo sich christliche Deutschstämmige, darunter zahlreiche ‹Freisinnige› (Liberale) angesiedelt hatten, die aus Deutschland nach dem Scheitern der demokratisch-republikanischen Revolution von 1848 geflohen waren, eine aufnahmebereite Zufluchtsstätte. Zwar waren die Juden, als sie dort eintrafen, arm, doch brachten sie ihre Fertigkeiten, das typisch deutsche Organisationstalent und vielfach auch liberale, an den Prinzipien der Aufklärungsbewegung geschulte Anschauungen mit. Es fiel ihnen leicht, sich rasch amerikanischer Kultur und Zivilisation anzupassen, und sie waren in den Grenzgebieten, in denen sie sich niedergelassen hatten, wirtschaftlich erfolgreich. Die Anpassung der Formen des Glaubenslebens ließ sich nun nicht mehr länger aufschieben.

Als erster nahm Isaak Leeser (1806–1868), der gar kein ausgebildeter Rabbiner war, diese Aufgabe in Angriff. Er zeigte so gründliche Kenntnisse in jüdischen Glaubensdingen, daß die Gemeinde in Philadelphia ihn, der gerade erst aus Deutschland zugewandert war, zu ihrem geistlichen Oberhaupt machte. Er baute seine dortige Stellung so aus, daß er schließlich Einfluß auf die ganze Judenheit Amerikas gewann. Leeser war streng orthodox und stark von Mendelssohn beeinflußt. Es war seine Überzeugung, daß die Mitzwoth unbedingt eingehalten, zugleich aber auch alle Juden auf ein Verständnis der Torah hin erzogen werden müßten. Leeser übertrug die Bibel und das Gebetbuch ins Englische, gab eine Zeitschrift heraus und bereiste das ganze Land. Sein Ziel war, streng orthodoxe Juden so mit geistigem Rüstzeug zu versehen, wie übrigens Mendelssohn das auch getan hatte, daß sie imstande sein würden, in zweierlei Zivilisationen zugleich zu leben. Im Gegensatz zu Rabbinern in Deutschland war er kein theoretischer Theologe (in der Regel waren die geistlichen Führer des amerikanischen Judentums nur wenig an Philosophie interessiert), sondern ein Pragmatiker in seiner Methode, wie das der pragmatischen Geisteshaltung Amerikas entspricht. Spätere religiöse Führer sollten Leesers Vorbild folgen.

Dann traten auch einzelne voll ausgebildete Rabbiner auf, darunter einige, wie z. B. der äußerst geistvolle David Einhorn, mit radikal reformistischer Einstellung. Und nach ihnen kam Isaak Meyer Wise, den seine leidenschaftliche Freiheitsliebe gezwungen hatte, Europa zu verlassen.

Die amerikanische Reformbewegung

Isaak Meyer Wise (1819–1900) gründete die ‹Amerikanische Reform›. Sein Grundanliegen war, sämtliche Juden Amerikas in einer allgemeinen Vereinigung zusammenzuschließen. Zu diesem Zweck fing er erst einmal als Konservativer an, d. h. schlug den Mittelweg ein, weil er hoffte, auf ihm werde sich Amerikas Judenschaft noch am ehesten zusammenfinden. Sofort bekam er jedoch Schwierigkeiten mit der orthodoxen Führerschaft. In seinem unentwegten Streben, für alle amerikanischen Juden eine gemeinsame Basis zu finden, schuf er daraufhin die ‹Union of American Hebrew Congregations› als

Dachverband aller Arten jüdischer Gemeinden; dieser Verband sollte sich jedoch nicht in die inneren Angelegenheiten der einzelnen Gemeinden einmischen. Die orthodoxe Gemeinschaft verweigerte ihren Beitritt. Wise baute dann das Hebrew Union College in Cincinnati/Ohio auf, das erste Rabbinerseminar Amerikas. Es sollte Rabbiner für Glaubensgemeinschaften aller Richtungen ausbilden. Die Orthodoxen machten aber auch hierbei wieder nicht mit. Seine letzte Hoffnung auf Einheit setzte er auf die Schaffung eines Rabbinerverbandes, dem Rabbiner jeglicher Richtung beitreten können sollten: Er gründete zu diesem Zweck die ‹Central Conference of American Rabbis›. Wiederum verweigerten orthodoxe Rabbiner ihren Beitritt. Sie wollten selbst von seinen gemäßigten Reformen nichts wissen. Gerade weil er sich so sehr auf dem Mittelweg hielt, war Wise weder den radikalen Reformern noch den orthodoxen Traditionalisten genehm. Wollte er überhaupt noch so etwas wie eine Organisation zustande bringen, ohne endgültig seine Hoffnung auf irgendeine Form der Einung und Vereinheitlichung aufzugeben, so blieb ihm gar nichts anderes übrig, als zum liberalen Flügel überzuschwenken; und so schloß er sich der Reform an.

Nach und nach sollte seine Organisation zu einem der mächtigsten Flügel des religiös ausgerichteten Judentums Amerikas heranwachsen, dem sogenannten Reformjudentum; daneben ging jedoch auch sein alter Traum in gewisser Weise in Erfüllung: Amerikas Gesamtjudenschaft organisierte sich, zwar nicht in eine einzige, immerhin aber in drei Gruppen. Und jede der drei hielt sich an Wises Organisationsplan.

In den frühen Phasen überschwenglicher Reformen nahm die Bewegung radikale Züge an. Geigers kühnste Ideen wurden Wirklichkeit. Darüber hinaus wurden zahlreiche Neuerungen angenommen, z. B. Abschaffung des Zwangs, beim Gottesdienst einen Hut aufzuhaben. Die Torah war nur noch in ihren sittlichen Weisungen bindend. Die Mitzwoth wurden einer sittlichen Lebensführung überhaupt gleichgesetzt. Dem Land Israel maß man gar keine Wichtigkeit mehr bei. Die Hoffnung auf den Messias wurde als gegenstandslos betrachtet.

Glücklicherweise glaubten und glauben die Reformjuden nicht, daß mit einer einzigen umfassenden Reform alles für immer erledigt ist, sondern sehen Reform als etwas an, was sich ständig weiterentwikkelt. Die Reformbewegung konnte daher wieder in den Hauptstrom jüdischer Lebensformen einmünden. Die Reformierten erkennen die Torah heute wieder als Hort von Verboten und Richtlinien und ihre geistig-geistlichen Ideale als Quelle des Lebens an. Dem Individuum gestehen sie zwar immer noch das Recht zu, die Torah nach seinen eigenen Gewissensentscheidungen auszulegen, doch die allgemeine Auffassung steht der positiv-historischen Anschauung des Judentums sehr nahe. Der Judenglaube ist die Seele, das jüdische Volk aber der Leib, und deshalb darf die Verbindung mit den einzelnen Untergruppen der Judenheit nicht abgebrochen werden. Einhaltung der Glaubensvorschriften und Beschäftigung mit den heiligen Schriften gelten als Pflicht, desgleichen die Förderung des Landes Israel. In diesem neuen Geist hat das Reformjudentum die Dreiheit Torah, Mitzwoth und LAND im Angesicht Gottes offiziell wieder eingesetzt und sich zum jüdischen Volkstum bekannt, überläßt jedoch nach wie vor dem Individuum die Entscheidungen über Glaubensinhalte und religiöse Rituale. Vielleicht überfordert das den einzelnen, und es bekennen sich viele Juden, statt wirkliche Anhänger des Reformjudentums zu sein, nur deshalb zur Reform, weil sie auf eine möglichst laxe Form des Judenglaubens aus sind. Man sollte jedoch nicht vergessen, daß viele der leidenschaftlichsten Verfechter der Rückgewinnung des Landes Israel und der unerschrockensten Vorkämpfer der Menschenrechte aus den Reihen der Reformrabbinerschaft hervorgegangen sind. Neuerdings werden Frauen zu Rabbinern ordiniert.

Die Kulturjuden

Die mittlerweile in den USA wohlhabend gewordenen Deutschjuden waren mit ihrer Lage zufrieden: sowohl gesellschaftlich wie auch religiös hatten sie sich einen festen Platz gesichert. Falls sie sich überhaupt fragten, ob sie denn mit ihrem Experimentieren in Glaubensdingen nicht doch zu weit gingen, konnten sie sich mit dem Gedanken trösten, daß Amerika ja schließlich im Verhältnis zum Judentum ‹das Kind› sei und man ihm darum getrost einiges hingehen lassen dürfe. Die Quellgründe jüdischen Lebens lagen in Rußland und Polen: von dort würden Neuzuwanderer kommen, um Leben und Kraft des Judentums wieder zu erneuern. Und tatsächlich, seit den achtziger Jahren kamen sie aus dem Osten, zu Millionen, warfen neue Probleme auf und prägten ihrerseits die Wesensart der amerikanischen Judenschaft um.

Für die Neuankömmlinge bedeutete das Leben in den USA den Übergang aus der Alten in die Neue Welt, aus einer homogenen jüdischen Gesellschaftsordnung in eine buntscheckig aus vielen Gruppen zusammengesetzte Sozietät, aus der Welt von Kleinbauern und Handwerkern mit ländlichem Hintergrund hinein in den automatisierten Zwang großstädtischer Werksbetriebe. Die alteingessene jüdische Gemeinde ließ den Neuankommenden ihre Unterstützung angedeihen und hoffte, jene dadurch möglichst rasch den amerikanischen Lebensformen, aber auch der amerikanischen Ausprägung des Judenglaubens, nämlich dem Reformismus, zu assimilieren. Die Alteingesessenen begriffen nicht, daß der Neueinwanderer die Geborgenheit des Zusammenlebens innerhalb der angestammten Umwelt zunächst als seelischen Schutz gegen die überwältigend andrängenden Einwirkungen des Neuen, sodann aber als eine Phase des Übergangs zu seiner Assimilierung braucht. Die Neuzugewanderten paßten sich keineswegs so rasch an, wie die einheimischen Juden gehofft hatten, sondern erhielten ihre kleinen orthodoxen Kulturgemeinden (und zwar jede Einwanderergruppe ihre eigene) aufrecht, sprachen weiterhin untereinander jiddisch und wahrten ihre alten Traditionen.

Das führte zu einer Reihe bedeutsamer Entwicklungen: Ein Gegensatz tat sich auf zwischen Deutsch- und Ostjuden, den erst die Zeit allmählich wieder zu heilen beginnt.

Als eine neue Generation ins Leben trat, die zwar bereit war, sich in den Strom des allgemeinen amerikanischen Lebens hineinreißen zu lassen, doch nicht den Reformjudenglauben, der nach ihrem Geschmack zu formalistisch und kühl war, annehmen wollte, waren die führenden Männer unter den Reformern die ersten, die geistig wie materiell für die Schaffung einer religiösen Bewegung sorgten, die eine Synthese aus amerikanischen Lebensformen und einem auf der Mentalität traditionsverhafteter Ostjuden beruhenden jüdischen Denken ermöglichen sollte. Die Führer der Reformbewegung (Laien) hielten sich in der Praxis ganz an das amerikanische Ideal von der ‹Einheit in der Vielfalt› und richteten das ‹Jewish Theological Seminary› ein, das in der Folge zum Mutterboden allen konservativen Judentums wurde.

Die anfänglichen Anstrengungen, durch ein Soforthilfeprogramm die Neuankömmlinge rasch dem wirklichen amerikanischen Leben anzugleichen und einzufügen, hatten aber auch eine andere, negative Auswirkung: eigensinnig hielt die Einwanderergeneration um so zäher an ihren Traditionen fest. Ihre in Amerika geborenen, aufgewachsenen, in vielen Fällen an Universitäten unter schweren geldlichen Opfern der Eltern ausgebildeten Kinder dagegen entfremdeten sich der Kultur und Religion ihrer Eltern, über die amerikanisierte Juden die Stirn runzelten und die auf amerikanischem Boden fremd wirkte. Viele aus dieser Zweitgeneration traten überhaupt keiner Kultusgemeinde bei. Sie sahen, wie in Amerika die verschiedensten ethnischen Gruppen nebeneinander lebten und jede durch Pflege ihres besonderen Brauchtums ihre eigenständige Art wahrte. Zur Erhaltung der Volkseigenart z. B. der Juden brauchte man also keine Religion.

Diese Juden wurden zu ‹Kulturjuden›. Religiöse Rituale und Glaubensbekenntnisse lehnten sie ab, weil diese, wie sie meinten, dem naturwissenschaftlichen Denken und den in Amerika üblichen Ausdrucksformen widerstritten. Doch Juden blieben sie und waren felsenfest davon überzeugt, daß der Fortbestand des Judentums durch Pflege und Bewahrung des jüdischen Volkstums und der jüdischen Kultur gesichert sei. Die Religion galt ihnen nicht mehr als etwas Wesentliches. Zionismus, Pflege völkischen Brauchtums, Kultur (das Bekenntnis ethnischer Zugehörigkeit) hielten sie für ausreichend. Nachdem sie Gott ausgeschaltet hatten, setzten sie die Torah mit Bildung schlechthin gleich und faßten die Mitzwoth, ähnlich wie die ‹Sozialistische Evangeliumsbewegung› (Social Gospel Movement) die Botschaft des Christentums neu ausdeutete, als Bemühung um soziale Gerechtigkeit auf. Das Land Israel (damals ja noch immer etwas Unverwirklichtes) bedeutete ihnen eine weitere Kraftquelle, woraus der Überlebenswille der Juden schöpfen konnte. In den Romanen zeitgenössischer jüdischer Schriftsteller werden die sich hier ergebenden Probleme häufig behandelt (MALAMUD, BELLOWS, PH. ROTH). Und doch sind diese Menschen ihrem Judentum aufs engste verbunden.

Die konservative Richtung des Judenglaubens

Das konservative Judentum beruht wesentlich auf FRANKELS Grundsätzen. SOLOMON SCHECHTER (1850–1915), der führende Kopf des Jewish Theological Seminary, erklärte, die Weiterentwicklung der Torah und der Mitzwoth habe Gott ganz unverkennbar dem jüdischen Volk anvertraut, das sie in stillschweigender Zustimmung weiterbilde und den Gegebenheiten anpasse. Nach WISES Vorbild baute SCHECHTER ähnliche Institutionen auch für die Konservativen auf. Er tat dies jedoch in umgekehrter Reihenfolge, d. h. er schuf zuerst das Jewish Theological Seminary und gab ihm als weltanschauliche Grundlage das ‹positiv-historische Judentum› der FRANKELschen Schule. Sodann richtete er die Rabbinerversammlung und schließlich die ‹United Synagogue› als Dachorganisation der einzelnen Kultusgemeinden ein. Das Theologenseminar bleibt also die Grundlage und nimmt, zumindest in organisatorischer Hinsicht, eine Schlüsselstellung ein. Nach konservativer Lehrmeinung sind die Vorschriften der Torah und des Talmud zu befolgen, ist der Zionismus ein oberstes Prinzip und sind die Mitzwoth einzuhalten, sofern das Volk der Gläubigen sie nicht abändert. Weil aber die einzelnen Kultusgemeinden weitgehend selbständig sind, sogar in der Weiterentwicklung jüdischer Riten, sind die Abänderungen vielfältig. So hat man z. B. in manchen Gemeinden Orgeln, andere Gemeinden lehnen sie ab. Die Verfahrensweisen sind pragmatisch und somit typisch amerikanisch.

Der Konservatismus ist zu einer sehr starken Bewegung herangewachsen. Frauen nehmen an allen Funktionen des Gottesdienstes teil, werden aber noch nicht zu Rabbinern ordiniert.

Die Orthodoxie

Die Orthodoxie, durch den Ansturm der amerikanischen Umwelt geschwächt, schlug zwei weit auseinanderführende Wege ein: Gemeinden, denen Rabbiner ohne akademische Berufsausbildung vorstanden, zogen sich auf eine vor-mendelssohnsche Glaubensform peinlich genauester Befolgung der Torah und der Mitzwoth als von Gott gestiftet und ewig zurück. Diese Gemeinden glaubten, den Gefahren der Umwelt durch hermetisches Sich-Abschließen von dieser Einhalt gebieten zu können. Der zweiten Art von Gemeinden standen dagegen akademisch geschulte amerikanische Rabbiner vor. Um solche Geistliche auszubilden, baute man die Jeschivah, das orthodoxe Rabbinerseminar, zu einer Universität aus. Diese Rabbiner waren bestrebt, soweit der Bildungsstand ihrer Mitglieder das zuließ, ihrer Lehrtätigkeit eine der Philosophie SAMSON RAPHAEL HIRSCHS nahestehende Weltanschauung zugrunde zu legen. Auf allen Ebenen ist die Orthodoxie zionistisch eingestellt, rechnet also die Liebe zum LAND zu den wichtigsten Elementen jüdischer Religiosität. Ihre Weiterentwicklung vollzieht sich jedoch nur recht zögernd.

Je mehr sich die nachwachsenden Generationen amerikanisierten, und das heißt häufig, je weniger orthodox sie im Laufe der Zeit wurden, desto höher bauten sich die Orthodoxen ihren Schutzwall gegen die Außenwelt, in der Hoffnung, die orthodoxe Lehre dadurch unversehrt zu bewahren. Ihr Gegensatz zu allen nichtorthodoxen Juden hat sich mittlerweile eher verschärft als gemildert.

Das orthodoxe Judentum in Amerika könnte sehr wohl dadurch, daß es allen anderen ein Beispiel für gelebte Religion gibt, zugleich aber auch sein Denken weiterentfaltet, eine wichtige Aufgabe erfüllen. Dies wäre durchaus möglich, sobald die Orthodoxen sich dazu überwänden, sich geistig – und realistisch – mit den Problemen unserer Zeit auseinanderzusetzen, mit anderen Gruppen der Judenheit Fühlung zu halten und diese dabei als gleichgestellte anzuerkennen.

Wenn die amerikanischen Orthodoxen ganz die Verbindung zur übrigen Judenschaft Amerikas verlören, wäre das bedauerlich. Die drei großen Richtungen des amerikanischen Judentums: Reformierte, Konservative, Orthodoxe, könnten einander unterstützen, wenn sie sich gegenseitig anerkennten. Eine Erneuerung der Orthodoxie scheint auf dem Wege zu sein, vor allem unter Führung des chassidischen «Lubowitscher Rebbe», dessen Bewegung sich weit verbreitet.

Der Rekonstruktionismus

Der Rekonstruktionismus ist eine religiöse Bewegung, die in der amerikanischen Weltanschauung wurzelt. Sie trägt daher den spezifischen Elementen des amerikanischen Judentums Rechnung und gründet sich auf folgende Voraussetzungen: Erfahrungswelt in Amerika, Einheit des Judentums, Berücksichtigung des Einflusses wissenschaftlichen Denkens auf allen Gebieten der Forschung, Bedeutung des LANDES sowie auf die Tatsache, daß die Volksidee im Mittelpunkt jüdischen Lebens und Denkens steht. Als Geistesrichtung und Bewegung geht der Rekonstruktionismus auf MORDECHAI KAPLAN (geb. 1881 in Weißrußland) zurück. Für KAPLAN sind die Juden als Volk keineswegs auserwählt, sondern lediglich durchdrungen von Lebenswillen und dem Streben, zum Wohlergehen der Menschheit beizutragen. Das Judentum sei nicht nur eine Religion, sondern eine «sich immer weiter entwickelnde religiöse Zivilisation». Diese Zivilisation steigere das Leben ihrer Angehörigen zu größerer Fülle, indem sie ihm mehr Sinn verleihe. Religiös sei sie, weil man die Religion unmöglich aus ihr wegdenken könne: in jeder ihrer Erscheinungsformen komme Religiöses zum Ausdruck. Eine Zivilisation aber sei sie ebenso, denn sie äußere sich in einer Totalität von Formen: in Sprache, Literatur, Kunst, Musik, ja sogar in der Kochkunst. Nie stehe sie still, ständig entfalte sie sich weiter. KAPLAN faßt Gott in naturphilosophischen Begriffen. Gott sei die Kraft, die mich immer höheren Idealen nachzustreben treibt. Man müsse IHN erfühlen. Durch Seine Eingebung werde ich dazu gebracht, zum Heil und zur Rettung der Menschen und der Gesellschaft beizutragen, und zwar nicht in einer künftigen Welt, sondern hienieden und jetzt.

Wenn das Judentum aber nicht als die Religion eines auserwählten Volkes gilt und Gott nicht in anthropomorphen Begriffen gefaßt wird, was soll dann aus den Mitzwoth werden? KAPLAN erwidert: sie sind *sancta*, heilige Symbole. Für den Amerikaner ist die Fahne der USA etwas Geheiligtes, das seine Geschichte und seine Ideale symbolisiert. Desgleichen sei z. B. der Sabbath (der uns die Bürde der Alltagsmühsal abnimmt) den Juden Symbol der Freiheit und Ansporn geworden, auf soziale Gleichberechtigung aller Menschen hinzuarbeiten. Könne ein Jude in einer Mitzwah gar keinen Sinn mehr erblicken und bedeute sie ihm kein Sanctum mehr, dann dürfe er sie fallenlassen. Es komme ausschließlich darauf an, daß ein Jude sich verpflichtet fühle, für das Weiterleben des jüdischen Volkes und den Fortbestand seiner Kultur und Zivilisation zu sorgen. Der nichtreligiöse Jude sei genauso hoch zu bewerten wie der religiöse. Der Wert des Judentums liege nicht in seinem Lehrgebäude, sondern in dem, was es für den einzelnen Juden leiste. Das Judentum müsse imstande sein, dem Juden Seelenstärke, Stolz, Gelassenheit und – zur Verwirklichung von Idealen – Schöpferkraft zu verleihen.

Der Wert des Judentums wird mithin pragmatistisch aufgefaßt. Das Ideal der guten Gesellschaftsordnung sei in einer echten Demokratie erreicht. Und da die USA Werkstatt einer solchen Demokratie seien, hätten sie eine höhere Stufe der Vervollkommnung erreicht als andere Länder und Systeme. Der Jude, sofern er Amerikaner ist, habe sich deshalb voller Stolz an Amerika als sein Vaterland zu binden. Er genieße das Sonderrecht, gleichzeitig in zwei einander geistesverwandten Zivilisationen, der amerikanischen und der jüdischen, leben zu dürfen. Für KAPLAN sind die großen Urkunden der amerikanischen Geschichte ebenso ‹heilige Schriften› wie die Bücher der Bibel. Beide fordern von denen, die sich zu ihnen bekennen, eine stets zu verbessernde, nie ganz vollendete Gesellschaftsordnung aufzubauen.

KAPLAN bringt eine echte Verschmelzung amerikanischen und jüdischen Denkens zuwege, in der der mahnende Aufruf der Propheten und zugleich die Ideale der Gründer der USA zu erkennen sind. Die Vierheit Gott-Torah- Mitzwoth-LAND ist zu einer Einheit aus einem Guß zusammengedacht worden, und dennoch hat diese Philosophie auch dem naturwissenschaftlich ausgerichteten modernen Juden etwas zu sagen. Das macht zwar die Stärke dieses Lehrgebäudes aus, doch liegt darin auch der Grund dafür, daß es bei der Menge nur wenig Anklang findet. Gott, insofern er in nur naturphilosophischen Begriffen gefaßt wird, ist ihr zu abstrakt, ja das ganze System dürfte für sie zu philosophisch sein.

KAPLANS Philosophie ist aber führenden Köpfen und Rabbinern Anleitung geblieben und hat eine Reihe von konservativen und reformierten Rabbinern dadurch zusammengebracht, daß sie der Aussprache zwischen den einzelnen Gruppen den Weg bahnte. Auf die Judenheit Amerikas übte sie so einen zwar bloß mittelbaren, doch starken Einfluß aus. Da das Judentum ganz offensichtlich einer Rekonstruktion fähig ist, paßt die Bezeichnung ‹Rekonstruktionismus› für KAPLANS Weltanschauung äußerst gut. Derzeit darf sie als eine voll entfaltete Antwort auf die geistigen Bedürfnisse des modernen Juden gelten. Als Bewegung verzweigt sie sich allmählich in Untergruppen, gründet von ihrem Geist getragene Vereine und Gemeinden und schafft eigene Gebetsbücher, eigenes Schrifttum. Im Jahr 1968 eröffnete die Bewegung ihr eigenes Rabbinerseminar. Hierbei schuf sie ebenfalls eine Neuerung. Das Seminar ist der berühmten Temple University in Philadelphia angeschlossen. Die Studenten hören alle allgemein-religiösen Vorlesungen gemeinsam mit ihren katholischen und protestantischen Kommilitonen an der Universität und bereiten sich dort auf den Doktor der Philosophie vor; das Seminar übernimmt die spezifisch jüdische Unterweisung. Das Leben in zwei Zivilisationen wird also in wahrhaft ökumenischer Weise zur Wirklichkeit. Frauen sind religiös vollberechtigt und werden zu Rabbinern ordiniert.

Jüdische Organisationen

Es bedurfte aber auch der Verteidigung. Schon 1843, als christliche Brüderschaften Juden den Beitritt verwehrten, gründete man die jüdische Ordensgemeinschaft *B'nai B'rith,* (d. i. ‹Söhne des Bundes›). Der Orden breitete sich über die ganze Erde aus, stärkte durch Volksbildung den Juden das Rückgrat und organisierte gleichzeitig die Abwehr gegen Diskriminierung. Er bestand auch in Deutschland, wo seine Mitglieder unter den Nazis besonders harter Unterdrückung ausgesetzt waren, und wurde nach dem Krieg neu gegründet. Das Weltzentrum ist in Washington. Das American Jewish Committee (1906), der American Jewish Congress (1933) und der World Jewish Congress (1936) dienen ähnlichen Verteidigungszwecken.

Juden, die in der amerikanischen Wehrmacht dienen, betreut seit 1917 der Jüdische Wohlfahrtsausschuß, in dessen Händen auch die Versorgung des Heeres mit jüdischen Armeekaplanen liegt. Er unterhält daneben auch jüdische Kulturzentren, die den verschiedenen religiösen Richtungen gegenüber neutral sind. Schließlich haben die Juden zum Zeichen dafür, daß sie sich ganz in die amerikanischen Daseinsformen eingelebt haben, eine Universität aufgebaut, die Studenten aller Rassen, Konfessionen und Weltanschauungen offensteht: Die Brandeis-Universität zu Waltham in Massachusetts, Neu-England (1948). Es gibt noch viele andere Organisationen, so z. B. den Zionistenverband, dessen Frauenverein, die *Hadassah,* Bedeutendes leistet, sodann die Brüderschaften und Buchgemeinschaften.

Das sie alle umfassende Anliegen ist die Menschenliebe. Ganz Einzigartiges hat der ‹United Jewish Appeal› mit seinem Millionen von Juden zugute kommenden Rettungswerk und beim Aufbau Israels geleistet. In ihm hat Amerikas Judenschaft das Gebot der Stunde vernommen und ist ihm voll Opfermut und edler Gesinnung gerecht geworden.

Die Nachkriegszeit stellt neue Aufgaben

Die Verheerungen, die Hitlers Ausrottungsprogramm unter den Juden der ganzen Erde angerichtet hatte, stellte Amerikas Judenschaft vor zwei Aufgaben: Erstens mußte sie zahllosen Flüchtlingen nicht nur in den USA, sondern auch in anderen Ländern der Erde Obdach und Überbrückungshilfe verschaffen, denn die Vertriebenen waren völlig mittellos, und nur die amerikanischen Juden waren finanziell in der Lage, ihnen wieder auf die Beine zu helfen. Zweitens mußten die amerikanischen Juden in größtem Ausmaß nicht nur die verarmten Judengemeinden vieler Länder, sondern auch Neusiedlungen, die durch die Masseneinwanderungen entstanden, sowie den Aufbau des Landes Israel unterstützen. Mit vorbildlicher Großzügigkeit erfüllten sie diese Aufgaben. Der Staat Israel, die europäischen Judengemeinden und die rasch wachsenden Gemeinwesen in Südamerika verdanken es der Hilfe der Juden der USA, daß sie entweder überhaupt entstehen oder sich entwickeln konnten. Ohne die freigebige Unterstützung der amerikanischen Juden hätten weder das Land Israel wiedergewonnen noch seine Einrichtungen in so einzigartiger Weise ausgebaut werden können. Die jüdische Gemeinschaft in Südamerika, die sich zunächst überhaupt erst unter der Führung deutscher Juden und Rabbiner zu einem Gemeinwesen herausgebildet hatte, wurde nun geistig durch die Einrichtung von religiösen Bildungsstätten, darunter ein Rabbinerseminar, unterstützt, wobei Juden aus den USA die Organisationsprobleme lösten und Lehrkräfte stellten.

Amerikas Juden, die nun so plötzlich mündig geworden sind, sehen sich indes noch einer zweiten Aufgabe gegenüber: sie sollen geistige Anleitung geben und die Führung übernehmen, ein brauchbares Schema für jüdische Theologie und jüdisches Alltagsleben, den Erfordernissen unserer Zeit entsprechend, entwerfen und dadurch, daß sie ein wahrhaft jüdisches Leben führen, den anderen als Vorbild dienen. Diese Aufgabe kann noch nicht als erfüllt angesehen werden. Die größtenteils im Lande geborenen Juden der USA haben sich vollständig der Kultur ihrer Umwelt angeglichen. Sie gehören im allgemeinen dem Mittelstand an. Obgleich der Antisemitismus in den USA noch weit davon entfernt ist auszusterben, scheint er doch allmählich zurückzugehen. Jüdische ‹Abwehrorganisationen› wie z. B.

die ‹Anti-Defamation-League›, d. i. Verein zur Bekämpfung der Verleumdung, setzen sich nicht nur mit dem Antisemitismus auseinander, sondern bekämpfen allgemein Vorurteile, wo immer sie auftreten und gegen wen sie sich richten mögen.

Übertritte *zum* Judenglauben gibt es übrigens ständig in einem gewissen Ausmaß. Dieses Phänomen erklärt sich daraus, daß Konfessionswechsel unter Amerikanern nicht selten ist. Die amerikanischen Juden haben religiösen Dingen gegenüber im allgemeinen dieselbe Einstellung wie die nichtjüdischen Durchschnittsamerikaner. Sie bekennen, daß sie Juden sind, und gehören meistens irgendeiner jüdischen Kultusgemeinde an. Es ist bei ihnen üblich, die Kinder in den Religionsunterricht zu schicken und die Knaben im Alter von 13 Jahren zum *Bar Mitzwah*, d. i. ‹Sohn des Gottesgebots›, weihen zu lassen. Auch sehen es die Eltern gern, wenn ihre Kinder wieder Juden heiraten. Jedoch im Alltagsleben läßt sich nicht viel spezifisch Jüdisches mehr entdecken. Ein gewisses Gefühl sagt ihnen immer noch, daß man für das Judentum etwas tun müsse. Viele schöne Synagogen sind gebaut worden. Der Drang (in typisch amerikanischer Betriebsamkeit), um jeden Preis etwas zu *tun*, hat bewirkt, daß allenthalben massenweise Wohltätigkeits-, Fürsorge- und Betreuungsvereine wuchern, die einander in scharfem Wettbewerb Mitglieder abwerben und um öffentliche Geltung ringen.

Die Bruderschaft B'nai B'rith hat die Verwirklichung eines umfassenden Bildungsprogramms mit Studienstiftungen (Hillel-Haus), Jugendfreizeitlagern und einem Volkshochschulprogramm in Angriff genommen. Das Bestreben, Tagesschulen zu errichten (private, konfessionell orientierte Volksschulen, da die Verfassung der USA jede Verbindung von Religion und Staatsschule verbietet), nimmt zu. Mit langsam wachsender Entschlossenheit haben die Kultusgemeinden ihr Erwachsenenbildungswerk ausgebaut, nachdem sie erkannt hatten, daß auf diesem Gebiet in weiten Kreisen eine zwar nicht ausdrücklich formulierte, doch stillschweigend empfundene Nachfrage bestand. Das amerikanische Judentum zeigt sich seiner Aufgabe, dem Weltjudentum geistlicher Führer zu sein, zwar noch immer nicht gewachsen, doch läßt es allmählich seine geistigen Kräfte wirksam werden.

Die Reformrabbiner versuchen ernsthaft, eine liberale, dem modernen Juden annehmbare Theologie zu entwickeln. Gleichzeitig bemühen sie sich, ein System von Richtlinien für die Wiederbelebung religiöser Bräuche im Leben jedes einzelnen, zumal aber im Alltag jüdischer Familien zu erarbeiten.

Bis heute ist es nur dem Rekonstruktionismus Mordechai Kaplans gelungen, ein Theologie und Praxis umfassendes System vorzuschlagen, das die Ideen und Überlieferungen des Judentums mit denen der amerikanischen Demokratie verquickt und es der Struktur des modernen amerikanischen Lebens einfügt.

Abschließender geschichtlicher Überblick

Dieser kurze Überblick über die Geschichte des Judentums führt uns zur Frage nach ihrem Sinn. Er ist Schicksal und Sendung. Die Ansicht, der tragische Ablauf der Geschichte dieses Volkes sei als Strafe für seinen Widerstand gegen CHRISTUS und seine Botschaft aufzufassen, wird von den Juden kategorisch abgelehnt. Lange vor der christlichen Ära wurde ABRAHAM aufgerufen, die von Gott gegebene Ethik unter der ganzen Menschheit zu verbreiten. In christlicher Zeit kamen die Juden auf Einladung der jeweiligen Herrscher nach vielen Ländern. Sie brachten mehr mit, als man von ihnen verlangte. Man wollte sie nur als Kaufleute und verstieß sie, wenn man sie in dieser Funktion nicht mehr brauchte. Was sie aber in Wirklichkeit brachten, war ihre einzigartige religiöse Kraft. Hätte man aus ihrem Dasein gelernt, eine Gemeinschaft friedlichen Zusammenlebens zwischen vielen Gruppen zu schaffen, so wäre eine bessere Gesellschaftsordnung entstanden. Die Juden wollten nichts weiter, als ihrer eigenen Tradition getreu friedlich ihren Weg durchs Leben gehen. Durch ihre bloße Existenz boten sie den Völkern, bei denen sie lebten, die Möglichkeit, das Ideal christlicher Nächstenliebe an einer friedlichen, hilfsbereiten Gruppe in die Tat umzusetzen. Diese Chance wurde verscherzt. Nur Amerika hat sie begriffen und genützt. In dieser menschlichen Haltung, die den Pluralismus bejaht, liegt ein Grund von Amerikas Größe. Dadurch, daß alle als Bürger anerkannt werden, wächst das gegenseitige Verständnis, und jeder einzelne arbeitet freudig mit am Wohl der Gemeinschaft.

Trotz ihrer übernationalen Verknüpfung zu einer Glaubensgemeinschaft sind die Juden immer Patrioten gewesen und scheinen ein Gleichgewicht zwischen Vaterlandsliebe und Menschheitsverbundenheit erreicht zu haben. Dieses Gleichgewicht tut der Menschheit not, als Gegengewicht gegen die Auswüchse des Nationalismus. Ein Nationalismus in Maßen ist ein Segen, wird er unmäßig, so führt er zu Krieg und Vernichtung. Auch das hätte man von den Juden lernen können. Gleichzeitig waren und sind sie, im Sinne der Propheten, Vorkämpfer für soziale Gerechtigkeit. Sie sind, wie JEHUDAH HALEVI es ausdrückte, das Herz der Menschheit, das für alle schlägt, und vermögen ihre Sendung dann am besten zu erfüllen, wenn sie sich selber treu bleiben dürfen. Wie alle Pioniere, die für Ideale kämpfen, mußten sie für ihre Ideale auch leiden. Dies ist aber keine Strafe, sondern der Preis, der für jedes Ideal zu zahlen ist. Sie wurden dadurch der ‹leidende Knecht› Gottes, von dem JESAJA spricht. Die Kraft ihres Idealismus wird durch die Tatsache bezeugt, daß die Welt sie, trotz ihrer kleinen Zahl (etwa 14 Millionen) nie vergessen konnte. Man kann die Juden rühmen oder schmähen – vergessen kann man sie nicht. Die Macht der Ideen ist unabhängig von der zahlenmäßigen Größe des Volkes, in dem sie erstehen.

Sie bekehren zu wollen ist eine Sünde gegen Gott und seine Weltordnung. Die Juden sind ein historisches Volk, und das Geschehen der Geschichte ist in ihr Wesen und Gewissen eingebrannt, damit sie durch ihr Geschichtserlebnis Vorkämpfer einer besseren Zukunft für alle Menschen werden mögen. Dies ist ihre Sendung, mag auch der einzelne Jude in seiner Schwäche und menschlichen Unzulänglichkeit sich dessen vielleicht gar nicht bewußt sein.

Ungleich anderen Völkern können die Juden nicht hassen. Wir sind gegenwärtig Zeugen der Aufstände der Bevölkerung früherer europäischer Kolonien, die das Unrecht ihrer ehemaligen Versklavung nicht vergessen können und Rache im Herzen tragen. Juden haben nie gehaßt und hassen auch heute nicht. Zurückhaltung gegenüber dem ehemaligen Verfolger bedeutet nicht Rache. Der Mensch muß dem aufrichtig bereuenden Schuldigen vergeben, wie auch Gott uns allen unsere Schuld vergibt. Diese Einstellung ist dem jüdischen Charakter wesenseigen. So mühen sich die Juden denn auch, gemeinsam mit dem Verfolger von gestern an der Welt eines neuen Morgen zu bauen, in der Hoffnung, daß die Zukunft in gemeinsamem Streben, allen Rückfällen zum Trotz, verwirklicht werden kann, eine Zukunft dauernden, die ganze Menschheit einschließenden Friedens. Hierin und nicht in der Bestrafung für irgendein Verbrechen liegt der Sinn des Schicksals der Juden und ihrer Sendung.

5. Die Auseinandersetzung mit dem Christentum

Folgende kurze Erörterung der Auswirkungen des Christentums auf die Geschichte der Juden möge der nichtjüdische Leser als eine Analyse des *Bildes* ansehen, das die Juden, aus jüdischer Sicht, vom Christentum gewonnen haben. Es mag den christlichen Leser wundernehmen und mitunter gar verwirren, hier Begriffe und Vorstellungen in Frage gestellt zu sehen, die ihm selbstverständlich sind, weil er sie fast mit der Muttermilch eingesogen hat. Allein ich bin überzeugt, daß er, um einen fruchtbaren Dialog zu dauerhafter Wirklichkeit werden zu lassen, sein Wissen und Verstehen erweitern möchte.

Daß überhaupt ein echtes Gespräch zwischen den Religionen sich angebahnt hat, darf wohl als eine der begrüßenswerten Entwicklungen unserer Zeit gelten. Das Zustandekommen dieses Dialogs läßt auf neue menschliche, wahrhaft brüderliche Zusammenarbeit zwischen den Anhängern dieser beiden Religionen ebenso wie zwischen allen Menschen hoffen. Seinem Geist, seiner Gesinnung und seinem Wesen nach ist dieser Dialog etwas ganz anderes als jene ‹Disputationen›, die die katholische Kirche im Mittelalter veranstalten ließ, deren Endergebnis von vornherein feststand und deren Zweck es lediglich war, den Regierenden, der Welt und den Juden den ‹Irrtum› der Synagoge und die siegreiche Wahrheit der Kirche zu beweisen.

Die günstige Wendung, die in unserer Zeit eingetreten ist, hat vielerlei Ursachen; darunter die wissenschaftliche Grundeinstellung des 20. Jahrhunderts, die Vertiefung der demokratischen Gesinnung, die Glaubens- und Religionsfreiheit forderte, und die Verweltlichung des Lebens überhaupt. Die Ausbreitung des Atheismus und des Kommunismus zwang die religiösen Kräfte, die sich gegen alle Gott leugnenden Weltanschauungen und Mächte zur Wehr setzen müssen, zu Zusammenarbeit und gemeinsamem Vorgehen. Das entsetzliche Blutvergießen im Zweiten Weltkrieg, in dem auch sechs Millionen Juden der Eruption des seit Jahrhunderten sich zusammenballenden Antisemitismus zum Opfer fielen, bedrückte das Gewissen der Menschheit schwer und rüttelte die Christenheit zu einem Wandel ihrer Gesinnung und Einstellung auf.

Die Verlautbarung der katholischen Kirche

Während sich auf jüdischer Seite u. a. Martin Buber tatkräftig für ein sinnvolles Gespräch zwischen den beiden Religionen einsetzte, bemühte sich auf christlicher Seite beharrlich Papst Johannes XXIII. darum, indem er seine Autorität und die große Macht seines Amtes in den Dienst dieser Aufgabe stellte. Als er das Ökumenische bzw. Zweite Vatikanische Konzil einberief, um die Lehren der Kirche auf den neuesten Stand der Dinge zu bringen, d. h. sie im Sinne der sich immer weiter entwickelnden Überlieferung der Kirche den Erfordernissen der Gegenwart anzupassen, setzte er ausdrücklich eine Erklärung über die Juden auf die Tagesordnung. Diese Verlautbarung sollte jahrhundertelang eingefleischte Irrmeinungen über die Juden sowie solche Anschauungen, Vorurteile und Bräuche als falsch nachweisen und aus der Welt schaffen, die den Juden Unheil gebracht hatten. Während das Konzil tagte und ehe eine Erklärung über die Juden herausgebracht werden konnte, starb Papst Johannes. Paul VI., sein Nachfolger, brachte die Verlautbarung im Herbst 1965 offiziell heraus.

Sie enthält viele höchst löbliche Feststellungen, bittet die Juden um Aussprachen und lädt sie zu praktischer Zusammenarbeit ein. Weil sie jedoch in ihrem Wortlaut erst nach zähesten Auseinandersetzungen zustande kam, lassen sich an ihr die Spuren des Streits der verschiedenen im Konzil zu diesem Thema vorgebrachten Ansichten kaum übersehen. Liberalere und konservative Teilnehmer tadelten einander aufs schärfste. Bischöfe aus Araberstaaten wiesen darauf hin, wie groß in ihren Ländern der Druck gegen jegliche Fassung der Verlautbarung sei, die die Juden und den Judenglauben in einem neuen Licht darstellen und uralte Vorurteile, die die dortige Bevölkerung gegen die Juden hegt, als irrig entlarven und ausräumen wolle. Die Zugeständnisse, die man innerhalb des Konzils den gegensätzlichen Ansichten machte, sind von vielen fortschrittlich gesinnten führenden Katholiken wie auch von Juden beklagt worden.

Die Erklärung besteht aus fünf Abschnitten, von denen nur der vierte ausdrücklich von den Juden handelt. Im ersten Abschnitt werden Sinn und Zweck der Erklärung und das ihr zugrunde liegende weltanschauliche System dargelegt. Die Abschnitte zwei und drei würdigen die Leistungen und Errungenschaften verschiedener Religionen wie z. B. des Hinduismus, des Buddhismus, des Islam. Der fünfte Abschnitt ermahnt zu allumfassender Liebe und verwirft jegliche Diskriminierung auf Grund von Unterschieden der Rasse, der Hautfarbe, der Gesellschaftsklasse oder der Religion. Der den Juden im besonderen gewidmete vierte Abschnitt ist der längste und am unklarsten formulierte. Die interessantesten Punkte darin sind kurzgefaßt folgende:

Die Kirche erkennt an, daß sie durch ABRAHAM, die Patriarchen, MOSES und die Propheten geistlich mit den Juden verbunden ist und die Anfänge ihres (der Kirche) Glaubens und ihrer Erwählung sich schon bei jenen Männern finden. In dem Auszug aus dem Land der Knechtschaft (Ägypten) ist das Heil der Kirche geheimnisvoll vorgebildet. Die Versöhnung von Jude und Nichtjude liege in CHRISTI Kreuz. Eingedenk der Worte des PAULUS (Römer 9 : 4–5): «... die da sind von Israel, welchen gehört die Kindschaft und die Herrlichkeit und der Bund und das Gesetz und der Gottesdienst und die Verheißungen; welcher auch sind die Väter, und aus welchen CHRISTUS herkommt nach dem Fleisch ...», aber auch im Gedenken daran, daß dem jüdischen Volk Jünger und Apostel entstammen, bekenne sich die Kirche zu dem Verwandtschaftsverhältnis ...

Jerusalem habe die Zeit seiner Heimsuchung nicht erkannt. Ein großer Teil der Juden habe das Evangelium nicht angenommen, nicht wenige hätten sich seiner Ausbreitung widersetzt. Doch um ihrer Väter willen seien die Juden immer noch von Gott geliebt, denn seine Gnadengaben und seine

Berufung seien unwiderruflich. Mit den Propheten und mit dem Apostel (PAULUS) erwarte die Kirche den Tag, an dem alle Völker mit einer Stimme den Herrn anrufen werden.

Auf Grund des gemeinsamen geistlichen Erbes wolle das Konzil die gegenseitige Kenntnis und Achtung fördern, die vor allem die Frucht biblischer und theologischer Studien sowie des brüderlichen Gesprächs ist.

Die Verlautbarung spricht deutlich aus, daß,

die Ereignisse des Leidens CHRISTI weder unterschiedslos allen damals lebenden Juden noch den heutigen Juden zur Last gelegt werden können.

Es heißt darin aber auch, die damalige jüdische Obrigkeit und jene, die sich ihr beugten, hätten auf CHRISTI Hinrichtung gedrungen. Und:

Wiewohl die Kirche das neue Volk Gottes sei, dürften die Juden nicht als von Gott verworfen und verflucht dargestellt werden, als wäre dies aus der Heiligen Schrift zu folgern. Alle sollten dafür sorgen, daß im Religionsunterricht und beim Predigen nichts gelehrt werde, was mit der Wahrheit des Evangeliums und CHRISTI Geist nicht im Einklang stehe.

Im Bewußtsein des Erbes, das sie mit den Juden gemeinsam habe, beklage die Kirche, die alle Verfolgungen gegen irgendwelche Menschen verwirft, nicht aus politischen Gründen, sondern auf Antrieb der religiösen Liebe des Evangeliums alle Haßausbrüche, Verfolgungen und Manifestationen des Antisemitismus, die sich zu irgendeiner Zeit und von irgendjemandem gegen die Juden gerichtet haben.

Der Schlußabsatz bekräftigt nochmals die unwandelbare Überzeugung der Kirche,

CHRISTUS habe sein Leiden und seinen Tod um der Sünden aller Menschen willen und aus unendlicher Liebe auf sich genommen, damit alle das Heil erlangten; und es sei darum Aufgabe der Kirche, CHRISTI Kreuz als das Zeichen der universalen Liebe Gottes und als Quelle aller Gnaden zu verkünden.

In einer kritischen Besprechung deckt die Illustrierte ‹Life› vom 17. 12. 65, S. 74, – eine nichtjüdische Zeitschrift – den Mangel an Entschiedenheit dieser Konzilsverlautbarung auf und erinnert an JOHANNES XXIII., ohne dessen Einfluß sie wohl nie zustande gekommen wäre – so wenig die endgültige Fassung auch seinen Vorstellungen gerecht werden dürfte. ‹Life› schreibt:

«Die Erklärung spricht das jüdische Volk von der Kollektivschuld an CHRISTI Kreuzigung frei und beseitigt damit eine alte Wurzel des Antisemitismus. Doch, so notwendig, gerecht und richtig dieser Freispruch auch ist, er ist zu oberflächlich und wird, worauf HANS MORGENTHAU hingewiesen hat, weder der einzigartigen Quelle des ausdauernden Fortbestandes des Judentums in der Geschichte noch jenem Umstand gerecht, daß die katholische Kirche durch Jesus und seine Jünger, die ja fraglos Juden waren, sich selbst von dieser Einzigartigkeit herleitet. Das Konzil hätte besser daran getan, einfach Pius' XI. Ausspruch: ‹Dem Geiste nach sind wir Semiten›, oder das zu wiederholen, was Johannes XXIII. einer Abordnung von Juden zur Begrüßung sagte: ‹Ich bin Joseph, Euer Bruder›.»

Jüdischer Widerhall

Die Juden reagierten auf die Erklärung unterschiedlich. Viele beachteten sie überhaupt nicht. Denn da die katholische Kirche die Juden nicht von der Schuld eines Verbrechens lossprechen könne, das sie überhaupt nicht begangen hätten (gerade das aber maßt sich die Konzilserklärung ja gar nicht an, stellt darüber hinaus vielmehr fest, daß die Juden dieses Verbrechens überhaupt nicht *beschuldigt* werden können, daß man es ihnen im Lauf der Geschichte also nicht immer wieder hätte zur Last legen dürfen), argumentierten sie, daß im 20. Jahrhundert der Antisemitismus kaum noch von theologischen Überlegungen, sondern viel mehr von sozialen, politischen und wirtschaftlichen Umständen beeinflußt werde. Diese Juden sprachen der Erklärung jegliche grundlegende Bedeutung ab.

Doch geht diese Kritik ganz offenbar von falschen Voraussetzungen aus. Aus den Befunden einer langfristigen, am Survey Research Center (Institut für zeitgeschichtliche Forschung) der Universität Kalifornien durchgeführten, 1966 veröffentlichten Untersuchung über den Antisemitismus wird deutlich, daß den meisten Christen, die Judengegner sind, diese Einstellung schon im Religionsunterricht ihrer jeweiligen Konfessionen beigebracht wurde. Auch stellte sich heraus, daß diese Haltung – im frühesten Kindesalter eingetrichtert – das ganze Leben hindurch beibehalten wird und sich nie mehr ausrotten läßt. Übrigens ist gerade die Lehre, die Juden seien an Christi Tod schuld, einer der Hauptgründe judenfeindlicher Einstellungen. Die Erklärung des Zweiten Vatikanischen Konzils ist darum als äußerst wichtige Waffe gegen den Antisemitismus anzusehen.

Andere Juden nahmen an der Erklärung Anstoß. Nach ihrem Dafürhalten hätte die Kirche nach dem Hinschlachten von sechs Millionen Juden gütig und großzügig erklären sollen, daß zwischen ihr und den Juden eine Geistesverwandtschaft bestehe und der Glaube, dem Millionen bis in den Tod hinein die Treue bewahrten, Achtung verdiene. Weiterhin hätte sie aussprechen müssen, daß die Juden weder an Jesu Tod schuld noch auch verworfen seien. Die Konzilserklärung hätte schließlich in einer ganz unzweideutigen *Verdammung* des Antisemitismus gipfeln und zur Liebe, zu einem echten Dialog und zur Zusammenarbeit mit gleichen Rechten aufrufen sollen. Statt dessen sei sie in vielen Äußerungen zweideutig, und zwischen ihren Zeilen höre man eine gewisse Herablassung der Kirche gegenüber der Judenreligion und ihrem Wert für die moderne Welt heraus.

Die indes, denen es wirklich ernsthaft um Aussprache geht, erfüllt die Konzilserklärung mit neuer Hoffnung. Auch wenn die Stellungnahme zum Antisemitismus nicht so entschieden ist, wie man es hätte wünschen können, wird sie doch von Nutzen sein. Wird durch sie auch nur eine einzige Seele vor Schaden bewahrt, dann ist sie nicht umsonst gewesen. Die Bestätigung, daß die Juden an CHRISTI Tod nicht kollektiv schuld sind, ist ein seit langem fälliger Akt der Gerechtigkeit und sagt ausdrücklich aus, was die Juden schon immer beteuert haben. Dasselbe gilt für die Zurückweisung der Meinung, Gott habe die Juden verflucht und verworfen. Die Gesinnung, aus der heraus zu Freundschaft und Brüderlichkeit aufgerufen wird, wird als ernsthaft und redlich anerkannt und aufrichtig begrüßt.

Gleichwohl war das Dokument als Ganzes eine Enttäuschung. Schön wäre es gewesen, meinte man, wenn die Anerkennung eines religiösen Pluralismus als Teil der ewigen göttlichen Ordnung einen angemessenen Ausgangspunkt für einen Dialog geschaffen hätte. Zwar mochte es der Kirche damals schwergefallen sein, die Tatsache der religiösen Mannigfaltigkeit offen zuzugeben, doch war es weder notwendig noch zweckdienlich, im Wortlaut dieser ja eigens als sofortige und praktische Richtlinie und Anbahnung einer ersten Fühlungnahme und Aussprache gedachten Verlautbarung beharrlich die Zukunftserwartungen und Wunschträume der Kirche zu unterstreichen. Lesen Juden oder Katholiken darin z. B., wie ausdrücklich die Kirche hofft, daß dermaleinst alle Menschen mit einer einzigen Stimme zu Gott beten werden, verbunden mit dem Bekenntnis, daß sie allezeit CHRISTI Kreuz verkünden muß, dann dürften diese Juden oder Katholiken den Eindruck gewinnen, ihrer Aussprache seien von vornherein durch Klauseln und Bedingungen Schranken gesetzt: Die Katholiken meinen dann immer noch, sie hätten zu missionieren, und die Juden werden das Gefühl nicht los, ihre Tradition werde doch nicht ganz für voll genommen und sie müßten auf der Hut vor missionarischen Absichten sein.

Daß die Kirche sich für die Auserwählte Gottes hält, daß die Erzväter, die Propheten und der Auszug aus Ägypten nur Vorboten des Heilswerks der Kirche seien, solche Feststellungen sind Elemente katholischer und christlicher Glaubensmeinungen. Treten sie aber ausdrücklich im Wortlaut eines als Wegweiser zu einem Dialog gedachten Schriftstücks auf, dann erwecken sie leicht den Eindruck, sie seien als ‹*die* Vorbedingungen› zu verstehen, unter denen allein das Gespräch geführt werden könne.

Nach Ansicht der Juden liebt Gott sie nicht nur um ihrer Väter willen, sondern vor allem, weil sie genau wie alle übrigen Menschen Seine Kinder und IHM genauso teuer sind. Er habe sie lieb um der Ideale, die sie hegen, und um ihres Lebenswandels, den sie durch ihr standhaftes, unerschütterliches Bekenntnis zu IHM heiligen, und um des Glaubens willen, den sie IHM voll Demut entgegenbringen. Die Juden sehen im Judenglauben keineswegs einen bloßen Vorläufer des Christenglaubens, sondern einen Glauben und eine Lebensform, die dem modernen Menschen bedeutende Wahrheiten zu bieten hat und ihm kraft ihrer Leistungen Beistand und Anleitung gewähren kann.

Nicht nur hat man in den Wortlaut der Konzilserklärung die Feststellung eingeschoben, die damalige jüdische Obrigkeit und deren Mitläufer hätten auf die Hinrichtung JESU gedrängt, sondern es wird auch offen getadelt, daß viele damalige Juden gegen JESU Botschaft gewesen seien. Wer denn die führenden Männer waren, wird nicht gesagt, noch, wie sie zu ihren Machtstellungen gekommen waren. Dabei wäre doch gerade dieser Nachweis zu einer angemessenen Beurteilung des Falles unerläßlich, weil ja in dieser Zeit, als JESUS gekreuzigt wurde, so viele von den Römern in ihre Ämter eingesetzte hohe jüdische Staatsbeamte den Juden selbst höchst zuwider waren. Das klassische Beispiel: KAIPHAS. Die Konzilserklärung wirft den jüdischen Führern vor, ihrem Volk vom Übertritt zu einer neuen Religion abgeraten zu haben. Aber das war im Grunde nur ihre Pflicht. Die Kirche (und auf politischem Gebiet jede politische Partei) hat allezeit dieses Recht für sich in Anspruch genommen und davon Gebrauch gemacht.

Seit eh und je hält das Christentum die irdische Verkündigungstätigkeit JESU, zumal aber seinen Kreuzestod für kosmische Ereignisse, deren Beweiskraft so überwältigend und allgemeingültig sei, daß kein einziger Mensch, der sich seinen gesunden Verstand bewahrt hat, ihnen gegenüber gleichgültig bleiben könne. Das Judentum ist nicht dieser Ansicht. Während es einem Christen unbegreiflich sein mag, daß die Rabbinen, nachdem sie diesen einleuchtenden Beweis vor Augen hatten, noch immer gegen die Ausbreitung des Evangeliums waren, gab es einen solchen Beweis für die Juden überhaupt nicht.

Die Juden könnten sich z. B. fragen, ob durch die Konzilserklärung nicht ein Schatten auf ihre verehrten Lehrmeister falle. Damit eine Aussprache sinnvoll sei, muß jeder Gesprächspartner sich große Mühe geben, sich in die Denkweisen, Gedanken, weltanschaulichen Vorstellungen, die Seelenkräfte des anderen Partners hineinzudenken, zugleich aber an seiner eigenen Anschauung festhalten. Daß die Konzilsteilnehmer sich in die Vorstellungswelt der Juden eingefühlt hätten, läßt sich aus dieser Verlautbarung nicht sehr deutlich ersehen. Daher das Unbehagen und Befremden, das man bei ihrer Lektüre empfindet. Sie ist eben das Ergebnis eines Kompromisses. Viele Feststellungen wurden in den Text aufgenommen, weil man die auseinandergehenden Meinungen der Konzilsväter gleichermaßen berücksichtigen wollte. Mag sein, daß all dies den Dialog gar nicht so stark bestimmen wird, wie es zunächst erscheint, wenn man die Erklärung genau unter die Lupe nimmt. Nur die Zeit vermag dies zu klären.

Viele Juden fanden die Feststellung, die Juden seien an den «Ereignissen seines (CHRISTI) Leidens» nicht schuld und dürften nicht, «als wäre dies aus der Heiligen Schrift zu folgern», für von Gott verworfen und verflucht gehalten werden, etwas zögernd, zu unklar: sie lasse vielleicht sogar, wenn auch nicht gerade auf Grund der Bibel selbst, so doch unter Berufung auf die Kirchenväter, die ja oft genug gegen die Juden als die Mörder CHRISTI wetterten, weitere Beschuldigungen der Juden zu. Viele Juden hatten erwartet, die Kirche werde nach allem, was unter HITLER geschah, allein um der Gerechtigkeit willen eine scharfe, eindeutige *Verdammung* des Antisemitismus aussprechen. Ihn bloß zu ‹beklagen› sei zu wenig, zumal das Wort ‹verdammen› in einem früheren Entwurf der Erklärung vorkomme. Zudem enthalte die endgültige Fassung nicht mehr, wie das ebenfalls in einem früheren Konzept der Fall gewesen sei, den löblichen Satz, daß man den Juden Dank schulde.

Man darf indes nicht außer acht lassen, daß die Erklärung vor allem zum innerkirchlichen Gebrauch als Richtlinie für Katholiken erlassen wurde und deswegen die gesamte Theologie des Katholizismus berücksichtigen mußte. Während den Juden die Evangelien nicht heilig sind, sind sie für die Katholiken heilige, absolute ‹Glaubenswahrheiten›, die man zwar immer wieder neu auslegen, jedoch hinsichtlich des Wahrheitsgehalts ihrer Botschaft keineswegs in Frage stellen darf. Daß die Juden sich bis heute als Volk am Leben erhalten haben, bedeutet für die Katholiken tatsächlich ein ernsthaftes theologisches Problem, während das Entstehen und Vorhandensein des Christentums den Juden theologisch keinerlei Kopfzerbrechen bereitet. Die Juden können sagen, das Aufkommen des Christentums vollziehe sich dem Plan Gottes gemäß. Die Katholiken dagegen müssen sich mit jenen theologischen Grundsätzen auseinandersetzen, denen zufolge ihre Offenbarung einzigartig und ausschließlich sei. Die Frage des Fortbestehens des Judentums als eines lebendigen Glaubens müssen sie wieder neu durchdenken, weil behauptet worden ist, eine neue Fügung Gottes sei an die Stelle der älteren, nämlich jüdischen getreten, habe sie überflüssig gemacht und ihre Anhänger ihres weiteren Auftrags im Rahmen des göttlichen Heilplans beraubt.

Dies sind in der Tat Probleme, mit denen sich die Dialogpartner auseinandersetzen müssen. Auch sei daran erinnert, daß die Erklärung über die Juden ihren vollen Sinn erst im Zusammenhang mit sonstigen Erlassen des Konzils bekommt, z. B. mit der «Erklärung über die Religionsfreiheit, über das Recht des Einzelnen und der Gemeinwesen auf soziale und staatsbürgerliche Freiheit in Glaubensdingen». Darin erklärt das Konzil, daß das Recht auf Glaubensfreiheit in der Würde der menschlichen Person seinen Grund habe, da diese Würde durch das geoffenbarte Wort Gottes und durch die Vernunft selbst erkannt wird. Weiterhin heißt es darin, «Religionsgemeinschaften hätten ein Recht darauf, weder mündlich noch durch gedruckte Veröffentlichungen in ihrem öffentlichen Lehren und dem Bekenntnis zu ihrem Glauben gehindert zu werden». Die Bedeutung dieser Verlautbarung im Zusammenhang mit der Erklärung über die Juden ist groß, zumal für jene Länder, in denen früher praktische Probleme, Gesetze, Verdächtigungen und Mißverständnisse es ihnen fast unmöglich machten, sich offen zu ihrem Glauben zu bekennen.

Eine klarere Stellungnahme wäre den Juden auch deswegen lieb gewesen, weil sie ja viele Jahrhunderte lang den Launen der Herrschenden und Machthaber hilflos ausgeliefert waren, so daß sie gegenüber allen Zweideutigkeiten im Text, die sich, sobald irgendein Umschwung eintritt, zum Schaden der Juden auslegen lassen, argwöhnisch geworden sind. Eine scharf und sauber gefaßte Erklärung hätte dies unmöglich gemacht.

Allein man sollte nicht vergessen, daß mit diesem Dokument Mauern eingestürzt sind, die sich im Lauf der Jahrhunderte immer höher und abweisender aufgetürmt hatten. Ein neuer Geist, eine neue Richtung sind zum Vorschein gekommen, und auf diese Richtung kommt es an. Erstmals können nun Katholiken genau erfahren, was Juden wirklich glauben und was ihnen am Herzen liegt; die Juden werden in der Lage sein und sollten sich auch bemühen, die Grundprinzipien, Glaubensinhalte und Riten der Katholiken zu begreifen. In der frischen Luft des Dialogs sollten endlich Mißverständnisse und Ängste weggeblasen werden und gegenseitige Achtung und Verständnis an ihre Stelle treten.

Kurz nach Abschluß des Konzils soll der Bostoner Kardinal Cushing gesagt haben: «Nun müssen wir bloß noch diesen ganzen ökumenischen Geist den gelehrten Herren hier aus den Händen nehmen und wahrhaftig ins Volk tragen.»

Die Praxis bestätigte hohe Erwartungen. Von der höchsten Geistlichkeit bis zum jüngsten Pfarrer und auch in der katholischen Laienwelt ließ sich eine große Geisteswende erkennen. Vor allem in den Vereinigten Staaten gestaltete sich die Beziehung sehr brüderlich. Ein Sekretariat für katholisch-jüdische Beziehungen wurde eingerichtet, Kurse und Arbeitsgemeinschaften wurden in Universitäten, Schulen und Kirchengemeinden eingeführt. Im Jahre 1969 erließen der Erzbischof von New York und der Bischof von Brooklyn Richtlinien, die weitgehend Annahme fanden. Unter ihnen findet sich die Mahnung: Jegliche Verunglimpfung des jüdischen Glaubens, jegliche Darstellung der Pharisäer als Hypokriten und des jüdischen Glaubens als einer leeren Form und Werkheiligkeit ist verboten. Das Leben Jesu muß im Rahmen seiner jüdischen Welt dargestellt werden, die dauernde Erwählung des jüdischen Volkes ist zu betonen, und die modernen Ausdrucksformen des Judentums sind als legitim zu werten. Es ist nicht erlaubt, von «den Juden» zu sprechen, als beträfe es alle. Gleichzeitig werden gewisse Formen gemeinsamen Gottesdienstes erlaubt, Ehrung der jüdischen Geistlichen wird vorgeschrieben, und jeder missionarische Versuch und Absicht werden strengstens untersagt.

Die französischen Bischöfe unternahmen in einer Erklärung aus dem Jahre 1973 einen weiteren Schritt. Mit einer Verdammung des Antisemitismus verbinden sie die Mahnung zur Erkenntnis jüdischer Erwähltheit, zur Erkenntnis, daß Gott, nach jüdischem Glauben, Gott der *Liebe* ist, daß die Meister des Talmuds den inneren Menschen in seiner Seele zu Gott zu führen streben. Sie erkennen das Grundprinzip des Judentums: die Heiligung des göttlichen Namens in allen Lebensumständen, mit ganzem Einsatz. Schließlich rufen sie die Gläubigen zur Erkenntnis auf, daß der Besitz des Landes Israel zwar von politischer Seite angefochten (und über Politik wollen sie nicht reden), dennoch in der Heiligen Schrift als Zusage an die Juden enthalten ist und daher in theologischer Sicht nicht abgelehnt werden kann. Dies ist eine bedeutsame Erkenntnis. Das jüdische Volk ist das Volk eines ewigen Bundes mit Gott, seine Mitglieder verdienen Respekt, Kirche und Synagoge müssen, im Dienste Gottes nebeneinander stehend, miteinander wetteifern.

Eine Vatikanische Erklärung aus dem Jahre 1975 folgte weiterhin dieser Richtung (ohne Erwähnung des Landes). In diesem Geiste wurden dann auch Lehrbücher von antisemitischen Äußerungen gereinigt und, ebenfalls im Jahre 1975, die antijüdischen Stellen aus dem Oberammergauer Passionsspiel entfernt.

In der protestantischen Welt ließ sich ebenfalls Fortschritt erkennen. Im Jahre 1970 wurde ein jüdischer Beratungsausschuß vom Weltverband der Kirchen gebilligt. Während die Frage des LANDES in diesem Verbande umstritten bleibt, finden viele der fundamentalistischen Kirchen, daß die Rückkehr der Juden in das LAND das zweite Kommen Christi vorbereite.

Deutsche geistige Führer legten Grundsätze für das Religionsgespräch nieder: gegenseitige Anerkennung, Bereitschaft zu einem Bekenntnis der eigenen Fehler, Kenntnis des eigenen Glaubens, Einfühlung in den des anderen, das Bewußtsein, daß letzten Endes das Ergebnis in Gottes Hand ruht (*Johan M. Snoeck: Christlich-Jüdischer Dialog heute, in: Dialog mit anderen Religionen,* hg. von Margull und Smartha, Otto Lembeck Verlag, Frankfurt, 1972, S. 123–130).

Man hat von jüdischer Seite diese Entwicklung begrüßt, vielleicht von ihr gleich am Anfang zu viel erwartet. Als die Kirchen während des Krieges von 1967 schwiegen, fragte man: Nehmen sie ihr Wort wirklich ernst? Für eine Zeit danach kam das Gespräch zum Schweigen. Im Jahre 1973 wurden mehr Stimmen gehört, noch war das Wort der Kirche allerdings zagend. Aber das Gespräch war wieder im Gang, und christliches Zeugnis für die Juden in der Sowjetunion zeigte einen tiefen Ernst.

Ein Stein des Anstoßes in den Beziehungen zwischen Juden und Christen ist damit beiseite geräumt und eine Quelle antisemitischer Hetze zum Versiegen gebracht. Wir wären zu optimistisch, wenn wir annähmen, aller Antisemitismus werde schon kraft dieser Gesinnung automatisch ausgemerzt, aber fest steht, daß eine mächtige Stütze weggefallen sein wird und die Christen durch ihre religiöse Verpflichtung angespornt sein werden, jenes schreckliche Übel, das jahrhundertelang Millionen Unschuldiger soviel Leiden brachte und in unserem Jahrhundert im Martyrium der Juden gipfelte, zu bekämpfen.

In seinem Buch ‹Frömmigkeit und Säkularisation›[2] sagt REINHOLD NIEBUHR, einer der maßgebenden Christen unserer Zeit:

«Wenn wir also beide Glaubensrichtungen an ihren moralischen Früchten messen, so ist der jüdische Glaube besonders im Hinblick auf moralische Leistungen in der Gemeinschaft positiv zu werten ... Christliche Mission unter den Juden ... erweist sich nicht nur deswegen als falsch, weil sie wirkungslos bleibt und bei aller Anstrengung nur wenig Erfolg hat. Sie ist auch darum falsch, weil dem Juden beide Glaubensrichtungen trotz aller Unterschiede so ähnlich scheinen, daß er Gott leichter in den Begriffen seines eigenen religiösen Erbes findet, als daß er ein Schuldgefühl auf sich nimmt, das verbunden ist mit dem Übertritt zu einem Glauben, der ihm trotz gewisser Vorzüge als das Symbol der Kultur einer tyrannischen Majorität erscheinen muß.»

---

2 Gütersloh 1962, S. 105 u. 106; amerikan. Originalausgabe: *Pious and Secular America.* New York 1958.

Offensichtlich ist aber NIEBUHRS Standpunkt nicht der der Mehrheit der christlichen Theologen und Laien. Die Vorstellung, Juden müßten durch Bekehrung zum Christentum ‹gerettet› werden, ist immer noch weit verbreitet. Mit dieser Anschauung ist bei gewissen Theologen auch noch die Neigung verbunden, dem vorchristlichen Judentum schwere Charakter- und Verhaltensfehler anzudichten. Einige dieser Theologen tun z. B., als sei das Volk, an das die Propheten ihre Botschaften richteten, verstockt und sittlich verkommen, nicht aber ein Volk gewesen, dem die Propheten so hohe Maßstäbe setzten, daß ihnen die geringste Abweichung davon als ärgste Sündhaftigkeit und Verworfenheit erschien. Diese Anschauung läßt außer acht, daß alle übrigen Völker des Altertums ja nicht einmal den Grad sittlicher Reife jenes jüdischen Volkes, dem die Propheten predigten, erreicht hatten. Geflissentlich übersieht sie auch, daß die Torah im Rahmen spezifisch jüdischer Lebensverhältnisse und als Quintessenz jüdischer Lebenserfahrungen verstanden werden muß. Jeder Versuch, die Torah aus christlicher Sicht zu deuten, ist für Juden unannehmbar.

Allerdings darf das Recht jedweder Religion, Andersgläubige zu bekehren, von keiner anderen Religion in Frage gestellt werden. Doch genauso sollte auch das Recht, sich gegen Bekehrungsversuche zu verwahren und, als Geistlicher einer Glaubensgemeinschaft, dies tatkräftig zu verhindern, nicht in Zweifel gezogen werden. Das gilt für das Christentum ebenso wie für das Judentum und alle sonstigen Religionen. Der nützlichste Dialog wird der sein, der sich auf die Überzeugung gründet, daß jede Religion für ihre eigenen Anhänger ‹die Wahrheit› besitzt, und die Unterschiede freimütig anerkennt. Er setzt voraus, daß man Verständnis und Achtung für den Glauben seines Gesprächspartners aufbringt, diesen Glauben als Gott angenehm, wohlgefällig und Seiner würdig ansieht.

Jesus und die Juden

In diesem Sinne wollen wir nun aus der Sicht eines Juden auf einige der Auswirkungen des Christentums auf das Judentum kurz eingehen.

Während sich das Babylonische Exil unmittelbar und nachdrücklich auswirkte und zu sofortiger Aktion aufrief, vollzog sich die Einwirkung des Christentums auf das Judentum anfangs langsam und allmählich und verlangte vor allem Durchhaltevermögen. Zu seinen Lebzeiten hatten wahrscheinlich die allermeisten seiner jüdischen Zeitgenossen in Judäa oder die Millionen der Diaspora weder

JESUS selbst noch seine Lehren gekannt. Weder der Historiker FLAVIUS JOSEPHUS (37–95, geb. in Jerusalem), der die jüdische Geschichte jener Zeit aufs gewissenhafteste aufzeichnete, noch der alexandrinische Philosoph PHILON der Jude (20 v. d. Z. – 54 n. d. Z.) erwähnen JESUS. (Eine Erwähnung bei JOSEPHUS gilt allgemein als ein späterer Zusatz von der Hand eines unbekannten, möglicherweise christlichen Kopisten).

Hinsichtlich des Jahres seiner Geburt und seiner Kreuzigung machen sogar die Evangelisten einander widersprechende Angaben. Die Verfahrensweisen, nach denen den Mitteilungen der Evangelien gemäß bei der Gerichtsverhandlung gegen ihn und bei seiner Verurteilung vorgegangen worden sein soll, entsprechen nicht jüdischem Recht und Brauch. Hinzudichtungen müssen sich in die Berichte der Evangelien eingeschlichen haben. Alles deutet darauf hin, daß JESUS ein so unauffälliges, schlichtes Leben führte, daß schon damals, als die Evangelien abgefaßt wurden, keine genauen Tatsachenberichte vorlagen. Der Kreis derer, die ihn näher kannten, war klein, und was seine Jünger mündlich von ihm überlieferten, erfuhr, wie das bei aller mündlichen Überlieferung der Fall ist, eine ausschmückende und auch irrtümliche Erweiterung. Seine Jünger waren Juden. Die aber später über ihn schrieben, waren oft keine Juden. Sie mußten die römische Regierung von aller Schuld freisprechen, wenn das Christentum je Aussicht haben sollte, geduldet zu werden. Sie scheuten sich nicht, sogar den PILATUS, einen der grausamsten und bestechlichsten der römischen Prokonsuln Palästinas, zu entlasten. Wie wir schon sahen, trieb PILATUS es so brutal, daß es sogar Rom zu bunt wurde und man ihn zurückbeorderte.

Unglaubhaft ist auch, daß die Juden plötzlich einen neuen Glaubensgrundsatz angenommen hätten: daß nämlich die Schuld der Väter auf ihre Kinder und künftige Geschlechter übergehe. Dies wäre ja jener Grundüberzeugung zuwidergelaufen, die die Propheten ihnen so fest eingeprägt hatten: daß es (worauf wir schon im Zusammenhang mit JEREMIA und HESEKIEL, oben S. 23 f, hinwiesen) so etwas wie eine Erbschuld überhaupt nicht gebe. KAIPHAS darf als Werkzeug Roms gelten: PILATUS hatte ihn in sein Amt eingesetzt, und als PILATUS abgesetzt und nach Rom zurückgerufen wurde, mußte auch KAIPHAS sein Amt niederlegen. Darüber hinaus hatten die Juden keine Rechtsprechungsbefugnis.

Daß JESUS von einem jüdischen Gerichtshof abgeurteilt worden sei, läßt sich so schwer begründen, daß SAMUEL SANDMEL in seinem ‹*A Jewish Understanding of the New Testament*›[3] nach gründlichen

3 Cincinnati, Hebrew Union College, 1957, S. 128.

Untersuchungen schreibt: «Die ganze Prozeß-Affäre ist legendär und tendenziös.» Das Verhandlungsverfahren dabei läuft allen prozeßrechtlichen Bestimmungen, Arten der Beweisaufnahme usw. des damals geltenden jüdischen Rechts zuwider. Es sprach der gesamten jüdischen Gesetzgebung hohn, an die ein jüdischer Richter sich streng zu halten gehabt hätte, weil sie keinerlei Ausnahmen zuließ.

Eine andere Theorie darüber hat SOLOMON ZEITLIN aufgestellt. Sie hat den Vorzug, viele Widersprüche, zumal aber die Unstimmigkeiten zwischen dem Prozeß JESU, wie die Evangelien ihn darstellen, und den Grundbestimmungen des jüdischen Strafrechts mit einem Schlage beiseite zu räumen. In ‹*Who Crucified Jesus?*›[4] kommt er auf Grund seiner eingehenden Forschungen zu dem Schluß, es habe damals tatsächlich nebeneinander zwei Sanhedrine (d. i. oberste Gerichtshöfe), gegeben: das eine für religiöse, das andere für politische Streitfälle. Das Sanhedrin für kanonische Rechtsfälle habe sich aus Schriftgelehrten zusammengesetzt, sei nur an bestimmten Kalendertagen zusammengetreten, habe sich ganz ans jüdische Recht gehalten, habe deswegen nie nachts getagt, in Strafprozessen niemals am Verhandlungstag auch Urteile gefällt und daher auch nie am Tag vor dem Sabbath oder vor sonst einem Feiertag Verhandlungen geführt. Das Sanhedrin für politische Vergehen sei von der Regierung eingesetzt worden, habe sich aus Kollaborateuren der Römer zusammengesetzt, die sich dazu hergaben, die Willkür des römischen Fremdherrn mit einem Schein von Gesetzmäßigkeit zu bemänteln. Dieses zweite Sanhedrin konnte zu allen Tages- und Nachtzeiten zusammengerufen werden. Nachdem JESUS von den römischen Soldaten festgenommen war, habe der Statthalter in der Annahme, JESUS sei ein Aufrührer und wolle sich zum ‹König der Juden› machen, beschlossen, daß er hinzurichten sei, und KAIPHAS, seine gefügige Kreatur, beauftragt, das politische Sanhedrin einzuberufen. KAIPHAS habe diesen Gerichtshof in seinem eigenen Palast zusammentreten, JESUS dort vorführen und mit ihm, um den Römern zu Gefallen zu sein, kürzesten Prozeß machen lassen. Die formale Anklage gegen JESUS war einfach frei erfunden: sie lautete auf Gotteslästerung, obwohl nach *jüdischem Recht* JESUS nie Gott gelästert hatte. Nachdem *pro forma* die Verurteilung durch das angeblich jüdische Gericht ausgesprochen war, hätten die Römer sich wieder eingeschaltet, seien mit ihm wie mit einem *Staatsverbrecher* verfahren, hätten eine Bekanntmachung seines ‹Verbrechens› an sein Kreuz anschlagen lassen und seine Kleider, wie das bei politischen Rechtsbrechern Rechtens gewesen sei, beschlagnahmt (bei religiösen Rechtsbrechern durf-

4 4. Aufl. New York, Bloch Publishing Company, 1964.

ten dem Gesetz nach Kleider und Habseligkeiten nicht eingezogen werden). – Wir dürfen auch annehmen, daß eine Menge Gefolgsleute des Kaiphas sowohl vor dem Amtssitz des Pilatus wie auch auf der Hinrichtungsstätte eigens zusammengetrommelt worden war, um dem, was Pilatus vorhatte und auch durchführen ließ – die entsetzliche Kreuzigung –, den Anschein zu verleihen, es entspräche dem ‹Volksempfinden› und werde von weiten Kreisen der Bevölkerung gutgeheißen. Aus der Geschichte lassen sich ja genug Beispiele von Diktatoren anführen, die sich desselben Kniffs bedienten: eine spontane Forderung des Volkes inszenierten, hinter der sich nichts als ihre eigene reine Willkür verbarg.

Nachdem Jesus gestorben war, wandte sich, heißt es, ein Jude, Joseph von Arimathia, an Pilatus und bat ihn, ihm die Leiche Jesu, die die Römer noch in Gewahrsam gehalten hatten, herauszugeben, damit sie nach den Vorschriften der jüdischen Tradition bestattet werde (Matthäus 27 : 58 ff). Es ist zwar möglich, daß auch Juden sogar seiner Aburteilung vor Gericht zuhörten, aber wer anders als ein Kerl aus dem niedrigsten Pöbel oder eben ein Kollaborateur hätte wohl den Palast des *Gauleiters* Pilatus persönlich betreten? Falls wirklich ein paar Juden diesen Ereignissen als Gaffer beiwohnten, so ist davon zuviel Aufhebens gemacht worden. Noch kein Mensch hat je das ganze römische Volk kollektiv haftbar gemacht für die Kreuzigung Jesu durch die römischen Legionäre. Warum will man denn dann in jenen paar Juden, die ausgerechnet am Vorabend des Pessach-Festes nichts Gescheiteres zu tun wußten, als das perverse Schauspiel einer römischen Kreuzigung zu begaffen, einen repräsentativen Querschnitt des jüdischen Volkes sehen? Und zudem, weshalb hätten die Juden Jesus böse sein sollen? Seine Lehren stimmten mit den Grundsätzen der Pharisäer überein. Seine Abweichungen, wie z. B. sein Anspruch, er sei der Messias, hielten sich im Rahmen erlaubter Meinungsverschiedenheiten.

Theologische Verschiedenheiten

Die eigentliche Auseinanderentwicklung der beiden Religionen setzte damit ein, daß der Apostel Paulus dem bloßen Glauben viel größere Wichtigkeit beimaß als den Mitzwoth (der Erfüllung der Gottesgebote). Daneben aber war Paulus sein Leben lang stolz auf seine jüdische Abkunft und liebte seine jüdischen Brüder sehr.

Durch seine Missionstätigkeit schuf Paulus die starken Grundlagen der künftigen Größe des Christentums. Es breitete sich immer weiter aus, gewann Macht und wurde schließlich die Staatsreligion des Römerreichs. Rasch wurde die Zahl der nichtjüdischen Anhänger des Christentums viel größer als die der judenstämmigen Christen. Die Christen betrachteten den Judenglauben als eine rivalisierende Religion, die sich ebenfalls weltweit missionarisch betätigte. So kam es zum Kampf zwischen beiden. Das Ergebnis der Lehren des PAULUS war, daß Judentum und Christentum getrennte Wege gehen mußten.

Das Verständnis einiger grundlegender Unterschiede der beiden Religionen kann uns vielleicht den Dialog zwischen Christentum und Judentum erleichtern. Beide Religionen beruhen auf der gleichen monotheistischen Grundlage. Doch während das Christentum Gott als dreieinig sieht, begreifen die Juden IHN durch und durch als Einen. Nach MAIMONIDES z. B. ist Gottes Nur-Eins-Sein so absolut, daß es unser menschlich-logisches Begreifen schlechterdings übersteigt. (Jedesmal wenn wir von einem Einen sprechen, z. B. von *einem* Apfel, finden wir immer wieder, daß er aus Teilen und Eigenschaften zusammengesetzt ist; Gottes Einssein dagegen ist absolut). MAIMONIDES bringt das in einem seiner dreizehn Glaubensartikel zur Sprache: «Ich glaube unerschütterlich, daß der Schöpfer, geheiligt sei Sein Name, Einer ist, und es nirgends und in keiner Weise noch ein Einssein gebe, das dem Seinen gliche, und ER allein unser Gott ist, der immer war, der ist, und der sein wird.»

Der Judenglaube schreibt Gott keinerlei leibliche Gestalt zu. MAIMONIDES drückt das folgendermaßen aus: «Ich glaube fest, daß der Schöpfer – geheiligt sei Sein Name – keineswegs etwas Leibhaftes ist, daß Vorstellungen des Sinnlich-Leiblichen für IHN durchaus nicht gelten und es für IHN überhaupt keine ebenbildliche Gestalt gibt.»

Der Judenglaube verleiht keinem menschlichen Wesen, das je leibhaft auf Erden lebte, Göttlichkeit, da dies seinem Gottesbegriff widerspräche.

Der Judenglaube lehnt die Anschauung ab, daß die Torah jemals durch eine neue Heilsordnung Gottes ersetzt und verdrängt worden sei. (Diesem Grundsatz widerspricht nicht, daß nach Ansicht der reformierten Juden gewisse Teile der Torah nicht mehr bindend sind. Die Reformjuden halten die Torah für zwar von Gott eingegeben, doch nicht wörtlich von ihm diktiert. Ihrer Meinung nach muß die Torah mit den Methoden biblischer Gelehrsamkeit überprüft werden. Die Grundvorstellung einer *von Gott* verfügten neuen Heilsordnung kommt für die Reformjuden also überhaupt nicht in Frage und würde von ihnen auf jeden Fall abgelehnt werden.)

JESUS hat sich persönlich gegen das Ansinnen verwahrt, er sei gekommen, die Torah abzuschaffen: «Ihr sollt nicht wähnen, daß ich gekommen bin, das Gesetz (die Torah) oder die Propheten aufzulösen; ich bin nicht gekommen aufzulösen, sondern zu erfüllen» (Matthäus 5 : 17). Bis auf den heutigen Tag gilt die Torah den Juden *nicht* als ‹*Altes* Testament›. Sie sehen Torah und Propheten nicht als die Vorläufer und Adventprediger einer neuen Heilsordnung.

Paulus mahnte zwar zum Gehorsam gegen Gott, war aber mit den Juden darin uneins, wie dieses Gehorsamsein zum Ausdruck gebracht werden sollte. Die Mitzwah, den Juden unentbehrlich, war für ihn durch den Glauben überflüssig geworden.

Die Unterschiede zwischen Christentum und Judenglauben berühren grundlegende jüdische Auffassungen von Gott, Torah und Mitzwoth, und dies erklärt die Meinungsverschiedenheit selbst innerhalb des monotheistischen Prinzips, das sie ja gemeinsam haben. Der Judenglaube kennt den Begriff der Sakramente als göttlicher Gnadenmittel überhaupt nicht. (Zwischen den einzelnen christlichen Konfessionen gehen die Ansichten über das Wesen der Sakramente, aber auch über ihre Anzahl auseinander.)

Der Judenglaube erkennt dem Einzelmenschen die Fähigkeit zu, geradenwegs und ohne jede Vermittlung zu Gott zu gelangen. Jeder Mensch ist Gottes Kind, hat unmittelbaren Zugang zum VATER und wird auf diesem Wege Seiner Gnade, Barmherzigkeit und Liebe teilhaftig. Dazu bedarf es gar keines Mittlers. Dogmata kommen deswegen im Judenglauben nicht vor.

Wie wir gesehen haben, kennt der Judenglaube keine Erbsünde. Einen Ursündenfall kann es nicht geben. Deshalb bestreitet der Judenglaube die Notwendigkeit der Buße für die Erbsünde. Eine der Hauptgrundlagen des Lehrgebäudes des Christentums stellt nun aber Christi stellvertretendes Opfer zur Sühnung der Erbsünde dar.

Paulus behauptete, Christus sei die Vollendung des Judenglaubens. Die oben kurz dargelegten Gründe waren für die Juden jedoch ein triftiger Gegenbeweis. Hätten sie die neue Theologie mit allen ihren Folgen übernommen, dann wäre das für sie die Auslöschung des Judentums gewesen. Das aber wollten sie damals sowenig, wie sie es heute wollen. Ihre Ablehnung erklärt sich indes nicht nur aus bloßem Lebenswillen, sondern aus ihrer Meinung, daß das messianische Zeitalter noch nicht angebrochen, der Tag noch nicht herbeigekommen sei, da es heißen wird: «Ihre Schwerter schmieden zu Karsten sie um, ihre Speere zu Winzerhippen, nicht heben sie mehr Stamm gegen Stamm das Schwert, nicht lernen sie fürder den Krieg» (Micha 4 : 3; Luther: «Sie werden ihre Schwerter zu Pflugscharen und ihre Spieße zu Sicheln machen. Es wird kein Volk wider das andere sein Schwert aufheben und werden nicht mehr kriegen lernen»).

Das Judentum erkennt die gewaltige Leistung an, die das Christentum im Kampf um die Erreichung dieses Ziels vollbracht hat. Unter anderen weist auch Maimonides ausdrücklich darauf hin. Wenn die Menschheit überhaupt zu diesem Ziel gelangen soll, ist das Christentum unbedingt notwendig. Gleichzeitig sind die Juden überzeugt, daß ihre eigene Weltanschauung auch lebenswichtig und unentbehrlich ist. Sie glauben so felsenfest, daß ihr eigenständiges Weiterbestehen für die Verwirklichung des gnädigen Willens Gottes und um der Bedürfnisse der Menschheit willen wesentlich ist, daß sie dafür buchstäblich ihr Leben aufs Spiel setzen.

Diese pluralistische Weltanschauung entstammt der jüdischen Lehre und Überzeugung, daß der Weg zum Heil nicht ausschließlich durch ihre eigene oder irgendeine andere Religion führt. «Die Gerechten aus allen Völkern der Menschheit haben an der künftigen Welt einen Anteil», lautet die jüdische Lehre. Nur gehorsame Befolgung der allerursprünglichsten sittlichen Grundsätze wird von sämtlichen Menschen verlangt. Sie sind als noachitische Gesetze bekannt, weil sie vermeintlich zu Noahs Zeiten schon eingeführt wurden. Im einzelnen fordern sie: Achtung vor menschlichem Leben, vor der Familie, vor Besitz und Eigentum, vor Tieren als Gottes Geschöpfen und eine Rechtsordnung samt Rechtsverwaltung und Rechtsprechung, die in gerechter Weise ihre Aufgaben erfüllen. Alle Menschen, die sich an diese Urgebote halten, dürfen des Heils gewiß sein.

Werte, die Juden wie Christen heilig sind

Der Umstand, daß es Ideen gibt, die Christen und Juden teilen, so vor allem die Idee des Einen Gottes, der der Gott der Liebe und Barmherzigkeit ist, erhöht die Erfolgsaussicht ihres Dialogs. «Ist nicht Ein Vater uns allen? hat nicht Ein Gott uns geschaffen? weshalb verraten wir jedermann seinen Bruder, preiszugeben den Bund unserer Väter?» (Malachi/Maleachi 2 : 10; Luther: «Haben wir nicht alle einen Vater? Hat uns nicht Ein Gott geschaffen? Warum verachten wir denn einer den anderen und entheiligen den Bund, mit unseren Vätern gemacht?») klagt der Prophet Maleachi. Aus der Alleinigkeit Gottes als des allumgreifenden Vaters ersteht der Bund der ganzen Menschheit. Als äußerst bedeutsam darf man wohl ansehen, daß das Neue Testament wörtlich die beiden Grundgebote der Torah zur Regelung unseres Verhältnisses zu Gott und unserem Nächsten wiederholt und damit das Band gemeinsamer Verpflichtung verstärkt. Die beiden Gebote lauten: «So liebe denn IHN deinen Gott mit all deinem Herzen, mit all deiner Seele, mit all deiner Macht» (5. Mose, ‹Reden›, 6 : 5; Luther: «Und du sollst den Herrn, deinen Gott, liebhaben von ganzem Herzen, von ganzer Seele, von allem Vermögen» bzw.: «Du sollst lieben Gott, deinen Herrn, von ganzem Herzen, von ganzer Seele und von ganzem Gemüte» (Matthäus 22 : 37), und: «Halte lieb deinen Genossen, dir gleich» (3. Mose, ‹Er rief›, 19 : 18; Luther: «Du sollst deinen Nächsten lieben wie dich selbst» bzw.: «Du sollst Deinen Nächsten lieben als dich selbst», Matthäus 22 : 39).

Diesen Geboten und anderen Grundsätzen, die noch darzulegen sind, entspringt die Juden und Christen gemeinsame Forderung, Gott in dieser Welt eine feste Wohnung einzurichten, allem Unrecht zu wehren und für die Gleichberechtigung aller Menschen zu kämpfen, weil Gott alle Menschen sich zum Ebenbild schuf und sie darum Brüder sind. Man sollte nicht vergessen, daß Juden wie Christen in gleicher Weise ihre geistige und geistliche Nahrung aus den Büchern der Bibel, dem Alten Testament, ziehen.

Beide Religionen haben Verfolgung erduldet und Heilige und Blutzeugen hervorgebracht, an deren Vorbild die Menschheit Standhaftigkeit im Glauben erlernen kann. Zwar hat der Judenglaube keine Heiligen im Sinne der katholischen Kirche, doch verleiht er diesen Ehrennamen jenen, die ihr Leben ‹der Heiligung des Namens Gottes› als Märtyrer opferten.

Dadurch, daß die Juden so viele Jahrhunderte lang geächtet und entehrt waren, können sie der Menschheit als Zeugen dafür dienen, daß der Glaube an Gott die Macht hat, des Menschen Seelenstärke auch unter widrigsten Lebensumständen aufrechtzuerhalten, sein Herz so zu läutern, daß er sogar den Haß auf seine Unterdrücker in sich zu überwinden vermag, und ihm Ausgewogenheit und seelisches Gleichgewicht zu gewährleisten. Die Juden haben die Prüfungen bestanden, erbarmungslose Schicksalsschläge durch längere Zeitläufte zu ertragen als Mitglieder jeder anderen Religion. Kraft dieser Erlebnisse sind sie imstande, den Gläubigen aller Bekenntnisgemeinschaften in Zeiten der Prüfung, wann immer diese auch anbrechen mögen, hilfreich beizustehen.

6. Tenach: Heilige Schriften

In der Einleitung haben wir die inneren Kräfte erörtert, die das Judentum und den Judenglauben prägten, im ersten Teil die Hauptströme der Geschichte der Juden in knappen Umrissen skizziert. Die Geschichte und die Umwelt in ihrer bunten Vielfalt, in der die Juden gelebt haben, wurden zur Bühne, auf der sich die Ideen des Judentums im Wechselspiel mit denen ihrer Nachbarn dramatisch entfalteten.

In den folgenden Kapiteln wollen wir uns mit den eigenen geistigen und literarischen Schöpfungen des Judentums auseinandersetzen, die aus der Urkraft des Volkes und seinem Erbe, in erster Linie der Schriftlichen und der Mündlichen Torah, erwuchsen. Das wird es uns ermöglichen, die schöpferischen Spannungen, die Verquickungen innerlicher Anschauungen und äußerer Kräfte und das Auftreten neuer Formen und theologischer Begriffe, zu denen sich alle oder viele Juden der heutigen Welt bekennen, zu verstehen.

Von allen schöpferischen Beiträgen der Juden sind die heiligen Schriften der Bibel der bekannteste. Die Christen nennen sie *Das Alte Testament*, die Juden, da sie vom Neuen Testament keinen Gebrauch machen, nennen sie kurzweg ‹Die Heilige Schrift› oder die Bibel. Ein abgekürzter hebräischer Name für die jüdische Bibel ist *‹Tenach›*. Dies ist eine Abkürzung der drei Wörter *‹Torah›*, *‹Nevîim›*, *‹Ketubim›*. Aus diesen drei Hauptteilen bestehen die heiligen Schriften. Hier bedeutet *Torah* die Fünf Bücher Moses. *Nevîim* (die Künder, die Propheten) enthält die Botschaften der großen Propheten Israels, aber auch die Entstehungsgeschichte ihres Künderamts. *Ketubim* (die gesammelten Schriftwerke) umfassen vielerlei Schriften: die Psalmen, Hiob und die ‹Fünf Schriftrollen›: das Hohelied, das Buch Ruth, die Klagelieder Jeremias, der Prediger Salomo und das Buch Esther.

Die Torah

Die *Torah* oder die *Fünf Bücher Moses* ist die Hauptquelle jüdischen Rechts und jüdischer Ethik und Wegweiser für Denken und Lebenswandel und die Beziehungen zwischen Mensch und Gott und Mensch und Mensch. Darum wird die Torah dem Volk regelmäßig abschnittsweise im Lauf des Jahres an allen Sabbathtagen und Feiertagen vorgelesen, aber auch an allen Montagen und Donnerstagen, weil diese einst Markttage waren, zu denen die Bauern in die Stadt kamen und neben ihren Handelsgeschäften auch geistliche Unterweisung entgegennehmen konnten. Der Vorleser liest den Torahtext von einer handgeschriebenen Pergamentschriftrolle ab, die sonst in der Bundeslade verwahrt liegt und nur zur Lesung ihrer Botschaft hervorgeholt wird. Beim Herausnehmen und Zurücklegen der Torah erhebt sich die Gemeinde ehrfurchtsvoll.

Auf Ergebnisse der Bibelforschung, der sogenannten Bibelkritik, wollen wir uns hier nicht einlassen. Wir möchten vielmehr die Torah in Umrissen so darlegen, wie ihre ursprünglichen Herausgeber sie verstanden und ihren Inhalt und ihre Reihenfolge ordneten.

1. *Bereschit*, d. h. ‹Im Anfang› (*be-rê'schîth*, [Genesis]), also die Schöpfungsgeschichte, ist das erste Buch. Es handelt von der Erschaffung der Welt und den Lebensläufen der Erzväter. Nachdrücklich betont der Bericht über die Schöpfung den göttlichen Ursprung der Welt und das Verweseramt des Menschen darin. *Bereschit* vermittelt Geschichtsbewußtsein. Der Gott der Schöpfung ist Gott der Geschichte.

Schon die ersten Kapitel begründen den Grundsatz der Gleichheit aller Menschen: alle Menschen sind vor Gott gleich, und alle müssen gleich behandelt werden. «Gott schuf nur *einen* Menschen», heißt es im Talmud (Mischnah Sanhedrin 4 : 5), «und zwar, um euch zu lehren, daß der, der eine einzige Seele vernichtet, beurteilt wird, als hätte er eine ganze Welt zerstört, der aber, der nur eine einzige Seele am Leben erhielt, so eingeschätzt wird, als hätte er eine ganze Welt am Leben erhalten». Darüber hinaus sagen die Rabbinen: «Gott schuf nur einen einzigen Menschen, um den Frieden in der Welt zu fördern, so daß keiner zu seinem Nachbarn sagen könne: ich habe vornehmere Vorfahren als du.» In dieser geistigen Einstellung sollte Geschichte gestaltet werden.

Die Erzväter treten nun auf: ABRAHAM, der sich zu dem Einen Gott bekennt, wird in das Land, das seinen Nachkommen verheißen ist, hinübergeleitet. ABRAHAM kennt den Ort, an dem sein Samen dermaleinst zu einer organischen Gesellschaft erwachsen soll, und kann darum mitsamt seinen unmittelbaren Nachfahren lange Zeitstrecken des Lebens tatsächlich in der Fremde zubringen. Ist erst einmal die geistige Bedeutung des LANDES begriffen, so vermag es seinen Einfluß auch als reine Idee noch auszuüben. JAKOB und JOSEPH, die in der Fremde sterben, aber um die Symbolik ihres Lebenslaufs für ihre Nachfahren wissen, bitten darum, «bei ihren Vätern» bestattet zu werden. Diese Männer und Frauen sind Individualisten. Sie müssen das sein, um sich gegen die Gesellschaft durchzusetzen, in der sie leben. Sie vernehmen Gottes Ruf, und jeder von ihnen entspricht ihm und lebt ihn. Individualismus und Irrtum sind unvermeidlich gekoppelt, und diese Individualisten erweisen sich bei vielen Gelegenheiten als nur allzu menschlich. Doch gerade dadurch werden sie beispielhaft. Wären sie vollkommen, könnten wir ihnen nicht nachleben. Sie haben die Kraft, zu wachsen und über Unzulänglichkeiten ihrer eigenen Vergangenheit hinauszugehen. So sind, wie es im Talmud heißt, «die Taten der Väter die Wegweiser der Kinder».

2. *Schemot*, d. i. ‹Namen› (Auszug aus Ägyptenland [Exodus]), stellt dar, wie das Leben der Vorväter in das gemeinschaftliche Erleben des sich allmählich herausbildenden Volkes übertragen wird. Inmitten einer feindlichen Umwelt, in Ägypten, wo sie in Sklaverei geraten waren, werden die Juden als Volk geprägt. Sie werden auf ihr Durchhaltevermögen geprüft. Sie sollen ein kollektives Individuum werden, das sich aus Individualisten zusammensetzt. Es wird ihnen der Unterschied zwischen dem auf Gott ausgerichteten Individualismus, der zu Heil und Errettung, und dem auf das eigene Ich ausgerichteten Individualismus, der zur Vernichtung führt, gezeigt: MOSES und der Pharao sind hier die beiden großen Protagonisten dieses Unterschieds. Schließlich werden die Juden erlöst und finden den Weg zurück ins Verheißene Land.

Kein Volk kann ohne Recht leben. Als auf Gott ausgerichtetes Volk sollen sie ein von Gott gegebenes Recht erhalten. Das Kernstück dieses Gesetzes bilden zehn Gebote, die das Verhältnis des Menschen zu Gott und zu seinem Mitmenschen umfassend festlegen.

1. ICH bin dein Gott, der ICH dich führte aus dem Land Ägypten, aus dem Haus der Dienstbarkeit. (Gott soll als Gott der Geschichte, als schöpferisch schaffender, dynamischer verehrt werden, deshalb:)

2. Nicht sei dir andere Gottheit MIR ins Angesicht. Nicht mache dir Schnitzgebild, und alle Gestalt. (Luther: Du sollst keine anderen Götter neben mir haben. Du sollst Dir kein Bildnis noch irgendein Gleichnis machen). (Die Anerkennung anderer Götter würde Gottes Allmacht in Frage stellen; Schnitzgebild würde den ganz Dynamischen zu etwas Statischem degradieren).

3. Trage nicht Seinen, deines Gottes Namen auf das Wahnhafte. (Luther: Du sollst den Namen des Herrn, deines Gottes, nicht mißbrauchen). (Denn wer IHN auf solche Weise anruft, zweifelt Seine Allwissenheit an und entheiligt Seine Herrlichkeit).

4. Gedenke des Tages der Feier, ihn zu heiligen ... nicht mache allerart Arbeit, du, dein Sohn, deine Tochter, dein Dienstknecht, deine Magd, dein Tier, und dein Gastsass in deinen Toren ... (Damit wird Gottes Schöpfertum bestätigt; IHM gehört die Welt, und ER darf uns verbieten, an der Welt weiterzuarbeiten. Doch auch die Gleichgestelltheit aller Menschen wird festgelegt; niemand, der dir unterstellt ist oder sonstwie durch dich beeinflußt wird, darf am Sabbath arbeiten; ausnahmslos alle haben den Anspruch, vom Sechstagewerk auszuruhen).

5. Ehre deinen Vater und deine Mutter ... (Weil sie dich in die Welt gebracht haben, kommen sie in der Rangordnung gleich nach Gott).

Ehe wir uns der zweiten Hälfte dieser Gebote zuwenden, sei darauf hingewiesen, daß sie sich, genau spiegelbildlich zu den ersten fünf, die das Verhältnis zwischen Mensch und Gott regeln, mit den Beziehungen zwischen Mensch und Mensch befassen.

6. Morde nicht. (Luther: Du sollst nicht töten.) (Genau wie Gott einzigartig-einmalig und Seine lebendige Anwesenheit unverletzlich ist, ist auch jeder Mensch einzigartig-einmalig und sein Leben unverletzlich und heilig.)

7. Buhle nicht. (Luther: Du sollst nicht ehebrechen.) (Wie Gott nicht durch Anbetung anderer Götter entehrt werden soll, darf auch die schöpferische Einheit von Menschen, da sie heilig ist, nicht verwässert werden.)

8. Stiehl nicht. (Denn stehlen hieße anderer Leute Besitztümer als mir verfügbar ansehen; ihr Name, der ihren Besitztümern anhaftet, darf nicht zu etwas Gleichgültigem entwertet werden, sowenig wie der Name Gottes, des Eigentümers der Welt, mißbraucht, d. h. zu etwas Gleichgültigem entwertet werden soll.)

9. Aussage nicht gegen deinen Genossen als Lügenzeuge. (Luther: Du sollst kein falsch Zeugnis reden wider deinen Nächsten.) (Wie die Sabbathruhe einen zum *wahren* Zeugen der Allmacht Gottes als des Schöpfers macht, so muß die Aussage gegen den Mitmenschen *wahr* sein.)

10. Begehre nicht... (Luther: Laß dich nicht gelüsten...). (Sowohl das fünfte wie auch das zehnte Gebot geht über Einzelfälle konkreten Handelns hinaus und wendet sich an das Denken, die Innerlichkeit, die Absicht, die sittlichen Grundsätze. Ehrung der Eltern kann zwar auch konkrete Formen annehmen, im Grunde geht es dabei aber um innerliche Bindung. Und das Verbot, Neidgefühle zu hegen, spricht einzig und allein das Denken des Menschen an.)

Die zehn Gebote begreifen Gott und Mensch, Tun und Denken, Recht und Sittlichkeit in sich und sind dadurch wahrlich das Herzstück der Torah.

Unmittelbar anschließend geht das 2. Buch Moses an die Erörterung rechtlicher Einzelfälle und leitet zu sittlichem Verhalten über: du sollst deinem Feind helfen, den Fremdling nicht benachteiligen. Als ewige Mahnzeichen deiner Verbundenheit mit Gott und deinen Mitmenschen sollst du das Jahr hindurch bestimmte Festtage einhalten.

Individualismus, Zweifel und Ungewißheit bringen die Menschen vom rechten Weg ab und dazu, sich ein goldenes Kalb zu machen und IHM den Rücken zu kehren. Doch Gott vergibt, und während ER verzeiht, offenbart ER MOSES die Merkmale Seines Seins: «erbarmend, gönnend, langmütig, reich an Huld und Treue» (2. Mose, ‹Namen›, 34:6; Luther: «barmherzig und gnädig und geduldig und von großer Gnade und Treue»), und heißt MOSES, ein Heiligtum zu errichten als sichtbares Zeichen dafür, daß ER inmitten des Volkes wohnt. Indem es sich auf dieses Heiligtum ausrichtet, bekommt das

Leben des Volkes einen Sinn. Im Anschluß an die Offenbarung der Zehn Gebote schließt Gott mit dem Volk *einen Bund,* kraft dessen es IHM «aus allen Völkern ein Wesensgut . . ., ein Königsbereich von Priestern, ein heiliger Stamm» wird (2. Mose, ‹Namen›, 19 : 5 bis 6; Luther: «. . . so sollt ihr mein Eigentum sein vor allen Völkern . . . ein priesterlich Königreich, ein heiliges Volk . . .»). Beachtenswert ist, daß dieser Bund nicht im Zusammenhang mit einem besonderen Gnadenerweis oder der Festsetzung bestimmter Vertragspflichten, sondern in Verbindung von Geboten geschlossen wird, die allgemeingültig sind. Dem Volk Israel wurde damit der Status eines priesterlichen Dieners der ganzen Menschheit, die Gottes Eigentum ist, zugesprochen. Die Rabbinen erzählten sogar die Legende, Gott habe die Zehn Gebote zunächst allen übrigen Völkern der Erde angeboten und sie erst, nachdem nacheinander alle anderen Völker sie aus berechnender Selbstsucht zurückgewiesen hätten, der Obhut Israels anvertraut. Die Offenbarung geschah im Niemandsland, nämlich am Sinai in der Wüste, betonen die Rabbinen, um zu beweisen, daß sie allen Menschen gehöre und keine Beziehung zu irgendeinem Land oder zu einer Nation habe. Daher hat sich der Jude als Missionar nicht etwa im Dienste einer bestimmten Religion, sondern der Zehn Gebote betrachtet. Daß er darin nur zu oft versagte, ersieht man schon daraus, daß er gleich nach der Theophanie am Sinai das goldene Kalb errichtete. Im Einklang mit der Vorstellung, die Juden seien ein ‹Königreich von Priestern›, wird der ‹Königshof›, Gottes Heiligtum, erbaut.

3. *Wajikra* (‹Und Er rief›, [Leviticus]), das 3. Buch der Torah (d. h. Moses) legt den Opferdienst fest, mit dem die *Priester* betraut werden, die Nachkommen Aarons (Aharons) denen die *Leviten* als Diener im Gottesdienst zur Hand gehen sollen. Sodann beschreibt es die Kulthandlungen zur Weihe des Heiligtums und der Priester. Speisevorschriften werden dann für das Volk erlassen, das am ‹königlichen Tisch› teilhat. Die Priester werden besonders mit der Aufgabe betraut, Kranke zu heilen, ansteckende Krankheiten und Kranke zu isolieren. Geschlechtliche Reinheit wird geboten.

Das zweite Thema des 3. Buches Moses lautet: ihr sollt ein heiliges Volk sein. Wie aber kann es heilig werden? Durch sorgfältiges Einhalten der allgemeingültigen Gebote, durch das Ausrichten der Herzen und Taten auf den Willen Gottes: Mutter und Vater ehren, den Sabbath heiligen, für die Armen sorgen, den Mitmenschen durch absolute Ehrlichkeit achten. Auch wenn der Mitmensch den Betrug gar nicht merkt, hast du doch gesündigt. Und wäre der Betrogene auch dem allen gegenüber taub, stumm oder blind, Gott weiß es dennoch. «Hasse nicht deinen Bruder», «heimzahle nicht und grolle nicht, mahne, ermahne deinen Volksgesellen». (Luther: «Du sollst deinen Bruder nicht hassen in deinem Herzen», «nicht rachgierig sein noch Zorn halten gegen die Kinder deines Volkes, sondern deinen Nächsten recht richten»). «Halte lieb deinen Genossen, dir gleich» (3. Mose, ‹Er rief›, 19 : 18; Luther: «Du sollst deinen Nächsten lieben wie dich selbst»). Es ist diese Einhaltung des unwandelbaren Gesetzes Gottes, die den Menschen heilig macht. Es ist ein allgemeingültiges Gebot. Durch unbedingte Ehrlichkeit beim Wiegen und Messen und dadurch, daß man sich voll Liebe für die *völlige Gleichstellung des Fremdlings* einsetzt, wird der Geist der Heiligkeit weltweit und allgemein offenbart und vom einzelnen in die Tat umgesetzt. Nochmals werden die zu heiligenden Festtage in ihrem Sinn erklärt, und schließlich wird das Gesetz des Jubeljahres verkündet. Privatunternehmertum wird zwar gebilligt, der Ausbeutung aber werden Schranken gesetzt. Zwar darf der Reiche den Landbesitz dessen, der ihn aus Geldnot verkaufen muß, erwerben, doch nur auf 50 Jahre; er darf ihn sogar als Leibeigenen halten, doch nur für eine bestimmte Frist. Dann fällt der Grundbesitz wieder an den ursprünglichen Eigentümer zurück, erlangt im Angesicht Gottes der Knecht seine Freiheit wieder. «... heiligt das Jahr, das Fünfzigerjahr, ausrufet Freilaß im Land all seinen Insassen» (3. Mose, ‹Er rief›, 25 : 10; Luther: «... sollt ein Freijahr ausrufen im Lande allen, die darin wohnen»). Gehorsam gegenüber diesen Gesetzen und Grundsätzen bringt Wohlstand, wird den Volksgenossen vorgehalten, Ungehorsam muß zur Katastrophe führen. So lauten die Einzelbestimmungen des Bundes.

4. *Bamidbar* (*ba-Midbar*, d. i. ‹In der Wüste› [Numeri], das 4. Buch Moses) beginnt mit der Annahme, daß das Volk nun bereit sei, den Zug ins Verheißene Land anzutreten. Der Gesamtbestand der Gemeinde wird aufgenommen. Marschbefehle werden ausgegeben. Der feierliche Segen, den die Priester in Gottes Namen sprechen sollen, wird Wort für Wort formuliert: sie dürfen ihn nicht mit ihren eigenen Worten sprechen, noch ihre Segnungen dem ‹anpassen›, was ihnen persönlich am Herzen liegt, sondern sollen Gottes Namen aufs Volk herabflehen, auf daß Gott, und nicht der Priester, es segne. Diese Segensformel ist allgemein geworden:

Segne dich ER und bewahre dich,
lichte ER sein Antlitz dir zu und sei dir günstig,
hebe ER sein Antlitz dir zu und setze dir Frieden. (4. Mose, ‹In der Wüste›, 6 : 24–26);
(Luther: Der Herr segne dich und behüte dich; der Herr lasse sein Angesicht leuchten über dir und sei dir gnädig; der Herr hebe sein Angesicht über dich und gebe dir Frieden).

Späher werden ausgesandt, das Land auszukundschaften. Edelgeborene sind es, doch schwach im Glauben. Aus jedem der zwölf Stämme wird einer ausgewählt. Von den zwölf Kundschaftern sind zehn überzeugt, daß nicht einmal Gott das Volk im Kampf gegen die befestigten Städte des mächtigen Feindes erhalten könne. Das Volk schließt sich ihren Zweifeln an und beweist damit, daß es noch die kleinmütige Sklavengesinnung hat und demnach noch nicht reif ist, das Land zu betreten. Eine ganze Generation muß nun 40 Jahre lang in der Wüste bleiben, so lange, bis alle Sklavenseelen ausgestorben sind. Eine neue Generation unter der Führung zweier glaubensstarker Männer, einer von ihnen JOSUA, darf in das Land einziehen.

Langsam verrinnen die Jahre. Wieder rüstet das Volk zum Aufbruch. Die Eroberung beginnt. Da heckt BALAK, der König von Moab, der sich vor den Israeliten fürchtete, einen Plan aus: Er ruft BILAM (BILEAM), einen Seher und Weissager, herbei. Er soll einen Bannfluch gegen das Volk schleudern und es vernichten. Doch BILEAMS Fluch wird ihm im eigenen Mund zum Segen, als er von den Bergen hinab auf das Volk im Tal blickt. Er kann nicht verfluchen, wo Gott gesegnet hat, und das Volk hat durch die Reinheit seines Lebenswandels Gottes Segen verdient. So lernten die Juden, daß Gott wirklich eine feste Burg und der Gehorsam ihm gegenüber das Bollwerk ist gegen die Mächte der Zerstörung von außen.

Als Vorbereitung für den Einmarsch in das Land werden dem Volk die feierlichen Opferhandlungen nochmals auseinandergesetzt. Alles scheint aufbruchbereit zu sein. MOSES überschaut aus der Ferne das Land und teilt es auf. Eine Volkszählung der Nachwuchsgeneration wird durchgeführt. AARON und MIRJAM (MOSES Schwester) sind schon gestorben, und MOSES weiß, daß auch er bald sterben und sein Volk sich selbst überlassen muß. Auf Gottes Geheiß bestimmt er JOSUA zu seinem Nachfolger. Eine neue Ära zieht herauf.

5. *Debarim* (*D'varim*), d. i. ‹Reden› [Deuteronomium] bzw. 5. Buch Moses, soll den Bibelkritikern zufolge erst später abgefaßt worden sein, doch die jüdische Überlieferung faßt es als MOSES große Abschiedsansprache an sein Volk auf. Noch einmal legt er ihnen ihre ganze Vergangenheit dar und kritisiert dabei auch freimütig seine eigenen Fehler. Er schärft ihnen ein, das Gewesene keinesfalls aus dem Gedächtnis schwinden zu lassen und niemals Götzenbilder anzufertigen oder Götzen anzubeten. Er wiederholt ihnen die Zehn Gebote. Seine große Zusammenfassung des Glaubensbekenntnisses, die bis auf den heutigen Tag (als das *Sch'ma* oder *Schema*, d. i. ‹Höre!›) das Kernstück jüdischen Lebens und Gottesdienstes geblieben ist, ist in jedem ihrer Worte voll tiefster Bedeutung:

«Höre Jissrael: ER unser Gott, ER Einer!
So liebe denn IHN deinen Gott mit all deinem Herzen, mit all deiner Seele, mit all deiner Macht.
So seien diese Reden, die ich heuttags dir gebiete, auf deinem Herzen, einschärfe sie deinen Söhnen, rede davon, wann du sitzest in deinem Haus und wann du gehst auf den Weg, wann du dich legst und wann du dich erhebst,
knote sie zu einem Zeichen an deine Hand, sie seien zu Gebind zwischen deinen Augen, schreibe sie an die Pfosten deines Hauses und in deine Tore!»

(5. Mose ‹Reden›, 6 : 4–9; Luther: «Höre Israel, der Herr, unser Gott ist ein einiger Herr. Und du sollst den Herren, deinen Gott, liebhaben von ganzem Herzen, von ganzer Seele, von allem Vermögen. Und diese Worte, die ich dir heute gebiete, sollst du dir zu Herzen nehmen und sollst sie deinen Kindern einschärfen und davon reden, wenn du in deinem Hause sitzest oder auf dem Wege gehst, wenn du dich niederlegst oder aufstehst; und sollst sie binden zum Zeichen auf deine Hand und sollen dir ein Denkmal vor deinen Augen sein; und sollst sie über deines Hauses Pfosten schreiben und an die Tore.»)

Diese göttliche Aufforderung zur Liebe verlangt nach einer Antwort aus dem Gemüt und dem Gefühl (mit deinem ganzen Herzen), einem totalen Sichhingeben, sogar des Lebens selbst (mit all deiner Seele) und einer Weihe allen Tuns und allen irdischen Besitzes (mit all deiner Macht). So verlangt jede Erfüllung einer Mitzwah nicht nur die äußere Handlung, sondern auch die echte Herzensstimmung. «Gott der Allerbarmer will das Herz», lautet das Fazit, das die Rabbinen ziehen. Liebe läßt sich nicht erzwingen, sie kann nur flehentlich erbeten werden von jemandem, der selbst von gebender Liebe erfüllt ist. Es wird den Menschen klargemacht, daß Gott sie innig, voll Güte, bedingungslos liebt. Gott liebt das jüdische Volk nicht deshalb, weil es ein starkes, zahlenmäßig großes Volk wäre, sondern Seine Liebe ist ein freiwillig gegebenes Geschenk. Aus Seinem Lieben läßt sich auch Seine ‹Eifersucht› verstehen. ER will Sein Lieben nicht verwässert sehen. Aus dieser Liebe verstehen wir den Segen, den ER dem Volk zu geben bereit ist, wenn es ihm nur entgegenkommt, die Strafen, die ER ihm auferlegt, um es zurückzuführen, wenn es vom rechten Wege abgekommen ist, und Seine Bereitschaft, gnädig und ganz zu verzeihen, sobald es zu IHM zurückkehrt.

Dem Volk als den Kindern Gottes wird eindringlich nahegelegt, keine Selbstverstümmelung zu begehen und gewissenhaft die Essensvorschriften zu beachten. In seinem Dienst sollen sie den Zehnten entrichten und alle sieben Jahre ihren Schuldnern die Schulden erlassen, auf daß der Schuldner bei völliger Gleichheit mit allen anderen ein neues Leben beginnen könne.

Die Feiertage werden nochmals erläutert. Einrichtungen der Regierung und Prozeßverfahren werden kurz erklärt. Sodann wird eine höchst bedeutsame Vorschrift erlassen: In allen Rechtsstreitigkeiten soll sich das Volk an die Entscheidungen seiner Richter halten, die rechtmäßig ernannt worden sind für diesen Fall (5. Mose, ‹Reden›, 17 : 8 ff). Die Rabbinen sahen in diesem Geheiß die grundlegende Rechtfertigung für die Weiterentwicklung der Torah. Die in ihre Ämter eingesetzten, durch ihr Gewissen und die Überlieferung gebundenen Führer haben das Recht und die Pflicht, die Torah in Einklang mit den Umständen der jeweiligen Zeit zu bringen. Dadurch konnte die Torah nie verknöchern. Indem sie jeweils auf das Leben abgestimmt blieb, hielt sie das Volk lebendig.

Der König, falls es gerade einen gab, hatte sich sein Leben lang gründlichst in die Torah zu vertiefen, damit er sich nie einfallen lasse, seinem Gutdünken gemäß zu regieren oder seine Stellung als ein Mittel zur Gewaltherrschaft anzusehen. Später setzt MOSES fest, der König habe alle sieben Jahre einmal dem ganzen Volk die Torah vorzulesen, damit das Volk wisse, wie das Gesetz lautet, und so den Herrscher davon abhalte, vom Gesetz abzuweichen. MOSES machte damit alle Willkür und jeden egozentrischen Individualismus unmöglich.

Auch das Kriegsrecht wird dargelegt: kein kriegerisches Unternehmen darf durchgeführt werden, ehe nicht eine friedliche, gütliche Einigung in dem Streitfall versucht worden ist (5. Mose 20 : 10). Viel nachdrücklicher wird aber das Recht im Frieden behandelt, die Beziehungen von Mensch zu Mensch.

Dann ersteigt MOSES den Berg Nebo (*N'bo*), darf einen Blick auf das LAND werfen, das er niemals betreten soll, und wird zur ewigen Ruhe abberufen. Gott selbst bestattet ihn, auf daß kein Mensch sein Grab kenne. Das Volk Israel darf niemanden, nicht einmal MOSES, zum Heiligen machen: Denkmal sei allein der lebendige Geist.

In dieser Enderzählung fanden die Rabbinen eine zusätzliche Botschaft: Die Torah beginnt mit tätiger Liebe: Gott selber schafft Adam und Eva Kleider, auf daß sie ihre Blöße bedecken. Die Torah endet mit einem Akt tätiger Liebe: Gott selbst begräbt seinen Knecht MOSES. So ist die ganze Torah eingehüllt in den Geist göttlicher, tätiger Liebe, und der Mensch, der Gott mit Hilfe der Torah sucht, muß IHM nachleben.

Diese deutende Synopsis der Torah berücksichtigt nicht die Ergebnisse, zu denen die Bibelkritik gelangt, nach denen die Torah von einer Reihe von Autoren zu ganz verschiedenen Zeiten geschrieben wurde. Sie ist vielmehr gegründet auf die Torah, wie sie sich im Bewußtsein des Judenvolks im Laufe der Zeiten widerspiegelt: die Torah als Erbgut der Gemeinde JAKOBS, als die Kraft, die diese Gemeinde prägte.

Die Nevîim

Die *Nevîim*, d. i. die Künder, die Propheten, bilden die zweite Abteilung des Tenach. Sie besteht aus zwei Hauptteilen: Die *frühen Propheten*, worunter die Bücher Josua, Richter, Samuel I, II, Könige I, II, fallen, und die *späteren Propheten*, worin die Niederschriften jener Botschaften gesammelt sind, die die schreibenden Propheten dem Volk übermachten.

Nur Teile dieser Schriftwerke werden regelmäßig bei den Gottesdiensten in der Synagoge verwendet. Zu Festtagen und besonderen Gelegenheiten sind im Anschluß an die Torahlesung bestimmte Abschnitte aus den Propheten zu lesen. Ein solcher Prophetenabschnitt heißt die *Haftarah*, d. i. Abschluß der Torahlesung. Er wird in seinem Thema entweder auf die Torahstelle oder auf die besondere Bedeutung des Tages abgestimmt.

Die *frühen Propheten* enthalten die Bücher der Geschichte. Die in ihnen berichteten Ereignisse haben wir schon besprochen. Sie behandeln den Zeitabschnitt zwischen der Landnahme des Volkes in Kanaan und dem Ende der beiden Königreiche. Das Volk hat einen zweifachen Kampf zu führen: einerseits gegen die Völker, deren Territorien es erobern will, und gegen die Feinde, die es daraus vertreiben muß, und andererseits gegen sich selber: um nicht nur ein Volk, sondern ein heiliges Volk zu sein.

Diese Zeitspanne zeichnet sich durch das Erscheinen der Propheten aus, nach denen deshalb auch diese Bücher benannt sind. Die Prophetenbewegung ging aus einer Art ‹Schule› hervor: Männer hatten sich zusammengetan, fühlten sich durch einen gewissen Geist der Verzückung verbunden. Für das Volk waren die Propheten nichts anderes als bloße Wahrsager, die die Zukunft voraussagen konnten. Doch aus ihren Vereinigungen gingen hervorragende Einzelgänger hervor, denen das Bündische darin zu engstirnig vorkam. Sie wollten nicht ‹Wahrsager› sein. Sie hatten eine Botschaft zu verkünden; sie trugen eine ihnen von Gott auferlegte Bürde. Sie ragten durch ihre Kraft und ihre unbezähmbare Kühnheit als Persönlichkeiten heraus.

Das hebräische Wort für Prophet ist *Nabi* (Mehrzahl: *Nevîim*). In *‹From the Stone Age to Christianity›* [1] führt WILLIAM F. ALBRIGHT es

---

1 New York, Doubleday Anchor Book 1957, S. 303.

auf eine akkadische * Wurzel zurück, der gemäß Nabi ‹Der (von Gott) Berufene oder Aufgerufene› bedeuten würde. Der Prophet empfängt also seinen Ruf von Gott. Er hat das Volk zurechtzuweisen, zu verwarnen, ruft zur Neugeburt des Geistes, zur Erneuerung der Gesinnung, zu Umkehr und Reue auf, versichert das Volk der allgegenwärtigen Liebe Gottes und Seiner immerwährenden Bereitschaft, es gnädig wieder in Seine Huld aufzunehmen.

In diesem Sinne prophezeit ELIAS (ELIJAHU) Israels sündigem König ACHAB Verderben und muß daraufhin vor dessen Zorn fliehen. Doch später kehrt er zurück, tritt vor Volk und König. Von einer Dürre heimgesucht, hatte das Volk sowohl Gott als auch Baal um Hilfe gerufen, ein Kompromiß der Berechnung, der «andere Götter vor IHM» rief. Einen Kompromiß aber könne es nicht geben, erklärt ELIAS: «Bis wann noch wollt ihr auf den zwei Ästen hüpfen?!» (Könige I 18 : 21; Luther: «Wie lange hinket ihr auf beiden Seiten?») «Ist ER der Gott, geht IHM nach, ists der Baal, geht ihm nach!» (Luther: Ist der Herr Gott, so wandelt ihm nach; ist's aber Baal, so wandelt ihm nach.») Für das Volk in seiner Schwäche schafft ELIAS ein sichtbares Zeichen der Macht Gottes herbei. Für sich selbst aber macht er die Erfahrung, daß Gott sich nicht in Stürmen, Gewittern, Erdbeben zeigt, sondern vielmehr in der fast unhörbaren Stimme des Gewissens und des inneren Schauens; und dieser Stimme habe der Mensch zu folgen (Könige I 19). Dem Propheten mag zwar das Erschauen des Göttlichen viel erschütternder zuteil werden, aber es wird auch der ganzen Menschheit zuteil. Einer Hebamme gleich entbindet und setzt der Prophet nur frei, was in jedem Menschen eingepflanzt verborgen liegt, was Gott dort hineingelegt hat. Dies wird klar bei den späteren Propheten, deren Äußerungen wir wenigstens teilweise wörtlich kennen, während von den Reden der früheren keine wortgetreuen Niederschriften vorliegen.

Die *späteren Propheten* teilt man nach altem Brauch in die drei ‹großen› und die zwölf ‹kleinen› ein. ‹Große› heißen die, von deren Werken größere Teile erhalten sind. Es sind dies: JESAJA (JESCHAJAHU), JEREMIA (JIRMEJAHU), HESEKIEL (JECHESKEL). ‹Kleine› nennt man die, von deren Schriften nur kleinere Bruchstücke auf uns gekommen sind. An Bedeutung stehen die kleinen den großen gleichwohl in nichts nach. Zu den kleinen rechnet man: HOSEA (HOSCHEA), JOEL, AMOS, OBADJA, JONA, MICHA, NAHUM (NACHUM), HABAKUK (CHABAKKUK), ZEPHANJA (ZFANJA), HAGGAI (CHAGGAJ), SACHARJA, MALEACHI (MALACHI). (Das Buch Daniel, das erst sehr spät entstand, hat

* Das Akkadische bzw. Babylonisch-Assyrische: eine ältere semitische Schwestersprache des Hebräischen. (Anm. d. Übers.)

man der dritten Abteilung des Tenach eingereiht). Wir wissen, daß einige der den obengenannten Männern zugeschriebenen Bücher von mehreren Autoren stammen, so z. B. JESAJA. Wir wissen weiter, daß einige der Namen nicht die wirklichen Namen der Autoren waren: so bedeutet MALEACHI/MALACHI z. B. bloß «Mein Bote». Hier wollen wir uns nur mit einigen der Hauptgedanken dieser Propheten befassen, soweit sie die Torah deuten, anpassen und weiterentwikkeln.

Diese Propheten entstammten den verschiedensten sozialen Schichten. JESAJA kam aus dem Hochadel. AMOS war ein schlichter Bauer. HOSEA gehörte dem Mittelstand wohlhabender Stadtbürger an. JEREMIA und HESEKIEL waren Priester. Ihre Tätigkeit entfalteten sie sowohl im nördlichen wie auch im südlichen Königreich, und wie HESEKIEL taten sie während des babylonischen Exils unter dem Volk als Seelsorger Dienst.

AMOS (etwa 750 v. d. Z.), von der Dringlichkeit seiner Berufung gezwungen, seinen Pflug niederzulegen, versteht seine Botschaft aus seinen Erfahrungen als Bauer: Wie ihr säet, so werdet ihr ernten. Wenn ihr Rechtschaffenheit pflanzt, wird eure Ernte gut sein, doch säet ihr Schlechtigkeit, so wird euch Böses zustoßen. Diese Einsichten sind allgemeingültig. AMOS weiß, daß Gottes Vorsehung so, wie sie unterschiedslos segnend über der Mühsal aller Bauern auf der ganzen Welt ruht, sich gleichermaßen auf alle seine Kinder *ohne Ansehen ihrer Rassen* erstreckt. «Seid ihr mir nicht wie die Mohrensöhne?» (Amos 9:7; Luther: «Seid ihr Kinder Israel mir nicht gleichwie die Mohren?»). Von dunkelhäutigen Mohren, hellerhäutigen Philistern und vom Volk Israel spricht er unterschiedslos mit denselben Worten. Es gibt nur eine Mehrheit. Hat Israel eine Sonderstellung inne, dann nur, insofern es den übrigen Völkern Vorbild sein soll im rechten Lebenswandel vor Gott und eine *höhere* Verantwortung, um deretwillen es zur Rechenschaft gezogen werden wird, auf sich zu nehmen hat. «Euch nur habe ICH auserkannt von allen Sippen des Bodens, darum ordne euch ICH zu alle eure Verfehlungen» (Amos 3:2; Luther: «Aus allen Geschlechtern auf Erden habe ich allein euch erkannt; darum will ich auch euch heimsuchen in all euerer Missetat»). *Das Auserwähltsein der Juden bringt kein Vorrecht;* denn alle Menschen haben vor Gott die gleichen Rechte; höhere Leistung wird von ihnen verlangt. In diesem Sinn ist jedes Volk ausersehen, zum Wohlergehen der Menschheit nach seinen besten Kräften jene Güter beizusteuern, die es durch seine Begabung und seine Bildung besser als die anderen hervorzubringen weiß.

HOSEA (um etwa 745 v. d. Z.) betont in unübertrefflicher Weise Gottes Liebe. Der Prophet nimmt seine verirrte Frau, nachdem sie viele Abenteuer hinter sich hatte, wieder bei sich auf. Dieser Akt der Vergebung versinnbildlicht Gottes nie erlöschende Liebe zu Seinem Volk, auch wenn es vom rechten Wege abgekommen ist. Am Sabbath der Reue- und Bußezeit zwischen dem *Rôsch ha-Schanah,* d. i. Anfang des Jahresumlaufs, Neujahrstag, im Herbst, und dem *Jôm Kippur,* d. i. Sühne-, Versöhnungstag, zehn Tage danach, wird HOSEAS Aufruf zur Buße und Reue (Hosea 14) als Haftarah, d. i. Prophetenabschnitt, verlesen: Der Weg zu Gott geht durch das Gebet.

Vielleicht wollte HOSEA mit seinen Reden die unerbittliche Härte der Worte des AMOS, seines Zeitgenossen klären. Wenn seine Hauptsorge war, daß Israel sich von Gott abwenden könnte, dann sagte er, Reue allein sei schon eine völlige Umkehr. Sünden wider Gott können vergeben werden, wenn der Sünder in einem stummen Zwiegespräch mit Gott seine Betrübnis zum Ausdruck bringt und einen neuen Lebenswandel gelobt. Wie AMOS macht auch ihm vor allem die Pervertierung der sozialen Gerechtigkeit Sorge und ihre Ausdehnung auf das Leben der Völker in der Form von Eroberungskriegen und Unterdrückung anderer. Solche Entartungen könnten nur verziehen werden, wenn zusätzlich zur Reue auch Wiedergutmachung geleistet, das Geraubte zurückerstattet wird. Doch welches Volk ist schon bereit, solches wirklich zu tun? Aus diesen Einsichten erklärt sich AMOS' Düsterkeit.

Mit sozialer Ungerechtigkeit befassen sich auch der ERSTE JESAJA (um etwa 742 v. d. Z.) und MICHA (740 v. d. Z.). (Dem ERSTEN JESAJA schreibt man die Kapitel 1–39 des Buches Jesaja zu). In schärfster Kritik verurteilt JESAJA jegliches Ritual, das nur gehaltleeres, rein formales Abdreschen von Glaubensvorschriften ist, dem aber kein soziales Gerechtigkeitsgefühl zugrunde liegt. Werde das Ritual gerade von denselben Leuten geübt, die ihre Mitmenschen tyrannisieren, dann verkehre sich Ritual in Blasphemie, Segensanspruch in Verhöhnung Gottes. Dergleichen wolle Gott nicht haben. Nicht nur Bußfertigkeit fordert JESAJA, sondern auch: «Badets ab, läutert euch, entfernt die Bosheit eures Spiels aus dem Blick meiner Augen, meidet Böstun, lernet Guttun, suchet das Recht, lenket den Erschöpften, rechtet für die Waise, streitet für die Witwe!» (Jesaja 1 : 16–17; Luther: «Waschet, reiniget euch, tut euer böses Wesen von meinen Augen, laßt ab vom Bösen; lernet Gutes tun, trachtet nach Recht, helfet dem Unterdrückten, schaffet dem Waisen Recht, führet der Witwe Sache»). Nur dann werde das Beten aus Zerknirschtheit Sinn haben. – MICHAS Botschaft hat denselben Inhalt.

Die ganze Wesensart der Weissagungen des JESAJA zeigt sich schon in dem Bericht von seiner Berufung:

«Im Todesjahr des Königs Usijahu sah ich meinen Herrn sitzen auf hohem ragendem Stuhl, seine Säume füllten den Hallenraum. Brandwesen umstanden oben ihn, sechs Schwingen hatten sie, sechs Schwingen ein jeder... Und der rief dem zu und sprach: ‹Heilig heilig heilig ER der Umscharte, Füllung alles Erdreichs sein Ehrenschein.› Die Lager der Schwellen (des Tempels) erbebten von der Stimme des Rufers, und das Haus füllte sich mit Qualm.» (Jesaja 6 : 1–4; Luther: «Des Jahres, da der König Usia starb, sah ich den Herrn sitzen auf einem hohen und erhabenen Stuhl, und sein Saum füllte den Tempel. Seraphim standen über ihm, ein jeglicher hatte sechs Flügel... und einer rief zum anderen und sprach: Heilig, heilig, heilig ist der Herr Zebaoth, alle Lande sind seiner Ehre voll! Daß die Überschwellen bebten von der Stimme ihres Rufens und das Haus ward voll Rauch»).

Nicht im Tempel ist Gott: Er ist auf der ganzen Erde. Die Taten der Gesellschaft sollen Seine Heiligkeit kundtun. Die Hoffnung, das Tempelritual werde IHM auch nur das geringste bedeuten ohne soziale Verantwortung dafür, daß die Welt zur Heiligkeit hingeführt wird, ist eine leere Hoffnung. Derselbe Leitgedanke wird am Schluß des Zweiten Jesaja wieder aufgenommen:

«So hat ER gesprochen: Der Himmel ist Mein Stuhl, die Erde der Schemel Meiner Füße, – was ists für ein Haus, das ihr MIR bauen wollt, was für ein Ort wäre MIR Ruhestatt?!... doch auf den blicke ICH: auf den Gebeugten, Geistzerschlagenen, Meiner Rede Entgegenbebenden ...» Jesaja 66 : 1–3; Luther: «So spricht der Herr: Der Himmel ist mein Stuhl, und die Erde meine Fußbank; was ist's denn für ein Haus, das ihr mir bauen wollt, oder welches ist die Stätte, da ich ruhen soll? ... Ich sehe aber an den Elenden und der zerbrochenen Geistes ist, und der sich fürchtet vor meinem Wort ...»).

Gottes Anspruch entsprechen die Menschen wahrhaft, indem sie sich IHM selbst darbringen, sich unter Gottes Herrschaft einen, Frieden und Gerechtigkeit herbeiführen. Dann wird Gott sich Seine Priester aus allen Völkern erwählen. Die ganze Welt wird ein Königreich von Priestern, ein heiliges Volk geworden sein. Nur so kann das Ritual – der symbolische Ausdruck wahrhafter Gottesverehrung – Sinn haben und gutgeheißen werden. Diese Welt, das Zeitalter des Messias nach jüdischer Überlieferung, sagt nicht nur Jesaja (2 : 2–4), sondern auch Micha (4 : 1–5) voraus:

«Geschehen wirds in der Späte der Tage: festgegründet ist der Berg Seines Hauses zu Häupten der Berge, über die Hügel erhaben, strömen werden zu ihm die Weltstämme alle, hingehn die Völker in Menge, sie werden sprechen: ‹Laßt uns gehn, aufsteigen zu Seinem Berg, zum Haus von Jaakobs Gott, daß ER uns weise in Seinen Wegen, daß auf Seinen Pfaden wir gehen!

Denn Weisung (Torah) fährt von Zion aus, von Jerusalem Seine Rede.› Richten wird ER dann zwischen den Weltstämmen, ausgleichen unter der Völkermenge: ihre Schwerter schmieden zu Karsten sie um, ihre Speere zu Winzerhippen, nicht hebt mehr Stamm gegen Stamm das Schwert, nicht lernen sie fürder den Krieg» (Luther: «Es wird zur letzten Zeit der Berg, da des Herrn Haus ist, feststehen, höher denn alle Berge, und über alle Hügel erhaben werden; und werden alle Heiden dazulaufen und viele Völker hingehen und sagen: kommt, laßt uns auf den Berg des Herrn gehen, zum Haus des Gottes Jakobs, daß er uns lehre seine Wege und wir wandeln auf seinen Steigen! Denn von Zion wird das Gesetz [Torah] ausgehen und des Herrn Wort von Jerusalem. Und er wird richten unter den Heiden und strafen viele Völker. Da werden sie ihre Schwerter zu Pflugscharen und ihre Spieße zu Sicheln machen. Denn es wird kein Volk wider das andere ein Schwert aufheben, und werden hinfort nicht mehr kriegen lernen»).

Da diese Zeit noch nicht angebrochen ist, hat das Volk Israel die Aufgabe, sie durch Vorbild vorzubereiten: «Haus Jaakobs, laßt nun uns gehn, einhergehen in Seinem Licht!» (Jesaja 2 : 5; Luther: «Kommt nun, ihr vom Hause Jakobs, laßt uns wandeln im Lichte des Herrn!»). All dies wird einfach dadurch geschehen, daß die Menschheit zur Besinnung gekommen sein wird. Dazu bedarf es keiner Wunder, sondern bloß eines schlichten Gewahrwerdens der Menschen und Völker, daß Gott der Mittelpunkt, die Gerechtigkeit die beste Waffe der Menschheit im Kampf ums Überleben und der Friede das köstlichste Ziel und der größte Schatz ist. Doch mag es einen völligen Wandel der Gewohnheiten, Bräuche und Einstellungen mit sich bringen. Es wird dann sein, wie wenn der Wolf sich beim Lamm niederlegt, weil es zwischen den Völkern keinen Grund zu Eifersucht mehr geben wird. So wird es geschehen unter einem wahrhaft auserwählten Herrscher, dessen Vorbild Jesaja in David sieht:

«Dann fährt ein Reis auf aus dem Strunke Jischajs (Davids Vater) ... auf dem ruht Sein Geisthauch, Geist der Weisheit und Unterscheidung, Geist des Rats und der Heldenkraft, Geist Seiner Erkenntnis und Fürchtigkeit, mit Seiner Fürchtigkeit begeistert er ihn» (Jesaja 11 : 1–2; Luther: «Und es wird eine Rute aufgehen von dem Stamm Isais [Davids Vater] ... auf welchem wird ruhen der Geist des Herrn, der Geist der Weisheit und des Verstandes, der Geist des Rates und der Stärke, der Geist der Erkenntnis und der Furcht des Herrn»).

So wird der Messias gesehen und das messianische Zeitalter aufgefaßt. Dann werde der Einhaltung der Torah und der Mitzwoth im weitesten Sinn nichts mehr im Wege stehen. Traditionsgemäß wird dieser Jesaja-Abschnitt am letzten Tag des *Pessach*-Festes, dem Fest der Erlösung aus der Knechtschaft, als Haftarah verlesen. Diese Jesaja-Stelle erblickt im Gang durch die Geschichte eine Wallfahrt freier Menschen zur allgemeinen Freiheit.

Das alles faßt MICHA treffend zusammen:

«Womit soll ich entgegenkommen IHM...? Soll ich IHM entgegen mit Darhöhungen kommen, mit einjährigen Kälbern?... Angesagt hat mans dir, Mensch, was gut ist, und was fordert ER von dir sonst als Gerechtigkeit üben und Holdschaft lieben und bescheiden gehen mit deinem Gott» (Micha 6 : 6–8; Luther: «Womit soll ich den Herrn versöhnen... Soll ich mit Brandopfern ihn versöhnen?... Es ist dir gesagt, Mensch, was gut ist, und was der Herr von dir fordert, nämlich Gottes Wort halten und Liebe üben und demütig sein vor deinem Gott»).

Dieses Thema kehrt bei allen Propheten wieder. JEREMIA (626–587 v. d. Z.) sagt dem Volk ganz unverblümt, wie sinnlos der Tempel tatsächlich werden kann und wie die Tatsache, daß er noch dasteht, keine magische Kraft hat, das Überleben zu garantieren. Diese Kraft liegt allein im Lebenswandel des Volkes (Jeremia 7). Trotz der schrecklichen Verfolgungen verlieren weder JEREMIA noch alle anderen Propheten je den Glauben an die Kräfte der Erneuerung, die im Volke schlummern. Doch JEREMIA muß wesentlich härtere Prüfungen miterleben als alle anderen Propheten und schließlich sogar Zeuge der Zerstörung des Tempels werden, die er so klar vorausgesehen hatte. Er wandelt die Niederlage in einen Sieg um: Das Exil könne die Herausforderung sein, die zur Erneuerung führt. In diesem Sinn ist sein Brief an die Juden Babyloniens abgefaßt (Jeremia 29 : 1–7). Mit der Zerstörung des Tempels, dem Verlust des Symbols des Zusammenhalts, wachse die Verantwortlichkeit des einzelnen. Das Volk bilde nun keine Nation mehr, sei nicht mehr imstande, gemeinschaftlich zu handeln, und der einzelne könne nicht mehr die Verantwortung auf die ‹Regierung› abwälzen.

So kommt es, daß HESEKIEL (593–573 v. d. Z.) zum Prediger der persönlichen und gegenseitigen Verantwortlichkeit wird: jeder sei für sich selbst, aber auch für die Lebensführung derer, die er beeinflussen kann, verantwortlich. HESEKIEL ist ein Mystiker, dem gewaltige Offenbarungen in Babylonien geschehen, gleichsam als Hinweis darauf, daß Gottes Herrlichkeit die ganze Erde erfülle. Er offenbart sich allüberall: «Gesegnet Seine Erscheinung von ihrem Orte aus!» (Hesekiel 3 : 12; Luther: «Gelobt sei die Herrlichkeit des Herrn an ihrem Ort!»). Durch Gottes Geist können die toten Gebeine einer verfaulten Gesellschaft wieder zum Leben gebracht werden. Die Hoffnungslosen könnten ihre Zuversicht wiedergewinnen, ja sogar das LAND könne ihnen wieder geschenkt werden (Hesekiel 37 : 1–15). Auch dieses Kapitel wird als Haftarah am Pessachfest, dem Fest der Erneuerung, vorgelesen. Streben wir nach Wiedergeburt, so können wir diese auch erlangen, sofern wir uns Seinem Geist öffnen.

Der ZWEITE JESAJA (um etwa 540 v. d. Z.) (Kapitel 40–66) ist ein

Prophet der Hoffnung. «Tröstet tröstet mein Volk! spricht euer Gott» (Jesaja 40 : 1 ff; Luther: «Tröstet, tröstet mein Volk! spricht euer Gott») wird als Haftarah zum Abschluß der Trauerfastenzeit des *Ab* (August) verlesen, in welcher der Zerstörung des Tempels gedacht wird. Israel ist Gottes Zeuge in der Welt (Jesaja 43 : 10–12): «ein Weltstämme-Licht, blinde Augen zu erhellen» (Jesaja 42 : 6–7; Luther: «... zum Licht der Heiden, daß du sollst öffenen die Augen der Blinden») durch sein Vorbild. Das bringt Leiden mit sich: weil Gottes Knecht verachtet, geschunden und verhöhnt für seine Ideale eintritt. Möge das Herz der Gottesknechte stark bleiben! Denn Gott wird sie erlösen, und die ganze Menschenfamilie wird Nutzen davon haben (Jesaja 53). Getreu seinem Glauben, daß der Jude der Welt diene, begrüßt JESAJA Konvertiten, die sich dem Volk angeschlossen haben und an Gott festhalten. Auch sie haben Anteil an Israels Zukunft (Jesaja 44 : 5–56 : 3).

Dem heimkehrenden Volk ist HAGGAI ein Ansporn. ER will einen Tempel haben, will, daß ein zweiter aufgebaut werde als Sinnbild der Opferbereitschaft des Volkes. Laß das Volk dazu seine Substanz angreifen, auch wenn es schmerzt, damit eine sichtbare Stätte göttlicher Anwesenheit wiedererstehe. Laß es sich nicht dadurch entmutigen, daß der neue Bau nur so klein ist; denn vielleicht wird die Herrlichkeit des neuen Baus noch größer sein als der Glanz des alten.

SACHARJA sagt ausdrücklich, daß der Sieg «nicht durch Macht und nicht durch Kraft, sondern durch MEINEN Geistbraus» erzielt wird (Sacharja 4 : 6; Luther: «Es soll nicht durch Heer oder Kraft, sondern durch meinen Geist geschehen, spricht der Herr Zebaoth»).

MALEACHI weist den Weg und das Ziel. Erreicht ist das Ziel, sobald «er umkehren läßt der Väter Herz zu den Söhnen, der Söhne Herz zu ihren Vätern» (Maleachi 3 : 24; Luther: «Der soll das Herz der Väter bekehren zu den Kindern und das Herz der Kinder zu ihren Vätern ...»). Sogar der natürliche Konflikt zwischen den Generationen wird dann aufgehört haben.

Der Weg ist die Torah: «Gedenket der Weisung (d. i. Torah) Mosches meines Knechts» (Maleachi 3 : 22; Luther: «Gedenket des Gesetzes Moses, meines Knechts»). Vor der Erlösung wird Streit sein, werden Völker gegeneinander antreten. SACHARJA hofft nicht mehr, daß die Vernunft allein die Menschheit zur Brüderlichkeit führen werde. Es handelt sich hier um eine der eschatologischen Weissagungen. Der Sieg aber und der Friede werden denen, die auf seiten Gottes kämpfen, zugesichert (Sacharja 14 : 1–21), und Israel wird in Sicherheit inmitten einer wiedergeborenen Menschheit wohnen. Dieser Abschnitt wird zu *Sukkoth* (d. i. Laubhüttenfest), jenem Fest verlesen, an dem man sinnbildlich des Schutzes Gottes gedenkt.

In welchem geschichtlichen Milieu JONA auftrat, wissen wir nicht. Seine Sendung stellt der Verfasser des Buches ins frühe 7. Jh. v. d. Z., weil die Szenerie Ninive ist, zur Zeit, da Assyrien noch ein mächtiges Reich war (Ninive wurde 612 zerstört). JONA wird befohlen, er solle hingehen und die Assyrer zur Buße aufrufen. Doch JONA will nicht gehen, denn Gottes Ruf folgen hieße Israels Feind durch Bußpredigt retten. Nach vielen Erlebnissen (z. B. muß er drei Tage im Bauche eines Riesenfisches ausharren) fügt JONA sich in Gottes Willen. Er ruft zu Buße auf, König und Volk von Ninive hören auf ihn, ändern ihre Gesinnung, und die Stadt wird gerettet.

Wichtig daran ist vor allem die Weise, wie die Juden nun über ihre Feinde und über Gottes Sorge um Nichtjuden zu denken begannen. Alle sind Seine Kinder, allen steht das Leben zu und die Möglichkeit eines Neuanfangs, zumal aber denen, die «zwischen Rechts und Links nicht wissen zu unterscheiden» (Jona 4 : 11; Luther: «die nicht wissen Unterschied, was rechts oder links ist»). Des Juden Aufgabe ist es, seine Hilfe, seine Erkenntnisse, seine Seelenstärke und sein Leben für sie einzusetzen. Entzieht sich ein Jude dieser Pflicht, dann wird Gott dennoch dafür sorgen, daß es irgendwie durch ihn geschieht, sofern er die Kraft hat, andere zum Guten hin zu beeinflussen.

Die Erzählung wird bei der Nachmittagsandacht des *Jom Kippur* (des Sühnetags) als Haftarah vorgelesen und soll die Juden daran gemahnen, daß sie nicht als einzige auserkoren sind, Gottes besondere Fürsorge und Gnade, die er allen zuteil werden läßt, zu erfahren. Der Jude muß sich als der Welt Knecht auffassen, in Bekräftigung seiner Tradition, auch wenn er bei seinem Dienst an der Menschheit leiden muß. Gottes- und Menschheitsbegriff des Judentums sind universalistisch.

Philosophen sind Israels Propheten nicht. Kühle, kritische Untersuchung ist nicht ihre Stärke. Sie werden bewegt von mächtigen und überwältigenden Gemütserregungen, die ihnen aus zweierlei Quellen zuströmen – erstens: der bedingungslosen Überzeugung, daß Gott der Herr der Welt sei (denn ER hat die Welt erschaffen und gestaltet ihre Geschichte); zweitens: der ebenso festen Überzeugung, daß der Mensch Gottes Absichten nur dienen könne, indem er die Maßstäbe sittlichen Lebenswandels bis zum Absolutum vollkommener sozialer Gerechtigkeit hinaufschraube. Wenn dies fehlt, ist alles Ritual sinnloser Spott.

Allein diese Männer ergehen sich nicht in Allgemeinheiten, sondern befassen sich mit ganz konkreten Situationen des Alltagslebens, rügen die Volksgenossen, weil sie sich nicht mühen, die höchsten Ideale in ihrer täglichen Lebenspraxis zu verwirklichen, und ermahnen Israel, heilig zu sein, d. h. mit gutem Beispiel voranzugehen. Sie tadeln Israel, nicht weil es schlechter als andere Völker wäre, sondern weil es nicht besser als die anderen ist, weil es kein Vorbild ist. Denn dafür wurde Israel erschaffen und muß darum ausharren, und es wird auch aushalten, bis es schließlich nach Gottes Willen seine Belohnung erhält. Die Propheten haben der Menschheit die höchsten sittlichen Ziele gesetzt und sie in unvergleichlich erhabener Sprache verkündet und sind dadurch auf der ganzen Welt die größten – und in der Tat auch die einzigen – Künder der wahrhaft guten Gesellschaftsordnung, in der die Überzeugung über die Berechnung siegen wird. Diese Propheten setzen weder die Torah noch die Mitzwoth außer Kraft, sondern verdeutlichen nur ihre Absicht.

Die Ketubim

Die *Ketubim* (Gesammelte Schriften) bilden den dritten Teil des Tenach. Wie der Name sagt, setzen sich die Ketubim aus einer Vielzahl verschiedenartigster Schriften zusammen und enthalten: die Psalmen, die Sprüche Salomos, das Buch Hiob, das Hohelied Salomos, das Buch Ruth, die Klagelieder Jeremias, den Prediger Salomo, das Buch Esther, Daniel, Esra, Nehemia, 1. und 2. Buch der Chronik. Diese Schriften finden im jüdischen Gottesdienst bei vielerlei Gelegenheiten Verwendung, die wir bei der Besprechung der betreffenden Schriftwerke erwähnen werden.

Der *Psalter* oder die *Psalmen* sind eine Sammlung von 150 Gedichten: die einen recht umfänglich, die anderen ganz kurz. Viele tragen die Namen ihrer vorgeblichen Verfasser: beginnend mit Moses, bis hin zu den Kindern Korahs und Salomo. Die meisten werden jedoch David zugeschrieben. Einige sind mit musikalischen Anmerkungen versehen, einschließlich der Instrumente, die als Begleitung beim Vortrag im öffentlichen Gottesdienst dienten.

Mehrere poetische Formen werden angewandt. Oft ist z. B. der auch in sonstigen hebräischen Dichtungen gebräuchliche Parallelismus verwendet. Bei ihm ist die zweite Verszeile eine Paraphrase der ersten: «DU, wer darf gasten in deinem Zelt? wer wohnen auf dem Heiligtumsberg?» (Psalm, ‹Preisung›, 15 : 1; Luther: «Herr, wer wird wohnen in deiner Hütte? Wer wird bleiben auf deinem heiligen Berge?»). Häufig wird auch das alphabetische Akrostichon angewandt: Die Verszeilen beginnen dabei mit den fortlaufenden Buchstaben des Alphabets (Psalm, ‹Preisung›, 34,145). Im Psalm 119 wird jeder Buchstabe achtmal hintereinander als Versanfang genommen. Etliche Psalmen sind eigens für Wechselgesänge angeordnet (Psalm 24). Die sogenannten ‹Aufsteig-Gesänge› (Psalm 120–134; Luther nennt sie: ‹Lieder im höheren Chor›) wurden, worauf ihr Name hinweist, gesungen, wenn das Volk in feierlicher Prozession den Hügel hinaufzog, auf dem der Tempel stand.

Ihren Inhalten nach bewegen sich die ‹Preisungen› von der Verherrlichung Gottes bis zum Aufschrei aus der Not und Klagen, zwischen Meditation und jubelndem Lobgesang, zwischen Gebeten einzelner und preisendem Chorgesang: «Preiset oh IHN, singt IHM einen neuen Gesang» (Luther: «Halleluja, lobet den Herrn»). In ihnen ist die Rede von ‹Widersachern›, die uns von allen Seiten zusetzen. Da diese ‹Feinde› nicht näher bezeichnet sind, kann jeder einzelne, sobald der Psalm als Gebet dargebracht wird, seine eigenen Nöte anstelle dieses ‹Feindes› setzen. Sie können in der Einzelform auftreten, doch kann das ‹Ich› nicht nur für eine Einzelperson, sondern auch für das ganze Volk stehen.

Im Laufe der Geschichte sind so die Psalmen für die Juden und für die ganze Menschheit Trost und Richtschnur und eine Quelle der Seelenstärke und der Glaubenserneuerung gewesen. In Krankheit, Not und Prüfungen haben sie die Menschen aufgerichtet, ihrer Herzen tiefstes Sehnen ausgedrückt, sie im Sinne Seines Plans unterwiesen und jenes in Menschenseelen aufwallende Gefühl der Dankbarkeit in so erhabene Worte gefaßt, wie weniger begabte Menschen sie nie in gleicher Vollkommenheit zu finden hoffen dürften. Hebräisch heißen die Psalmen *Tehillim* (Preisungen), weil ja sogar der Aufschrei zu Gott ein Ja, eine Bestätigung Seiner immerwährenden Anwesenheit ist und die Kraft hat, uns zu erretten. Er zeugt noch vom Vertrauen des Menschen auf IHN und darauf, daß ER das Rechte tut, selbst wenn wir auch gar nicht das Warum Seiner Ratschlüsse begreifen. Im Elend wie im Sieg sind die Psalmen ein Preisen Gottes.

Die jüdische Überlieferung teilt die Psalmen den fünf Büchern Moses entsprechend in fünf Bücher ein, weil sie unsere Antwort auf die Torah sind: sie bezeugen, daß wir die Torah vernommen, verstanden und uns zu eigen gemacht haben.

Im alten Tempel war für jeden Wochentag ein ganz bestimmter Psalm zum Vorsingen im Chor festgesetzt (im Gottesdienst in der Synagoge werden die Psalmen auch heute noch vorgetragen). Psalm 92 z. B.: ‹Ein Harfenlied, Gesang für den Sabbath-Tag›, wird am Sabbath gesungen; er bedenkt Gottes Schöpfungswerk, das zu unerforschlich tief ist, als daß der Mensch es erkennen könnte, doch im Sieg des guten Menschen gipfelt, der in Sein Haus verpflanzt werden soll. An Festtagen werden die *Hallêl* (Lobgesänge) genannten Psalmen 113–118 beim Gottesdienst in der Synagoge vorgebetet: Gott wird darin als der Gott der Natur und der Völker anerkannt;

ER befreite Israel aus der ägyptischen Knechtschaft; laßt uns Dank sagen Seinem Namen; rufen wir IHN in unserer Not an, so werden wir allezeit Hilfe finden, brauchen also nicht das Arge zu fürchten, das die Bösgesinnten zu unserem Schaden aushecken; da wir auf IHN zugehen, werden wir aus Seinem Hause gesegnet werden; rühmet deshalb den HERRN, denn er ist gütig, denn in Weltzeit währet seine Huld.

Der jüdische Gottesdienst wird stets mit Psalmen eröffnet, namentlich aber den Sabbath begrüßt man damit. Unsere Anerkennung Gottes als unseres Erhalters findet tagtäglich im Aufsagen des Psalms 145 Ausdruck. Während die Schriftrolle der Torah feierlich aus der Bundeslade, dem Torahschrein, genommen wird und während sie wieder hineingelegt wird, singt die Gemeinde die Psalmen zur Verherrlichung des Stifters der Torah. Der Psalm 6 wird täglich gebetet, und ihm werden dabei die Worte «gütiger und barmherziger Gott, ich habe gesündigt vor DIR», vorangeschickt. Er drückt Zerknirschung vor IHM und Hoffnung auf IHN aus.

Im Gebet für die Kranken wird der Name des Darniederliegenden Gott unterbreitet, indem Fürbitter aus dem Psalm 119 gerade jene Verse hersagen, aus deren Anfangsbuchstaben sich der Name des Kranken zusammensetzt. Auch in die Gebete der Liturgie werden Psalmenverse hineinverwoben. Darüber hinaus aber haben Tausende, ja Millionen in Stunden der Not und der Freude ihre Zuflucht zu den Psalmen genommen. Während sie so Gott ihre Herzen öffneten, fanden sie Trost in der Erkenntnis, daß «ER mein Hirt ist, mirs nicht mangelt» (23; Luther: «Der Herr ist mein Hirte, mir wird nichts mangeln»).

Den Juden haben die Psalmen aufrechterhalten, ihn in seinem Glauben, seinem Hoffen gestärkt, so wie sie ja gleichzeitig eines der größten Geschenke des Judentums an die Menschheit sind.

Die *Sprüche Salomos*, das Buch *Prediger Salomo* und das Buch *Hiob* bieten uns Weltweisheit oder philosophische Erörterungen und heißen darum Bücher der Weisheit. Bisweilen tritt *Chochmah*, die Weisheit, tatsächlich als Person auf. Diese Weltweisheit setzte man dann mit der Torah gleich. Die Torah ist Weisheit. Und alle Weisheit ist, nach Auffassung der Juden, nur eine Erweiterung der Torah, steckt keimhaft schon in ihr. Die Sprüche Salomos sind eine Sammlung aphoristisch kurzgefaßter Maximen, Verhaltensregeln zur Lebensführung im Alltag. Im Prediger Salomo wird pessimistisch über die Eitelkeit des Lebens nachgedacht. Gemildert wird dieser Pessimismus nur durch einen späteren Zusatz, der abschließend feststellt, daß Gottes Wille immerzu allgegenwärtig ist.

Das *Buch Hiob* ist ein Dialog eines Mannes mit seinen Freunden.

Hiobs Glaube an Gott wird durch entsetzliche Heimsuchungen auf die Probe gestellt. Er verliert seinen ganzen Besitz, seine Kinder, sein Heim und seine Gesundheit. Dennoch hält er, trotz der Argumente seiner Freunde, an zwei Grundüberzeugungen fest: er hat nicht gesündigt, sein Leiden ist keine Strafe – es gibt einen Gott, der sein Leiden gewollt haben muß. Die Möglichkeit, daß Welt und Mensch nur dem Zufall unterständen, weist er mit gleichem Nachdruck zurück. Was immer geschieht, ist Gottes Wille, und der Mensch muß ihn akzeptieren, ohne seinen Glauben zu verlieren. Gott selbst erscheint und rechtfertigt Hiobs Glaubenstreue.

Das Hohelied Salomos ist eines von fünf Büchern, die ursprünglich auf gesonderten Schriftrollen geschrieben waren (die anderen vier sind das Buch Ruth, die Klagelieder Jeremias, Prediger Salomo und Esther) und darum die ‹Fünf Schriftrollen› heißen. Das Hohelied ist ein höchst leidenschaftliches Liebeslied, und man hat es als eine Verbildlichung der Liebe Gottes zu Israel ausgelegt. Gelesen wird es zu Pessach, dem Frühlingsfest. Die Natur, gleich einer Braut in all ihrer Schönheit, läßt eine Fülle von Wohltaten, Gottesgeschenken ahnen; Gott ist der Bräutigam. Sollte nicht Israel und mit ihm die ganze Menschheit sich bereitmachen, sich mit Gottes Liebe verbinden, und die Gaben, die ER ihnen eingepflanzt hat, fruchtbar werden lassen?

Das *Buch Ruth,* die zweite der fünf Schriftrollen, wird zu *Schavuoth* (die ‹Wochen›, ‹Tagsiebende›), dem Fest zum Andenken an die Offenbarung am Sinai, d. h. an die Stiftung der Torah, vorgetragen. Es ist eine Idylle. Ruth, eine Moabiterin, die sich zum Judenglauben bekehrt, hängt der Torah an, hält zum Volk Israel und läßt sich durch keine Widrigkeiten in ihrer Entschlossenheit erschüttern: «Denn wohin du gehst, will ich gehen» («Wo du hingehst, da will auch ich hingehen»). Wiewohl Ruth völlig mittellos und nur eine aus der Fremde Zugewanderte ist, darf sie schließlich im LANDE das friedliche Leben einer glücklichen Bauersfrau führen. Doch das ist nur ein Teil ihrer Belohnung. Ein hochangesehener Mann heiratet sie, und sie wird die Urgroßmutter König Davids.

Das Buch *Jeremias Klagelieder,* die dritte der fünf Schriftrollen, liest man am Fasttage des ‹Ab›, zum Gedenken an die Zerstörung des Tempels. Die Klagelieder bringen lähmendes Entsetzen und Verzagtheit zum Ausdruck, doch auch Hoffnung, die gerade dann, wenn das Unglück unerträglich wird, aus dem ewigen Volk immer wieder hervorquillt.

Der *Prediger Salomo,* die vierte Schriftrolle, (wie schon gesagt, auch eines der ‹Bücher der Weisheit›), wird zu *Sukkoth* (Laubhüttenfest) vorgelesen. Das Buch spiegelt die Niedergeschlagenheit und den Pessimismus, die uns beim Nahen der düsteren Winterszeit befallen, wider, mildert sie aber zugleich. Befolge Seine Gebote, heißt es darin, und du wirst ein Mann sein: «Gedenke deines Schöpfers in den Tagen deiner Jugend ...» (Prediger 12 : 1).

Das *Buch Esther,* die fünfte Schriftrolle, wird zu *Purim,* dem Fest der Lose, vorgelesen. Es ist ein seltsames Buch, eine ziemlich phantastische und recht aufregende Geschichte: Gottes Name wird nicht erwähnt, ihr Schauplatz ist nicht Palästina, sondern Persien. Vielleicht, um uns zu sagen, daß Gott allüberall wirkt, auch wenn wir Seiner Anwesenheit gar nicht innewerden. Die Juden Persiens sollen in dieser Erzählung durch Haman, einen tückischen Judenhasser, ausgetilgt werden. Weil sie aber reumütig zu Gott zurückfinden und bereit sind, für IHN ihr Leben hinzugeben, bleiben sie verschont, und ein niederträchtiger Ausrottungsplan wird vereitelt. Das Buch Esther hat vielen in den modernen Vernichtungslagern neue Hoffnung gegeben, denn sie waren sicher, daß das jüdische Volk, auch wenn sie selbst umkämen, weiterleben würde.

Der Glaube und das Gebet DANIELS haben die Juden dazu bewegt, niemals ihre heilige Überlieferung aufzugeben. Der Teil des *Buches Daniel,* in dem über ‹Letzte Dinge› gesprochen wird, hat indes das jüdische Denken kaum nachhaltig zu beeinflussen vermocht. Doch regten gerade die Bemerkungen DANIELS über Eschatologisches, Weltuntergangsereignisse am Ende der Zeiten, gewisse Christen zu vielerlei Spekulationen an, für die zwar die Juden sich nie erwärmten, die aber offenbar in der Apokalypse, d. i. der Offenbarung Johannis, im Neuen Testament wieder aufgegriffen wurden.

ESRA und NEHEMIA berichten von den Prüfungen des Volkes nach seiner Heimkehr aus der Babylonischen Verbannung beim Wiederaufbau seines Landes und des Tempels. Weil den Juden die Gefahr drohte, von den umwohnenden Fremdvölkern zersetzt zu werden, schlossen sie sich von der Welt ab und erneuerten ihren Bund mit Gott und Torah und LAND.

Die beiden Bücher der *Chronik* geben nochmals einen Überblick über die Geschichte, heben die lückenlose Tradition hervor, die ihnen durch die Generationen erhalten blieb, und betonen die religiöse Bedeutung der Ereignisse der jüdischen Geschichte.

Die Sammlung des Tenach

Es waren die Pharisäer, die die Bücher des Tenach sammelten, bearbeiteten und genehmigten. Die hebräische Bibel ist, was sie nach dem Beschluß der Pharisäer sein sollte. Die Pharisäer sahen sich als die

Nachfolger der Propheten, und mit Recht: sie sind vom selben Geist erfüllt. «MOSES nahm die Torah am Sinai entgegen. Er gab sie dem JOSUA weiter. JOSUA vertraute sie den Stammes- und Gemeindeältesten an. Die Ältesten übergaben sie den Propheten, die Propheten den Männern der Großen Versammlung» (den Lehrmeistern der Mündlichen Torah) (Abot I,1).

Etliche Teile des Stoffes, der den Rabbinen zur Begutachtung vorlag, verwarfen sie als nicht zur Sache gehörend oder als überflüssige Wiederholungen oder weil sie erkannten, daß der Inhalt nicht ausdrücklich mit den erzieherischen Absichten der Torah in Einklang stand. Diese Bücher gingen dennoch nicht verloren. Einige von ihnen waren schon im Rahmen der ‹Septuaginta› ins Griechische übersetzt worden, so daß sie uns erhalten sind. Man nennt sie die Apokryphen, d. i. verborgene Bücher. Dem Leser mochten sie zur Erbauung dienen, doch hatten sie keinen Platz im öffentlichen Gottesdienst.

7. Von der Mündlichen Torah

Die Mündliche Torah ist die Überlieferung, die von den Meistern ihren Schülern übermittelt wurde. Jede neue Generation machte neue Zusätze. Auch nachdem dieses Lehrgebäude im Talmud schriftlich niedergelegt worden war, dauerte seine Weiterentfaltung an. Wie sich die Schriftliche zur Mündlichen Torah verhält, erklärt ein schlichtes, in dem mittelalterlichen jüdischen Buch *‹Seder Elijahu Suta›* (82) vorkommendes Gleichnis. Einem, der an der Gültigkeit des mündlich überlieferten Gesetzes zweifelt, entgegnet der Rabbi:

«Beide wurden am Sinai so erlassen, wie ein König treuen Knechten ein Geschenk macht. Es waren einmal zwei Diener, der eine klug, der andere töricht, und beiden schenkte der König je ein Maß Weizen und ein Bündel Flachs. Der Tor tat beides in eine Truhe, damit es sich für immer unverändert erhielte. Der Kluge spann den Flachs, wob ein Tuch daraus und buk köstliches Brot aus dem Weizen. Er legte das Brot auf das Tuch und lud den König ein, sein hochgeehrter Gast zu sein.»

So verwandeln menschlicher Einsatz, Weisheit und die Liebe zum Höchsten König die göttlichen Gaben der Torah in *Schulchan Aruch,* einen wohlgedeckten Tisch. Ohne mündlich überliefertes Gesetz ist Weiterentwicklung unmöglich und wird Gott nicht gedient.

Diese Aufgabe, die Torah weiterzuentfalten, erforderte Redlichkeit, Demut, Wissen und Weisheit und tiefe Liebe zu Gott und den Menschen. Die Pharisäer, deren Schüler sowie die Rabbinen des Talmud besaßen diese Eigenschaften; ihnen eignet tatsächlich der Geist der

Propheten, deren Nachfolger sie ja zeitlich wie auch geistig sind. Diesen Geist erkennen wir in den Lehren und Maximen ihrer Lebensführung. In Schabbath 88b heißt es so z. B.:

«Die rabbinischen Meister lehrten: Von denjenigen, die sich Erniedrigung gefallen lassen, ohne ihren Beleidigern das mit gleicher Schmähung heimzuzahlen und ihrerseits andere zu erniedrigen, und die ohne Widerrede mit anhören, wenn man sie schmäht, und allezeit nur aus Liebe handeln und freudig Züchtigung erdulden, heißt es in der Bibel: ‹Aber die IHN lieben, sind, wie die Sonne ausfährt in ihrer Heldenwehr› (Richter 5 : 31; Luther: ‹Die ihn aber liebhaben, müssen sein, wie die Sonne aufgeht in ihrer Macht›).»

Hillels Liebe zu Gott und den Menschen wurde so geradezu sprichwörtlich:

«Seid Aarons Jünger, indem ihr den Frieden liebt und den Frieden erstrebt [wie Aaron es tat]. Liebt alle Menschen und führt sie zur Torah hin!»
«Wer seinen eigenen Namen aufbläht, macht ihn zunichte. Wer nicht [an Erkenntnis, Wissen, Weisheit] zunimmt, nimmt ab. Wer nicht dazulernen mag, verdient den Tod. Und wer die erhabene Würde [der Torah und seines Amtes und seines gesellschaftlichen Standes] zu seinem Eigennutz mißbraucht, soll zugrunde gehen.» «Wenn ich nicht um meiner selbst willen bin [nämlich, was zu tun ist, notfalls allein leiste], wer wird dann für mich und um meinetwillen dasein? Bin ich aber ausschließlich um meiner selbst willen und nur für mich, was bin ich denn dann? [Mein Tun, mein Werk, ist dann ohne Sinn.] Und wenn nicht hier und jetzt, wann denn dann [soll mein Werk getan werden]?» (Abot 1 : 12–14)

Rabbi Eleasar wertet ein gutes Herz höher als alle anderen Tugenden, denn es begreife alle anderen in sich (Abot 2 : 13). Und Rabbi Elieser rät:

«Die Ehre deines Mitmenschen sei dir so teuer wie deine eigene! Gerate nicht jäh in Zorn! Gehe in dich! Kehre um [reumütig zu Gott] am Tag vor deinem Tod [d. i. jeden Tag]!» (Abot 2 : 15)

Rabbi Gamaliel warnt vor eigennützigem Ehrgeiz und tritt dafür ein, daß der einzelne im Gemeinschaftsleben Verantwortung auf sich zu nehmen habe: «Alle die, die für die Gemeinschaft tätig sind, sollen *mit ihren Mitbürgern* [Genossen] um des Himmels willen tätig sein» (Abot 2 :).

«Hauptsache sind nicht Lernen und Gelehrsamkeit, sondern das Tun» (Abot 1 : 17), rät Rabbi Simeon ben Gamaliel. Er weist auch darauf hin, daß «die Welt auf dreierlei beruht: auf Wahrheit, Gerechtigkeit und Frieden» (Abot 1 : 18). Und Hillels geistiger Gegenspieler Schammai macht sich für sein eigenes Leben zur Regel: «Mache aus deinem Torahstudium eine sinnvolle Gewohnheit und wohlabgerundete alltägliche Übung! Rede wenig und tue viel und begegne jedem Mitmenschen freundlich!» (Abot 1 : 15) Bei der Entscheidung aller religiösen Fragen hält man sich jedoch an die Richtlinien der HILLELschen Schule:

«Zu Jabneh hörte man eine himmlische Stimme: ‹Beider [d. h. SCHAMMAIS und HILLELS] Worte sind die Worte des lebendigen Gottes, bei der Entscheidung von Fragen hat man sich aber an die Schule HILLELS zu halten.› Bei einer Erörterung wurde gefragt: ‹Wenn beider Reden die Worte des lebendigen Gottes sind, weshalb richtet man sich denn dann nach der Meinung der HILLELschen Schule?› Darauf wurde erwidert: ‹Weil HILLEL und seine Schüler milde, liebenswürdig, gütig und friedfertig waren, nicht nur ihre eigenen, sondern immer auch die Anschauungen der SCHAMMAIschen Schule durchdachten, ja sogar stets die Lehrmeinungen der Schule SCHAMMAIS vor ihren eigenen besprachen.› Was besagt, daß, wer sich selbst erniedrigt, durch Gott erhöht wird, Gott aber den, der hoch hinaus will, demütigt. Wer nach Geltung und Anerkanntwerden giert, muß am Ende feststellen, daß sie ihm gerade versagt bleiben. Wer sich dagegen müht, nicht nach Ansehen und Ruhm zu streben, merkt, daß ihm solches von selbst in den Schoß fällt. Wer seine Ziele zu hoch steckt, den hetzen und drängen sie. Wer ihnen aber keine zu große Wichtigkeit beimißt, dem hilft das Schicksal, sie zu erreichen (Erubin 13 b).»

Nach dem Dafürhalten der rabbinischen Lehrmeister hat das Leben Nachfolge Gottes zu sein.

«Rabbi HAMA, des Rabbi HANINA Sohn, sagte: ‹Folge keinem außer dem Herrn deinem Gott!› (5. Mose, ‹Reden›, 13 : 5: ‹IHM eurem Gott gehet nach, ihn fürchtet, seine Gebote wahrt›; Luther: ‹Denn ihr sollt dem Herrn, eurem Gott, folgen und ihn fürchten›). Vermag der Mensch aber Gott nachzufolgen? IHM nachfolgen heißt Gottes Werke und Taten nachvollziehen. Wie ER die Nackten kleidete, kleide auch du die Nackten (1. Mose, ‹Im Anfang›, 3 : 21). Wie der Heilige Eine – geheiliget sei ER! – die Kranken besuchte (1. Mose, ‹Im Anfang›, 18 : 1), so sollst auch du die Kranken aufsuchen. Wie ER ... die Trauernden tröstet (1. Mose, ‹Im Anfang›, 25 : 11), stehe auch du den Leidtragenden bei. Wie der Heilige Eine ... die Toten begräbt (5. Mose, ‹Reden›, 34 : 6), bestatte auch du die Toten! ... Die Torah beginnt mit Taten der Barmherzigkeit: Gott macht Kleider für Adam und Eva – und endet mit Guttat, denn es steht geschrieben: ‹Er begrub [Moses] im Tal› (Sota 14 a).»

Nach diesen Grundsätzen richteten sich die Männer, die den Talmud ausgestalteten: die *Tannaim* (Lehrer), die die Lehrmeister der Mischnah waren, und die *Amoraim* (Sprecher), die die Diskussionen führten und die in der *Gemara* (Vollendung) schriftlich niedergelegten Entscheidungen fällten. Mit ihren Verordnungen (*Takkanoth*) errichteten sie gleichsam einen Schutzwall um die Torah. Durch ihre Predigten vermittelten sie Sittenlehren. Ihre Rechtsentscheidungen, die der ‹Bahn› des Juden im Leben die rechte Richtung weisen, werden *Halachah*, d. i. ‹Gang›, ‹Bahn›, genannt, und ihre Reden nennt man *Haggadah,* d. i. ‹Erzählung›, ‹Predigt›. In der Mischnah und der Gemara sind sie miteinander vermengt. Die Haggadah ist aber auch in besonderen Büchern zusammengestellt, und zwar als Kommentar zur Bibel unter dem Titel *Midrasch,* d. i. Suchen nach Bedeutung. Gesetz und Ethik, Halachah und Haggadah, lassen sich allerdings praktisch nicht trennen. Der Judenglaube als Religion der Tat hat das Gesetz allezeit als ein Werkzeug der Sittlichkeit und ein zu erstrebendes sittliches Ideal angesehen. Die Torah sagt z. B. nicht: «Ihr sollt eure Feinde lieben», sondern: «Wenn du den Esel deines Hassers unter seiner Tracht erliegen siehst, enthalte dich, ihms zu überlassen – herunter, herunterlassen sollst du zusammen mit ihm» (2. Mose, ‹Namen›, 23 : 5; Luther: «Wenn du den Esel, des, der dich haßt, siehst unter seiner Last liegen, hüte dich, und laß ihn nicht, sondern versäume gern das Deine um seinetwillen»). Dies ist kein nichtssagendes, allgemeines Liebesgebot, sondern die Aufforderung zu einem ganz anschaulichen, scharf umgrenzten Tun, das seinerseits zwangsläufig die beiden bisherigen Feinde dazu bringt, einander zu lieben. Als ein Teilstück allgemeingültiger Gesetzgebung wird dies nach und nach eine Gesellschaft schaffen, deren Mitglieder sich von innen heraus verpflichtet fühlen, einander beizustehen, so daß Haßgefühle überwunden werden.

Die Halachah ist lebensnahe und angewandte Ethik und muß als solche verstanden werden. Die Mitzwoth werden Torah, d. h. Unterweisung. Der Judenglaube erkennt den oft vorgebrachten Einwand: «Man kann doch Sittengebote nicht gesetzlich festlegen» nicht an. Wir müssen vielleicht wirklich mit der Gesetzgebung beginnen, damit aus der Befolgung der Gesetze – so hart uns dies anfangs auch ankommen mag – eine neue Gesinnung erstehen könne. Die durch die Haggadah (Sittenlehre) gefestigte Halachah (Rechtsweisung) kann es vielleicht schaffen.

Aufbau und Anlage des Talmud

Der Talmud zerfällt in sechs *Ordnungen.* Jede Ordnung besteht aus einer Reihe von Traktaten. Die Traktate sind in Kapitel und diese in Abschnitte unterteilt. Jede einzelne Mischnah stellt einen besonderen Abschnitt oder Paragraphen dar, weshalb dann ein solcher Abschnitt einfach eine *Mischnah* genannt wird.

1. Die erste Ordnung, *Seraim* (Saaten), handelt von den Gesetzen der Landwirtschaft. Da es unsere Pflicht ist, Gott für die Gaben der Natur zu danken, beginnt diese Ordnung mit dem Traktat *Berachoth* (Segnungen), in der von Gottesdienst und -verehrung im allgemeinen die Rede ist.

2. In der zweiten Ordnung, *Moed* (festgesetzte Zeitpunkte), werden alle Vorschriften und Regelungen in betreff der heiligen Feiertage auseinandergesetzt. Einzelne Traktate heißen: *Schabbath* (Sabbath, Ruhetag), worin Einhaltung des Sabbaths besprochen wird, und *Jôm Tov* (heiliger Tag), worin die Vorschriften sonstiger Feiertage geregelt werden. Sodann finden sich darin mehrere Traktate, in denen die Halachah (Begehungsweise) bestimmter Festzeiten oder heiliger Zeiten, wie z. B. *Joma* (Sühnetag), *Sukkah* (‹die Hütte›) und *Pessachim* (über das Pessachfest) festgelegt ist.

3. *Naschim* (Frauen), die dritte Ordnung, enthält Ehe- und Scheidungsgesetze. Ein Traktat darin heißt: *Kidduschin* (Heiligung der Ehe), ein zweites *Ketuboth* (bürgerliche Ehegesetze), ein drittes *Gittin* (Scheidungsgesetze).

4. *Nesikin*, ‹Schäden›, die vierte Ordnung, ist die Kodifikation des Zivil- und Strafrechts. Dies waren Staatsgesetze, solange Israel im Altertum eine Nation war, und Sondergesetze im Mittelalter, als die Juden ihre eigene Zivilgerichtsbarkeit besaßen.

5. *Kadashim* (‹heilige Dinge›), die fünfte Ordnung, handelt von den Satzungen der Tempelopfer in alten Zeiten und legt religiöse Schlacht- und Speisegesetze im Traktat *Chulin* (‹nicht-heilige Dinge›) fest.

6. Die sechste, *Taharot* (‹Reinigungen›) betitelte Ordnung führt die Gesetze der Reinheits-Rituale, wie sie einst vor Betreten des Tempels unbedingt zu befolgen waren, näher aus.

Einerlei, ob wir das eine oder ein anderes der umfänglichen Exemplare des Talmud aufschlagen, es zeigt sich zunächst, daß die Seitenzählung bei sämtlichen Ausgaben dieselbe ist. Sonst würden wir niemals ein bestimmtes gesuchtes Zitat oder eine Kommentarstelle auffinden. Zu Beginn finden wir immer die *Mischnah*, danach die *Gemara*, in der jene Mischnah erörtert und zergliedert wird, und auf die Gemara folgt wiederum eine *Mischnah*. Dieser Text ist in einer Spalte in der Mitte der Seite angeordnet. In der Spalte am inneren Seitenrand steht parallel dazu Raschis Kommentar. In der Spalte am äußeren Rand der Seite laufen parallel dazu die *Tossafoth*, d. i. die ergänzenden Erläuterungen, die Raschis Nachfolger hinzufügten. Etwaige Kommentare zu den Kommentaren und Querverweise stehen gegebenenfalls am Rand oder an der Unterseite. Die Vielzahl der Kommentare und Auslegungen ist ein Beweis dafür, daß Torah und Talmud kein abgeschlossenes Buch sind, sondern dauernder Weiterentwicklung unterliegen.

Das Weiterwachsen der Mündlichen Torah – Rabbiner

Die Mündliche Torah hörte jedoch mit der Zusammenstellung des Talmud keineswegs auf. Es kam zu weiteren Kommentaren und Gesetzessammlungen wie z. B. denen des Maimonides, den *Turim* (vgl.

S. 54), und dem ‹*Schulchan Aruch*›. Anhand des darin angehäuften Materials und auf Grund von Präzedenzfällen muß der orthodoxe Rabbiner über Einzelfälle entscheiden, die man vor ihn bringt. Von Anbeginn hat man im Lauf der Zeiten zahlreiche derartige Urteilsentscheidungen, die sogenannten *Responsa*, gesammelt, und nach ihnen richtet sich der Rabbiner so, wie sich Richter und Anwälte an frühere Gerichtsentscheidungen halten. Die Befugnis, diese alten Religionsentscheidungen erweiternd anzuwenden, bekommt der Rabbiner bei seiner Ordination verliehen. Moderne Rabbiner sind auf vielen Gebieten ausgebildet und tun in vielen Lebensbereichen Dienst: Sie sind Prediger und verantwortlich für das religiöse Erziehungswerk und die Schulen, sind Seelsorger, Gelehrte, Berater der Hilfesuchenden in deren persönlichen, seelischen und gesellschaftlichen Problemen und nehmen in stetig wachsendem Maße am christlich-jüdischen Dialog teil. Sie halten Vorlesungen an Universitäten und sind, vor allem in Amerika, sehr intensiv in allen Bereichen des Zusammenlebens in Land, Staat und Stadt tätig, so vor allem auch im Kampf um bürgerliche, soziale und wirtschaftliche Gleichberechtigung der Minoritätengruppen (Neger, Mexikaner usw.), beim Ausbau der Sozialgesetzgebung auf breitester Grundlage sowie auf allen Gebieten des Gesamtgemeinschaftswerks. Gleichzeitig sind sie für den Ausbau ihrer Gemeinden verantwortlich, in denen ihnen besonders vielseitige Aufgaben zufallen. – In Altertum und Mittelalter war der Rabbiner einfach nur Gelehrter und Lehrer und, vor allem, der Träger der Autorität des jüdischen Rechts. Traditionalistische Rabbiner üben diese Funktion immer noch aus. Doch können, wie in England und z. T. auch in Amerika, Gremien aus Rabbinern, die Spezialisten im jüdischen Recht sind, gebildet werden; sie behandeln dann die schwierigeren Fragen, die ihnen von den Stadtrabbinern zugeleitet werden, und befinden über sie. Ein solcher Ausschuß wird ein *Beth Din* (Gerichtshof) genannt. Die Rabbinerschaft im neuen Staat Israel befaßt sich fast nur mit Fällen des religiösen Rechts, das jedoch in vielen Fällen – z. B. auf dem Gebiet des Eherechts – für die dort lebenden Juden auch staatsrechtlich bindend ist.

Der von Rabbi Joseph Karo verfaßte ‹*Schulchan Aruch*› ist das für die traditionelle jüdische Praxis maßgebende Gesetzbuch. Dem *Tur* gemäß ordnete Joseph Karo das Gesetz in vier Abschnitten an: der erste heißt *Orah Chajim*, d. i. ‹Der Weg des Lebens›, darin stehen Vorschriften für den Gottesdienst und für heilige Tage; der zweite: *Jore Deah*, d. i. ‹Der Lehrer des Wissens›, er handelt von rituell-religiösen Koch- und Essensvorschriften; der dritte: *Eben ha-Eser*, d. i. ‹Der Stein der Hilfe›, er umfaßt die Vorschriften für Familienbeziehungen, Ehe, Scheidung und dergleichen; der vierte: *Choschen Misch-*

path, d. i. ‹Der Brustschild des Urteils›, er enthält bürgerliche Gesetze u. ähnliches.

Der folgende Auszug aus dem Talmud bietet ein Beispiel seiner Methode. Er ist für uns wichtig, da er nicht nur diese Methode erklärt, sondern uns gleichzeitig über die Entwicklung des Judentums schon im Altertum Aufschluß gibt. Das Zitat stammt aus dem Traktat *Baba Kamma*, S. 83b.

Mischnah: Wer seinem Nächsten eine Verletzung zufügt, hat fünffache Ersatzzahlungen zu leisten, nämlich für den zugefügten Schaden, die Schmerzen, die Heilungskosten, die versäumte Zeit und ein Reuegeld.

Gemara: Ist diese Anordnung angebracht? Sagt denn nicht der Allbarmherzige (Gott): (daß der Schaden anderweitig abgebüßt werden müsse, nämlich durch) Auge (um) Auge?

(Antwort): (Eine solche Antwort) hat keinen Sinn, denn uns wurde (anders) gelehrt, (nämlich:) Du könntest annehmen, daß jemand, der einem anderen das Auge geblendet hat, nun selbst geblendet würde, oder (daß) demjenigen, der eine Hand (eines anderen) abgehackt hat, die eigene Hand abgehauen werden müsse, oder daß demjenigen, der einen Fuß (eines anderen) gebrochen hat, der Fuß gebrochen werden müsse. (Das ist jedoch nicht der Fall, denn wir lesen in der Schrift): «Wer einen Menschen schlägt (soll bestraft werden) und: wer ein Tier erschlägt (muß Ersatzzahlung leisten). (In beiden Fällen ist die biblische Terminologie die gleiche, daher müssen beide Fälle gleich behandelt werden). Gleich wie bei einem Tier eine geldliche Ersatzzahlung angeordnet wurde, so auch im Falle eines Menschen: ein geldlicher Ersatz ist vorgesehen. Solltest du einwenden, daß die Schrift doch sagt: «Ihr dürft kein Lösegeld für das Leben eines Mörders annehmen, der den Tod verdient; er muß auf alle Fälle hingerichtet werden» (4. Mose 35 : 31) (was anzudeuten scheint, daß bei einer Schädigung eines Nebenmenschen ein geldlicher Ersatz nicht angemessen ist; dann antworten wir:) für das *Leben* eines Mörders darf man kein Lösegeld nehmen, jedoch darf man Lösegeld (Ersatzzahlung) für die *Glieder* (einer Person) nehmen, die nicht nachwachsen.

Die eingeklammerten Teile habe ich hinzugefügt, um den Sinn deutlicher zu machen. Wir müssen diese Stelle nun eingehend zu verstehen suchen. Es handelt sich dabei nicht um Haarspalterei. In allen rechtlichen Fällen muß zuerst der Wortlaut des Gesetzes auf jede Einzelheit hin geprüft werden. Das findet auch jetzt in jedem Rechtsfalle statt. Darüber hinaus lernen wir noch etwas sehr Wichtiges. Das Prinzip «Auge um Auge» war im Altertum bei den Juden durch die Entwicklung der Religion schon lange überwunden. Es kam in der Frühzeit aus dem Codex des HAMMURABI in die Bibel. Es war ungerecht, denn was sollte man zum Beispiel mit einem Schuldigen tun, der nur ein Auge besaß und einem anderen das seinige blendete? Der Schuldige wäre ja dadurch ganz blind geworden, eine Strafe, die viel schwerer wäre als seine Tat, da der andere ja noch auf einem Auge sehen konnte. Die Rabbinen konnten, im Gegensatz zu der modernen Auffassung, jedoch nicht zugeben, daß irgendein Wort in der Schrift überholt sei. Es war ja das ewige Gotteswort. Es bestand daher nur die Möglichkeit, die Schrift so zu deuten, daß sie in Einklang mit dem Rechtsgefühl des Judentums gebracht wurde. Das bedeutete allerdings, daß man bei schwieriger Interpretation zeigen mußte, daß der göttliche Gesetzgeber niemals eine wörtliche Auslegung des Satzes im Auge hatte, sondern lediglich meinte: Das Auge des Schuldigen muß von nun an im Dienste des Geschädigten stehen und muß als dessen Auge dienen, mit anderen Worten, der Schuldige muß durch seine Arbeitskraft den Verlust des Geschädigten finanziell tragen.

Wir dürfen daher in dieser Diskussion sowohl die Achtung vor der geschriebenen Lehre, die in allen Einzelheiten ausgedeutet wird, als auch gleichzeitig einen Beweis der geistigen Entwicklung des Judentums erkennen.

Wir finden das gleiche bei der Todesstrafe, deren Verhängung so erschwert wurde, daß sie praktisch aufgehoben war. Ein Gerichtshof, der einmal in 70 Jahren eine Todesstrafe verhängte, wurde als ‹Mördergericht› gebrandmarkt. (Siehe Mischnah Sanhedrin bezüglich Zeugenverhör, Einspruchsrecht des Verurteilten, Verbot eines Urteilsspruchs am Freitag oder am Tage vor einem Fest, etc.). Auch hier sträubte sich das ethische Bewußtsein des Judentums gegen die Todesstrafe, und die biblische Verordnung mußte daher ‹eingezäunt› werden, um jene nach Möglichkeit zu umgehen. So erklärt sich also die ‹Spitzfindigkeit› des Talmud.

8. Gott, Mensch, Ewigkeit: Begriffsbestimmungen und Symbole

Gott

Als Moses Gott im brennenden Dornbusch erschaut, wird ihm eine Wesensbestimmung zuteil: «ICH werde dasein, als der ICH dasein werde» (2. Mose, ‹Namen›, 3 : 14; Luther: «Ich werden sein, der ich sein werde»). Der Name Gottes, der *JHWH* buchstabiert wird, ist eine Abkürzung dieses Ausdrucks. Dieses Wort auszusprechen, verbietet die Tradition jüdischer Frömmigkeit. Beim Lesen der Torah und beim Gottesdienst spricht man statt *JHWH* das Wort *Adonai* (Herr) aus. Gott, der Schöpfer und Meister von Natur und Geschichte wird als etwas so völlig Unergründliches erlebt, daß ein Eigenname IHN beschränken würde. Man gebraucht den Namen nicht. Gott ist einfach der Herr. Den Erzvätern wurde dieses Wissen um Gott noch nicht gewährt. Für sie war ER darum *Schaddai*, ein Ausdruck, den man als «Gott, der sich selbst genügt, der keine sonstige Kraft oder Hilfe braucht» gedeutet hat. Einige Forscher der bibelkritischen Schule deuten dieses Wort als ‹Gott der Berge›; Juden haben es etymologisch anders erklärt. Gott trägt auch den Namen *El*, das bedeutet Macht. Daneben wird er *Elohim* genannt; das bedeutet in etwa Inbegriff aller Macht. Als Elohim wird ER als der Menschheit oberster Richter aufgefaßt. Die Juden haben IHN aber auch noch mit anderen Ausdrücken bezeichnet, so z. B. mit dem Wort *Makom*, d. i. ‹All-Ort›, und *Schalom*, d. i. ‹Absolute Vollkommenheit›. (Schalom bedeutet Friede, der Inbegriff der Vollkommenheit ist). Auf der Suche nach einem Ausdruck, der möglichst viele Wesensbestimmungen göttlicher Allmacht enthielte, haben die Juden auch die Bezeichnung ‹König› gebraucht. Gott ist König.

Zu dem Attribut der Macht gesellt sich das der Liebe. Die Rabbinen weisen darauf hin, daß in der Schöpfungsgeschichte für Gott zweierlei Namen gebraucht werden. «Im Anfang schuf Gott (Elohim) ...» (1. Mose, ‹Im Anfang›, 1 : 1). Späterhin, ob Kapitel zwei, wird ein Doppelbegriff verwendet: Der Herr Gott (JHWH-Elohim) und schließlich nur noch der Ausdruck der Herr (JHWH). Diese Besonderheit stellten auch jene Forscher fest, die sich im 19. Jahrhundert daran machten, die Urheberschaft der Bibel wissenschaftlich zu erforschen. Der Unterschied zwischen den wissenschaftlichen Ergebnissen der ‹höheren Bibelkritik›[2] und den Schlußfolgerungen, zu denen die rabbinischen Schriftgelehrten gelangten, läßt die Eigenart jüdischen Denkens deutlichst erkennen. Aus dem Vorkommen unterschiedlicher Gottesnamen schlossen die neuzeitlichen Forscher, daß verschiedene Autoren die einzelnen Schriften verfaßt hätten, die dann allmählich ineinander aufgegangen seien. Sie sprechen so von einem ‹Jahwisten›, d. h. einem Autor, der die vier Konsonanten JHWH als Name für Gott gebraucht, und einem ‹Elohisten›, der Elohim schreibt. Sie fanden überdies noch andere Autoren: einen P, der die priesterliche Gesetzessammlung im Leviticus, einen weiteren, D, den Deuteronomisten, der das Deuteronomium verfaßt habe, und andere mehr. Mit diesen Untersuchungen kam die moderne Bibelforschung in Gang.

---

2 Das ist jene von in der Mehrzahl protestantischen Wissenschaftlern geschaffene Schule – WELLHAUSEN und GRAF waren ihre Hauptbegründer –, die die Bibel lediglich vom Standpunkt historisch-kritischer Anschauung aus analysiert und dabei geschichts- und sprachwissenschaftliche sowie archäologische Forschungsergebnisse maßgebend berücksichtigt. Jüdische Bibelforscher sind z. T. dieser Bewegung gefolgt.

Nach Ansicht der Rabbinen ist das Wort Elohim Gottes Name, wenn er Seine Macht als strenger Richter ausübt. Elohim heißt im Hebräischen auch ‹Richter›. JHWH, der Gott der Geschichte, zeigt sich uns in Seiner Barmherzigkeit, die das Leben in der Geschichte erst erträglich macht. Die Rabbinen erklären dies folgendermaßen: Im Anfang habe Gott sich entschlossen, die Welt nur mit strenger Gerechtigkeit zu lenken, aber ER habe gesehen, daß sie nicht weiterbestehen könne, wenn sie auf Grund des Maßstabs unbedingter Gerechtigkeit gerichtet würde. Deshalb habe ER sich Seine Barmherzigkeit als weitere Eigenschaft zugelegt und sich bereit gefunden, Gnade walten zu lassen, um die Gerechtigkeit abzumildern. Daher die zwei Namen. Schließlich habe ER eingesehen, daß sogar die gemäßigte Gerechtigkeit Menschen und Welt überforderte, und habe Seine Herrschaft ganz auf Gnade eingestellt. So finden wir, daß in der Darlegung seiner Eigenschaften (2. Mose, 34 : 6–7) die Bezeichnung El, Gott der Gerechtigkeit, eng verbunden ist mit *rahum* (barmherzig), ein Ausdruck, der sich von *Rechem*, Mutterleib, als Sinnbild bedingungsloser Liebesumschließung herleitet. Es gehe IHM zwar um Gerechtigkeit, doch ER sei durch und durch barmherzig und berge sein Volk im sicheren Schoß Seiner unbedingten Liebe.

«Überall, wo in der Schrift von Gottes Größe die Rede ist, wird zugleich auch von Seiner Demut und Bescheidenheit gesprochen. Also steht es geschrieben in der Torah, sodann in den Neviim, den Propheten, und ist zum dritten Male wiederholt in den Ketubim, den Schriftwerken. In der Torah (5. Mose, ‹Reden›, 10 : 17–18) heißt es: ‹Denn ER euer Gott, er ist der Gott der Götter, der Herr der Herren, die große, die heldische, die furchtbare Gottheit, ER, der Ansehen nicht gelten läßt und Bestechung nicht annimmt, der der Waise und Witwe Recht schafft, ...› (Luther: ‹Denn der Herr, euer Gott, ist mächtig und schrecklich, der keine Person achtet und kein Geschenk nimmt und schafft Recht den Waisen und Witwen ...›). In den Neviim, den Propheten, steht: ‹Ja, so hat ER gesprochen, der Hohe und Ragende, Ewig- und Heiligwohnender ist Sein Name: Hoch und heilig wohne ICH – und bei dem Zermalmten und Geisterniederten: zu beleben den Geist des Erniederten, zu beleben den Geist des Gemalmten› (Jesaja 57 : 15; Luther: «Denn also spricht der Hohe und Erhabene, der ewiglich wohnt, des Name heilig ist: Der ich in der Höhe und im Heiligtum wohne und bei denen, die zerschlagen und demütigen Geistes sind, auf daß ich erquicke den Geist der Gedemütigten und das Herz der Zerschlagenen ...»). In den Ketubim heißt es in dritter Wiederholung: ‹Singet Gott zu, harfet Seinem Namen, tragts empor IHM, der auf Dunkelwolken reitet, mit ‚Hie ER! ist Sein Name', jubiliert ihm vorm Angesicht, dem Vater der Waisen, dem Anwalt der Witwen ...› (Psalm ‹Preisung›, 68 : 5–6; Luther: ‹Singet Gott, lobsinget seinem Namen! Machet Bahn dem, der durch die Wüste herfährt; er heißt Herr; und freuet euch vor ihm, der ein Vater ist der Waisen und ein Richter der Witwen›).» (Rabbi JOCHANAN in ‹Megillah› 31 a)

Der Jude erkennt Gottes Heiligkeit und Absolutheit an und ist unerschütterlich davon überzeugt, daß Gottes Macht nur Mittel seiner Gnade sein wird. Diese Synthese findet darin Ausdruck, daß Gott ‹unser Vater› genannt wird. Ein Vater besitzt Macht und Herrschaft, von denen er aus Liebe Gebrauch macht. «Gesegnet und selig bist du, oh Israel», ruft Akiba aus, «denn ER, der dich von allen deinen Sünden reinigt und vor DEM du dich läuterst, ER ist dein VATER im Himmel» (Joma 85 b).

An den Tagen der Ehrfurcht rufen die Juden in dem großen Bittgebet, in dem sie ein Jahr der Gesundheit, des leiblichen Wohls, der Vergebung der Sünden und des Segens erflehen, Gott als «unseren Vater, unseren König» an. Wir vertrauen auf IHN als unseren Vater, und Seiner ewigen Liebe gewiß, rufen wir IHN an und nennen IHN unseren König, der die Allmacht hat, unsere Bedürfnisse zu erfüllen.

Als König muß ER über uns und die ganze Menschheit zu Gericht sitzen, denn ohne Gerechtigkeit vermöchte die Welt nicht weiterzubestehen. Als Vater wartet er auf uns, mahnt uns zu bereuen, bittet unaufhörlich jeden einzelnen bis zur Stunde seines Todes, zu IHM zurückzukehren. Bereut der Mensch, dann nimmt Gott ihn allsogleich huldvoll als Sein geliebtes Kind wieder bei Sich auf. Auch wenn ER über uns zu Gericht sitzt, ist ER sich unserer Anfälligkeit wohl bewußt und läßt als der Vater, der uns das Leben gab und unsere Schwächen kennt, Gnade vor Recht ergehen. So lernten die Juden einzusehen, daß göttliche Liebe ihnen nie entzogen wird, weder im Glück noch im Unglück. Selbst in Augenblicken tiefster Not und größten Elends rühmen sie IHN.

Wie schon dargelegt wurde, ist man sich im Judenglauben völlig im klaren darüber, daß Gott durch keinen Begriff wirklich erfaßt werden kann. Es hat den Juden somit immer freigestanden, IHN auf vielerlei Weise zu definieren, wie wir schon feststellten, als wir über Maimonides, Hermann Cohen, Mordechai Kaplan und andere sprachen. Zweierlei ist dem Juden verboten: Er darf Gott nicht anders als einzig-einig auffassen und IHN nicht auf irgendein sinnliches Bild einengen. Die Freiheit, die der Judenglaube sonst seinen Anhängern läßt, erlaubt es liberalen Denkern, für Gott solche Begriffsbestimmungen zu finden, die IHN trotz gewandelter Lebensverhältnisse, wie z. B. in unserem naturwissenschaftlichen Zeitalter, immer noch sinnvoll und annehmbar erscheinen lassen. Bis heute haben diese Denker die so gebotene Möglichkeit noch nicht voll ausgeschöpft.

Den lebendigen Gott findet man viel eher, indem man IHM nachfolgt – in den Mitzwoth –, Seine Gebote befolgt, als durch Spekulationen. In diesem Sinn hat Martin Buber recht, wenn er sagt, Gott finde man im Dialog. Ich muß auf IHN hören, verstehen, was ER von mir fordert und in meinen Beziehungen zu meinen Mitmenschen nach Seinem Aufruf handeln. Während ich vor IHM mein Dasein lebe, wird ER sich vor mir öffnen. Im Talmud heißt es deutlich: [Gäb es eine Wahl überhaupt] so sollen sie lieber MICH vergessen [sagt Gott], Meine Mitzwoth jedoch einhalten» (Jeruschalmi, Hagiga 1 : 7). Denn gerade dadurch, daß wir die Mitzwoth einhalten, machen wir IHN offenbar. Auch wenn wir Seinen Namen vergessen sollten, erhöhen wir IHN. Gott und die Mitzwoth sind also unauflöslich verbunden wie Ruf und Antwort. Wer antwortet, kann den Rufer nicht vergessen.

Der Mensch

Rabbi Akiba pflegte zu sagen: «Geliebt wird der Mensch, weil er als Ebenbild (Gottes) geschaffen wurde. Aber noch viel mehr Liebe wird dem Menschen dadurch zuteil, daß ihm seine Gottebenbildlichkeit bewußt gemacht wurde» (Abot 3 : 18). Damit wird er zu Gottes Mitarbeiter und sind alle Menschen gleich. Daß nur ein einziger Mensch zu Anbeginn erschaffen wurde, unterstreicht dies: Niemand kann sagen, seine Ahnen seien besser als die seines Nächsten (Sanhedrin 4 : 5). Nach Gottes Ebenbild erschaffen und mit einer göttlichen Seele begabt überrragt der Mensch an Wert und Würde alles andere, was Gott erschuf, auch wenn der Mensch ein Gebild der Erde, zu der er wieder zurückkehren muß, schwach, hinfällig und bedeutungslos ist. Diese Zwiespältigkeit des Menschenwesens bringt der Psalmist zum Ausdruck:

«Wenn ich ansehe Deinen Himmel, das Werk Deiner Finger, Mond und Sterne, die DU hast gefestet, was ist das Menschlein, daß DU sein gedenkst, der Adamssohn, daß DU zuordnest ihm! [Andererseits aber:] Ließest ihm ein Geringes nur mangeln, göttlich zu sein, kröntest ihn mit Ehre und Glanz, hießest ihn walten der Werke Deiner Hände . . .» (Psalm, ‹Preisung›, 8 : 4–6; Luther: «Wenn ich sehe die Himmel, deiner Finger Werk, den Mond und die Sterne, die du bereitet hast: Was ist der Mensch, daß du seiner gedenktst, und des Menschen Kind, daß du dich seiner annimmst? Du hast ihn wenig niedriger gemacht denn Gott, und mit Ehre und Schmuck hast du ihn gekrönt. Du hast ihn zum Herrn gemacht über deiner Hände Werk; . . .»).

Der Mensch ist also ‹Menschensohn›, zugleich aber auch ‹Gottes Sohn› (5. Mose, ‹Reden›, 14 : 1). Und der Mensch hat die Wahl, das eine oder das andere zu sein. Die Rabbinen weisen darauf hin, daß der Mensch sowohl die Merkmale seiner Göttlichkeit wie auch die Eigenschaften tierischen Wesens an sich trägt. Gleich jedem Tier ißt und trinkt er, scheidet wieder aus, pflanzt sich fort, stirbt. Insofern er aber ein göttliches Wesen ist, steht er aufrecht, bedient sich der Sprache, macht Gebrauch von der Vernunft, vermag Recht und Unrecht zu unterscheiden. Verhält er sich würdig, dann hat er vor den Engeln Vortritt, wie der Psalmist deutlich sagt. Verhält er sich aber unwürdig, dann kann jedes Insekt ihm vorhalten: «Ich wurde vor dir erschaffen und habe Vorrang vor dir» (Gen. 1 : 24–27).

Dem Menschen wurde seine Seele in reiner Form geschenkt. Den Begriff der Erbsünde erkennt der Judenglaube nicht an. Es wäre nicht gerecht und widerspräche der Güte Gottes, wenn dem Unschuldigen Schuld aus der Zeit vor seinem Dasein aufgebürdet würde. Der Mensch hat aber die Fähigkeit zu sündigen. Sie ist die Grundvoraussetzung seiner Freiheit. Nur wer frei ist zu sündigen, ist auch frei, Gutes zu tun. ‹Die Neigung, Böses zu tun›, ist mithin ein Werkzeug menschlicher Schöpfungskraft und eine Herausforderung zur Heiligkeit. Sie gibt dem Menschen seine Freiheit und damit auch seine Würde; denn sie sondert ihn ab von der ganzen übrigen Natur. «Alles liegt in des Himmels (Gottes) Hand, bloß nicht die Ehrfurcht vor dem Himmel» (Berachoth 33 b). Diese Freiheit muß zweifach zum Ausdruck kommen: wir müssen uns vom Bösen fernhalten *und* tätig das Gute fördern, «um die Welt unter der Herrschaft des Allmächtigen in die richtige Ordnung zu bringen». (wie es im täglichen Gebet heißt). Diese schöpferische Tat ist die Mitzwah.

Aus diesem Wissen um die den Menschen wesenhaft eingeborene Gleichheit und Würde heraus müssen unsere Beziehungen untereinander auf den Geist der Liebe gegründet werden. «Halte lieb deinen Genossen, dir gleich. ICH bins» [der ihn gleich dir erschuf, und der achtet auf dessen Würde, genauso wie ER auch über deine Würde wacht] (3. Mose, ‹Er rief›, 19 : 18; Luther: «Du sollst deinen Nächsten lieben wie dich selbst; denn ich bin der Herr»). Die ersten Fragen, die dem Menschen gestellt werden, wenn er nach seinem Erdenleben vor Gott erscheint, lauten daher folgendermaßen:

«Hast du dich redlich gezeigt gegen deinen Mitmenschen? Hast du regelmäßig Stunden für [das Studium der] die Torah aufgewendet [auf daß sie dir Richtschnur deines Lebenswandels sei]? Hast du Kinder in die Welt gesetzt? Hast du dich um Erlösung bemüht . . .? Wenn er die Gottesfurcht wirklich schätzt, so wird es ihm wohl ergehen, sonst aber nicht» (Schabbath 31 a).

Des Menschen Wirken in der Welt, sein Streben nach Erlösung und die Tätigkeiten, die er in seinem tagtäglichen Leben um Gottes willen ausführt, all das ist es, was seinem Leben Wert verleiht. Sein Heil erwirbt sich der Mensch nicht durch die Mitzwoth gegenüber Gott, sondern in erster Linie gegenüber seinen Mitmenschen. Dies setzt aber eine angemessene Eigenliebe voraus. Es heißt, HILLEL habe die Pflege des eigenen Leibes als eine Mitzwah angesehen. Die Judenreligion hat nie an die Verdienstlichkeit der Askese geglaubt, sondern sich sogar dazu bekannt, daß der Mensch dafür zur Rechenschaft gezogen werde, daß er maßvolle Lebensgenüsse, wozu Gott ihm auf seinem Lebensweg Gelegenheit bot, ablehnte (Jeruschalmi Kidduschin 4). Zu dieser Selbstachtung muß sich auch Demut gesellen. MOSES wurde von Gott für würdig befunden, die Torah entgegenzunehmen, weil er demütig war (Schabbath 67 a).

Diese Grundsätze haben auch eine bedingungslose Liebe zum Nächsten, ja sogar zum Feind zur Folge. Wir sollen ihm helfen und dürfen nicht einmal Groll gegen ihn hegen (2. Mose, ‹Namen›, 23 : 4–5; 3. Mose, ‹Er rief›, 19 : 17). Auf eines jeden Menschen Würde sollen wir Rücksicht nehmen und dürfen ihn niemals in Unehre bringen. Unterstützung dürfen wir dem Armen nur ganz unauffällig zukommen lassen, damit er nicht in Verlegenheit kommt. Mildtätigkeit heißt auf hebräisch *Tzedaka*, d. i. wörtlich: Rechtschaffenheit. Daß wir diejenigen unterstützen, mit denen das Schicksal hart umgegangen ist, gehört ganz einfach zu einer rechten Lebensführung.

«Besser als Mildtätigkeit ist es, dem Bedürftigen das Geld zu leihen, was er braucht, um wieder auf die Beine zu kommen. Und noch besser, ihn als Teilhaber ins Geschäft aufzunehmen, denn dann kann er doppelte Hilfe von seinem Helfer erlangen; er kann aus dessen Mitteln Nutzen ziehen und gleichzeitig von seiner Lebens- und Geschäftserfahrung lernen» (Abot de Rabbi Nathan 41 : 66 a).

«Die Ehre deines Mitmenschen sei dir so teuer wie deine eigene: der Besitz deines Nächsten soll dir so heilig sein wie dein eigener» (Abot 2 : 15, 17).

Dies gilt nicht nur gegenüber Juden, sondern allen Menschen gegenüber, ohne Ansehen ihres Glaubens, ihrer Rasse oder Hautfarbe:

«Ich rufe Himmel und Erde zu Zeugen dafür an, daß auf jedem Menschen, sei er nun Jude oder Nichtjude, Mann oder Weib oder Knecht, der göttliche Geist nach Maßgabe seiner Taten ruht. Der Heide ist dein Nachbar, dein Bruder; ihm unrecht zu tun, ist Sünde» (Tanna debe Elijahu 207, 284).

Der Jude achtet deswegen das Recht eines jeden, seinen Weg zu Gott nach seiner eigenen Façon zu finden. Zwar verwarf der Judenglaube einst das Heidentum mit seinen unmoralischen Bräuchen, doch erkennt er feierlich an, daß «die Rechtschaffenen unter den Angehörigen der nichtjüdischen Völker der Welt an der künftigen Welt teilhaben werden» (Jalkut Schimoni, zu den Propheten, 296). «Die Gerechten unter den Angehörigen der Völker der Welt sind Gottes Priester» (Elijahu Ssutah 20).

Das Judentum achtet jeden ethischen Glauben. Es enthält sich jeglicher Missionstätigkeit ihm gegenüber, weil es der Ansicht ist, daß alle Religionen zum Heil führen. Doch es erschiene ihm unrecht, wenn es irgendeinem Menschen verwehrte, sich der Glaubens- und Schicksalsgemeinschaft des Judenvolks anzuschließen. Ist jemand fest davon überzeugt, daß der Judenglaube ihm echte geistig-geistliche Erfüllung geben könne, dann hat er auch ein Recht, zu dieser Erfüllung zu gelangen. Ist der Bekehrungswillige zum Judenglauben übergetreten, dann gilt er als ein vollwertiges Glied des jüdischen Volkes, ein von Gott und seinen neugefundenen Brüdern im Glauben geliebtes Mitglied dieser Gemeinschaft.

Nach dem Judenglauben darf keine einzige Seele als überflüssig betrachtet werden. *Gott* ist der *Vater, jeder* Mensch ist ein *Sohn Gottes,* und der *heilige Geist* ruht auf ihm. Nur wenn er sündigt, kann sich ihm, wie DAVID erkannte, der heilige Geist entziehen. Verstrickt in arge Sünde schreit DAVID auf: «... den Geist Deiner Heiligung nimm nimmer von mir!» (Psalm, ‹Preisung›, 51 : 13; Luther: « ... und nimm deinen heiligen Geist nicht von mir»). Kehrt der Mensch durch Reue zu Gott heim, so wird er gewahr, daß dieser Geist wieder in ihn eingezogen ist.

Die Engel

Malach (Engel) bedeutet einfach Bote. Jeder, der Gottes Botschaft in die Welt trägt, wird zu Seinem Engel. Bezeichnenderweise werden Gottes Boten, in engerem Sinn ‹Seine Engel›, oftmals schlichtweg ‹Mann› genannt. Drei Männer (Engel) erscheinen dem ABRAHAM und sagen ihm u. a. voraus, daß ihm der Sohn ISAAK (JITZCHAK) geboren werde (1. Mose, ‹Im Anfang›, 18). Als ein Engel der Mutter des SIMSON vorhersagt, sie werde einen Sohn gebären, und der solle Jissrael befreien, nimmt sie den Engel ganz einfach als einen Mann Gottes zur Kenntnis (Richter 13 : 2–6).

Mit der Zeit begann man sich die Engel als besondere Wesen vorzustellen, die Gott als Boten dienen, wie ein himmlischer Hofstaat IHN «umscharen» (Jesaja 6) und Aufgaben erfüllen, mit denen Gott sie ausdrücklich im einzelnen betraut. Die Namen, die ihnen gegeben worden sind, weisen deutlich auf ihre besonderen Funktionen hin: *Raphael* ‹Gott heilt›, *Uriel* ‹Gott ist mein Licht›, *Michael* ‹Wer gleicht Gott?› Ein Engel ist es auch, der ABRAHAM Gottes Botschaft überbringt, seinen Sohn nicht zu opfern (1. Mose, ‹Im Anfang›, 22 : 11 ff).

In späteren Schriftwerken bildet sich die Vorstellung vom Schutzengel heraus. Michael ist Israels Schutzengel, der Israel im Streit mit den Feinden Gottes in der Schlacht am Ende der Tage anführt (Daniel 12).

Daß das jüdische Denken Engel anerkennt, darf einen gleichwohl nicht übersehen lassen, daß Engel für den Judenglauben im Vergleich zu Gott nur eine niedrige Stellung innehaben: allein zu Gott schicken die Juden ihre Gebete, nur von IHM erhoffen sie sich Hilfe. «Denn Seine Boten befiehlt er dir zu, dich zu hüten auf allen deinen Wegen ... Ja, er hat sich an mich gehangen (spricht Gott), so lasse ICH ihn entrinnen ...» (Psalm, ‹Preisung›, 91 : 11–14; Luther: «Denn er hat seinen Engeln befohlen über dir, daß sie dich behüten ... Er begehrt mein, so will ich ihm aushelfen»). Deutlich zeigt sich das in einem Abendgebet, einem der wenigen Gebete, worin überhaupt von Engeln die Rede ist:

«Auf Gottes, des Herrn Israels Geheiß möge Michael zu meiner Rechten, Gabriel zu meiner Linken, Uriel vor mir, Raphael hinter mir stehen! Über meinem Haupte aber sei Gott anwesend!»

Satan

Der Begriff des Satans drang aus persischem Gedankengut in die jüdische Glaubenswelt ein. Der Perser ZARATHUSTRA oder ZOROASTER (etwa 660–583 v. d. Z.) glaubte an einen Widerstreit zwischen Licht und Finsternis, Gut und Böse durch alle Zeiten hindurch, bis schließlich Gott, das Licht der Welt, über die Mächte der Finsternis und des Bösen triumphieren werde. Für ZARATHUSTRA ist Gott umgeben von einer himmlischen Heerschar, den Engeln, und Gottes Widersacher, der Satan, von seinen Kreaturen des Bösen.

Die Juden bekämpften diese Form des Dualismus. Der ZWEITE JESAJA stellt kategorisch klar: Gott allein bildet das Licht und schafft die Finsternis, macht Frieden gleichwie das Übel (Jesaja 45 : 7). Satan wird degradiert, wird eine Art von Anklagevertreter, wie z. B. im Buch Hiob, wo er seine Anklage gegen HIOB erhebt und von Gott das Recht bekommt, ihn zu prüfen. Nach dieser Episode aber kommt Satan im Buch Hiob nicht mehr vor. Gott bringt die Angelegenheit ins reine und entscheidet über HIOBS Schicksal. Doch auch als Kläger, der nur seine Pflicht tut, wird Satan zurechtgewiesen: Ob er denn kein

Erbarmen habe mit dem Häuflein Israel? «Ist dieses nicht ein Scheit, aus dem Feuer gerettet?!» (Sacharja 3 : 1 ff; Luther: «Ist dieser nicht ein Brand, der aus dem Feuer gerettet ist?»).

Der Begriff Satan hat also im jüdischen Denken nur geringe Bedeutung gehabt. Gott, und ER allein, ist der gnadenreiche, lebendige Schild, Beschützer und Wächter der Juden. Er mag züchtigen, doch bloß aus Liebe, und ER wird erlösen.

Der Messias

Heimgesucht von Unglück, Rückschlägen, Enttäuschungen, unterjocht von Tyrannen, blieben die Juden dennoch überzeugt, daß Gott, der Herr der Geschichte, die Welt dem Heil entgegenführe, und malten sich immer eindringlicher die Zeit aus, in der Friede und Brüderlichkeit herrschen würden und nichts sie mehr daran hindern könnte, sich ihres LANDES zu erfreuen und Gottes Ruf durch die Mitzwah von ganzem Herzen zu entsprechen. Der Tag, an dem diese Zeit anbräche, wäre der Tag des Messias. Wie DAVID einst Israels idealer König gewesen war, so würde sein Nachfahr eine vollkommene Gesellschaftsordnung errichten. JESAJAS Utopie, jene künftige Zeit, da der Wolf beim Lamme gastet und das «Reis aus dem Strunke Jischajs» (Jesaja 11; Luther: «eine Rute von dem Stamme Isais») gerecht herrscht, wurde sowohl als Ziel wie auch als Forderung in die Zukunft verlegt. Laut MALEACHIS Weissagung wird diesem Messias, dem Gesalbten Gottes, ELIA, der Prophet, vorangehen, der nie gestorben, sondern leibhaftig gen Himmel aufgefahren war (2. Könige 2 : 11–12). ELIA war ein Feind jeglichen Kompromisses, ein Vorkämpfer der Redlichkeit gewesen; er würde dann die Einheit der Liebe zwischen den Generationen schaffen, die erst die Herbeikunft des messianischen Zeitalters ermögliche (Maleachi 3 : 23–24).

Für den Judenglauben ist die Vorstellung vom messianischen Zeitalter schon immer grundlegend gewesen und gab ihm die außerordentliche Triebkraft, sich dem Gedanken der sozialen Gerechtigkeit zu widmen.

Wann kommt der Messias? «Heut noch, hört auf seine Stimme ihr nur» (Luther: «Heute, so ihr seine Stimme höret»), zitieren zur Antwort die Rabbinen aus Psalm 95 : 7. MAIMONIDES warnt vor allen eschatologischen Voraussagen. Die Zeitpunkte, die sich die Menschen für die Herbeikunft des Zeitenendes ausrechneten, werden, so sagt MAIMONIDES, sämtlich verstreichen, ohne daß sich die Weissagungen erfüllten. Das Ende ist verborgen. Spekulationen darüber haben die Rabbinen untersagt. «Denn noch ist es Schau auf die Frist, doch es haucht dem Ende zu, es täuscht nicht, wenn es zaudert, harre sein, denn kommen, kommen wirds, es bleibt nicht aus» (Habakuk 2 : 3; Luther: «Die Weissagung wird ja noch erfüllt werden zu seiner Zeit und wird endlich frei an den Tag kommen und nicht ausbleiben; ob sie aber verzieht, so harre ihrer; sie wird gewiß kommen und nicht verziehen»). Das Zeitalter des Messias ist also kein Gegenstand für Berechnungen, sondern eine ewige Aufgabe, die uns aufgibt, ihm entgegenzuwachsen. Was wird dieses Ende sein? Wieder antwortet MAIMONIDES:

«Die Welt wird nicht ihre gewohnte Ordnung ändern, doch Israel wird in Sicherheit leben, und die Menschheit wird erkennen, daß der wahre Glaube sie abhalten wird, Krieg zu führen und Zerstörung über die Länder zu bringen. Israel wird zwar nicht über die übrige Menschheit herrschen und erhöht sein, aber es wird ungestört die Torah befolgen, studieren und deren Mitzwoth erfüllen können. In der Welt wird es keinerlei Kriege mehr geben. Die ganze Menschheit wird in Frieden und Wohlstand leben, und alle werden nach jenem Wissen streben, das nur Gott schenken kann» (Mischneh Torah XI, XII).

Die orthodoxen Juden glauben an einen leibhaftigen Messias, der als Mensch tatsächlich dereinst kommen werde. Die reformierten Juden fassen das messianische Zeitalter als das Symbol einer Zukunft auf, in der die ganze Menschheit brüderlich geeint leben wird. Der neuzeitliche Philosoph HERMANN COHEN hat zwar den Glauben an einen personhaften Messias aufgegeben, sieht aber den Messiasgedanken als die mächtigste Triebfeder der Geschichte und den bedeutendsten Beitrag des Judentums für die Zukunftsvision der ganzen Menschheit an. COHEN sagt:

«Die Zukunft, welche die Propheten im Symbol des Messias vorzeichnen, ist die *Zukunft der Weltgeschichte.* Sie ist das Ziel, sie ist der *Sinn* der Geschichte ... Und die Menschen selbst sind es, welche dieses Zeitalter des Messias herbeizuführen haben. Das Ideal des menschlichen Daseins, der Individuen wie der Völker, die Zukunft des Messias müssen die Menschen der Kultur erst denken und ersehnen lernen *in der Zukunft des Menschengeschlechts.* Die Verwirklichung der Sittlichkeit auf Erden, ihrer Aufgaben und ihres ewigen Zieles, dies und nichts anderes bedeutet uns die Idee des Messias. Dem geschichtlichen Leben der Menschen und der Völker, ihrem Recht und ihren Staaten gibt die Idee des Messias die neue Verfassung des ethischen Ideals. *Das Reich des Messias, das ist das Gottesreich.* Nicht ein persönlicher Herrscher ist der Messias in jener Zukunft, nicht ein Heros, aber der Geist Gottes ruht auf ihm, und er bringt den Völkern das Recht» (Jüdische Schriften III, S. 173 ff).

Die Bedeutung der messianischen Idee im Judenglauben kann kaum überschätzt werden. Von der christlichen Idee unterscheidet sie sich, weil sie auf die Zukunft gerichtet ist. In Zeiten der Prüfungen hat sie den Juden als Stütze und Ansporn gedient, hinzuwirken auf die Herbeiführung des Reiches Gottes auf Erden, nicht um der Juden, sondern um der ganzen Menschheit willen.

Auferstehung

Viele, die fromm und voll Hingabe an diesem großen Vollendungswerk der Geschichte mitarbeiten, werden sterben, ehe es vollbracht ist. Sollten sie ohne Lohn für ihre Mühe ausgehen? Dergleichen Überlegungen mögen zum Glauben an eine Auferstehung geführt haben. DANIEL (12 : 2) spricht vom Erwachen derer, die im Staub schlafen, einige zur Belohnung, zum ewigen Leben, andere zur Strafe hin. In den fünf Büchern Moses kommt dieser Gedanke nicht vor, doch die Pharisäer glaubten so fest an die Auferstehung, daß sie des MOSES Lobgesang am Roten Meer (2. Mose 15 : 1) auslegten, als handelte er nicht nur von der Errettung, die dem Volk Israel damals gerade widerfahren war, sondern verwiese auch auf das Künftige. «Damals sangen Mosche und die Söhne Jissraels ...», dieses Satzstück kann dem eigentümlichen Bau der Zeitformen des hebräischen Zeitworts gemäß genausogut auch: «Dann *werden* Mosche und ... singen» bedeuten. Diese zweite Deutung soll, rabbinischem Kommentar zufolge, aber auf den Tag ihrer Auferstehung hinweisen.

Gleichwohl hat das Judentum sich mit der Frage nach der Auferstehung nicht übermäßig beschäftigt. Die reformierten Juden lehnten sie einst ab. Und hinsichtlich einer Strafe behaupten die Juden mit HILLELS Worten, daß Gott ja viel zu barmherzig sei, als daß ER wegen der irdischen Verfehlungen schwacher Menschen zu ihren Lebzeiten diesen ewige Strafen auferlegen würde. ER wird allen Menschen gnädig sein.

Die künftige Welt

Die Judenreligion glaubt nicht nur, daß jedem Menschen von Gott die Seele in völliger Reinheit geschenkt wird, sondern auch daran, daß es ein *Olam Haba*, die zukünftige Welt gibt. Olam Haba ist nicht dasselbe wie die Messiaszeit oder die Auferstehung, sondern sie ist das Geborgensein der Seelen in Gottes ewiger Wohnung, immerdar. Dort werden die Seelen die Freuden ihres Naheseins bei der göttlichen Herrlichkeit teilen.

Doch wiederum warnt MAIMONIDES davor, sich irgendein Bild von diesem zukünftigen Zustand zu machen. Da wir Gott nicht erkennen, wissen wir nicht, was ER mit uns vorhat. Der Judenglaube verschwendet jedoch nicht allzu vieles Nachdenken an die Frage der ‹Erlösung› der Seelen. «Alle Israeliten werden der künftigen Welt teilhaftig werden.» «Alle Gerechten der Völker der Welt werden an der zukünftigen Welt Anteil haben.»

Der Gedanke an eine vorübergehende Bestrafung oder ein Fegefeuer ist dem Judenglauben nicht fremd. Dadurch sollen die Sünden unseres Aufenthalts auf Erden gesühnt werden (an jedem Sabbath finden die Sünder jedoch Ruhe). Unsere Menschenaufgabe haben wir aber jetzt und hier zu leisten. Sorgen wir uns lieber um das, was jetzt zu tun ist, und lassen es Gottes Sorge sein, unsere allerletzte Zukunft zu bestimmen.

Symbole

Ein Symbol ist ein sichtbarer Gegenstand oder eine Handlung, die eine Botschaft übermittelt, die über sich hinausweist. Jede Mitzwah ist in einem gewissen Sinn ein Symbol. Sie bedeutet Anwesenheit Gottes, dem wir auf Seinen Anspruch antworten, und bindet uns an die Gemeinschaft Israels in Vergangenheit, Gegenwart und Zukunft. Sie verweist auf die Torah, die ihr zugrunde liegt, und offenbart die Heiligkeit des Lebens. Nachstehend seien einige besondere Symbole erwähnt:

Die *Menorah*, das ist der siebenarmige Leuchter, der einstmals, wie es in der Torah verfügt ist, als Lampe im Heiligtum zu dienen hatte und heutzutage das Wappen des Staates Israel bildet. Eine siebenarmige Menorah erschaut SACHARJA in einer Vision und vernimmt dabei die Rede: «Nicht durch Macht und nicht durch Kraft, sondern durch Meinen Geistbraus» (werdet ihr euch durchsetzen und Geltung verschaffen) (Sacharja 4 : 6; Luther: «Es soll nicht durch Heer oder Kraft, sondern durch meinen Geist geschehen ...»). Die sieben Arme sollen die sieben Weltrichtungen darstellen: Ost, West, Nord, Süd, Oben, Unten und den Standort des Menschen selbst. Alle sieben müssen vom Licht des heiligen Geistes erleuchtet werden.

Die Fenster des einstigen Tempels waren so angelegt, daß nicht das Tageslicht von außen ins Innere des abgegrenzten Weihebezirks hereinfiel, sondern das Leuchten der Menorah aus dem Heiligtum hinausdrang. Die Menorah bedeutet die Erleuchtung, die von Zion ausgehen soll; sie versinnbildlicht Israels Funktion, ein Licht für die Völker zu sein; sie blickt auf jenen künftigen Tag, da die ganze Menschheit im Lichte Gottes wandeln wird, und ist dem Juden Gewähr dafür, daß er mit Hilfe des Geistes Gottes sich gegen alle Mächte des Mißgeschicks durchsetzen wird. Die Menorah ist das Sinnbild der geschichtlichen Sendung Israels und der Errettung der Welt, sobald diese bereit sein wird, sich jener geistigen Erleuchtung zu öffnen, die ausgeht von Gott, der überall ist und der an jeweiligem Ort und in allen Lebensverhältnissen des Einzelmenschen, und zwar eines jeden Einzelmenschen, seine Erleuchtung gibt.

Der *Magên Dawid*, der Schutzschild DAVIDS, ist ein sechszackiger Stern. Ob DAVIDS Schild diese Sterngestalt hatte, weiß man nicht. Als Symbol trat DAVIDS Schild später als die Menorah in Erscheinung. In der Synagoge zu Kapernaum am See Genezareth (2. Jh. n. d. Z.) hat die Menorah als Symbol den zentralen Platz inne, während Magen Dawid nur nebenbei zur Geltung kommt. Ursprünglich mag der Stern ein Zauberzeichen zur Abwehr böser Geister, ähnlich wie der Fünfzackstern, dessen man sich im Mittelalter zum selben Zweck bediente, gewesen sein. (Siehe GOETHES ‹Faust›: «Das Pentagramma macht mir Pein», sagt Mephistopheles, den es von Fausts Stube ausschließt.) FRANZ ROSENZWEIGS Erklärung dieses Symbols (‹Der Stern der Erlösung›, s. o. S. 82) ist reich an poetischer Bedeutung. Die sechs Zackenspitzen sollen Gott-Welt-Mensch und Schöpfung-Offenbarung-Erlösung bedeuten. Die Strahlenlinien sollen den Weg bedeuten, der zunächst je drei dieser Begriffe, sodann alle sechs zu ewiger Einheit verbindet. Der aus zwei ineinanderverschachtelten Dreiecken aufgebaute Stern wird das Symbol des Zieles (das messianische Zeitalter) und zugleich des Weges dahin: die Vereinigung der sechs Grundbestandteile, welche Vereinigung die Menschheit zu leisten habe und zu der das Judentum aufrufe.

Die Kopfbedeckung: Die Sitte, einen Hut zu tragen, ist ein spätes Symbol. Viele Jahrhunderte lang war dieser Brauch nicht fest verwurzelt. Er könnte bedeuten, daß «Gottes Herrlichkeit ihren Ort in der erhabenen Höhe hat» und ich mich angesichts ihrer demütig bedecke, gleichsam um auszudrücken, daß ich weiß, wie beschränkt der Menschengeist ist (Kidduschin 31 a). Das Huttragen könnte jedoch auch Symbol jüdischer Selbstachtung und Hoffnung sein. Dem Juden des Mittelalters nötigte die Welt einen grotesken hornförmigen Spitzhut auf, um das dämonische Wesen des Juden zu versinnbildlichen: als Sohn des Teufels hatte der Jude Hörner zu tragen. Weil der Jude jedoch auch damals nie an Gottes Liebe noch daran zweifelte, daß er, sobald erst der Tag des Messias anbräche, erlöst werde, trug er ihn voll Stolz. Zunächst pflegte er den Hut nur während des Gottesdienstes aufzubehalten, späterhin trug er ihn immer. Aus Gottes Sicht sei er ja ein Fürst, und wie ein Fürst dürfe er sein Haupt auch in Gegenwart des Königs der Könige bedeckt lassen. Je schlimmer die Umwelt die Juden entwürdigte, desto mehr griff unter ihnen der Brauch des Huttragens um sich. Als Symbol der Selbstachtung war das Huttragen echte Mitzwah, die Gottes Anwesenheit, Torah und Gottes Gebote in sich begriff und eine ständige Verheißung der Erlösung darstellte.

Als Symbol der Selbstachtung und Bestätigung menschlicher Würde und menschlicher Rechte hat der Hut oder das Käppchen, das oft auch *Jarmulke* genannt wird, erst jüngst wieder große Bedeutung gewonnen. In ihrem Kampf um bürgerrechtliche Gleichstellung fanden die Neger der Südstaaten die Unterstützung vieler Weißer, die eigens aus allen Gegenden der USA herbeireisten, um sich den Protestmärschen und Demonstrationszügen anzuschließen und zu helfen, wo und wie sie nur konnten. Unter den weißen Mitdemonstranten befanden sich viele Geistliche, darunter auch Rabbiner. Da die Geistlichen der verschiedenen christlichen Bekenntnisgemeinschaften an ihrer klerikalen Tracht deutlich zu erkennen waren, beschlossen die Rabbiner, die sonst in Zivil gehen, zu dieser Gelegenheit *Jarmulkes* aufzusetzen, damit man sie erkenne. Instinktiv erfaßten die Neger diese Art Kopfbedeckung als ein Symbol der Freiheit und wollten sogleich solche Kappen auch für sich haben, so daß die Rabbiner ihnen nachher tatsächlich Hunderte davon in den Süden schickten. So bestätigte sich in unseren Tagen erneut und kraftvoll die symbolische Bedeutung des Hutes.

III. DAS LEBEN ALS MITZWAH

9. Das Gebet und das Haus des Herrn

Seinem eigentlichen Wesen nach soll das Leben in seiner Ganzheit ein Zeugnis vor Gott sein, eine alles umgreifende Mitzwah, durch die Gott offenbar gemacht und das Volk Israel erhalten wird. Deutlich spricht das der ‹*Schulchan Aruch*› aus:

«Morgens beim Aufstehen soll sich der Mensch, um seinem Schöpfer dienen zu können, löwenstark machen. (Dazu merkt Rabbi Moses Isserles an: Das Wort: ‹Ich hege IHN mir stets gegenüber› [Psalm, ‹Preisung›, 16 : 8; Luther: ‹Ich habe den Herrn allezeit vor Augen›] ist einer der Hauptgrundsätze der Torah, eine der Tugenden des Rechtschaffenen, der allezeit vor IHM wandelt ... ‹Der Mensch nehme sich zu Herzen, daß der große König, Gott, dessen Ruhm und Herrlichkeit die ganze Erde erfüllt, über ihm steht und über alle seine Taten wacht. ... Das Wissen darum wird den Menschen sofort mit Ehrfurcht, Demut und heiliger Scheu vor IHM, dessen Name gelobt sei! erfüllen. ... Nie schäme sich der Mensch vor denen, die seiner spotten, weil er Gott – Sein Name sei geheiligt – dient› [Orah Hajim 1 : 1].

Kann er ohne Mittagsschläfchen nicht weiterstudieren, dann soll er eben sein Schläfchen machen, nur nicht allzu lang es ausdehnen ... Auch bei etwas derartig Geringfügigem soll er nicht darauf aus sein, seinem Leib Lust zu verschaffen, sondern seinen Leib DEM, dessen Name geheiligt sei! wieder dienstbar zu machen. Gleiches gilt für alle Genüsse und Freuden hienieden. Der Mensch ziele nicht auf Lust ab, sondern darauf, seinem Schöpfer, dessen Name geheiligt sei, zu dienen, wie es ja auch geschrieben steht: ‹IHN erkenne auf all deinen Wegen› (Sprüche Salomos, ‹Gleichsprüche›, 3 : 6; Luther: ‹gedenke an ihn in allen Deinen Wegen›), zu welchem Spruch unsere schriftgelehrten Weisen anmerkten: ‹All dein Tun sei um des Himmels willen getan› (Abot 2 : 12). Sogar das weniger durch Vorschriften reglementierte Tun des Menschen wie Essen, Trinken, Gehen, Sitzen, Stehen, Geselligkeit, Geschäftsverkehr, Beischlaf, Reden und alle unumgänglichen Leibesbedürfnisse sollten so eingerichtet werden, daß sie zum Dienst an seinem Schöpfer werden, oder doch zu einem Mittel zum Zweck des Dienstes an IHM (Orah Hajim 231 : 1).»

Wir dürfen ohne weiteres zugeben, daß ein solches Leben für den Durchschnittsmenschen undurchführbar ist. Wir müssen im Auge behalten, daß Mitzwah, als der ‹*Schulchan Aruch*› verfaßt wurde, *die* Grundlage des Judentums schlechthin geworden war. Seine Weisungen wurden zu Richtlinien und Zielsetzungen für jegliches Tun und zu Maßstäben, mit deren Hilfe der tägliche Rhythmus beurteilt werden kann. Hinzuweisen ist darauf, daß ausnahmslos alles und jedes Mitzwah sein kann und es den Zwiespalt von Geist und Fleisch nicht gibt. In allem kommt es allein auf die Absicht an. Auch Geschlechtliches kann Mitzwah sein, während bloßes Ausruhen z. B. unter bestimmten Umständen nicht mehr als eine Mitzwah gelten darf.

Da allem zwischen Freud und Leid ein Sinn im Rahmen von Gottes Plan gegeben werden muß, ist es unerläßlich, daß der Mensch seine Handlungen bewußt vollzieht; denn nur dann werden sie Mitzwah werden.

Die Berachah (Segen)

Die Rabbinen des Talmud setzten deshalb fest, daß jeglicher Handlung die ausdrücklich ausgesprochene Bekräftigung vorherzugehen habe, dies werde ‹um des Himmels willen› getan, und jede Lebensbefriedigung in Anbetung ihres Schöpfers zu genießen sei. So wurde ein Einheitsgebet formuliert, damit der Jude das Dankgefühl seines Herzens in ein durchgestaltetes Gewand kleiden könne. Diese Einheitsformel ist die *Berachah*, die Segensformel. Der Psalmist hat sie verwendet: «Gesegnet seiest du, DU, lehre mich deine Gesetze!» (Psalm, ‹Preisung› 119 : 12; Luther: «Gelobet seist du, Herr, lehre mich deine Rechte!»).

Der Talmud lehrt:

«Über Früchten, die auf Bäumen wachsen, sagt man (ehe man sie ißt): ‹Gesegnet seist DU, Gott unser Herr, König der Welt, der DU die Früchte der Bäume erschufst› ... Über Wein sagt man: ‹Gesegnet ... der DU die Früchte der Rebe erschufst› ... Vor dem Essen der Früchte des Ackerbodens sagt man: ‹Gesegnet ... der du die Früchte des Ackers schufst›. Über dem Brot spricht man: ‹Gesegnet ... der du das Brot aus der Erde hervorbringst›. Über allem sonst, was nicht aus der Erde erwächst, sagt man: ‹Gesegnet ..., kraft dessen Wort alles geschaffen wurde› ... Nach einer Mahlzeit soll jeder Tischgenosse Dank sagen (Mischnah Berachoth 6 : 1, 3, 6).

Wenn ein Komet seine Bahn am Himmel zieht, bei Erdbeben, Donner, Sturm, Blitz, angesichts von Gebirgen, Hügeln, Meeren, Flüssen, Wüsten (soll der, der solches wahrnimmt, einen Segen sprechen) ... Wenn es regnet, und beim Erhalt erfreulicher Nachrichten sagt man: ‹Gesegnet ..., der du gut bist und Gutes tust›. Erhält man schlechte Nachrichten, dann sagt man: ‹Gesegnet ... der wahre Richter› ... Es ist des Menschen Pflicht, Gott zu loben für die Übel, die ihm zustoßen, dabei aber Gutes heimlich in sich bergen, und Gott zu segnen für das Gute, das ihm widerfährt, auch wenn es heimlich Übles in sich birgt ... Hat der Mensch sich ein neues Haus erbaut, neue Kleider gekauft, dann soll er sprechen: ‹Gelobt ... der du uns am Leben erhalten, aufrechterhaltend ernährt und bis auf den heutigen Tag geführt und durchgebracht hast› (Mischnah Berachoth 9 : 2, 3, 5).»

Des Menschen Gedanken kreisen also unablässig um Gott. Die Welt gehört recht eigentlich dem Herrn, wie auch ihre Fülle. Was der Mensch besitzt, mag zwar rechtlich ihm gehören, im Grunde genommen gehört es aber Gott. Die Berachah ist des Menschen Bitte an Gott, ihm die Benutzung dieser Güter zu erlauben, und zugleich des Menschen Gelöbnis, sich dieser Güter nur zum Ruhme Gottes zu bedienen, auf daß Gott offenbar gemacht werde. Das Leben in seiner Ganzheit wird so zum Gottesdienst. Es ist Mitzwah.

Wenn wir die Eigenart und den Zweck der Berachah verstehen, können wir zu einem Verständnis des jüdischen Gebets überhaupt gelangen, da es sich auf der Berachah aufbaut.

Das Gebet und sein Aufbau

Beten ist weniger ein Bitten als vielmehr ein Jasagen zu Gott. Das Bitten darin tritt erst in Gestalt eines Anhängsels hinzu. Wir kennen die Größe und Allmacht Gottes; wir sagen ja zu Seiner Liebe; deshalb und weil wir um Seine Macht und Barmherzigkeit wissen, bringen wir unser Anliegen zu IHM in dem Vertrauen, daß Seine Antwort auf unser Flehen stets zu unserem Besten sein wird, gleichviel, ob wir es fassen können oder nicht. Viele Bittgebete beginnen mit: «Möge es Dein Wille sein!», womit gemeint ist: wenn es nicht Dein Wille ist, dann geschehe *Dein* Wille, nicht der *unsere*, denn *Dein* Wille ist gut. Das Gebet darf deshalb nicht als ein Herunterleiern von Worten dargebracht werden, sondern soll ein aus der Tiefe des Herzens emporströmendes Flehen sein (Berachoth 4 : 4), unterstützt durch die *Kawwanah*, die Abgestimmtheit des Herzens. Das Beten soll aber auch kein immerzu wiederholtes, zuchtlos schwärmerisches Anrufen Gottes sein, weil das billig wäre und es Gott gegenüber an Achtung fehlen ließe (Tanhuma). Nur dann dürfen wir uns im formalen Gebet an Gott wenden, wenn wir uns zuvor darauf eingestellt haben durch die Meditation. Nur so kann das Gebet seine Funktion erfüllen, die darin besteht, uns in Fühlung mit Gott zu bringen und uns wieder mit uns selbst einswerden zu lassen dadurch, daß wir Seelenkonflikte durch vollkommenes Aufgehen in Gott lösen.

Dies gilt namentlich für formales, vorartikuliertes Gebet. Für jeden Wochentag setzt das jüdische Gesetz dreierlei Gebete fest: *Schacharith*, das Morgengebet, *Minchah*, das Nachmittagsgebet, *Maariv*, das Abendgebet. Hinzu kommt für Feiertage ein besonderes Gebet, der *Mussaf* (Zusatzgebet), das zum Nachdenken über die Bedeutung des Tages anregt. Diese Gebete sind zumindest in ihrem Hauptgehalt für das ganze Jahr einheitlich: Morgen-, Nachmittags- und

Abendgebete bleiben tagtäglich dieselben. Und das hat seinen guten Sinn: das festgesetzte Gebet gibt vor allem die Gefühle des einzelnen besser wieder, als er es mit eigenen Worten könnte. Es dient ihm als Träger für seine eigenen Gedanken und ermöglicht ihm doch, die vertrauten Worte mit immer neuem Inhalt zu füllen. Überdies entspricht die ständige Wiederholung der gleichlautenden Gebete dem ewigen Lauf der Zeit, dem endlos sich immer wieder erneuenden Umlauf von Sonnenaufgang zu Sonnenuntergang. Zwar verleiht der Betende den immer gleichbleibenden Gebetsworten einen immer wieder gänzlich neuen Sinn, doch weist ihn der unveränderliche Wortlaut ständig neu darauf hin, daß das Leben zwar einförmig dasselbe bleibt, jedoch nicht zur Routine werden darf, ein Tag zwar auf den anderen folgt, doch ein jeder Tag eine neue Schöpfung ist, die an den Beter den Anspruch stellt, sich in Geist und Tat zu erneuern und nie sein Staunen zu verlieren angesichts des Wunders, das in dem Wohlgeordnetsein der Natur zutage tritt.

Vor Gott wird jeglicher Augenblick des Lebens zu einem Wunder. An IHM gewinnen wir Stärke. Das Wissen, daß ER ist, schenkt uns Hoffnung. Alles, was lebt, verherrlicht IHN, ist Zeuge Seiner Schöpfermacht. In diesem Geist müssen wir die vorgeformte Gottesverehrung zu begreifen suchen.

Von den drei Gebeten finden das Morgen- und das Abendgebet in dem *Schema,* dem «*Höre* Jissrael, ER unser Gott. ER Einer . . .» (5. Mose, ‹Reden›, 6 : 4–9) ihre Quelle: Sprecht jeden *Abend* und jeden *Morgen* die Worte vom Einssein Gottes und vom Aufruf zur Liebe. Das Morgengebet macht uns bereit für den Weg ins Leben, das Abendgebet heißt uns Rechenschaft ablegen. Das Nachmittagsgebet spricht man zu eben der Stunde, da einstmals im Tempel das Nachmittagsopfer dargebracht wurde; es mahnt uns, eine Ruhepause zu machen und nachzudenken: wieviel haben wir geleistet, worin haben wir gefehlt und was können wir noch tun, um unser Tagwerk zu einer Mitzwah zu machen?

Unser Hintreten vor Gott im Gebet könnte man mit einer Audienz bei einem König vergleichen. Sein Aufbau legt diesen Gedanken nahe.

Schacharith (das Morgengebet)

1. Beim Aufstehen bereitet sich der Mensch voll Dankbarkeit dafür, daß ihm wieder neue Kraft zugewachsen ist, auf die Andacht vor. Schon während er seine Kleider anzieht, wird er der Güte und Wohltaten Gottes, der ihn ja kleidet, nährt, ihm neue Leibeskraft schenkt, inne.
2. Durch Meditation und das Sprechen von Psalmen bringt sich der Betende in Harmonie mit der zu vollziehenden religiösen Handlung.

3. Die Einzelnen bilden nun eine Gruppe, um zum König zu gehen. Öffentliches Beten wird eingeleitet mit dem mahnenden Aufruf zum Gebet: «Segnet den Herrn, dem alles Segnen zukommt.» Die Gemeinde antwortet: «Gesegnet sei der Herr, dem alles Segnen zukommt, bis in alle Ewigkeit.»

4. Das Volk bestätigt Gottes Größe, Liebe und Majestät:

ER ist der Schöpfer des Tages und der Nacht, der Herr der Natur; ER ist der Ursprung aller Weisheit, ER, der Seine Torah Seinem Volk gegeben hat.

ER ist Einer. ER fordert unsre Liebe: Das Schema Jissrael (‹Höre Israel›) wird gesprochen.

ER ist der Gott der Geschichte, der uns von allen Feinden errettete und der ganzen Menschheit helfen wird.

5. Im Vertrauen auf IHN tragen wir IHM unsre Bitten vor, erflehen Weisheit, Gesundheit, Vergebung unsrer Sünden, unser täglich Brot und die Wiederherstellung Seines Reiches. Zu Beginn und zum Schluß aber rühmen und verherrlichen wir IHN. Dieses Gebet, die *Amidah,* spricht die Gemeinde stehend. Zunächst wird das Bittgebet in leiser Andacht dargebracht, sodann vom Vorleser wiederholt, wobei dieser, beim Morgen- und Nachmittagsgottesdienst, an einer bestimmten Stelle jene Heiligung einfügt, die Gottes Erhabenheit preist: «Heilig heilig heilig ist der Herr der Heerscharen, die ganze Erde ist erfüllt von seiner Herrlichkeit.» Dann stimmt die Gemeinde feierlich im Chor in diesen Ruf ein. Der Wortlaut der Schlußbitte ähnelt sehr dem des Glaubensbekenntnisses, welches beginnt mit: *«Schema Jissrael, Adonai Elohenu»*: «Höre Jissrael, ER unser Gott» (Luther: «Höre Israel, der Herr unser Gott»). Das Bittgebet dagegen fängt an: *«Schema kolenu, Adonaj Elohenu»*: «Hör unsere Stimme, oh Herr, unser Gott ... und erhöre gnädig unsre Bitte!» Dasselbe rhythmisch reimende Versmaß, worin sich unser rühmendes Bekenntnis zu IHM ausdrückt, bringt auch unser Flehen zur Sprache, denn unser Flehen entströmt unserer Anerkenntnis Seiner und ruft ganz einfach gegenseitige Liebe hervor.

6. Der Einzelmensch bekennt seine Sünden im vollen Wissen darum, daß er in Wahrheit unwürdig ist, Gott um etwas zu bitten, geschweige denn verdiene, in den Genuß der göttlichen Gnade zu kommen, die er erflehte.

7. Nun vernimmt die Gemeinde das Wort des Königs. Aus der Torah wird an bestimmten Tagen der Woche und an besonderen Feiertagen vorgelesen.

8. Mit einem abschließenden Bekenntnis zu Gott und einem Gedenken der Abgeschiedenen (auf daß die Erinnerung an sie uns leite) findet der Gottesdienst sein Ende.

Minchah, das Nachmittagsgebet, ist nur kurz. Da das *Schema* nur zu sprechen ist, «wenn du dich niederlegst und wenn du aufstehst», also abends und morgens, fällt es im Nachmittagsgebet aus. Auf die erforderliche Gebetsstimmung stellen wir uns dadurch ein, daß wir den Psalm 145, worin es heißt, daß «ER gütig ist allem», nachsprechen. ER erhält uns am Leben: dessen seien wir eingedenk, einerlei, ob der Tag bis dahin uns glückte oder mißriet. Anschließend wird die *Amidah* gesprochen und wiederholt. Sündenbekenntnis und Bekenntnis zu Gott beschließen die Andacht.

Maariv, das Abendgebet, gleich dem Morgengebet mit einem Psalm eingeleitet, beginnt mit dem Aufruf zur Andacht. Man rühmt Gott als den Schöpfer der Nacht, den Urheber der Torah, den Urquell aller Weisheit. Dann spricht man das Schema, rühmt Gott ehrfürchtig als den Herrn der Geschichte, spricht dann ein besonderes Gebet, worin um Schutz in der Nacht gefleht wird, und sagt still für sich die Amidah auf. Das Bekenntnis zum Glauben an Gott beschließt die Andacht.

Ein Gebet beim Zubettgehen beendet den Tageslauf.

An Sabbath- und Feiertagen fallen sämtliche Bittgebete aus: weil er an solchen Tagen in Gottes Frieden geborgen ist, soll der Jude so lange all seine Sorgen vergessen. Auch das Sündenbekenntnis läßt man aus. Nichts, nicht einmal das Wissen um unsere Sündhaftigkeit, soll die Freude über den Tag Gottes trüben.

An Freudenfesten rezitiert die Gemeinde aus Dankbarkeit für Gottes besondere Hilfeleistungen den *Hallêl,* Loblied, Psalm 113–118.

Mussaf (Zusatzgebet): dies ist, wie der Name sagt, ein Gebet, das zur Erinnerung an den Gottesdienst, wie er einst im alten Tempel abgehalten wurde, an heiligen Tagen zugefügt wird. Es folgt auf das Verlesen der Torah und bringt den besonderen Anlaß zum Ausdruck.

Die Gebete werden nicht einfach vorgelesen, sondern in einer Art Rezitativ vorgetragen. Dieser Brauch ist uralt. Das Vortragen der Torah und Haftarah hält sich an ein vorgeschriebenes Muster von Tonarten, das der Vorsänger beherrschen muß. Zwar kann jeder Jude, der dazu die nötige Befähigung mitbringt und moralisch einwandfrei ist, als ‹Abgesandter der Gemeinschaft› (der für sie spricht), als Vorbeter dienen; doch weil die Juden immer äußerst musikliebend waren, verlangten sie ausgebildete Vorsänger mit guter Stimme, die fähig sein mußten, aus den Worten Sinn und Bedeutung herauszuholen, der Sehnsucht des Herzens voll Ausdruck zu geben und die jeweilige Botschaft eines besonderen Tages musikalisch darzubieten. So bildete sich ein reicher Bestand liturgischer Musik heraus. Jeder Feiertag hat sein ganz besonderes Leitmotiv. Diese Kompositionen wurden oftmals durch den Musikgeschmack der profanen Umwelt beeinflußt. Heutzutage z. B. schreiben führende jüdische Tonsetzer liturgische Musikwerke in modernen Ausdrucksformen.

Das Gebetbuch (Siddur)

Morgens sind zwei [Berachoth] vor [dem Schema] und eine nach [dem Schema], abends zwei vor [dem Schema] und zwei nach [dem Schema] zu beten (Berachoth 1 : 4).

Wir sahen, daß diese formale Anordnung immer noch befolgt wird, und können daran das hohe Alter des formalen, ritual-jüdischen Gebets erkennen. Der Text ist tatsächlich sehr alt: der *Tradition* zufolge geht der Ursprung seiner Kernteile auf Esra und seine Zeitgenossen und unmittelbaren Nachfolger zurück, eine Gruppe von bis heute noch nicht festgestellten Lehrmeistern, die ‹Die Männer der Großen Versammlung› hießen. Das Gebetbuch ist mithin nach der Bibel das älteste noch ständig benutzte literarische Werk der westlichen Welt, und beide sind jüdischen Ursprungs. Die bis dahin mündlich überlieferten Gebete wurden im 9. Jahrhundert n. d. Z. erstmals schriftlich fixiert und kamen daraufhin im Lauf der Jahrhunderte in vielerlei unterschiedlichen Auflagen mit geringfügigen Abwandlungen heraus.

Man kann sagen: im *Siddur*, dem Gebetbuch, spiegeln sich die Fortentwicklung und das Schicksal des jüdischen Volkes wider. Und die zweierlei Schicksale der sefardischen und aschkenasischen Judenschaft zeigen sich an den voneinander abweichenden Fassungen des aschkenasischen und sefardischen Siddur. Die Unterschiede sind gleichwohl so gering, daß ein in der einen Tradition erzogener Beter kaum Mühe hat, sich im Gebetbuch der anderen Gruppe zurechtzufinden, und ihm die andere Andachtsform genauso vertraut vorkommen kann wie die ihm altgewohnte. Der Kern ist in beiden Ausformungen allezeit gleich geblieben, nur stand es im Mittelalter Dichtern und Vorsängern frei, nach ihrem Belieben, namentlich zum Gottesdienst an Feiertagen, eigene Dichtungen hinzuzufügen. So brachte man Vielfalt in die Einheit und fügte geschickt Neues zum Alten. Erst die Buchdruckkunst verlieh dem Siddur die fürderhin unabänderliche Gestalt. Einmal im Druck festgelegt, konnten die Gebete nur schwer abgeändert werden; so blieben selbst Dichtungen, die sich nur zufällig zur Zeit der Drucklegung der Beliebtheit erfreuten, dem Siddur einverleibt.

Das Gebetbuch der Orthodoxen hat sich durch alle Zeiten hindurch fast unverändert erhalten, obwohl inzwischen moderne Übersetzungen erschienen sind und in einige Ausgaben neuestens eine Reihe zusätzlicher, wahlfreier Lesarten aufgenommen wurde.

Reformanhänger, Konservative und Rekonstruktionisten haben am Siddur gewisse Umarbeitungen vorgenommen, um seinen Inhalt den Bedürfnissen und Weltanschauungen moderner Juden anzupassen. Niemandem sind die Neubearbeitungen ganz geglückt. In keinem der Gebetbücher wurde jedoch das durch die Überlieferung geheiligte Grundschema seiner Anlage umgestoßen.

Es läßt sich nicht leugnen, daß die Verwendung unterschiedlicher Fassungen des Gebetbuchs die Gesamtjudenheit zerspalten hat; doch besteht durch alle Fassungen hindurch immer noch so viel Gleichartigkeit, daß der Siddur nach wie vor ein das Judenvolk in seiner Gesamtheit einendes Band bildet.

Die Gemeinde

Gebete dürfen zwar von jedem einzelnen im stillen Kämmerlein gesprochen werden; doch ist es besser, wenn sie aus versammelter Gemeinde zu Gott emporsteigen. Die Gemeinde ist das Symbol einer von Gott geeinten, IHM Ehrerbietung entgegenbringenden, Sein Wort befolgenden Menschengemeinschaft. Sie weist hin auf eine kräftige, im Angesicht Gottes vereinte Gemeinschaft der Menschheit. Daneben stützt und trägt die Glaubensgemeinde den einzelnen. Jeder Gottesdienstteilnehmer ist Hilfe, Ermutigung und Stärkung für seinen Glaubensbruder. Selbstsucht verliert sich und das Verantwortungsgefühl wächst.

Für eine Gottesdienst-Gemeinde braucht man mindestens zehn Teilnehmer. Diese Mindestzahl, die dem Gottesdienst den Charakter eines *öffentlichen* Gottesdienstes verleiht, heißt *Minjan*, ‹Zahl› (*mna* = zählen). Warum gerade zehn? Diese Festsetzung geht auf älteste Zeiten zurück und gibt uns einen Einblick in die Weise, wie die rabbinischen Verfasser des Talmud die heiligen Schriften auszulegen pflegten: Moses sendet zwölf Männer, um das Land auszukundschaften. Sie kommen zurück. Zehn melden ihm Ungünstiges. Nur zwei sind zuversichtlich, daß Gott Israel helfen werde, den Feind niederzuringen. Die zehn, die sich zum Bösen verschworen hatten, fährt Gott zornig an: «Bis wann dieser bösen *Gemeinschaft*, die da über mich murren?!» (4. Mose, ‹In der Wüste›, 14 : 27; Luther: «Wie lange murrt diese böse *Gemeinde* wider mich?»). Zehn bildeten damals eine Gemeinde von Aufsässigen; so mögen denn zehn sich zusammenfinden, um sich gegenseitig im Geiste des Glaubens und des Gehorsams zu stärken, und dadurch zur gottesdienstlichen Gemeinde werden.

Der *Tallith.* Die Juden des Altertums pflegten, wie die Beduinen heute noch, ein togaartiges Gewand zu tragen, das nur aus einem großen viereckigen Stück Stoff bestand und in das sie sich wie in ein Umschlagtuch hüllten. Es war ihr einziges Kleidungsstück. Damit sie immerzu an Gottes ständiges Zugegensein erinnert würden und bei ihren Alltagsgeschäften nicht vom rechten Weg abkämen, gebot die Torah ihnen, an die vier Ecken des Gewands Fransen wie Quasten zu knüpfen, die bei jedem Schritt hin- und herbaumeln und sie an Gottes Gegenwart gemahnen würden. So sollten sie sich erinnern, daß das Leben eine Mitzwah sein kann und auch sein soll. «ER sprach zu Mosche ... sie sollen sich ein Fransengeblätter machen an die Zipfel ihrer Kleider ... so seis euch zu einem Blattmal: ihr seht es an und gedenkt all Seiner Gebote [Mitzwoth] und tut sie und schwärmt nicht hinter eurem Herzen und hinter euren Augen, hinter denen ihr herhurt, ... und heilig werdet eurem Gott» (4. Mose, ‹In der Wüste›, 15 : 37–41; Luther: «... daß sie sich Quasten machen an den Zipfeln ihrer Kleider ... sollen euch die Quasten dazu dienen, daß ihr sie ansehet und gedenket aller Gebote (Mitzwoth) des Herrn und tut sie, daß ihr nicht von eures Herzen Dünken noch von euren Augen euch umtreiben lasset und abgöttisch werdet ... und heilig sein eurem Gott»). Heute trägt man zwar ein solches Gewand nicht mehr, doch wurde der *Tallith* daraus, ein vierzipfliges Tuch mit *Tzîtzîth*, den Quasten. Man trägt ihn zu Gottesdiensten, die bei Tag abgehalten werden, zu jenen Stunden also, während der die Tzitzith, wie die Torah das festsetzt, ohne Lampenlicht zu sehen sind. Der gottesdienstliche Tallith kann ein großes Gewandstück sein, worin der Andächtige sich ganz hüllen und das er sich sogar über den Kopf ziehen kann, wenn er in völliger Konzentration und Einkehr mit Gott in Verbindung treten möchte; es kann aber auch bloß eine Stola, ein Gebetsumhang sein. Die Stola christlicher Geistlicher ist daraus entstanden. Der Kantor oder Vorbeter trägt den Tallith, während er Gottesdienst hält, auch noch nach Einbruch der Dunkelheit. Symbolisch damit in Mitzwah gehüllt tritt er vor Gott. Der Tallith ist das Kleidungsstück, das den Andächtigen mit einer Hülle aus Verantwortlichkeit umgibt: jeden einzelnen Schritt im Leben muß er in Seiner Gegenwart wandeln.

Die *Tefillin*, Gebetsriemen. «Binde sie als Zeichen auf deine Hand, laß sie als Stirnbänder zwischen deinen Augen sein.» Diese Weisungen aus dem Schema wollen nur besagen, daß der Menschen Tun und Denken durch ihre Liebe zu Gott gelenkt werden. Man nahm das Geheiß jedoch auch buchstäblich, und aus diesem zweiten Verständnis gingen die *Tefillin*, die Gebetsriemen bzw. Phylakterien als gegenständliche Symbole hervor. Ein kleines würfelförmiges ledernes Behältnis, in dem sich Pergamentstreifen mit ausgewählten Torahsprüchen, darunter auch das Schema – alles Worte von Gottes Liebe – befinden, wird an einem Lederriemen befestigt. Diesen schlingt man so um den linken Oberarm, daß der kleine würfelartige Behälter unmittelbar neben dem Herzen liegt. Das freie Endstück des Riemens wickelt man abwärts um Arm und Hand. Eine zweite Lederkapsel, deren Riemen der Kopfgröße angepaßt ist, legt man in ähnlicher Weise an den Kopf. Sein Wort, Seine Liebe umfassen so den Kopf (Sitz des Denkvermögens), das Herz (nach uralter Anschauung Quell alles Wollens) und die Hand (das ausführende Werkzeug des Handelns). Gottes Wort setzt dem Menschen Schranken, zugleich aber richtet es ihn auf.

Tefillin trägt man weder am Sabbath noch an Feiertagen, weil diese Tage von selbst schon genug an Gottes Nahesein gemahnen. Zu viele Symbole könnten den Sinn verdunkeln, dem sie dienen sollen, und zum Selbstzwerk werden statt zum Lenker der Gedanken. Das soll vermieden werden.

Die *Mesusah* (Türpfosten). «Schreibe sie an die Pfosten deines Hauses und in deine Tore!» (5. Mose, ‹Reden›, 6 : 9). Gottes Liebe soll unseren Ein- und Ausgang behüten. An den Türpfosten wird eine kleine Schriftrolle, die *Mesusah*, angebracht, auf der einige der Textstellen, einschließlich des Schema, stehen, die auch in den Tefillin festgehalten sind. So wurde das Schema denen, die aus dem Hause gehen, zum Abschiedsgruß und zur letzten Ermahnung, auf daß sie ihr Leben nach seinen Idealen ausrichten möchten. Das Schema ist dann zugleich aber auch das, was den Heimkehrenden als erster Gruß empfängt und ihm nahelegt, sein Haus und sein Denken und Tun der Weisung Gottes in der Torah zu unterstellen.

Wie die Torahschriftrolle sind auch die Schriftrollen der Tefillin und der Mesusah aus Pergament und müssen wie jene von stenggläubigen Männern, die ihr Leben dieser heiligen Kunst weihen, mit der Hand beschriftet werden. Daneben stellen diese Schreiber, unter Beachtung genauer Regeln, auch die ledernen Behälter und Riemen der Tefillin her. Die Anfertigung des Behälters, in dem die Mesusah untergebracht wird, unterliegt keinerlei Sondervorschriften, so daß man sie seit einiger Zeit in ganz neuartigen kunstvollen Schmuckformen herstellt.

Wir haben gesehen (Kap. 2), daß die Juden als erstes Volk der Antike die kleine Wohnstatt der Gottheit zu einer Versammlungsstätte umgestalteten, in der die Volksangehörigen im Beisein Gottes zusammenkamen, um einander dadurch, daß sie sich in feierlicher Gemeinsamkeit zu IHM bekannten, aufzurichten. Das religiöse Versammlungshaus als Institution ist eine jüdische Erfindung. Ursprünglich wurde es *Proseuchê* (griech., Gebetsstätte) genannt, während das Wort *Synagogê* (griech., Zusammenkunft) damals eher die Volksversammlung als das Versammlungsgebäude bezeichnete. Nach und nach übertrug sich der Ausdruck Synagoge auch auf das Gebäude und gemahnt so die Glaubensgemeinschaft unaufdringlich daran, daß es das versammelte Volk ist, das dem Gebäude erst Sinn und Zweck verleiht. Die Bezeichnung *Tempel* kam erst in neuerer Zeit unter dem Einfluß der Reformbewegung in Gebrauch. Dieser neue Name soll darauf hinweisen, daß die jeweilige Synagoge nun an die Stelle des alten Tempels getreten ist. Im Laufe der Jahre ging dem Ausdruck ‹Tempel› indes diese Nebenbedeutung wieder verloren, so daß man heute ‹Tempel› und ‹Synagoge› als synonyme Begriffe verwendet, ohne noch zwischen ihnen einen sachlichen Unterschied zu machen.

Als der zweite Tempel noch stand, gab es im alten Israel in vielen Gemeinden schon Synagogen neben dem Nationalheiligtum. Die Synagoge fungierte als *Beth ha-Tefilah*: Haus des Gebets, daneben aber auch als *Beth ha-Midrasch*, Haus des Lernens: z. B. war die antike Synagoge zu Kapernaum in Israel mit weitläufigen Schulbauten um die eigentliche Weihestätte her versehen; und schließlich war sie *Beth-Am*, Haus des Volkes, die Versammlungshalle der Volksangehörigen. Diese dreifache Funktion hat man ihr bis auf den heutigen Tag belassen, ja sie seit einiger Zeit sogar zu noch größerer Fülle ausgebaut. Allen Synagogen sind Einrichtungen für den Religionsunterricht angeschlossen. Die meisten sind auch für gesellige Zusammenkünfte in religiöser Atmosphäre eingerichtet.

Obwohl sich die Synagoge in vielen Hinsichten vom Wesen des alten Tempels wegentwickelt hat, hat sie doch etliche seiner baulichen Grundformen in ihre recht andersartige Organisiertheit und Zwecksetzung hinein übernommen. Zugleich brachten unterschiedliche Traditionen und die allgemeine Geschmacksrichtung es mit sich, daß sich die Anlage der Synagoge in ihrem Baustil abwandelte. Der alte Tempel hatte drei Hauptteile: den Hof, wo sich das Volk versammelte, das Heiligtum, wo die Menorah und sonstige Kultgegenstände ihren Ort hatten, und das Allerheiligste; vom Heiligum durch einen Vorhang getrennt, barg es zumindest im ersten Tempel die Bundeslade mit den Tafeln der Zehn Gebote; der Hohepriester betrat es nur einmal im Jahr. Auch die Synagoge besteht aus drei Teilen: 1. Schiff mit Betbänken für die Gemeinde, 2. Kanzelraum, 3. Bundeslade (*Aron ha-Qodèsch*, ‹Lade der Heiligkeit›); in vielen Fällen durch einen Vorhang getrennt, hinter dem die Torahrollen aufbewahrt werden.

Gleichwohl bestehen beträchtliche Unterschiede zwischen den einzelnen Synagogentypen. In den alten, aber auch in vielen orthodoxen Synagogen ragt die *Bimah*, die Kanzel zur Torahvorlesung, frei in der Mitte der Halle auf: zur Lesung wird die Torahrolle dorthin getragen. Das Volk der Gläubigen schart sich mithin genauso wiederum um die Torah, wie es einstmals zusammentrat, als ihm im Anfang am Sinai dieses Gesetz gegeben wurde. In modernen Synagogen steht die Bimah vor der Bundeslade, hauptsächlich aus Gründen der Raumersparnis. Nach altem Herkommen stand der Vorleser des Gottesdienstes der Bundeslade zugewandt auf ebener Erde, wie die Schar der Andächtigen auch, denn er galt nicht als ein Priester, sondern als einer der ihren, ihr ‹Abgesandter›, der mitten unterm Volk stehend die Gebete der Gläubigen Gott darbringt. In konservativen und reformierten Gemeinden steht der Vorbeter, damit seine Rede besser gehört werden, erhöht, mit dem Gesicht den Andächtigen zugewandt. Die Torah erhält einen erhöhten Platz: Stufen führen zur Bundeslade hinauf, wo sie verwahrt ruht, aber auch zu der frei in der Hallenmitte aufragenden Bimah (sofern diese noch beibehalten ist), von der herab die Torah als göttliche Weisung verkündet wird. In manchen modernen Synagogen stehen zwei Vorleserkanzeln, von denen die eine in manchen Fällen höher ist als die andere, an den beiden Seiten des Kanzelraums. Die eine wird zur Torahlesung benutzt, die andere, niedrigere, betritt der Vorleser dann, wenn er die Bittgebete und Huldigungen der Gemeinde darbringt. Torahschrein bzw. Bundeslade und Bimah, die in modernen Synagogen zu einer Einheit zusammengefaßt sind, bilden die Mittelpunkte beim Gottesdienst. Genau wie einstmals im Tempel brennt auch heute noch im Heiligtum ein ewiges Licht. Es ist Sinnbild der Anwesenheit Gottes sowie der von Seinem Wort ausgehenden ewigen Erleuchtung. Auch die Menorah kann wie früher im Tempel Verwendung finden. Daneben gibt es auch noch einen weiteren, unsichtbaren Mittelpunkt des Gottesdienstes: nach Möglichkeit sollen Synagogen so ausgerichtet sein, daß die Gemeinde beim Beten mit dem Gesicht nach Jerusalem gewendet ist. Gott-Volk-Torah-Mitzwah-LAND verschmelzen so zu unauflöslicher Einheit, und das Einssein der fünf kommt symbolisch zum Ausdruck.

Die Eingangshalle zur Synagoge hat man geschaffen, damit die Gottesdienstteilnehmer sich in eine ehrfürchtige Stimmung versetzen können. In der Vorhalle gibt es oft auch noch ein Waschbecken und eine Kanne mit Wasser, damit die Gläubigen, ehe sie die Weihestätte selbst betreten, sich symbolisch die Hände waschen können. (Das Wasser in der Kanne ist kein Weihwasser. Es ist aber möglich, daß das Weihwasserbecken auf diese hebräische Einrichtung zurückgeht. Einmal zur Handwaschung gebrauchtes Wasser darf übrigens nicht ein zweites Mal verwendet werden.) Aus der Vorhalle führt in vielen Fällen eine Stufe zur eigentlichen Synagoge hinab. In neueren Synagogen ist diese symbolische Stufe meist weggelassen. Ihr Sinn ist: «Aus Tiefen rufe ich dich, Du! mein Herr» (Psalm, ‹Preisung›, 130 : 1; Luther: «Aus der Tiefe rufe ich, Herr, zu dir»). Jede Synagoge muß Fenster haben, darf nicht von der Welt abgeschlossen, sondern soll gerade eine Stätte sein, von der aus man die Außenwelt aus der Sicht des Heilsplans Gottes neu anschaut.

Etwa zur selben Zeit, da sich die Mischnah herausbildete, kam u. a. auch die Sitte auf, im Gotteshaus die Frauen getrennt von den Männern zu setzen: man wies ihnen als Andachtsplatz eine Empore (schließlich sogar hinter Vorhängen verborgen) an, und zwar, um weltliche Versuchungen während des Gottesdienstes fernzuhalten. Die Konservativen und Reformierten haben es vorgezogen, die Familien zusammenzulassen, und gestatten deshalb Frauen und Männern beieinanderzusitzen.

Die Rabbinen hielten die Mitglieder ihrer Gemeinden zu würdevoller Stille und ernstem Schweigen im Gotteshaus an, doch wurde ihren Anweisungen oft zuwidergehandelt. Die Leute betrachteten nämlich die Synagoge als zweites Heim. In ihm feierten sie die freudigen Ereignisse des Lebens, hier besprachen sie miteinander ihre Sorgen, hier trafen sie sich zu den verschiedensten Zwecken. Vor allem aber konnten sie hier hören, wie Kinder und Erwachsene laut lernten, auswendig deklamierten und diskutierten. Bis auf den heutigen Tag nennen die Juden darum eine Synagoge immer noch *Schule*.

Nach jüdischem Gesetz hat die Synagoge die Dächer der sonstigen Häuser der Stadt zu überragen. Das aber verboten im Mittelalter die christlichen Obrigkeiten ausdrücklich. Als Symbol brachten die Juden deshalb oft eine lange Stange auf dem Dach ihres Bethauses an, deren Spitze der Davidstern bildete, ein Brauch, der dem Emblem wohl zu seiner weiten Verbreitung verholfen hat.

Bestimmte Vorschriften für die Bauart von Synagogen gibt es nicht. Die Erbauer der Synagogen früherer Zeiten hielten sich dabei zumeist an das Vorbild der zeitgenössischen Baustile. Um sie deutlich von den Gotteshäusern der Christen abzusetzen, hat man Synagogen oft in maurischem Stil gebaut. Dieses Freisein von einengenden Vorschriften hat in unserer Zeit Architekten dazu ermuntert, ihrer Phantasie freien Lauf zu lassen und Synagogen in modernem Stil zu erbauen, einige darunter von großer Schönheit und Kühnheit der Linie. So werden Leben und Gottesdienst aufeinander abgestimmt, und man betet Gott inmitten einer Schönheit an, in der sich der Geist der Gegenwart widerspiegelt.

10. Die Mitzwah der Heiligung des Leibes: Die Essensvorschriften

Der tägliche Gottesdienst und das Torahstudium stellen Geist und Seele auf Gott ein, und die rituellen Essensvorschriften heiligen den Leib. Die Judenreligion hat nie zwischen dem Leib (als etwas Schwachem) und der Seele (als etwas Starkem, Göttlichem) unterschieden. Ihr gemäß haben beide Gott zu dienen, beide sind heilig.

Es kann sehr wohl sein, daß die rituellen Speisegesetze aus vielerlei Tabus der Frühzeit, hygienischen Erwägungen, Sorge um die Gesundheit hervorgingen. In vielen Fällen läßt sich der hygienische Charakter dieser Gesetze unmittelbar erkennen. Fromme Juden dachten gleichwohl ganz anders darüber: Für sie sind die Essensvorschriften eben einfach Gottes Gesetz. ER hieß, sie einzuhalten, um «uns durch Seine Gebote zu heiligen», und ER weiß, was für einen Zweck sie haben. Diese Vorschriften lassen sich aber auch als Mittel zur Bewahrung der Einzigartigkeit Israels auffassen, weil ihre Einhaltung die Angehörigen der Hausgemeinschaft Israel noch enger zusammenschließt. Juden konnten und wollten nur mit Leuten Umgang pflegen, die sich in ihrer Ernährung und in der Erledigung ihrer sonstigen Leibesbedürfnisse nach genau denselben Vorschriften richteten, und waren von jeder engeren Berührung mit jenen ausgeschlossen, die sich um diese Regelungen nicht kümmerten. Zudem können diese Gesetze als symbolischer Ausdruck der Zugehörigkeit zu einer Gruppe gelten, welche Sinnbildlichkeit die Zusammengehörigen (so wie etwa ein Händedruck die Mitglieder eines Ordens, einer Bruderschaft, einer Korporation verbindet) in Brüderlichkeit eint und sie an ihre gemeinsame Überlieferung, Geschichte und Zielsetzung gemahnt.

Je nach dem Gewicht, das einzelne Juden den verschiedenen Aspekten der Auslegung der Speisegesetze beimaßen, bildeten sich unter der Judenheit der Neuzeit ganz unterschiedliche Formen ihrer Einhaltung heraus. Um die von Gott gebotenen Regeln strikt zu befolgen, legt sich der orthodoxe Jude härteste Opfer auf und versagt sich viele Kontakte mit Freunden. Andere dagegen wollen zwar diese Gebote keineswegs ganz aufgeben, doch beschränken sie sich auf eine Befolgung der Hauptgrundsätze, deren Beachtung ja die Verbindung mit Gott und den Mitjuden verbürgt. Viele Juden befolgen die Diätgesetze bei sich zu Hause, damit jeder andere Jude sich unbesorgt an ihren Tisch setzen kann, nehmen sich jedoch die Freiheit, die Regeln außer acht zu lassen, sobald sie auswärts essen. Ihr Heim wollen sie heilighalten; in der eigenen Häuslichkeit soll Israels Ewigkeit vor Gott sichtbarlich dargelegt, symbolisiert, weitervermittelt werden. Manche Juden pflegen nur eine geringe Anzahl der Gesetze einzuhalten, um der Disziplin willen und als Zeichen des Gefühls ihrer Zugehörigkeit: so essen sie etwa kein Schweinefleisch. Schließlich gibt es noch jene, die den Essensgeboten jeglichen Zweck und geistigen Sinn absprechen und sich zu ihrer Einhaltung überhaupt nicht verpflichtet fühlen. Da sie es ablehnen, die Schrift für Gottes wörtliche Gesetzgebung zu halten, und in den Speisegesetzen kein Symbol ethischer Verpflichtung und Stärkung sehen, haben diese für sie keine bindende Kraft. Natürlich gibt es viele, die einfach rückfällig sind und zu schwach, die Gebote auf die Dauer durchzuhalten. Für Millionen Juden stellen dagegen die Essensgesetze ein hohes Gut dar. Sie weigern sich lieber, überhaupt zu essen, als daß sie gegen diese Gebote verstießen, und das sogar unter schwierigsten Umständen, und sind freudig bereit, viele Opfer, wie z. B. eine gewisse gesellschaftliche Isolierung, auf sich zu nehmen.

Verbotene Speisen

Alle pflanzlichen Nahrungsmittel sind erlaubt. Bei tierischen Nahrungsmitteln spricht die Bibel (3. Mose, ‹Er rief›, 11; 5. Mose, ‹Reden›, 14) dagegen ganz eindeutige Gebote und Verbote aus:

1. «Dieses ist das Lebendige, das ihr essen dürft, von allem Vieh das auf der Erde ist: Alles Hufbehufte, die Hufe spaltdurchspalten, und Gekäu Wiederaufholende unterm Vieh, das dürft ihr essen.» (3. Mose, ‹Er rief›, 11 : 3; Luther: «Alles, was die Klauen spaltet und wiederkäut»). Als erlaubte Tiere werden aufgezählt: «Rind, Schmalvieh an Schafen und Schmalvieh an Ziegen, Hirsch, Gazelle, Damwild, Steinbock, Antilope, Steppenkuh, Bergziege» (5. Mose, ‹Reden›, 14 : 4–5; Luther: «Ochs, Schaf, Ziege, Hirsch, Reh, Büffel, Steinbock, Gemse, Auerochs, Elen»). Wiederkäuer, die keine Spalthufer sind, und Spalthufer, die nicht wiederkäuen, dürfen nicht gegessen werden: «... das Schwein: wohl ist es ein Hufbehuftes, den Huf spaltdurchspalten, aber Gekäu kaut es nicht, maklig ist es euch ... den Hasen: wohl ist er ein Gekäuaufholendes, aber den Huf hat er nicht durchhuft, maklig ist er euch».

2. Untersagt sind etliche Vogelarten. Da man die genaue Bedeutung der althebräischen Vogelnamen aber nicht kennt, dürfen nur die Geflügelarten, die man seit alters aß, gegessen werden: Hühner, Enten, Gänse, Tauben und Truthähne gelten als ‹rein›.

3. «Dieses dürft ihr essen von allem, was im Wasser ist: alles was Flosse *und* Schuppe hat, im Wasser» (3. Mose, ‹Er rief›, 11 : 9; 5. Mose, ‹Reden›, 14 : 9), «Aber alles, was nicht Flosse und Schuppe hat», also z. B. Schalentiere, Krebse, Muscheln, Aal, Stör, ist verboten.

4. «Allerart Gewimmel, Geflügeltes, und das auf der Erde wimmelt», ob nun Mäuse, Krokodile oder die meisten Insektenarten, «Scheuel ist es, es werde nicht gegessen» (3. Mose, ‹Er rief›, 11 : 20 bis 23, 29–30). «Zugheuschreck, Freßgrille, Grasrenner» dürften zwar laut Bibel gegessen werden, gelten aber heute wie alle anderen Insekten als nicht eßbar, weil man nicht mehr genau weiß, was für Arten in der Schrift gemeint waren.

Alle Tiere, die sich nur dadurch ernähren, daß sie anderes Lebendes auffressen, wie z. B. Raubvögel, gelten als unrein: Eine Mahnung vielleicht, nach Frieden zu streben.

Beschränkungen bei erlaubten Speisen

Auch erlaubte Tiere dürfen nur unter bestimmten Bedingungen verzehrt werden. Untersagt sind: Vieh, das von selbst stirbt (3. Mose, ‹Er rief›, 11 : 39; 5. Mose, ‹Reden›, 14 : 21); Tiere, die von anderen Tieren zerrissen wurden (2. Mose, ‹Namen›, 22 : 30); jede Art von Blut (3. Mose, ‹Er rief›, 7 : 26); gewisse tierische Fette (3. Mose, ‹Er rief›, 3 : 17); bestimmte Sehnen (1. Mose, ‹Im Anfang›, 32 : 33). Obige, aber auch alle folgenden Einschränkungen gelten nicht für Fisch.

Zubereitung von Fleisch. Jedes Tier, das nicht nach dem vom jüdischen Gesetz gutgeheißenen Verfahren geschlachtet wurde oder sich bei der Fleischbeschau als verseucht erwies, ist für den Verbrauch nicht geeignet.

1. Tiere müssen deshalb von einem speziell dazu angestellten Schlächter, der sich im jüdischen Gesetz auskennt, vom *Schochêth*, geschlachtet werden. Mit einem ganz scharf geschliffenen Messer, das keinerlei Scharten haben darf, muß er dem Tier die Kehle durchschneiden, mit einem einzigen tiefen Schnitt Schlagadern (Arterien), Blutadern (Venen) und Luftröhre durchtrennen, ohne dabei einen zusätzlichen Druck auszuüben. Alles Blut rinnt so dermaßen rasch aus dem Hirn, daß das Tier gar keine Zeit hat, Schmerz zu empfinden. (Aus Erfahrung weiß man ja, daß es, wenn man sich mit einem sehr scharfen Messer schneidet, eine Weile dauert, bis es weh tut.

Physiologische Untersuchungen haben ergeben, daß das jüdische Schlachtverfahren, d. h. das Schächten, das allerhumanste ist. Überdies hält sich das Fleisch, wenn man es so rasch und gänzlich ausbluten läßt, viel länger.) Hat der Schocheth das Tier geschächtet, dann muß er dessen Fleisch beschauen, ob es auch einwandfrei gesund sei. Entdeckt er daran z. B. verdächtige Stellen in der Lunge, Geschwüre am Magen, Verfärbungen am Gehirn, dann darf das Fleisch nicht gegessen werden.

2. Der jüdische Metzger, der ein zuverlässiger Mann sein muß, löst sodann die Sehnen heraus. Da die Flechsen in den Hintervierteln des Schlachttiers sich nur mühselig entfernen lassen, werden diese Fleischteile in der Regel überhaupt nicht verwendet.

3. Das restliche Ausblutenlassen ist das Geschäft der Hausfrau. Das Fleisch muß ganz frisch sein. Liegt es schon drei Tage, so ist das Blut derart geronnen und fest, daß es als unentfernbar gilt und das Fleisch gebotsgemäß unbrauchbar geworden ist (es sei denn, es wäre, um es geschmeidig zu erhalten, in dieser Zeit einmal ins Wasser gelegt worden). Das frische Fleisch legt die Hausfrau etwa eine halbe Stunde lang ins Wasser; dann nimmt sie es heraus und salzt es auf allen Seiten ein, läßt es eine gute Stunde in der Salzhülle liegen und spült hernach das Salz wieder ab. Sie kann das Frischfleisch auch überm offenen Feuer kurz anrösten: dabei blutet es gut aus. Leber z. B. läßt sich nur auf diese zweite Weise gesetzmäßig blutleer machen. Nach dieser Zubereitung ist das Fleisch koscher, d. h. einwandfrei.

4. Küchengeschirr, das schon einmal für verbotene Speisen benutzt wurde, kann in einem koscheren Haushalt nicht weiter verwendet werden. Das Benutzungsverbot erstreckt sich auch auf Nahrungsmittel, die nichtkoschere Bestandteile enthalten. Seife aus tierischen Fetten darf daher nicht zum Geschirrspülen genommen werden. Dagegen sind Spülmittel aus anorganischen Chemikalien erlaubt.

Fleisch und Milch. An drei verschiedenen Stellen der Bibel findet sich das Geheiß: «Koche nicht ein Böcklein in der Milch seiner Mutter!» (2. Mose, ‹Namen›, 23 : 19; 34 : 25; 5. Mose, ‹Reden›, 14 : 2). Dreierlei Verbote deutete man in dieses Geheiß hinein: Fleisch darf man nicht mit Milch und Milchprodukten zusammen essen; Fleisch darf nicht mit Milchprodukten gekocht werden; jegliche Mischung aus Fleisch und Milch bzw. Milchprodukten ist verpönt.

Fleisch darf demnach nie mit Milch oder Milchprodukten zusammen auf den Tisch kommen: also nie Fleisch und Butter oder Milch zur selben Mahlzeit. Hat man Fleisch gegessen, dann muß man mehrere Stunden warten, ehe man wieder Milchprodukte zu sich nehmen darf.

Nicht nur dürfen Fleischwaren nicht mit Milchwaren zusammen verkocht werden, sondern man hat für Fleischwaren und Milch auch besonderes Geschirr zu benutzen. Eine koscher kochende Familie muß also über zwei vollzählige Service Küchengeschirr, Eßgeschirr, Besteck, Silberzeug etc. verfügen. (Daneben besitzt ein solider Haushalt oft auch noch ein drittes für neutrale Speisen wie etwa Obst.) Kommt versehentlich einmal Geschirr aus den beiden separaten Serien durcheinander, so kann dieses Bemakelte unter Umständen durch von Fall zu Fall verschiedene Verfahren wieder koscher gemacht werden, z. B. durch Eintauchen in kochendes Wasser oder Erhitzen bis zur Rotglut, so daß etwa eingedrungene Speisereste aus den Poren der Gerätschaften wieder verschwinden. Anderenfalls sind diese Geräte nicht mehr brauchbar. Über die Wiedernutzbarmachung der Geräte und die dabei anzuwendende Methode entscheidet der Rabbiner, der darüber zu Rate gezogen wird. Außerdem muß die koscher lebende Familie noch zwei besondere, komplette Service für die Festtage des Pessach haben, weil dann jene Geschirrserien, die das Jahr hindurch mit Gesäuertem, d. h. mit Hefe zubereiteten Eßwaren in Berührung gekommen sind, nicht benutzt werden dürfen.

Zur wirklichen praktischen Einhaltung der *Kaschruth*-Gesetze (Koscher-Gesetze) bedarf es umfassend und gründlich ausgebildeter Rabbiner, die schwierige Fragen überprüfen und entscheiden, sodann geschulter *Schochetim* und gewissenhafter Fleischer, nicht zuletzt aber wachsamer, gottesfürchtiger Hausfrauen (denen die koscheren Zubereitungsweisen mit den Jahren ganz in Fleisch und Blut übergehen). Vor allem aber wird Gott dem Juden immer vor Augen gehalten, wenn er abwägt, ob er sich die Annehmlichkeiten des Essens, ja sogar die lebensnotwendigen Aufbaustoffe der Nahrung gönnen oder versagen soll. Diese Bemühung ist Mitzwah: ein tagtägliches, unaufhörliches Antworten auf Gottes Anspruch, es steigert die Seelenkräfte des Juden und bestärkt ihn in seiner freudigen Überzeugung, daß er Gottes Willen mit Leib und Seele befolgt.

11. Der Sabbath als Tag der Ruhe und geistigen Neuerschaffung

Die tägliche Einhaltung der Gebote ist der Pulsschlag, der jedem einzelnen Juden das Lebensblut des Göttlichen zuführt. Der Sabbath erquickt ihn und erschafft ihn gleichzeitig neu, schenkt ihm die Kraft zu weiterem sinnvollen Alltagsleben. Er ist mit Gottes Schöpfungswerk selbst verbunden (1. Mose, ‹Im Anfang›, 2 : 1–4). Gott ruhte von seiner Arbeit aus und heiligte ihn. Der siebente ist der einzige

Tag der Feier, den zu heiligen die Zehn Gebote im 2. Buch Moses, (‹Namen›, 20 : 8–11, wie auch im 5. Buch Moses, ‹Reden›, 5 : 12–15) uns anhalten. Aber Gott bedarf der Ruhe nicht. Die Bedeutung des Gebots liegt tiefer: Vom siebenten Tag an hörte Gott nur auf, die Welt ganz allein zu erschaffen, fortan muß der Mensch Sein Mitarbeiter sein. Als Schöpfer der Welt ist Gott auch ihr Eigentümer und kann für die Menschen, Seine Werkleute in Seinem Besitztum, eine Rast anordnen. Durch Gehorsam gegenüber diesem Geheiß erkennen wir Gottes Eigentumsrecht auf die Welt an und fügen uns, statt uns als Herren der Welt aufzuspielen, in den Auftrag, ihr Verwalter zu sein. So werden wir uns gleichzeitig bewußt, daß wir während der sechs Tage Arbeit Sein Werk auszuführen haben. Diese Aufgabe hat zwei verschiedene Aspekte: erstens müssen die Natur und alles, was sie hervorbringt, zu Wohl bringenden Zwecken ausgewertet werden: weder dürfen wir ihre Reichtümer verschwenden, noch eigennützig diese alle für uns selbst beanspruchen. In den Geboten heißt es deswegen deutlich, daß Gott allein der Schöpfer der Natur ist. Zweitens gehört Gott auch die Menschengemeinschaft und ein jedes ihrer Mitglieder, und es ist daher unsere Pflicht, dafür zu sorgen, daß der ganzen Menschheit jene Würde verschafft werde, die allen Menschen zukommt, weil sie Gottes Kinder sind. Auch Knechten muß Ausruhen zugestanden werden; die im 5. Buch Moses, ‹Reden›, enthaltene Fassung der Gebote fordert das mit besonderem Nachdruck: «... damit ausruhe dein Knecht und deine Magd, dir gleich». Im Sinn des Sabbath verschmelzen so das Religiöse und das Soziale, die Vergeistigung der Alltagsarbeit und die Förderung der grundlegenden Menschenrechte. Für das Judentum ist das eine ohne das andere sinnlos.

Dem Juden ist der Sabbath nicht nur zu einem Tag der Ruhe, sondern auch zu einem Tag der geistigen Neuerschaffung geworden für die Aufgaben, die, in der Sabbathidee verbildlicht, im Werke der Wochentage verwirklicht werden müssen. Darum hat er den Juden Stärke, Hoffnung und Selbstvertrauen geschenkt: Wem Gott solchen Auftrag gibt, den muß er wirklich lieben und schätzen. Der Sabbath wurde zu einem Bund zwischen Gott und Israel (2. Mose, ‹Namen›, 13 : 12–17). Seine Entheiligung führt zur Leugnung Gottes und Seines Schöpfertums (4. Mose, ‹In der Wüste›, 15 : 32–36). Der Sabbath verbürgt Israels Ewigkeit, weil das Leben des Knechts so lange Sinn hat, wie das Werk des Herrn noch nicht zu Ende getan ist. Dieses Werk aber ist ewig. Der Sabbath hat dem Juden die Seelenkraft geschenkt durchzuhalten und ihm seine geistige Ausgewogenheit erhalten. Nach Heinrich Heine, der aus jüdischem Haus stammt, gleicht der Jude einem Prinzen, den böse Geister in einen Hund verhexten.

Als Hund muß er die ganze Woche leben, aber am Sabbath darf er sein wirkliches Wesen wieder annehmen und werden, was er ist: ein Fürst Gottes. Wenn es nicht anders geht, kann er die Erniedrigung, zu der die Welt ihn zwingen mag, wieder auf sich nehmen, weil er ja genau weiß, was er wirklich ist. Der Auffassung der Rabbinen zufolge gibt der Sabbath dem Juden «einen Vorgeschmack von der künftigen Welt». Weise ist, was sie sagen: «Wie Israel den Sabbath gehalten hat, so hat der Sabbath Israel am Leben gehalten.»

Das Arbeitsverbot

Damit keiner sich herausrede, seine oder die dem Gesinde aufgetragene Arbeit sei ja eigentlich gar keine richtige ‹Arbeit›, mußte die Bedeutung des Begriffs ‹Ruhe› genau bestimmt werden. Zu dieser Begriffsbestimmung bediente man sich eines ganz schlichten Maßstabs: Alles an Gottes Welt ist Sein Heiligtum; als Seine Mitschaffenden errichteten die Israeliten einst in der Wüste ein Heiligtum, ein kleines Symbol Seiner Gegenwart, auch wenn Sein Wesen das ganze Weltall durchwaltet. Alle Arten von Arbeit, die einst mit dem Bau der Stiftshütte in der Wüste verbunden waren, sind deshalb untersagt. Auf diese Weise wird der Grundsatz der Ruhe auf Gottes Weisung von denen verwirklicht, die berufen sind, das größere Heiligtum einer auf Gott hingeordneten Gemeinschaft aufzubauen.

So kam es zur Formulierung des Verbots von 39, in 7 Hauptgruppen zusammengefaßten Grundarten von Arbeit: 1. Landwirtschaftliche Arbeit und die Zubereitung von Nahrungsmitteln (11 einzelne Verbote); 2. Gewinnung und Verarbeitung von Stoffen zu Bekleidung (13 Verbote); 3. Lederzubereitung, Pergamentherstellung und Schreibarbeit (9 Verbote); 4. Bauarbeit und Konstruktion (2 Verbote); 5. Gebrauch des Feuers (2 Verbote); 6. Fertigstellung begonnener Arbeiten, letztes Handanlegen (1 Verbot); 7. Tragen von Gegenständen von einer Lagerungsstätte zur anderen (1 Verbot). Die Rabbinen ergänzten diese sieben Hauptverbote durch eine Reihe von Nebenverboten, deren Aufgabe es ist, Verstöße gegen erstere zu verhindern. So wurde der Sabbath zum Tag vollkommenster Vergeistigung. Die Plackerei des Alltagslebens entfiel, und alles Sichsorgen um Geschäfte und Vorkommnisse des täglichen Lebens wurde verbannt. Ein wahrhaft göttlicher Friede senkte sich auf die herab, die diesen Tag heiligten.

Der jüdische Tag der Ruhe beginnt stets schon mit dem Vorabend. Es heißt ja in der Schrift: «Abend ward und Morgen ward: Ein Tag» (1. Mose, ‹Im Anfang›, 1 : 5; Luther: «Da ward aus Abend und Morgen der erste Tag»). Das heißt: die Nacht zählt und gehört zum darauffolgenden Tag. Das ist auch für den Bauern und den Handwerker eine ganz natürliche Zeiteinteilung; ihr Tag endet, wenn die Sonne untergeht, und ihre Gedanken richten sich dann schon auf das Morgen; alle jüdischen Festtage beginnen mit dem vorausgehenden Abend.

Der Freitagabend, Anbeginn des Sabbaths, wird daher zu einer Zeit innig-festlicher Feier. Im Lauf des Freitag hat man die Mahlzeiten für den Abend und den nachfolgenden Sabbath schon fertig zubereitet und den Leib verschönt. Der Tisch ist festlich gedeckt. Bei Einbruch der Dunkelheit zündet die Mutter als die Hüterin des Heims die Sabbathkerzen an, lobt Gott und fleht Seinen Segen auf ihr ganzes Haus in stiller Andacht herab. Mindestens zwei Kerzen müssen auf dem Tisch stehen, doppelt soviel Licht wie jene einzige trübe Kerze, die früher wochentags die Abende spärlich erleuchtete. Nach Rückkehr vom Abendgottesdienst segnen die Eltern ihre Kinder, indem sie ihnen die Hände auf den Kopf legen und über sie den biblischen Segen sprechen: «Segne dich ER und bewahre dich, lichte ER sein Antlitz dir zu und sei dir günstig, hebe ER sein Antlitz dir zu und setze dir Frieden» (4. Mose, ‹In der Wüste›, 6 : 24–26; Luther: «Der Herr segne dich und behüte dich ...»). Auf dem Tisch steht der Becher mit Wein. Der Vater erhebt ihn und verkündet die Heiligkeit des Tages, und die Familienmitglieder trinken auch davon (*Kiddusch*). Zwei Laibe Brot (*Challah*) liegen unter einem Tuch vor dem Vater. Die beiden Laibe stellen eine doppelte Tageszehrung dar, gleich dem Manna, wovon Israel in der Wüste am Freitag eine doppelte Menge bekam, damit es am Tage der Feier nicht zu arbeiten brauche (2. Mose, ‹Namen›, 16). Das Tuch, das schützend über die Brotlaibe gebreitet liegt, versinnbildlicht die Tauschicht, mit der damals das Manna zur Frischhaltung für den anderen Tag bedeckt war. Nachdem das Dankgebet für das Brot gesprochen ist, bekommt jedes Mitglied der Hausgemeinschaft einen *Challah*-Anteil.

Wein und Brot sind nun wirklich die wertvollsten Gaben, die aus der Partnerschaft zwischen Gott und Mensch hervorgehen. Die göttlichen Gaben der Natur werden durch des Menschen Findigkeit zu trefflichen Speisen verarbeitet. Durch das Erheben des Bechers mit Wein weist das Familienoberhaupt auf einen noch tieferen Sinn hin: Das hebräische Wort für Kelch ist ‹*Kôs*›, und dieses leitet sich von dem Zeitwort *‹kossass›*, ausmessen, ab. *Kos*, der Becher, der Kelch, verbildlicht daher die Gaben, die Gott uns zugemessen hat, einerlei, ob sie nun üppig oder karg bemessen, erfreulich oder voll Gram sind. Für alles danken wir, indem wir den Becher erheben. Während wir den Sabbath mit dem Becher voll Wein heiligen, bezeugen wir Gottes Macht und fügen uns Seinem Willen im Heiligungsgebet, dem *Kiddusch.* Dem Wein und Brot folgt das Mahl. Danach werden Sabbathlieder gesungen und das Tischgebet als Dank für das Mahl gesprochen.

Überdies vergißt das Familienoberhaupt auch nicht jenes größte menschliche Gnadengeschenk, das ihm zuteil wurde: seine Frau, die Hüterin seines Heims, die Bewahrerin des Geistes dieses Hauses. Ihr zu Ehren spricht er das Lob des ‹tugendsamen Weibes› («ein Weib von Tucht»; Buber) (Sprüche Salomos, ‹Gleichsprüche›, 31 : 10–31).

Am Sabbathmorgen geht die ganze Familie zum Gottesdienst in die Synagoge: dort wird die Torah gelesen und ausgelegt. Man geht nach Hause, spricht nochmals den *Kiddusch* und nimmt sodann eine frohe Mahlzeit ein. Der Nachmittag des Sabbath gehört so dem Menschen, wie der Vormittag Gott vorbehalten war. Der Nachmittag soll teilweise dem Torahstudium gewidmet sein, aber die festliche Mahlzeit und das Nachmittagsschläfchen, die ausdrücklich als Vergnügen bezeichnet werden, sowie ein gemütlicher Spaziergang sind genauso seit eh und je geübte weitverbreitete Volksformen der Sabbathheiligung; denn der Judenglaube ist dem Irdischen zugewandt und keineswegs asketisch; er erkennt die Schönheit maßvoller leiblicher Freude an.

Beim Nachmittagsgottesdienst wird wiederum die Torah gelesen, und zwar diesmal das Anfangsstück der für die nächste Woche vorgesehenen Textstellen, so daß damit schon über die kommende Woche mit ihrer Mühsal und ihren etwaigen Enttäuschungen hinweg die Brücke zum nächsten Sabbath geschlagen ist. Beim Aufgang der Sterne spricht man das Abendgebet, danach wird eine besondere Ausklangsandacht, *Habdalah,* gehalten: ein Abschiedsgebet, das die Grenze zwischen dem heiligen Tag und den Wochentagen bezeichnet. Zum letztenmal erhebt man den bis zum Überlaufen gefüllten Kelch: möge die kommende Woche uns Gottes Segnungen in vollstem Maß zumessen. Eine Büchse mit allerhand süßduftenden Kräutern und Gewürzen wird herumgereicht, auf daß jedes Familienmitglied noch eine letzte Nase voll vom Geruch des Sabbath als Erinnerung in die nächste Woche hinein mitnehme. Diese Büchse hat häufig die Gestalt eines silbernen Türmchens; denn Gott ist ein Turm des Heils. Eine geflochtene Kerze wird während der Andachtzeremonie in die Höhe gehalten: sie spendet besonderes Licht; schließlich bedeutet ja das

Ende des Sabbath den Anbruch jenes ersten Tages, da das Licht erschaffen ward (1. Mose, ‹Im Anfang›, 1). Nachdem der Leiter dieser Andacht Gott für das Geschenk des Lichtes gepriesen hat, schaut er dem Spiel von Licht und Schatten auf seiner Handfläche zu, macht praktischen Gebrauch vom Licht: müssen wir doch die uns geschenkten Gaben zu praktischem Zweck auswerten. Zum Schluß wird die Kerze in der beim Vollgießen des Bechers auf dem Habdalah-Teller (einem speziell dafür bestimmten, oft künstlerisch gestalteten Untersetzer) verschütteten Weinlache gelöscht: Der Sabbath ist aus. Wie die Leute einander am Freitagabend mit dem Wunsch: *‹Gut Schabbes›*, oder der hebräischen Formel: *‹Schabbath Schalom›*, grüßten, so wünschen sie einander nun am Samstagabend auf gut jiddisch: ‹E gute Woch!›

Das eigentliche Wesen des Sabbath kommt vielleicht am deutlichsten im nachstehenden Abschnitt des Mussafgebets zum Ausdruck:

«Wer den Sabbath heiligt und ihn ein Vergnügen nennt, ist auch Deines Reiches teilhaftig. Alle, die den siebenten Tag heiligen, werden durch Deine Güte gesättigt und mit Freude überschüttet. Denn über den siebenten Tag hast Du Deine Gnade ausgegossen, ihn hast Du geheiligt. Zum Andenken an die Schöpfungswerke hast Du ihn den köstlichsten der Tage genannt.»

12. Der jüdische Kalender – die Feiertage

Bei seinem Gang durch das Jahr dienen dem Menschen die Feiertage dazu, sich des Ablaufs der Jahreszeiten mit ihren Gaben bewußt zu werden, gleichzeitig aber auch, sich der geschichtlichen Ereignisse zu erinnern, die Israels Wanderschaft aus der Knechtschaft zur Freiheit ermöglichten und begleiteten. Jahreszeiten und Freiheitswanderung gehen beide auf Gott zurück. Darum werden sie beide im Feiern der jüdischen Feste bedeutungsvoll ins Bewußtsein des Juden gebracht. Um zu verstehen, wie diese Gedenktage festgesetzt sind, müssen wir einen kurzen Blick auf den jüdischen Kalender werfen.

Der jüdische Kalender

Die jüdischen Kalenderjahre werden vom Tag der Schöpfung an gezählt. Den Schöpfungstag errechneten die Alten, indem sie die in der Bibel aufgeführten Lebensjahre der Menschengeschlechter zusammenzählten. Obgleich man weiß, daß diese Angaben aus der Bibel mit dem naturwissenschaftlichen Wissen um den Ursprung des Weltalls nicht übereinstimmen, hat man diese Zählweise nicht abgeändert;

denn sie gemahnt uns an Gottes Schöpfertum. So entsprach z. B. das Jahr 1000 des allgemeinen Kalenders dem Jahr 4760 des jüdischen Kalenders. Außerdem beginnt das jüdische Jahr, wie wir noch sehen werden, im Herbst.

Das jüdische Jahr ist das Mondjahr. Errechnet wird es auf Grund der Mondphasen. Als Israel noch in seinem eigenen Land als selbständiges, unabhängiges Staatsvolk wohnte, pflegte das *Sanhedrin*, der Oberste Gerichtshof, den Beginn jedes Monats feierlich zu verkünden, sobald ihm verläßlich gemeldet wurde, daß sich die erste Neumondsichel am Himmel gezeigt habe. Das Sanhedrin sandte dann sogleich Boten in alle Gemeinden, um ihnen das genaue Datum zu geben, das zur pünktlichen Einhaltung der Feiertage unerläßlich war. Diese Boten vermochten aber nur das Land Israel selbst so rechtzeitig zu durchqueren, daß sie noch vor den Festtagen an Ort und Stelle eintrafen. Die in der Diaspora lebenden Juden erhielten dagegen keine Bestätigung und begingen jeden Festtag an je zwei aufeinanderfolgenden Tagen, um sicherzugehen, daß einer von ihnen der richtige sei.

Obgleich es seit langem einen genau festgelegten Kalender gibt und man überall das richtige Datum kennt, begehen die Juden in der Welt draußen jeden Festtag bis auf den heutigen Tag zweimal an zwei Tagen hintereinander, wohingegen die Juden in Israel jeden Festtag nur einen Tag lang feiern. Die Reformjuden fanden, daß es nicht mehr je zweier Feiertage an einem Fest bedürfe, da man ja die genauen Daten heute kenne, und feiern daher seitdem jedes Fest nur noch je einen Tag lang. Die konservative Rabbinerversammlung beschloß im Jahr 1969, den konservativen Gemeinden zu erlauben, nach eigenem Beschluß den zweiten Tag der Feste entweder beizubehalten oder abzuschaffen. Die einzige Ausnahme ist das Neujahrsfest, das auch in Israel zwei Tage lang gefeiert wird. Mit der Wiedereinführung des zweiten Tages des Neujahrsfestes im Reformjudentum sind beide Richtungen aufeinander abgestimmt, und beide folgen der seit je in Israel geübten Praxis, so daß auch mit Israel die Verbindung hergestellt ist. Die Orthodoxie lehnt jedoch diese Änderung ab.

Den jüdischen Kalender legte Hillel II., etwa um 350 n. d. Z., ein für allemal fest, und er hat sich im Lauf der Jahrhunderte bewährt. Er errechnet sich auf Grund einer Nebeneinanderstellung von Sonnen- und Mondjahren, damit sämtliche Feste stets in die gleiche Jahreszeit fallen. Das Mondjahr hat bloß 354 Tage, also zehn weniger als das Sonnenjahr. Nähme man keine Berichtigung vor, dann glitten seine festliegenden Tage immer weiter zurück, und seine Festtage lägen allmählich reihum in allen möglichen Jahreszeiten. Das darf aber nicht sein. Um den jüdischen Mondjahrkalender auf den Sonnenjahrkalender abzustimmen, fügte man in jedem Neunzehnjahrzyklus 7 Schaltjahre mit 30 Schalttagen (einen vollen Monat) je Schaltjahr ein. (19 Mondjahre zu 354 Tagen macht 6726 Tage. Fügt man dem 7 mal 30, d. i. 210 Tage hinzu, so erhält man 6936 Tage, was in etwa der Zahl der Tage von 19 Sonnenjahren gleichkommt; Angleichungen berücksichtigen zudem Abweichungen im Sonnenjahrkalender wie z. B. Schaltjahre usw.). Jüdische Festtage können so zwar schwanken innerhalb je eines Spielraums von 30 Sonnenjahrtagen, fallen aber dank der Angleichung stets je in dieselbe Jahreszeit.

Es mag uns bei unserer Besprechung der Feste, die dem Umlauf des jüdischen Kalenderjahres seine besonderen Akzente verleihen, helfen, wenn wir der besseren Übersicht halber diese Feste mit Angaben über ihren Zeitort in den Jahreszeiten, ihre Dauer in aufeinanderfolgenden Tagen und ihre in der Bibel belegte Entstehung in einer Tabelle zusammengefaßt aufzählen. Die Hauptfeste sind unterstrichen. Ein Sternchen bezeichnet jene, die von den Reformierten und in Israel nur einen einzigen Tag lang begangen werden und deren zweiten Tag zu begehen den Konservativen freigestellt ist. Die Liste beginnt mit dem Herbstmonat *Tischri,* dessen erster Tag in die Frist zwischen 6. September und 4. Oktober des Sonnenjahrkalenders fällt (s. Tabelle S. 194 f).

Die Fastentage werden zum Andenken an unglückliche Ereignisse der jüdischen Geschichte begangen und sollen uns zur Buße aufrufen. Besondere Namen gibt es für sie nicht; man nennt sie nur nach dem entsprechenden Kalendertag. Die hebräischen Monatsnamen stammen aus dem Persischen. In der Torah werden sie noch schlichtweg der ‹Erste Monat›, der ‹Siebente Monat› usw. genannt, zählen jedoch vom *Nissan* an, (2. Mose, ‹Namen›, 12 : 2), dem Monat der Befreiung, dem Anfang der Freiheit Israels.

Tage des Gerichts und der Rechenschaftsablegung

Jeder Tag im Leben des Juden muß ein Suchen nach Sinn, eine Antwort auf Gott sein. Gebet und Mitzwoth verbunden mit Lernen (der Sinnsuche mit Hilfe der Torah) dienen diesem Ziel.

Die Tage des Jahres fordern den Menschen durch ihre Einförmigkeit heraus; sein Leben darf nicht zur Routine werden. Die Jahreszeiten rufen ihn durch ihre Vielseitigkeit und Verschiedenartigkeit zu Gericht: er muß über sich selbst richten, wie über ihn gerichtet wird durch den Erfolg oder Mißerfolg der Ernte einer jeden Jahreszeit.

Monatsname	Tag des hebräischen Monats	Fest	In der Bibel belegte Entstehung	begangen in Israel	bei den Reformierten bzw. freigestellt bei den Konservativen
Tischri	1.	Rosch ha-Schanah (Anfang d. Jahres)	3. Mose, ‹Er Rief›, 23:23–25	ja	ja
	2.	Rosch ha-Schanah		ja	nein
	3.	Gedaljah-Fasttag	2. Buch Könige 25:22–25 Sacharja 7:5; 8:19	ja	nein
	10.	Jom Kippur Sühnetag	3. Mose, ‹Er Rief›, 23:26–32	ja	ja
	15.	Sukkoth * Laubhüttenfest	3. Mose, ‹Er Rief›, 23:33–36	ja	ja
	16.	Sukkoth		ja, bei beiden, jedoch nicht als hoher Feiertag	
	17.–22.	Sukkoth		ja	ja
	22.	Shemini Atzereth * Der achte Tag		ja	ja
	23.	Simchath Torah Freude über die Torah Torah-, Gesetzesfreudenfest		nein	nein
Marcheschwan Kissléw	25.	Chanukkah, Neueinweihung des Tempels	In den Apokryphen, d. h. nichtkanonischen Büchern: Buch der Makkabäer (175–164 v)		ja bei beiden als achttägiges Fest

Tage ehrfürchtiger Scheu

Dies wird besonders deutlich im Herbst, wenn der Bauer die Ernte einbringt. Fällt die Ernte mager aus, dann fragt er sich, wo er wohl nicht genug gesät und bewässert habe. Ist die Ernte gut, so erwägt er, wie er wohl dasselbe Verfahren der Bestellung das nächste Mal wieder anwenden und auch auf andere Felder ausdehnen könne. Er richtet über sich, gibt sich Rechenschaft. Diese Betrachtungsweise übertrug das Judentum auf die Ebene des Geistigen und bestimmte so gewisse Tage im Herbst zu Tagen göttlichen und menschlichen Gerichts. Wie die Abrechnung im Herbst eine ganz allgemeine Aufgabe ist, so wird

Monatsname	Tag ges hebräischen Monats	Fest	In der Bibel belegte Entstehung	begangen in Israel	bei den Reformierten bzw. freigestellt bei den Konservativen
Tévéth	10.	Fasttag		ja	nein
Schvat, Schebat	15.	Neujahrstag der Bäume		ja	ja
Adar I *(eingeschobener Monat in Schaltjahren)*					
Adar II	13.	Esther-Fasttag	Buch Esther	ja	nein
	14.	Purim, Fest d. Lose	Buch Esther	ja	ja
Nissan	15.	Pessach * Freiheitsfest	2. Mose, ‹Namen› 12; 3. Mose, ‹Er Rief›, 23:4–8	ja	ja
	16.	Pessach	5. Mose, ‹Reden›, 16:1–8	ja, bei beiden, jedoch nicht als hoher Feiertag	
	17.–20.	Pessach		ja	ja
	21.	Pessach *		ja	ja
	22.	Pessach		nein	nein
Ijar					
Siwan	6.	Schavuoth * Fest d. Wochen	2. Mose, ‹Namen›, 19–20	ja	ja
	7.	Schavuoth	3. Mose, ‹Er Rief›, 23:15–21; 5. Mose, ‹Reden›, 16:9–12	nein	nein
Tammûs (Tammuz)	17.	Fasttag	Sacharja 7:5; 8:19	ja	nein
Ab	9.	Fasttag	Jeremia 52	ja	nein
Elul					

auch das geistige Mit-sich-ins-Gericht-Gehen als eine alle angehende Aufgabe aufgefaßt. In der Mischnah heißt es:

Zu vier Zeiten des Jahres wird über die Welt zu Gericht gesessen und das Urteil gesprochen: zu Pessach im Hinblick auf die Ernte; zu Schavuoth im Hinblick auf die Früchte der Bäume; zu Rosch ha-Schanah ziehen alle, die gerade hienieden leben, gleich einer Herde von Schafen (die eines nach dem anderen, einzeln, vor dem Hirten vorbeitrotten) vor IHM vorbei, wie es geschrieben steht: «Vom Himmel nieder blickt ER ..., der ihr Herz bildet zumal, der unterscheidet all ihre Gemächte» (Psalm, ‹Preisung›, 33 : 15); zu Sukkoth, dem Hüttenfest, wird über sie hinsichtlich des Wassers (das ihnen zuzuteilen sei) entschieden (Mischnah Rosch ha-Schanah 1 : 2).

Wie der Tageslauf des Bauern mit dem Einbruch der Nacht endet, so endet nach jüdischer Zeiteinteilung der Kalendertag, wenn der Abend niedersinkt. Und wie das Bauernjahr mit dem Herbst ausläuft, so erneuert sich das jüdische Jahr zu dem Zeitpunkt, von dem an die neue Aufgabe anhand des in der Vergangenheit Erreichten zu durchdenken ist.

Rosch ha-Schanah, der *Beginn des Jahres,* der Neujahrstag, fällt daher sinngemäß in den Herbst. «Am ersten Tischri beginnt das Kalenderjahr» (Mischnah Rosch ha-Schanah 1 : 1). Weil der Jahresanfang den Menschen auffordert, sowohl Rechenschaft über das Vergangene abzulegen wie auch sich planend mit Künftigem zu befassen, wird er zu einer Zeit großer Feierlichkeit, nüchternen Urteilens und ehrfurchtsvollen Wissens um Gottes Macht und um unser gläubiges Vertrauen auf IHN. Neujahr ist eine Zeit der Buße, der Umkehr zu Gott, der Erneuerung. Die Neujahrsfesttage sind die ‹Tage ehrfürchtiger Scheu›.

Für die fromme Überlieferung fällt diese Zeit der Erneuerung zusammen mit dem, was man für den Tag der Erschaffung der Welt hält. Sie muß für uns zu einem schöpferischen Ereignis werden, da wir ja unsere Welt neu erbauen. Die Tage der Ehrfurcht beginnen mit dem Rosch ha-Schanah-Fest, setzen sich fort in einer Woche der Buße (während der wir angehalten werden, in unserem Alltagsleben unsere guten Vorsätze zu verwirklichen) und gipfeln im Jom Kippur, dem Tag der Sühne, an dem wir in völliger Abgeschiedenheit von der Welt, eine ganze Nacht und einen Tag lang mit Gott vereint, unsere Versäumnisse bekennen und Vergebung erflehen, nicht nur von Gott, sondern auch von unserem Mitmenschen, um danach mit neuem Selbstvertrauen und neuer Zielsetzung uns wieder dem Alltagsleben zuzuwenden.

Rosch ha-Schanah

Um uns aus dem Schlummer einer kritiklosen Lebensweise aufzuwecken, wird einen ganzen Monat lang vor dem Neujahrsfest täglich zur Andacht das *Schofar* (ein Widderhorn, in der westlichen Welt das älteste in Gottesdiensten benutzte Musikinstrument) geblasen. An den Tagen vor Rosch ha-Schanah rufen besondere frühmorgendliche Fürbittegottesdienste die Andächtigen zu den *Sselîchoth,* Gebeten um Vergebung, auf. Am heiligen Neujahrstag selbst sind indes weder Beichte noch Bittgebete zu hören. Ehe man seine Sünden zur Sprache bringt, muß man nämlich zuerst einmal deutlich machen, wem man sie zu beichten gedenkt. Rosch ha-Schanah ist der Tag des Bekenntnisses. Gott wird gerühmt als König, Richter, Erlöser der ganzen Menschheit, das Schofar erschallt IHM zu Ehren.

Die Abendandachten sind einfach. Kommt der Jude zu seiner festlichen Abendmahlzeit nach Hause, dann findet er auf seinem Tisch außer dem üblichen Wein und Brot noch verschiedene Symbole. Die *Challah* ist dabei häufig rund, in Gestalt eines Rades, denn ein Rad dreht sich ja durch die Welt hin, und wer oben sitzt, mag bald schon wieder unten sein, und jene, die unten sind, können, je nach Gottes Willen, bald erhöht werden. Vertrauen wir lieber auf IHN als auf unsere eigne Kraft! Ein süßer Apfel wird in Honig getaucht: jeder aus der Familie darf davon essen: möge das kommende Jahr uns ebenso munden.

In aller Frühe geht es wieder zum Gottesdienst. Die Vorhänge, Torahmäntel, Kanzelbehänge sind zu diesem Anlaß alle weiß, zum Zeichen der Reinheit. In den Synagogen der Orthodoxen tragen die Männer jene weißen Gewänder, in denen sie dereinst begraben werden: ein Hinweis auf die Hinfälligkeit, aber auch auf die Gleichheit aller Menschen. (Vor Gott sind wir alle gleich, schwache Sterbliche; doch gerade unsere Schwäche erweckt das göttliche Erbarmen und sollte uns nachsichtig machen gegen unsresgleichen). Dem Morgengebet folgt die Torahlesung. Wir hören, wie ABRAHAM bereit war, aus Gehorsam gegenüber Gottes Willen den eigenen Sohn hinzugeben, und wie Gott in Seiner Güte das Opfer zurückwies. Wenn wir unser möglichstes tun, dann wird Gott uns nicht mehr zumuten, als wir aushalten können.

Nun erschallt das Schofar. Sein Klang ist erschütternd, urtümlich, genauso wie der Aufschrei aus dem Menschenherzen. In seinem durchdringenden Ton liegt die ganze Botschaft des Tages. MAIMONIDES deutet ihn so:

«Erwacht, ihr Schläfer, aus eurem Schlaf! Und ihr, die ihr dumpf und verblendet dahinlebt, rafft euch auf aus eurem Stumpfsinn! Geht in euch wegen eurer Taten, tut Buße, kehrt reumütig um! Gedenket eures Schöpfers! Seid nicht wie die, die die Wahrheit vergessen über ihrem Jagen nach Schatten, Hirngespinsten, Trugbildern und das ganze Jahr hindurch ihre Zeit mit Nichtigkeiten vertun, aus denen ihnen weder Hilfe noch Erlösung kommt. Schauet in eure Seelen und bessert euren Wandel, euer Tun! Entschlagt euch eurer Laster und unnützen Gedanken!» (Teschubah 3, 4).

Vier Signale erklingen nacheinander: Die *Tekiah*, ein langgezogener Laut; *Schebarim*, ein dreimal gebrochener Schall; die *Teruah*, ein klagender, neunfach gebrochener Klang; und noch einmal die *Tekiah*. Der Auslegung der rabbinischen Lehrmeister gemäß bedeutet die Tekiah den Weckruf, Schebarim das Schluchzen des zerknirschten

Herzens, die Teruah das Weinen eines seiner Schuld bewußten Herzens und die Tekiah nochmals den geradlinigen Weckruf.

Samson Raphael Hirsch hat die Bedeutung der Schofartöne dadurch zu erklären versucht, daß er diese Klänge auf Signale zurückführte, deren sich die israelische Völkerschaft bei ihren Wanderungen in der Wüste bedient hatte. Die Tekiah habe sie zum Aufhorchen aus ihren Alltagsbeschäftigungen gemahnt, wie sie auch uns noch mahnt. Schebarim und Teruah seien die Fanfarenzeichen zum Abbrechen des Zeltlagers gewesen, und ebenso heißen sie auch uns noch, mit der Vergangenheit und ihren Irrwegen zu brechen. Die nochmalige Tekiah habe dem Volk bedeutet, aufzubrechen und eine neue Marschrichtung einzuschlagen, und so gebiete sie uns, die Richtung unsres Lebens zu ändern und heiligere Ziele zu verfolgen (‹Chorev› [Horeb], Versuche über Jisroels Pflichten, Altona, 1837, S. 182 ff).

Im Mussaf-Gebet erreicht das Bekenntnis zu Gott seinen Höhepunkt. Bevor die Gemeinde Gottes Heiligkeit rühmt in Jesajas Worten: «Heilig, heilig, heilig ist der Herr der Heerscharen, die ganze Erde ist erfüllt von seiner Herrlichkeit», besinnt sie sich – in bildlichen Ausdrücken – in einer Hymne, die Kalonymos ben Meschullam aus Mainz dichtete (der sie aber selber einem der frühmittelalterlichen Märtyrer des Glaubens zuschreibt), auf die Macht Gottes:

«Über die große Heiligkeit dieses Tages wollen wir reden, denn er ist ja ein Tag ehrerbietiger Scheu und Furcht. An ihm wird sich Dein Reich in Erhabenheit zeigen, Dein Thron ist gegründet auf Barmherzigkeit, und DU sitzest auf ihm in Wahrheit. In Wahrheit DU bist der Richter, Ankläger und allwissender Zeuge ... DU öffnest das Buch des Gedenkens, und von selbst wird es vorgelesen, denn jedes Menschen eigne Unterschrift ist darin. In das große Schofar wird geblasen und leises Flüstern vernommen. Die Engel sind bestürzt, von Zittern und Beben ergriffen, und sie sprechen: ‹Dies ist der Tag des Gerichts!› Die Scharen des Himmels werden im Gericht geprüft, denn auch sie sind in Deinen Augen nicht frei jeder Schuld. Und alle Geschöpfe der Welt läßt DU an DIR wie eine Schafherde vorüberziehen. Wie der Hirte seine Herde mustert und seine Schafe unter seinem Stabe durchgehen läßt, so lässest DU vorbeiziehn, zählst und vermerkst, prüfest die Seele aller Lebenden, bestimmest die Grenzen im Leben jedes der Geschöpfe, und schreibst ihr Urteil!

Am Rosch ha-Schanah wird der Beschluß für sie schriftlich niedergelegt, am Jom Kippur zur Vollstreckung besiegelt: wie viele hinscheiden sollen, wie viele geboren werden, wer leben soll, und wer sterben soll, wer die Fülle der menschlichen Zeitspanne erreichen und wer sie nicht erreichen soll, wer durch Feuer zugrunde geht und wer durchs Wasser, wer durch das Schwert und wer durch Hunger, wer durch Sturm und wer durch Seuche. Wer Ruhe haben wird und wem Unruhe beschieden, wem Rast gegeben und wer unstet sein wird, wer es leicht haben wird, und wer von Schmerzen geplagt wird, wer erniedrigt wird, und wer erhoben wird, wer verarmt und wer wohlhabend wird. *Doch Rückkehr in Reue, Gebet und Werke des Guttuns heben jede harte Fügung wieder auf* ... denn ... DU willst nicht, daß der Schuldige sterbe, sondern daß er umkehre von seinem Sündenpfad und lebe. Bis zum letzten Tag, bis zur Stunde seines Todes wartest DU auf ihn. Kehrt er um und zu DIR zurück, dann wirst DU ihn ohne weiteres bei DIR aufnehmen. In Wahrheit bist DU der Schöpfer dieser Schwachen, kennst DU ihre Nöte, Triebe, Strebungen, weißt, daß sie bloß Fleisch und Blut sind. Schließlich ist der Mensch aus Staub entstanden und muß wieder zu Staub werden ... *DU aber bist König, der lebendige, immerseiende Gott.*»

Nach Ansicht neuzeitlicher Wissenschaftler soll diese gewaltige Hymne als Vorlage des ‹Dies Irae› in der katholischen Totenmesse gedient haben. Das jüdische Gebet sieht allerdings Gottes Urteil nicht als endgültig an, der Mensch kann es durch die eigene Umstellung wieder ändern, da Gottes Gnade ihm immer bereitsteht.

Dann schreitet das Mussafgebet zur dreifachen, sich der passenden Bibelverse bedienenden Anrufung Gottes weiter:

Malchiôth (Malchijôth): Gott ist König. Wir sprechen das Schema (Höre, oh Israel) in Anerkennung Seines Königtums. Sodann wird das Schofar zu königlicher Verkündigung geblasen.

Sichronôth (Gedenken): ER ist der Richter, der sich gnädig Seiner Geschöpfe erinnert, auch während er über sie zu Gericht sitzt, wie ER es seit Noahs Zeiten bis auf den heutigen Tag getan hat. Das Schofar erschallt: es ruft uns vor Sein Gericht.

Schôfarôth (die Posaunen): ER ist Erlöser, ER, der beim Schall des Schofars einst Seine Zehn Gebote erließ und der beim Schall des Schofars die Menschheit erlösen wird. Nochmals ertönt das Schofar zum Zeichen unsres Vertrauens auf Seine erlösende Kraft.

Am Nachmittag pflegt man einen seltsamen Brauch, der wohl christlichem Herkommen entlehnt ist (zumindest berichtet uns PETRARCA, er habe solches in Köln mit angesehen). Die Leute ziehen zum Fluß und sprechen dabei des MICHA Verse: «Ja, werfen wirst du all ihre Sünden in die Strudel des Meeres» (7 : 19; Luther: «... und alle unsere Sünden in die Tiefen des Meeres werfen»). Möge Gott das für uns tun, während wir symbolisch den Wunsch äußern, unsere Sünden den Wellen preiszugeben.

Die Woche nach Rosch ha-Schanah ist dem Inswerksetzen der guten Vorsätze geweiht. Frühmorgens schon betet man täglich die Sselichoth, d. i. die Bitten um Vergebung. Der Tag nach Rosch ha-Schanah ist zum Fasten bestimmt: es darf weder gegessen noch getrunken werden. Er heißt *Gedaljah*-Fasttag. GEDALJAH war der jüdische Statthalter, den die Babylonier nach der Zerstörung des ersten Tempels über die Judengemeinde gesetzt hatten. Das Volk meinte, nur GEDALJAH sei schuld daran, daß es ein so unglückliches Los zu ertragen hätte, und schlug ihn tot. Das brachte den König von Babel so gegen die Juden auf, daß sie vor seiner Rache aus der Heimat fliehen mußten. Man weiß zwar nicht genau, ob GEDALJAH gerade am Tag nach Rosch ha-Schanah ermordet wurde, doch was dieser Fasttag uns sagen soll, liegt auf der Hand: Wir sollen die Schuld daran, daß es uns schlecht geht, nicht bei anderen suchen, sondern bei uns selbst. Wir sollen nicht in verstockter Ableugnung unsere Schuld auf andere schieben noch andere zu Sündenböcken für unser Geschick machen, denn eine solche Einstellung verbreitet Unheil. An jedem Ungemach, das uns trifft, sind wir in einem gewissen Maß mit schuld, und in dem Maß, wie wir es mitverschuldet haben, müssen wir unsere Seelen von dieser unserer Schuld läutern.

Jom Kippur

Nach solcher Einkehr und kraft der Mitzwoth, die von unserer Bereitschaft zeugen, dem Anspruch Gottes zu entsprechen, nähern wir uns dem heiligsten Tag des Jahres: dem Sühnetag, Jom Kippur. Wir dürfen ihn nicht herbeikommen lassen, ohne zuvor all das Unrecht wiedergutgemacht zu haben, das wir unseren Mitmenschen antaten, denn solange sich die Menschen nicht untereinander versöhnt haben, können sie auch keine Vergebung von Gott erhalten. Die rabbinischen Lehrmeister weisen uns an, unsere Feinde wiederholt aufzusuchen, um sie um Vergebung zu bitten, sollten sie uns diese beim ersten Besuch verweigern. Denen, die zu uns kommen, sollen wir sofort großmütig verzeihen und ganz vergessen, was sie uns etwa angetan haben. Es versteht sich von selbst, daß ein Schaden, den wir anderen zugefügt haben, durch Rückerstattung wieder ausgeglichen werden muß. Nur wenn wir uns mit unseren Mitmenschen ausgesöhnt haben, dürfen wir auf Gottes Versöhnung hoffen und sind auf den Jom Kippur vorbereitet.

Vierundzwanzig Stunden lang, während er vor Gott steht, dürfen dem Juden weder Speise noch Trank über die Lippen kommen, soll gar kein weltlicher Belang in sein Bewußtsein dringen. Zum Zeichen der Selbstkasteiung gehen manche Juden an diesem Tag z. B. statt in ledernen in dünnen Stoffschuhen. Man läßt Gedächtnislichter brennen, auf daß das Andenken an die Abgeschiedenen unsere Seelen erfülle. Die Männer sind in ‹die Gewänder des Todes›, ihre künftigen Leichenhemden, gehüllt. Das *Kol Nidre*-Gebet, wohlbekannt wegen seiner ergreifenden Melodie, eröffnet den Abendgottesdienst: seinem

Inhalt nach ist es eigentlich nur Zurücknahme asketischer Gelübde, die man einst tat, aber nie hielt. Doch in seiner Melodie drückt sich all das sehnende Verlangen nach Gott aus, die qualvolle Todesnot derer, die IHM ganz und gar ihr Leben weihten, doch im Märtyrertod es allzu früh hingeben mußten. Aus Tiefen der Bitternis schwingt sich der Gesang zu den Höhen der Siegesgewißheit auf: unser gläubiges Zutrauen zu IHM ist unvermindert. Unserem Aufschrei wird sogleich Antwort: Gott sagt: «ICH habe vergeben».

Alle während dieser vierundzwanzig Stunden gesprochenen Gebete schließen das Sündenbekenntnis ein. Das Sündenbekenntnis wird einerseits in stiller persönlicher Beichte abgelegt, so daß nur Gott es höre, andererseits wird es aber auch im Chor in der Gemeinde gesprochen, wodurch wir anerkennen, daß wir füreinander einzustehen haben. Überall, wo wir versäumten, unsere Mitmenschen auf den rechten Lebensweg zu lenken, haben wir uns mitschuldig gemacht. Das Sündenbekenntnis erweckt so in uns wieder das Gefühl dafür, daß alle Menschen im Füreinandereinstehen zusammengehören.

Wir flehen ‹unseren Vater, unseren König› an (wie wir das auch während der vorhergegangenen Tage dieser zehntägigen Bußzeit taten), er möge uns Gesundheit, das tägliche Brot, Vergebung und Frieden schenken.

Als Fastenbotschaft bringt die Prophetenlesung des Gottesdienstes am Morgen des Jom Kippur folgende Stelle aus Jesaja (58 : 6–7):

«Ist nicht erst dies die Kasteiung, die ich erwähle: die Klammern des Frevels zu öffnen, der Jochstange Bande zu sprengen und Geknickte auszuschicken ledig? alljedes Joch solltet ihr zertrümmern! Ists nicht: für den Hungernden brechen dein Brot, daß schweifende Gebeugte du ins Haus kommen lassest, wenn du einen Nackenden siehst, daß du ihn hüllst: vor deinem Fleisch verstecke dich nicht!»

Was Jesaja da kündete, ist dem Sündenbekenntnis wohl angemessen, denn wir gestehen in der förmlichen Beichte nicht unsere Sünden wider Gott, sondern bloß jene wider unseren Nächsten ein. Nicht durch Selbstkasteiung kann man Gott ehren, sondern nur durch soziale Gerechtigkeit.

Erfüllt von solchen Gedanken spricht die Gemeinde nun das Mussafgebet. In ihm rezitiert sie das uralte Ritual des Gottesdienstes, wie er einst im Tempel gehalten wurde. Sobald sie beim Aufsagen an jene Stelle kommt, wo es heißt, daß das Volk sich vor Gott niederwirft, kniet die Gemeinde nieder und spricht: «Gepriesen sei Sein Name, Sein herrliches Reich besteht in alle Ewigkeit». Das ganze übrige Jahr hindurch darf der Jude nicht niederknien; es könnte falsch ausgelegt werden: kniet er vor Gott? oder zwingt ihn die Schwere seines Lebens in die Knie? Heute aber, im Alleinsein vor IHM, abgeschieden von aller Welt, wird die Gemeinde, nachdem sie JESAJAS Botschaft in sich aufgenommen hat, zum Symbol einer Menschheit, die in Einigkeit das Knie vor IHM beugt. Das Volk kniet, weil es zuversichtlich glaubt, daß eine solche Zukunft Wirklichkeit werden wird, und gelobt, auf ihre Herbeiführung hinzuwirken.

Als Hinweis darauf, daß Gottes Liebe und sein Verzeihen und Sein Reich nicht allein den Juden vorbehalten, sondern der ganzen Menschheit geschenkt sind, wird dem Mussaf folgend als Prophetenlesung das Buch Jona vorgetragen. Alle Menschen sind Gottes Kinder, wie JONA erfährt und wir von ihm erfahren (vgl. S. 141).

Das nun folgende *Minchah*- oder Nachmittagsgebet hat an allen übrigen Tagen des Jahres den Zweck, uns eine Weile der Besinnlichkeit zu verschaffen, während der wir uns Rechenschaft geben über den bisherigen Lauf des Tages; am Jom Kippur indes erinnert es an jene, deren Leben wahrhaft in seiner ganzen Fülle ausgelebt wurde: die Märtyrer. Zusammen mit einem Gedenkgottesdienst für unsere eigenen Toten, der zum Jom Kippur-Gottesdienst gehört, schlägt das Minchahgebet eine Brücke zur Vergangenheit, aus der wir zu lernen haben, während wir der Zukunft, die ebenso ins Auge gefaßt wird, entgegengehen. Der einzelne steht so zwischen Vergangenheit und Zukunft, Glied einer unendlichen Kette, Teil einer im Angesicht Gottes lebenden Hausgemeinschaft, und muß von den Abwegen, auf die seine Neigungen ihn etwa führten, wieder zum rechten Weg zurückfinden.

Ne'îlah (das Abschlußgebet) faßt den Jom Kippur zusammen: Die Botschaft hören wir, und nun wollen wir umkehren. Ne'ilah ist ein viertes Tagesgebet, das eigens für diesen Tag eingesetzt wurde.

«Öffne uns das Tor, zu der Stunde, da das Tor eben geschlossen wird, weil der Tag sich fast geneigt hat.

Der Tag neigt sich, die Sonne wird rasch untergegangen sein, laß uns in Deine Tore treten!»

Wir hoffen, daß unsere Gebete zum rechten Tor gelangen und unsere Lebenswege auf das Tor zu einer Zukunft hinführen, die im Einklang mit Gott steht. Während die Sterne am Himmel aufgehen und der Tag sich vollendet, steht die Gemeinde stumm. Dies ist der Augenblick der Bekräftigung, des Erschauens des Reiches Gottes. Langsam, Wort für Wort, spricht die Gemeinde nun vor der offenen Bundeslade:

«Höre, Israel, ER unser Gott, ER Einer! Geheiligt sei Sein Name, Sein herrliches Reich ist immerdar! Der Herr, ER ist Gott!»

Die Bundeslade wird geschlossen. Das Schofar erschallt: Tekiah! Auf, auf! Vorwärts im Leben! Zum Schluß spricht man die Habdalah.

Geradenwegs geht es nun auf Sukkoth zu (Laubhüttenfest); es folgt fünf Tage nach Jom Kippur.

Sukkoth: Erntedankfest und Danksagung für Obdach

Die geistige Bestandsaufnahme der Tage der Ehrfurcht hat uns bereit gemacht, nun auch Bestandsaufnahme all der Segnungen der Natur, die uns beschert wurden, im Geist der Dankbarkeit gegen Gott und nicht bloß in rein wirtschaftlichem Sinne zu machen. Eigens aus diesem Grund folgt Sukkoth so rasch: als ein Fest der Freude vor Gott, der dich segnete und «dich segnen wird in all deinem Ertrag und in allem Tun deiner Hände, so sei nur froh!» (5. Mose, ‹Reden›, 16 : 15; Luther: «Denn der Herr, dein Gott wird dich segnen in allem deinem Einkommen und in allen Werken deiner Hände; darum sollst du fröhlich sein»). Sukkoth feiert man sieben Tage lang; dazu kommt noch der Abschlußtag, der als eigenes Fest angesehen wird. So begeht man es acht, in der Diaspora sogar neun Tage lang. Davon gelten die ersten und die letzten zwei als hohe Feiertage: Arbeit ist an ihnen untersagt, nur das Zubereiten von Speisen gestattet, denn Küchenarbeit ist zwar am Sabbath, nicht aber an sonstigen Feiertagen verboten (2. Mose, ‹Namen›, 12 : 16).

Das Hüttenfest ist eines jener drei Feste, der sogenannten *Schalosch Regalim,* d. i. ‹Drei Fußreisen›, zu denen einstmals Wallfahrten zum Tempel in Jerusalem geboten waren. (Die beiden anderen sind Pessach und Schavuoth.) Diese drei waren Ausdruck der unauflöslichen Einheit der Juden vor Gott. Indem sie rein körperlich dem Anspruch Gottes entsprachen, sagte sie IHM auf ganz besonders sinnfällige und umfassende Weise ihren Dank für das Land, an dessen heiligster Stätte sie sich versammelten. Die Pilgerfahrtfeste stellen das Einssein von Gott–Torah–Mitzwoth–LAND deutlich dar. Doch ihre Botschaft steigert sich zu menschheitsweiter Bedeutsamkeit, als ob sie besage, daß ein Volk seinen weltweiten Auftrag nur auf den Grundlagen der Selbsthingabe und des Willens zu *sinnvollem* Fortbestand zu erfüllen vermag.

Diese drei Feste hat das Christentum übernommen: aus Pessach wurde Ostern, aus Schavuoth Pfingsten, aus Sukkoth, zumindest in den USA, der Erntedanktag. Die christliche Glaubenslehre deutete dabei jedoch die sozialen Ideen individualistisch um. Der in den USA von allen Konfessionen begangene Erntedanktag wandelte sich mittlerweile zu einem sehr weltlichen Fest.

Das 3. Buch Moses, ‹Er rief› (23 : 40), gebietet, daß ein Strauß von vier Pflanzenarten: 1. die Frucht vom Prangenden Baum (Zitrus-*Etrog*), 2. ein Zweig der Dattelpalme (*Lulab*), 3. Myrten (*Hadassim*) und 4. Bachweiden (*Araboth*) gebunden und ins Heiligtum gebracht werde. Stellvertretend verbildlichen diese vier Arten die Mannigfaltigkeit dessen, was die Erde hervorbringt. Die Frucht des gemeinen Zitronenbaums ist nicht nur eßbar, sondern wohlschmeckend und duftet süß; die Dattel, die im Strauß vertreten wird durch Zweige, kann man ebenso essen, sie schmeckt gut, hat aber keinen Duft; die Myrten schmecken zwar nach nichts, riechen aber sehr angenehm; und die Bachweiden sind weder schmackhaft noch wohlriechend, doch nützlich. Alle sind unerläßlich fürs Leben; fehlt eines der vier, so ist der Strauß wertlos. Nach rabbinischer Deutung sind sie ein Symbol der Menschheit selbst: Es gibt Menschen, die sowohl Verstand wie auch Güte (Schmackhaftigkeit und Wohlgeruch) besitzen, sodann solche, die nur Verstand haben und dadurch das Gemeinschaftsleben voranbringen, aber kein enges Verhältnis zu ihren Mitmenschen zustande bringen, drittens jene, deren Güte unsere Umwelt angenehm macht, wenn sie auch nicht hochbegabt sind, und viertens solche, die sich in nichts hervortun, die man aber doch in der Gesellschaft der Menschen braucht. Kein Mensch ist überflüssig.

Dem Gebot der Torah gemäß weiht man im Gottesdienst Gott die Produkte der Erde und heiligt sie für den Dienst an der Gemeinschaft. Die vier Pflanzen werden in die Synagoge gebracht und, während die Gemeinde die Danklieder singt (Psalm, ‹Preisung›, 113–118, das Hallêl), zumal aber jene Stelle: «Danket IHM, denn er ist gütig, denn in Weltzeit währt Seine Huld» (Psalm 118 : 1; Luther: «Danket dem Herrn, denn er ist freundlich und seine Güte währet ewiglich»), in sechs Richtungen hinausgestreckt: in die vier Himmelsrichtungen sowie nach oben und unten. Bildlich besagt das, daß Gott in allen Dimensionen des Alls, aus denen die Segnungen uns zuströmen, gegenwärtig ist. Diesen Brauch kann man übrigens als einen der Gründe für die Bedeutung der Zahl Sieben ansehen: sechs Richtungen gibt es, die die Quellen göttlichen Segens bilden, und die siebente ist der Mensch, der die sechs Quellen und Richtungen auf sich zu versammeln hat, um davon zweckvollen Gebrauch zu machen.

Diese Funktion des Menschen findet zum Schluß des Mussafgottesdienstes Ausdruck. Die Torahschriftrolle wird vorausgetragen, und die Gläubigen schreiten, jeder mit seinem Strauß in der Hand, in feierlicher Prozession durch das Heiligtum, wie einst die Gemeinde ihren Umgang um den Altar des Tempels machte. (Angeführt durch die Torah nehmen wir auf unserer Prozession durch die Tage unseres Daseins, die Gott zugeordnet sein sollen, die Gaben der Welt in die Hand). Die Gemeinde stimmt das Lied an: «Hosianna, Hilf uns, oh Gott, wir flehen Dich an». (Das sind die Juden und die Menschheit auf dem Marsch, im besten Sinne des Wortes, um Gottes Hilfe flehend, auf daß ihr Werk vollbracht werde).

Die Symbole des Laubhüttenfestes: die Sukkah (die Hütte)

Wie Gott unser Antrieb ist, so gibt er uns auch Obdach und Ruhe. Dieser Gedankengang verbildlicht sich in der *Sukkah,* einem Hüttchen mit einem Dach aus Zweigen und Laub, in dem die Familie, falls das Wetter gut ist, am Feiertag ihre Mahlzeiten einnimmt. Ursprünglich diente die Sukkah in der Erntezeit auf den Feldern als Schutzdach, doch dann verlieh die Torah ihr eine tiefere Bedeutung: Gott ließ ja das Volk, als er es aus Ägypten wegführte, in Hütten ‹siedeln› (3. Mose, ‹Er rief›, 23 : 42–43). Er schenkt uns eine Raststatt auf unserer Wanderung in die Zukunft. Solange Zweige und Äste das Dach bilden, so daß wir durch sie hindurch die Sterne als Zeugen der Schöpferkraft Gottes erschauen können, dürfen wir auf den Frieden hoffen; das verweigern uns unausgesprochen unsere Zementbauten. Die Rabbinen in ihrer Weisheit deuten das so: Im Spätjahr, wenn andere in ihre festen Häuser heimkehren, setzen die Juden sich gerade deswegen in die Sukkah, weil sie dartun wollen, daß es ihnen gar nicht um die Annehmlichkeit der schattigen Hütte während der Sommerhitze ging, sondern sie die Mitzwah befolgen wollen. Und wie treffend spiegelt sich hier das Geschick der Juden wider: oft ohne Obdach, vertrieben, während andere behaglich wohnen durften, und dennoch geborgen unter Gottes Schutz! Ihren besonderen Akzent erhält diese Gesinnung noch dadurch, daß wir Juden symbolisch gewisse ‹Gäste› einladen, mit und bei uns in der schön geschmückten Hütte zu verweilen, auf daß ihr Geist uns mit neuem Geist erfülle. Sieben solcher symbolischer Gäste gibt es, für jeden Tag einen: ABRAHAM, ISAAK, JAKOB, JOSEPH, MOSES, AARON und DAVID. Sie alle sind durch Heimatlosigkeit zu Größe aufgestiegen, denn ihre Heimatlosigkeit schwächte nie ihren Glauben an den göttlichen Schutz oder die gottgewollte Sendung, sondern stärkte ihn. Das ist zwar nur ein Brauch, doch einer von echter Symbolkraft.

Die Botschaft der Torah zu Sukkoth. Die zur Lesung an Sukkoth bestimmten Torahkapitel machen den Sinn des Festes deutlich und unterstreichen, was Laubhütte und Weihestrauß uns bildlich lehren. Aus der Torah vernehmen wir, wie das Fest geboten ward, werden zugleich aber auch an Gottes Eigenschaften: Liebe und Barmherzigkeit erinnert. ER ist huldreich und gnädig. Kann auch keiner Sein Antlitz sehen, so können wir IHN doch erkennen, wie ER durch die Begebenheiten der Geschichte hindurchgeht (2. Mose, ‹Namen›, 23 : 12–24, 26). Die Haftarah wiederholt die Erzählung von SALOMOS Tempel, seine Errichtung, seine Vollendung, seine Weihung zu einem Haus des Gebets und der Unterweisung für die ganze Menschheit (1. Könige 8 : 2–21, 55–66). Wir lesen aber auch von den Auseinandersetzungen und Kämpfen in der Weltgeschichte, die letztlich mit Sieg und Wiedervereinigung der Zerstreuten enden werden (Sacharja 14, Hesekiel 38 : 18; 39 : 16). Wir erhalten so einen Überblick über die Geschichte, ihre bitteren Kämpfe, ihre Qualen und das Leid, das sie über so viele Unschuldige brachte. Aber schließlich werde sie zu jenem Tag hinführen, da das Böse verschwunden sein wird, «und ER zum König werden wird über alles Erdland. An jenem Tag wird ER der Einzige sein und Sein Name der einzige» (Sacharja 14 : 9; Luther: «Und der Herr wird König sein über alle Lande. Zu der Zeit wird der Herr nur einer sein und sein Name nur einer sein»). Sämtliche Völker der Erde werden IHN anerkennen und zu IHM kommen. «ICH will MICH groß erzeigen und will MICH erheiligen und will MICH erkennbar machen vor der vielen Weltstämme Augen, dann werden sie erkennen, daß ICH es bin» (Hesekiel 38 : 23; Luther: «Also will ich denn herrlich, heilig und bekannt werden vor vielen Heiden, daß sie erfahren sollen, daß ich der Herr bin»). Diese Verse übernahm man in die tägliche Andacht: den ersten, SACHARJAS Spruch als Abschluß der drei täglichen Gebete; den zweiten, des HESEKIEL Spruch als Formel des *Kaddîsch*, des großen Bekenntnisses zu Gott, worauf wir weiter unten noch näher eingehen werden. Ist diese Utopie aber dereinst wahr geworden, dann wird die Menschheit nicht noch einmal ganz von vorn beginnen müssen, noch neues Grauen aus der Menschen Machenschaften hervorbrechen, sondern «geschehen wirds, alles Überbliebne von allen Stämmen, die wider Jerusalem kamen, die steigen Jahr für Jahr nun heran, sich hinzuwerfen vor dem König, IHM dem Umscharten, und den Festreihn der Hütten zu reihen» (Sacharja 14 : 16; Luther: «... werden jährlich heraufkommen anzubeten den König, den Herrn Zebaoth [d. i. der Heerscharen], und zu halten das Laubhüttenfest»); «An jenem Tag wirds noch auf den Schellen der Rosse sein: ‹Heiligung IHM›» (Sacharja 14 : 20; Luther: «Zu der Zeit wird auf den Schellen der Rosse stehen: Heilig dem Herrn»). Die Laubhütte wird zum Inbild der höchsten Hoffnung der Menschheit und ihrem Vertrauen zu Gott, der jene Zeit der Zukunft erwirkt, wenn sogar Streitrosse zum Tempeldienst umgewöhnt werden.

Zwei Gedankengänge verknüpfen sich mithin in der Lehre des Sukkoth. Wir Heutigen erkennen, wie eng sie zusammengehören. Einstmals war die Natur des Menschen ärgster Feind. Sie konnte ihm das Lebensnotwendigste vorenthalten: Mißernten, Unwetter, Naturkatastrophen konnten zu Hungersnöten führen; Seuchen konnten hereinbrechen. Im Feststrauß findet der Dank für die reiche Ernte aus Gottes huldvoller Hand und für die Erhaltung des Lebens inmitten der Zufälle das Daseins seinen Ausdruck. Heutzutage ist die Menschheit in erheblichem Ausmaße der Natur Herr geworden, hat sich weitgehend die reichliche Versorgung mit Nahrungsmitteln gesichert – wenigstens im Westen – und vielerlei Krankheiten besiegt. Die Technik stellte ihr dazu die Mittel bereit. Allein, eine neuartige Gefahr erwuchs ihr gerade aus ihrem technischen Fortschritt. Diese Gefahr ist der Mensch selbst. Ausweglos ist der Mensch in kriegerische Auseinandersetzungen verstrickt; dabei sind für ihn die Entfernungen zusammengeschrumpft; raffinierteste Waffen zur Zerstörung der ganzen Erde stehen zu seiner Verfügung; darum muß man ihn selbst in höchstem Maße fürchten. Worauf schon der Haftarah-Text hinzudeuten scheint, etwaige künftige Kriege werden noch entsetzlicher und totalitärer sein. Die Sukkah ruft deshalb zu einem Gesinnungswandel, einer neuen Anschauung auf: sie läßt keinen Zweifel daran, daß die Menschheit in einer offenen Gesellschaft zusammenleben kann und muß, und zwar dadurch, daß sie im Geist der Liebe, der die rechte Nachfolge Gottes ist, Zuflucht findet. Dann wird sie in Sicherheit leben und nicht länger in Angst, von der Abwehrgeschütze und Luftschutzbunker sie nie befreien können. Das Laubhüttenfest ist mehr als nur Danksagung für reiche Ernte. Es lehrt, stark zu sein, spricht Hoffnung zu, entwirft ein Bild der Zukunft und weist den Weg dahin. Allumfassend schließt es die gesamte Menschheit in eine Zukunft, wonach sie zu streben habe, im Angesicht Gottes ein. Die Hoffnung der Menschheit muß der Jude kraft seiner unerschütterlichen Geduld durch all seine Wanderungen im Lauf der Geschichte aufrechterhalten.

Weil diese Zukunftsvision so überwältigend strahlend ist, mag sie skeptisch machen: kann es je dazu kommen? Das Volk könnte sehr wohl einwenden: «Die Kunde haben wir vernommen, doch in ein paar Tagen ist das Fest wieder vorbei, und wir müssen wieder zurück und hinab in die endlos hoffnungslose Tretmühle trister Plackerei und des Leidens». Die Herbstzeit, der drohende Winter und die täglichen Scherereien reden vielleicht eine eindringlichere Sprache als Torah, Mitzwoth und Feiertagshochstimmung. Weil sie ausgezeichnete Menschenkenner waren, gestatteten die Rabbinen dem Volk, diese Gedanken zum Ausdruck zu bringen. Zum Laubhüttenfest wird der

Prediger Salomo gelesen: *Vanitas vanitatum, et omnia vanitas.* Alles ist hoffnungslos. Sobald solchen schwarzen Gefühlen freier Lauf gelassen wird, darf auch eine Entgegnung darauf hoffen, vernommen zu werden:

«Am Beschluß der Rede gibt sich als alles zu hören: Fürchte Gott und hüte seine Gebote, denn dies ist der Mensch allzumal. Denn kommen läßt Gott alles Tun ins Gericht über alles Verhohlne, sei es gut, sei es übel» (Prediger Salomo, ‹Versammler›, 12 : 13–14; Luther: «Laßt uns die Hauptsumme aller Lehre hören: Fürchte Gott und halte seine Gebote; denn das gehört allen Menschen zu. Denn Gott wird alle Werke vor Gericht bringen, alles was verborgen ist, sei es gut oder böse»).

Soweit die Natur eine Gefährdung darstellt, begegnen wir dieser, indem wir Gott um die größte Gabe der Natur, Regen im rechten Ausmaß, anflehen. Zum Laubhüttenfest wird das Gebet um Regen gesprochen; denn in diesen Tagen wird, der Mischnah gemäß (s. S. 195), über die Welt hinsichtlich des Regens zu Gericht gesessen. Als der Tempel noch stand, brachte man unter großem Jubel vor dem Altar Wassergüsse dar. Das Geschenk des Wassers dürfen wir als Zeichen der ewigen und liebenden Anwesenheit Gottes in der Natur ansehen und brauchen nicht verzweifelt zu fürchten, es könnte uns künftighin am Lebensnotwendigsten mangeln.

Fürchten wir uns aber vor dem Menschen, d. h. auch vor uns selber, dann sollten wir zur Torah zurückkehren: Sie weiß die Antwort an den Skeptiker. Sie weist den innerlich Zerrissenen den Weg. Am letzten Tag der Laubhüttenfestwoche, dem *Simchath Torah,* d. i. Freude an der Torah, läuft der Jahreszyklus der Lesungen aus der Torahschriftrolle aus. Der neue Kreislauf beginnt gleich anschließend. Die Schriftrollen werden in einer Prozession getragen, Kinder schreiten im Umgang mit und werden mit Süßigkeiten beschenkt. Ein Ende gibt es nicht, immer gibt es den Neuanfang: es kann auf einer höheren Ebene angefangen werden, wenn die Botschaft eingedrungen ist und sie zu ewig neuer Hoffnung mit jeder neuen Generation verbunden wird. Selbst vor Winterstürmen und Umwälzungen in der Geschiche findet der Jude Geborgenheit bei Torah und Mitzwoth. Mit der Torah in seinen Armen, und das ist wörtlich gemeint, schreitet er aus der Festwoche hinaus dem Winter und dem neuen Jahr entgegen.

Der Beginn eines Monats

Biblischem Geheiß gemäß wird die Mondneuung, der jeweilige Monatsanfang, mit einem besonderen Gottesdienst begangen (4. Mose,

‹In der Wüste›, Ba-Midbar, 10 : 10, 28 : 11–15). Mit einem Bittgebet um Gottes Beistand wird der Mondwechsel am voraufgehenden Sabbath verkündet. In Mainz, wo der Verfasser aufwuchs, pflegte man diese Ankündigung jeweils in der Leitmelodie des Festtages, der gerade in diesem anbrechenden Monat zu begehen war, vorzutragen. Beim Ankündigen des auf die Herbstfeste folgenden Monats sang man nach der Melodie, die sonst beim Talmudstudium gesungen wird, weil es in diesem Monat (Heschwan) keine Festtage gibt. Die Verkündigung gibt den Ton für den Monat und den Winter an: das Studium und die praktische Befolgung der Torah sollen beide mit Licht erfüllen. In diese Jahreszeit fallen nur ein paar zweitrangige Feiertage.

Chanukkah, die Neueinweihung des Tempels

Um die Zeit der Wintersonnenwende feiert man acht Tage lang das Chanukkahfest. Es ist ein untergeordneter Feiertag, der einzige, der seinen Ursprung nicht in der Bibel hat, da er bloß auf die in den Apokryphen mitgeteilte Geschichte von den Makkabäern zurückgeht. ANTIOCHOS IV. EPIPHANES (174–164 v. d. Z.), König von Syrien, dem Juda botmäßig war, führte 167 v. d. Z. den griechischen Götterkult als Staatsreligion ein, verfügte, daß er selbst als Gottheit anzuerkennen sei, schändete den Tempel und verbot den Juden die Ausübung ihrer Religion. Unter der Führung JUDAS DES MAKKABÄERS erhob sich eine kleine Schar streitbarer Männer gegen ihn, bereit, ihr Leben für die Glaubensfreiheit zu wagen. Unsres Wissens lehnten sich da erstmals in der Geschichte Menschen zur Verteidigung ihres Glaubens in einer planvollen, organisierten Volksbewegung auf. Die Freischärler des MAKKABÄUS schlugen den Feind und weihten den entheiligten Tempel neu. Chanukkah heißt Weihe. Diese Begebenheit liegt dem Fest zugrunde, doch feiert man keineswegs einen Sieg der Waffen, sondern den des Geistes. Von den Rabbinen kam auf uns die Legende, die Makkabäer hätten beim Wiederbetreten des Tempels festgestellt, daß die Menorah zertrümmert war. Daraufhin hätten sie ihre Lanzen genommen und daraus eine neue behelfsmäßige Menorah gefügt, also ihre Kriegswaffen in Geräte des Friedens umgewandelt. Obendrein hätten sie gemerkt, daß nur noch ein einziger kleiner, mit dem Siegel des Hohenpriesters versehener Krug Öl als Vorrat vorhanden war. Mit diesem wenigen Öl konnte die Menorah allenfalls noch knapp einen Tag lang brennen. Um frisches Öl herzustellen, hätten sie indes, sofern sie sich dazu genau an die einschlägigen biblischen Vorschriften (3. Mose, ‹Er rief›, 24 : 1–4; 4. Mose, ‹In der

Wüste›, 8 : 1–4) halten wollten, acht Tage gebraucht. Wie durch ein Wunder brannte der Leuchter acht Tage lang, bis neuer Ölvorrat bereitet war (Schabbath 21). Es wurde daraufhin festgesetzt, daß alljährlich in jedem Haushalt das Licht zum Andenken und zur Erleuchtung angezündet werde.

Es wird eine neunarmige Menorah benutzt. Manche Menorah-Arten brennen mit Öl, mit Kerzen besteckte Menorahs sind aber gestattet und gang und gäbe. Die gesondert in der Mitte aufragende Kerze heißt der *Schamosch*: das dienende Licht. Mit ihr zündet man die anderen Kerzen an. Sie stellt den Menschen dar. Jeden Abend zündet man eine weitere Kerze an: den ersten Abend also zunächst nur eine, bis dann am achten Abend, so wie im Tempel des Ölwunders von Tag zu Tag größer wurde, acht Lichter brennen. Dabei kommt es aber, wie gesagt, ausschließlich auf die geistige Seite des Anlasses zu diesem Gedenken und keineswegs auf den Sieg mit Waffengewalt an. Dies macht die in der Chanukkahwoche gelesene Haftarah deutlich: «Nicht durch Macht, und nicht durch Kraft, sondern durch Meinen Geistbraus» (werdet ihr euch durchsetzen) (Sacharja 4 : 6; Luther: «Es soll nicht durch Heer oder Kraft, sondern durch meinen Geist geschehen»).

Chanukkah ist ein zweitrangiges Fest. Es ist nicht verboten zu arbeiten. Beim Schein der Kerzen durfte die Familie sich also sehr wohl mit einer Arbeit beschäftigen, nur war das zumeist gar keine echte Arbeit, sondern z. B. Kartenspielen. Für die Kinder hatte man den *Dreidel,* dessen Name vom Zeitwort drehen herkommt: einen würfelförmigen Kreisel. In seine Flächen waren vier Buchstaben eingeschnitten: ein *N*: wenn dies oben lag, bekam das Kind *n*ichts, ein *G*: kam dieses heraus, dann erhielt das Kind den *g*anzen Inhalt der Spielkasse, ein *H*: da bekam es die *H*älfte der Bank, und ein *S*: da mußte es eine Nuß, eine Spielmarke oder einen Pfennig in die Bank *s*etzen. Zugleich sind *N, G, H, S* auch die Anfangsbuchstaben des hebräischen Satzes: *Ness Gadol Hajah Schom*: ein großes Wunder geschah da. Den Kindern gab man ein paar Groschen, damit sie das Dreidelspiel spielen konnten, das war alles, was sie an Geschenken zu Chanukkah bekamen.

Gerade am Chanukkahfest zeigt sich aber auch noch eine andere Seite der religiösen Bräuche der Juden: Dadurch, daß die Rabbinen Karten- und sonstige Gesellschaftsspiele zu einer bestimmten Zeit erlaubten, bauten sie derartige Lustbarkeiten in das Gefüge des Glaubenslebens ein und nahmen ihnen den ‹Reiz des Verbotenen›, der durch ein striktes Verbot wahrscheinlich nur gesteigert worden wäre. Demselben Phänomen werden wir im Zusammenhang mit dem Purim, dem Fest der Lose, begegnen, wovon sogleich die Rede sein wird.

Der *Zehnte Tag des Monats Tévéth,* ein Fasttag, gedenkt der Belagerung Jerusalems. Er kann aber auch dazu dienen, die Vergnügungssüchtigen zu ernüchtern und wieder zur Pflichterfüllung im Alltag zu bringen. In Mainz war das Kartenspielen bis zum 10. Teveth gestattet; danach hatte es mit dem Alltagsleben wieder Ernst zu werden, und die Einstellung, der das Leben bloß noch wie ein Glücksspiel vorkommen mochte, mußte verdrängt werden.

Der *Fünfzehnte Tag des Monats Schebat,* Zeit der Aussaat in Israel, wird begangen, indem man Kinder mit Obst und Früchten beschenkt, während im Land Israel die jungen Leute auf die Felder hinausziehen, um junge Bäume zu pflanzen. Dieser Tag mahnt also zur Verbundenheit mit dem LAND.

Etwa einen, in Schaltjahren aber zwei Monate später begeht man *Purim,* das Fest der Lose. Am Vortag findet das *Fasten der Esther* statt; es ist ein Tag der Einkehr vor den Lustbarkeiten. Wie es im Buch Esther heißt, wurde ESTHER aufgefordert, für ihr Volk, dessen Vernichtung Haman, ein tückischer Feind, geplant hatte, um Gnade zu bitten. Sie mußte unaufgefordert zum König hineingehen. Das konnte sie, wiewohl sie seine Gemahlin war, das Leben kosten. Mit Beten und Fasten bereitete sie sich vor. Mutig nahte sie dem König und setzte sich für ihre in seinem Reich lebenden Landsleute ein. Er erzeigte sich ihr gnädig; dank ihrer wurden ihre Brüder gerettet; den Haman aber ließ der König hängen. Ob sich in Wirklichkeit diese Begebenheit je zutrug, läßt sich historisch nicht beweisen; die Gesinnung, die daraus spricht, kann jedoch jedem nur Vorbild sein. Durch Fasten und Buße eifern wir ihr deshalb nach, bevor wir uns in das heitere Treiben der Purim-Ausgelassenheit stürzen.

Das Fest heist *Purim,* d. i. die Lose, weil Haman das Los werfen ließ, um herauszufinden, welches der günstigste Tag zur Ermordung der Juden sei. Purim fällt jeweils in die christliche Fastnachtszeit und hat daher viele Eigenheiten dieser ausgelassenen Wochen angenommen. Am Vorabend und am Morgen des Losfestes wird das Buch Esther aus einer besonderen Schriftrolle vorgetragen. Die Kinder haben Holzrasseln in den Händen und dürfen diese, während der Esthertext verlesen wird, immer dann schnarren lassen, wenn der Name Haman vorkommt; denn der fröhliche Lärm der Kinder im Gotteshaus besiegte noch immer die Absichten der Feinde Israels. Am Vormittag beschert jeder jedem Geschenke. ESTHER befahl, daß jedermann seinen Freunden und den Bedürftigen Geschenke sende. Nur so kann die Errettung gefeiert werden. Die Armen können die Gaben nicht ablehnen; denn sie bekommen sie nicht geschenkt, weil sie sie brauchen, sondern weil sie Freunde sind. Keiner kann sich also durch das Beschenktwerden beschämt fühlen. Der Nachmittag ist ausgelassensten Narreteien vorbehalten. Maskenbälle wurden eingeführt. Im neuen Israel veranstaltet man sogar große Faschingsumzüge. Purim zeichnet sich aber vor allem dadurch von anderen Festen aus, daß sich betrinken zur Mitzwah wird:

«Man soll so lange trinken, bis man gar nicht mehr weiß, ob Mordechai (Esthers Pflegevater, der mit ihr die Rettung der Juden betrieb) zu segnen oder zu verfluchen, oder Haman (der Unhold) eigentlich zu verdammen oder zu preisen sei (‹*Schulchan Aruch*›)».

In Israel heißt das Purimfest deswegen auch ‹*Ad delo Joda*›, d. i. ‹Bis man nicht mehr weiß›. Auch hier zeigt sich wieder die Menschenkenntnis der Rabbinen: indem sie für einen einzigen Tag Trunkenheit erlaubten, verlor der Alkohol den Reiz des Verbotenen. Alkoholisches haben die Juden noch nie verschmäht; beim Trinken sprachen sie jedoch stets ein Gebet, wandelten es dadurch in eine Mitzwah um, tranken einander mit einem ‹*L'chajim*›, (d. h. ‹Auf das Leben!›) zu. Trotzdem ist Trunksucht bei ihnen noch nie ein Problem gewesen. Wo Großzügigkeit den Reiz des Verbotenen entschärft, hält man Maß. Ein Gegenbeispiel sind die strengen Speisevorschriften: viele von ihnen werden von den modernen Juden kaum noch beachtet.

Das Pessach-Fest: Die Geburt der Freiheit

Pessach, das Frühlingsfest, findet einen Monat nach Purim statt und verbildlicht die Wiedergeburt der Natur zu neuer Kraft und Verheißung. Im Land Israel ist es die Zeit der beginnenden Ernte: Das Getreide ist hoch aufgeschossen. Die Lämmer sind schon so groß, daß sie dem Menschen Nutzen bringen. Seit grauesten Frühzeiten schon messen alle Völker diesem Zeitpunkt ganz besondere Bedeutsamkeit bei: sie feiern ihn mit Festen, erfreuen sich der Einbringung früher Ernten. Der Bauer legt seine Freudenfeier mit der des Hirten zusammen, der seine Herde gesegnet sieht. Pessach ist zwar allezeit ein Fest der Natur, der Dankbarkeit für das LAND und seinen Ertrag geblieben, doch die Torah verlieh ihm tiefere Bedeutung, machte es zum Freiheitsfest, an dem man der Errettung Israels aus der ägyptischen Knechtschaft und dessen gedenkt, daß wir alle letztlich nicht Knechte der Menschen, sondern Gottes Diener sein sollen.

Pessach macht Gott als den Gott der Natur und zugleich der Geschichte offenbar. Solange die Gaben, die ER uns in der Natur beschert, nicht sämtlichen Menschen der Erde zur freien Verfügung gestellt sind, ist die Menschheit nicht frei. Die Freiheit und unsere Verpflichtung ihr gegenüber, das ist der Kern der Botschaft des Pessachfestes. Wie es im Talmud heißt, wird zu Pessach über den Menschen hinsichtlich der Ernte zu Gericht gesessen (wie schon S. 195 zitiert), und sein soziales Verhalten muß einer guten Ernte würdig sein. Pessach und der Auszug aus Ägypten gelten darum dem Juden als das zentrale Ereignis und als die zentrale Forderung. Die Zehn Gebote stellen Gott als IHN heraus, «der euch aus Ägypten aus dem Haus der Knechtschaft führte». In jedem Sabbath- und Feiertagsgottesdienst kommt die Formel: ‹Im Gedenken an den Auszug aus Ägypten› vor. Auch in allen täglichen Andachten wird dessen gedacht. Der Auszug offenbarte Gott als den Herrn der Geschichte, machte uns zu Seinen Mitwirkenden und schenkte uns Freiheit, damit wir alle anderen Menschen ebenso freimachen sollten. «Wenn ein Gastsass bei dir in eurem Lande gastet ... halte ihn lieb, dir gleich, denn Gastsassen wart ihr im Land Ägypten. ICH bin euer Gott» (3. Mose, ‹Er rief›, 19 : 34; Luther: «Wenn ein Fremdling ... er soll bei euch wohnen wie ein Einheimischer unter euch, und du sollst ihn lieben wie dich selbst; denn ihr seid auch Fremdlinge gewesen in Ägyptenland»).

Nur zu leicht vergißt man das, und für den, der einst arm war und nun zu Geld gekommen ist, ist es ganz selbstverständlich, das vergessen zu *wollen* und nur noch an sich selbst zu denken. Vor Gott soll dem aber nicht so sein: zur Feier der Befreiung und der Freude über die Ernte soll der Jude sich nicht an leckerem Backwerk laben, sondern mit Matzoth, ungesäuerten Fladen, vorlieb nehmen, wie er es in Ägypten essen mußte, als Fron keine Zeit gab, richtiges Brot zu backen. Die Matzah stellt aber auch das Brot der Freiheit dar: «Sie buken den Teig, den sie aus Ägypten mitführten, zu Fladenkuchen, denn er hatte nicht gesäuert, denn verjagt wurden sie aus Ägypten und durften nicht säumen ...» (2. Mose, ‹Namen›, 12 : 39; Luther: «Und sie buken aus dem rohen Teig, den sie aus Ägypten brachten, ungesäuerte Kuchen; denn es war nicht gesäuert, weil sie aus Ägypten gestoßen wurden und nicht verziehen konnten ...»). Aus dem Gedanken an die Knechtschaft erwächst der Ansporn, sich für die Freiheit einzusetzen. Der alexandrinische Philosoph PHILON der Jude (20/25 v. d. Z. – 50/54 n. d. Z.) faßt die Matzah als ein Sinnbild der Reinheit auf. Der ungesäuerte Fladen besteht nur aus Mehl und Wasser, welches Gemisch rasch gebacken wird und, weil es ja nicht aufgehen darf, etwa wie weißes Knäckebrot aussieht. Zutaten an Gewürzen sind verboten. Dem Wohlhabenden wird somit kein Luxus gestattet, den er sich sonst erlauben könnte. Er muß das Brot aller essen, damit er lerne, selbstlos zu sein, alle Menschen, einschließlich des Fremdlings, zu lieben und ihr Wohlergehen zu fördern.

Zur Vorbereitung des Festes müssen alle irgendwie gesäuerten Speisen aus dem Haushalt entfernt werden. Unter ‹Gesäuertes›, *Chamêtz*, fallen vielerlei Eßwaren: Brot, süßes Gebäck, mit Stärke oder Äthylalkohol versetzte Nahrungsmittel. Auch die leisesten Spuren davon sind zu tilgen. Dieses Gebot machte einen gründlichen Frühjahrsputz geradezu notwendig, und dieser Brauch wiederum dürfte im Mittelalter, als die umwohnende nichtjüdische Bevölkerung den Schmutz turmhoch anwachsen und zu einer Brutstätte von Seuchen werden ließ, der Gesundheit bei den Juden förderlich gewesen sein. Am vorletzten Abend vor Pessach «muß man beim Licht einer Kerze nach Chametz suchen» (Pessachim 1 : 1). Es ist dies ein Brauch, der auch heute noch geübt wird: Die Familie veranstaltet einen lustigen Umzug durchs ganze Haus; die Kinder finden Reste von Gesäuertem, die eigens zu diesem Zweck liegengelassen wurden, und sind glücklich, auf diese Weise teilzunehmen, und durch praktisches Mitwirken lernen sie so den Sinn des Festes zu begreifen. Weil das sonst das Jahr über gebrauchte Geschirr von Gesäuertem durchdrungen ist, pflegen die orthodoxen Juden zu Pessach besonderes Geschirr zu nehmen, das nur zu diesem Fest benutzt wird und das ganze übrige Jahr hindurch verwahrt bleibt.

Was Pessach dem einzelnen, zumal aber dem Kind, an Sinnfülle unmittelbar mitzuteilen hat, ist derartig gewichtig, daß die Chametzentfernung und selbst der Feiertagsgottesdienst im Gotteshause zur Übermittlung der Botschaft als unzureichend gelten. «Wenn dich morgen dein Sohn fragt, sprechend: Was ist das? sprich zu ihm» (2. Mose, ‹Namen›, 13 : 14; Luther: «Und wenn dich heute oder morgen dein Kind wird fragen: was ist das? sollst du ihm sagen»). Ein besonderes Familienfest hat sich so herausgebildet, recht eigentlich ein Abendmahl, ein ‹Mahl des Herrn›, eine Feier nur IHM zu Ehren. Es geht zurück auf die von Gott befohlene Familienversammlung vor dem Auszug aus Ägypten (2. Mose, ‹Namen›, 12 : 1–14), als Gott die Häuser der Israeliten ‹übersprang›, während er die Ägypter strafte. Daher der Name des Festes: ‹Übersprung›, Auslassung, Verschonung, Pessach. Es wurde geboten, für alle Zeiten an diesem Abend die Familie zur Zusammenkunft herbeizuholen. Der Schrift gemäß wurde zur Zeit des Tempels das Pessach-Lamm am Nachmittag dargebracht, von dessen Fleisch die Familie zur Abendmahlzeit aß. Opfer werden zwar im Judentum und Judenglauben nicht mehr dargebracht, doch der Seder, d. i. Ordnung, Reihenfolge, der Familienandacht, wie er in der Mischnah (Pessachim) festgelegt wurde, hat sich als heilige Tradition bis auf den heutigen Tag erhalten.

Die Symbole auf dem Tisch. Um dem Kind den Sinn des Pessachfestes klarzumachen, verwendet man veranschaulichende Symbole:

1. Auf dem Tisch liegt vor jedem Sitzplatz ein Büchlein mit der Pessach-Geschichte in einer von den Rabbinen geprägten Erzählungsform: es heißt *Haggadah*, die Erzählung.

2. Daneben steht auch ein Becher. Während der Tischgesellschaft wird jeder Becher viermal mit Wein gefüllt. Im 2. Buch Moses, ‹Namen›, 6 : 6–7, verheißt Gott viererlei Befreiung, viermal wird deshalb der Kelch der Errettung gereicht. Gott sagt: «Ich führe euch unter den Lasten Ägyptens hervor, ich rette euch aus ihrem Dienst, ich löse euch ... Ich nehme euch mir zum Volk» (Luther: « ... und will euch ausführen von euren Lasten in Ägypten und will euch erretten von eurem Frönen und will euch erlösen ...»).

3. Ein weiterer Becher steht vor dem Oberhaupt, dem Vater, der den Seder leitet. Er verbildlicht eine fünfte Verheißung: die letztliche Erlösung der ganzen Menschheit. Weil überlieferungsgemäß Elia als der Künder jenes glückseligen Tages (Maleachi/Malachi 3 : 22–24) gilt, heißt der Kelch ‹Eliasbecher›. Wir trinken nicht daraus, sondern nehmen ihn bloß als das Zeichen, durch das wir ermahnt werden, «der Torah, des Gesetzes Moses zu gedenken», um so die Herbeikunft des Anbruchs menschheitsweiten Friedens zu beschleunigen. Die Vergangenheit greift in die Zukunft hinüber.

4. Am oberen Ende des Tisches liegen drei Matzoth. Sie versinnbildlichen die drei Stände der Gemeinschaft Israel: Priester, Leviten und ‹Israeliten›. Da alle drei Stände gleichermaßen errettet wurden, sollen sie auch alle der Botschaft der Matzah eingedenk sein. Die Matzoth sind mit einem Tuch zugedeckt.

5. Ein Stück einer am Rost gebratenen Keule erinnert an das einstige Pessachopfer (Osterlamm). Dieses Opfer symbolisierte ja die Freude an den Gaben der Natur (diesmal des Schäfers, der seine Lämmer wachsen sah) und gleichzeitig die absolute Selbsthingabe (die der Sinn des Opfers war). Die Keule wird aber nicht gegessen, denn es gibt keine Opfer mehr.

6. Neben dem Fleisch liegt zum Zeichen des Erwachens der Natur ein Ei. Auch das wird nicht gegessen.

7. Gleich daneben stehen ein Teller mit Grünzeug (Petersilie) und eine Schale Salzwasser. Die Schönheit der Natur wurde einst bitter von den Tränen, die die Sklaven in ihrer Mühsal vergossen; mit Gottes Hilfe verklärte sie sich jedoch wieder, als die Knechte trockenen Fußes das Brackwasser des Schilfmeers (des Roten Meers) durchquerten.

8. Daneben stehen noch bittere Kräuter, darunter Meerrettich (Gedenken an die Sklaverei), und in einer Schüssel ein bräunliches Gemisch aus Nüssen, Äpfeln, Wein, Zimt (*Charosseth*), ein Sinnbild jenes Mörtels, den die Juden für den Pharao zu mischen hatten.

Die Andacht. Wie zu allen Festen steckt man Kerzen an. Die Angehörigen der Familie lehnen sich behaglich in ihre Stühle zurück. Über dem Becher Wein spricht man den Kiddusch, die Heiligung des Tages. Die Petersilie wird in das Salzwasser getaucht und unter alle verteilt als Symbol des Wohlstandes, weil in früheren Zeiten die Mahlzeiten stets mit Apéritifs eingeleitet zu werden pflegten. Durch diese symbolische Handlung sollen aber auch die Vorstellungen von Frühling und Erlösung erweckt und die Erinnerung an die Knechtschaft beschworen werden: neues Grün erlöster Erde und bitteres Tränenwasser.

Der Vater bricht die mittlere Matzah entzwei, legt die eine Hälfte davon zu späterem Gebrauch beiseite, genau wie ein Armer einen Teil seines Brotes für eine spätere Mahlzeit aufheben würde. Der Vater hält die andere Hälfte der Familie vor: «Dies ist das Brot der Armut, das unsere Väter im Land Ägypten aßen.» Und sogleich gelangt er zu dem bedeutsamen Schluß: «Mögen jene, die immer noch obdachlos in den Straßen irren, hereinkommen und an unserer Feier teilhaben», auf daß wir dadurch die Gesinnung brüderlicher Gastlichkeit fördern, die allein die Menschen freimachen wird.

Nun stellt das Kind die diesen Tag betreffenden Fragen: Warum ist dieser Abend ganz anders als alle anderen Abende? Warum essen wir heute Matzoth und bittere Kräuter, tauchen Kräuter in Würzsoßen, sitzen ganz besonders gemütlich beisammen? Mit diesen Fragen beginnt die eigentliche Erzählung. Die *Vergangenheit* wird wieder zum Leben erweckt in Form eines Berichts, den der Vater jedoch in warnender Ermahnung an die Erwachsenen kurz unterbricht. Es gibt vielerlei Arten Kinder: aufgeweckte, wilde, durchschnittliche und einfältige. Man soll ein jedes Kind seiner Eigenart und seinen Fähigkeiten gemäß behandeln; dann wird die Vergangenheit wieder Sinn gewinnen und die Tradition auch in der Zukunft erhalten bleiben. Der Vater nimmt den Bericht der vor langer Zeit geschehenen Errettung durch Gott wieder auf und beschließt den ersten Teil mit einem Dankgebet. Man preist Gott für die Hilfe in der Vergangenheit und trinkt den zweiten Becher aus.

Jetzt macht die *Gegenwart* ihre Ansprüche geltend. Die Matzah, deren Sinn jetzt klar geworden ist, wird verteilt und gegessen. Die bitteren Kräuter tunkt man ins Charosseth und verzehrt sie. Nach dem von Hillel gestifteten Brauch macht man ein Sandwich aus Matzah und bitteren Kräutern, was Gelegenheit gibt, der Lebensführung und der Lehren Hillels zu gedenken. Das Wesen der Torah bestand für ihn in Nächstenliebe, und das ist auch das Wesen dieser Feier. Das Festessen wird aufgetragen, und zu seinem Abschluß teilen und essen die Tischgenossen die anfänglich als Vorrat beiseite gelegte andere Hälfte der Matzah, den *Afikomen*, ein Sinnbild des urtümlichen Pessach-Lamms. Zuvor aber durften die Kinder ihn stehlen, vielleicht, um sie bei Laune zu halten, vielleicht aber auch, um zu veranschaulichen, daß sie früh schon der Elterngeneration den Geist der Matzah ‹stehlen› und in die nächste Generation weitertragen sollen. Man gibt ihnen eine kleine Belohnung dafür, daß sie sie wieder zurückgeben. Nach dem Tischgebet als Danksagung für das Mahl leert man den dritten Becher in Dankbarkeit für die mannigfaltigen Gaben, die Gott uns in der Gegenwart beschert.

Danach richten sich die Gedanken auf die *Zukunft*, die zu bewältigende Aufgabe. Man öffnet die Tür, Elia zum Willkommen. Diese symbolische Geste besagt, daß wir nie am schließlichen Sieg verzweifeln sollen. Im Mittelalter hatte das Türöffnen aber noch einen zusätzlichen düsteren Zweck zu erfüllen: Die Christen bezichtigten die Juden, zum Seder rituell Christenblut zu verwenden. Es war dieselbe Verleumdung, unter der einst die Urchristen zu leiden hatten: Die Heiden sagten ihnen nach, zur Messe, d. h. dem Abendmahl, nähmen sie Blut von Nichtchristen, denn den Sinn des Abendmahls begriff die Umwelt nicht. Jetzt erhoben die Christen, die vergessen hatten, daß auch sie vogelfrei gewesen waren, die gleiche falsche Anschuldigung gegen die Juden. Und die Juden schauten hinaus, um nachzusehen, ob etwa üble Verleumder da wären. Doch dann wendet sich der Seder wieder ganz, in Lied und Preisung und sogar mit Scharaden der Kinder, der Hoffnung auf die Zukunft zu, auf welche man zum Schluß den vierten Becher leert.

Das Zählen des Omer

Vom zweiten Abend an werden die Tage von Pessach bis Schavuoth, d. i. Fest der Wochen (Pfingsten) gezählt. Diese Zeitberechnung heißt das ‹Zählen des Omer›. Der Omer war ein Kornmaß. Als der Tempel noch stand, brachte man an diesem Tag dort einen Omer Korn als Weihegabe dar. Die Zählung mahnt uns, die Freiheit nicht als eine Entbindung von bestehendem Zwang anzusehen, sondern als Weg, der zu freiwillig übernommenen Verpflichtungen führt, wovon Schavuoth, Tag der Offenbarung, kündet. Diese Lehre sollte unserer Zeit nicht verlorengehen, zumal den jugendlichen Menschen, die zwar ‹Freiheit› vom sozialen Unrecht suchen, aber nicht gewillt sind, sich ernsthafter Verpflichtung zu unterwerfen, und keine Ahnung haben, was sie an Stelle der gegenwärtigen Gesellschaftsordnung, die sie zerstören wollen, aufbauen sollen. Freiheit ohne Verpflichtung führt zum Nihilismus. Das kündet uns die Zählung.

Die Pessachtage (8; vom 15. bis 22. Nissan). Die ersten und letzten dieser Tage sind vollgültige Feiertage. In der Torahlesung wird der Bericht des Auszugs aus Ägypten vorgetragen. Am Sabbath der Pessachwoche vernehmen wir von Gottes Barmherzigkeit:

«ER ER Gottheit, erbarmend, gönnend, langmütig, reich an Huld und Treue, bewahrend Huld ins tausendste, tragend Fehl Abtrünnigkeit Versündigung, straffrei nur freiläßt (er nicht), ...» (2. Mose, ‹Namen›, 34 : 6–7; Luther: «... Herr Herr Gott, barmherzig und gnädig und geduldig und von großer Gnade und Treue! Der da bewahret Gnade in tausend Glieder und vergibt Missetat, Übertretung und Sünde ...»).

Folgen wir IHM nach, so vollbringen wir das Werk der Freiheit. Besteht aber noch Hoffnung für eine verlorene, innerlich verderbte, geistig tote Menschheit? Die Haftarah gibt uns die Antwort, indem sie Hesekiels Vision der Totengebeine (37 : 1–14) vorträgt: Sobald Gottes Geistbraus die Gebeine anweht, erstehen sie wieder zum Leben. Ebenso kann die Menschheit wieder zum Geist der Erneuerung und der Befreiung aus geistiger Knechtschaft und Erlösung vom Tod gelangen, wofern sie sich nur bereit zeigt, sich von Gottes Odem erfüllen zu lassen.

Die Haftarah des letzten Pessachtages (Jesaja 10 : 32, 12 : 6), dem Schlußteil des Seder ähnlich, führt uns in jene ferne Zukunft, da der Löwe beim Lamm gasten wird und wir sagen werden:

«Ich danke dir, DU, daß du mir gezürnt hast: dein Zorn kehrt um und du tröstest mich. Da: der Gott meiner Freiheit! Ich verlasse mich, ich verzage nicht, denn mein Sieg und Saitenspiel ist oh ER, ER! und ward mir zur Freiheit!» (12 : 1–2; Luther: «Ich danke dir, Herr, daß du zornig bist gewesen über mich und dein Zorn sich gewendet hat und tröstet mich. Siehe, Gott ist mein Heil, ich bin sicher und fürchte mich nicht; denn Gott der Herr ist meine Stärke und mein Psalm und ist mein Heil»).

Ebendiesen Vers spricht man allwöchentlich in der Habdalah, wenn man hinaustritt aus der Sabbathruhe, um die Schwierigkeiten der Woche auf sich zu nehmen.

Am Pessach wird auch das Hohelied Salomos vorgetragen. Nach jüdischer Tradition versinnbildlicht dieses Lied Gottes ewige Liebe, wie sie in der Natur und in Gottes Verhältnis zu Seinem Volk in der Geschichte zum Ausdruck kommt. Vom dritten Pessachtag an wird aber nur noch die Hälfte der Lobgesangspsalmen (113–118) rezitiert:

man dämpft aus Mitleid mit den Leiden der Ägypter seine Freude. Die Rabbinen legen Gott die Mahnung in den Mund: Als die Engel singen wollten, sprach ER zu ihnen: «Meiner Hände Werke versanken im Meer, und ihr! da seid ihr noch zum Singen aufgelegt?!» (Sanhedrin 39 b). So wird die Grundstimmung des Pessachfestes offenbar gemacht.

Die Frist der Omerzählung gilt als Trauerzeit, während der Orthodoxe keine Trauungen vollziehen. Der Sage nach sollen die Jünger Rabbi Akibas während dieser Zeit an einer Seuche gestorben sein, eine Folge ihrer Zwietracht, die schwerer vor Gott wog als all ihr großes Wissen. Es ist zudem die Jahreszeit, da im Mittelalter die Massenmorde an der deutschen Judenschaft verübt wurden, und auch der Jahrestag des heldenhaften Aufstands des Warschauer Ghettos gegen die Nazis fällt in diese Frist. In Trauer und als Mahnung gedenkt man dieser Ereignisse. Wissen und wissenschaftliche Errungenschaften halten die Welt nicht am Leben. Liebe, Brüderlichkeit und Mut im Kampf um menschliche Rechte verbürgen allein ihre Zukunft.

Schavuoth

Schavuoth ist das ‹Fest der Wochen› und heißt so, weil es sieben Wochen nach Pessach kommt. Mit ihm begeht man die Stiftung der Zehn Gebote. Schavuoth wird im Talmud *Atzêrèth*, Abschlußfest, genannt. Der Auszug in die Freiheit erhielt erst durch das Gelöbnis zu Gottes Torah seinen Sinn. In alten Zeiten pflegten Bauern an diesem Tag die ersten Früchte zum Tempel zu bringen. Es ist der Tag, da das Urteil gesprochen wird über die Ernte an Früchten (s. oben S. 195). Zwar schmückt man dazu die Synagogen mit jungen Bäumen und Blumen, doch gibt es diesmal keine Symbole: Nichts vermag die Torah, deren Offenbarung ja an diesem Tage geschah, zu versinnbildlichen.

Text der heutigen Torahlesung sind die Zehn Gebote. Die Haftarahlesung des ersten Schavuothtages erzählt von Hesekiels Gottesvision (Kap. 1), dem Aufruf des Propheten zum vollständigen Aufgehen im Willen Gottes.

Weiter wird das Buch Ruth gelesen: nicht nur, weil die Begebenheit, von der es berichtet, sich auch in der Erntezeit zutrug, sondern vor allem, damit es uns lehre, daß die Torah nicht bloß für die Juden da ist. Die Moabiterin Ruth bekehrt sich zu Gott und wird die Urgroßmutter des Königs Davids. Der Jude kennt keine Rassenunterschiede. Für ihn gibt es nur solche, die Gottes Auftrag, ein schöpferisches Leben zu führen, annehmen, und solche, die ihn zurückweisen. Wer Gottes Auftrag gemäß lebt, ist es wahrhaft wert, die in Da-

VID symbolisierte Erlösung zu erlangen, einerlei welcher Abkunft er auch sei.

Trauertage im Sommer

Während der Sommermonate trugen sich einst zwei Ereignisse zu, um derentwillen man Buße tun und fasten soll. Am *17. Tag des Monats Tammûs* stürmte der Feind Jerusalems Mauern, ordnungsgemäße Gottesdienste konnten im Tempel nicht mehr abgehalten werden. Drei Wochen danach, am 9. Tag des Monats Ab, gedenkt man sowohl der Zerstörung des ersten wie auch der des zweiten Tempels.

Dieser *Tischah b'Ab*, der neunte Ab, wird in tiefer Trauer begangen. Die Glaubensgemeinde fastet 24 Stunden. Die Bundeslade und die Kanzel werden von allen Behängen entblößt. Die Gemeinde sitzt, wie um einen teuren Verstorbenen Trauernde, auf niedrigen Hockern. Am Abend wird das Buch Wehe, d. h. die Klagelieder Jeremias, gelesen. Am Morgen singt man Trauergesänge, die Israels tragische Geschicke im Lauf der Jahrhunderte beweinen.

Doch auch Hoffnung bricht wieder auf: Nach einer alten Tradition glaubt man, der Messias werde dermaleinst an einem Tischah b'Ab geboren. Wenn die Menschen den Sinn des Leidens begreifen, werden sie ein Leben führen, das dazu angetan ist, das Heil der Menschheit herbeizubringen.

Die Zerstörung des LANDES bedeutete noch lange nicht, daß nun alles aus sei, sondern mahnt uns, mehr Mitzwoth zu tun. Die Hoffnung auf den Wiedergewinn des LANDES wurde nie aufgegeben. Durch Gottes Willen werde nicht nur den Juden, sondern schließlich dem ganzen Menschengeschlecht die Einheit aus Gott-Torah-LAND-Mitzwoth wiedergeschenkt werden. Buße und der Entschluß, neu anzufangen, weisen den Weg.

Drei Wochen nach dem Tischah b'Ab ruft das Schofar das Volk auf, sich auf ein neues Jahr vorzubereiten.

13. Wichtige Tage im einzelmenschlichen Bereich

Wie die Tage, Wochen und Jahreszeiten innerhalb eines ganzen Jahres je ihren eigentümlichen Sinn und ihre Mitzwah haben, so stellen uns die größeren Zeitabschnitte unseres ganzen Lebenslaufs deutlich umrissene Aufgaben und neue Verantwortungen. Gleichermaßen werden auch die Meilensteine auf dem menschlichen Lebensweg zur Einkehr, zur Selbstbesinnung, zur Hingabe an eine Aufgabe, zur Verpflichtung besonders hervorgehoben. Ganz früh schon sprachen die rabbinischen Lehrmeister klar ihre Überzeugung aus, daß jedes Lebensalter besondere Pflichten mit sich bringe. Rabbi JUDAH BEN TEMA stellte folgendes Verzeichnis zusammen:

Mit fünf Jahren ist das Kind imstande, mit der Bibel vertraut gemacht zu werden; Mit zehn, die Mischnah zu lernen; Mit dreizehn, verantwortungsbewußt die Mitzwoth zu erfüllen; Mit fünfzehn, den Talmud zu lesen;	Zeit der Erziehung durch Torah und Mitzwoth
Mit achtzehn taugt der junge Mensch zur Ehe; Mit zwanzig zu eigenem Broterwerb; Mit dreißig erlangt der Mensch seine volle Kraft Mit vierzig vollen Verstand Mit fünfzig ist er imstande, Rat zu erteilen;	Zeit sozialer Verantwortung und Fortpflanzung
Mit sechzig erreicht er die Jahre höchster geistiger Reife; Mit siebzig beginnt er zu altern; Mit achtzig ist der Umstand, daß er immer noch lebt, Beweis für seine Lebenskraft;	Lebensalter der Weisheit und des Rates
Mit neunzig ist er gebeugt, im Vorgefühl des Grabes; Mit hundert ists, als sei er längst tot und vergangen und habe sich der Welt schon entzogen. (Mischnah Abot 5:24).	Vorbereitung aufs Ende; die neue Generation übernimmt das Werk.

Lebt der Jude sein Leben diesen Weisungen gemäß, dann kann er gewiß sein, daß die Spur von seinen Erdentagen selbst nach seinem Tode nicht untergehen wird. Symbolisch findet dies darin Ausdruck, daß die nachgeborenen Geschlechter seinen Namen tragen werden und sich selbst einen Namen machen dadurch, daß sie auf den Grundlagen der Vergangenheit und auf dem Namen aufbauen, den sich ihre Vorfahren in der Welt erworben hatten.

Jüdische Namen

Es ist Brauch, jedem Kind außer dem gängigen Vornamen, den es im bürgerlichen Leben tragen soll, noch einen hebräischen Vornamen zu geben. Mit diesem hebräischen Namen wird es dann zur Torah aufgerufen, in der Heiratsurkunde und, nach seinem Tod, im Gebet der Hinterbliebenen genannt. Die Institution des Nach- oder Familiennamens gab es ursprünglich bei den Juden nicht. Männer und

Frauen nannte man bei ihren besonderen Vornamen und ergänzte und bestimmte diese dadurch näher, daß man ‹Sohn des›, oder ‹Tochter des› und den Vornamen des Vaters anhängte. MOSES hieße mithin mit seinem vollen Namen: MOSCHEH BEN (Sohn des) AMRAM und MIRJAM: MIRJAM BATH (Tochter des) AMRAM. König DAVID wird ‹Sohn des Isai› genannt.

Bei den Aschkenasim ist es gang und gäbe, ein Kind nach seinem verstorbenen Ahnen zu nennen, damit dessen vollerfülltes Leben dem jungen Menschen Vorbild sei und die unendliche Aufeinanderfolge der Geschlechter deutlich gemacht werde. Die Sefardim dagegen geben ihren Kindern Namen von noch lebenden Voreltern, damit das Kind zu der noch lebenden Großmutter oder dem lebenden Großvater als zu besonderen Führern und Ratgebern im Leben aufschauen könne. Diese Vornamen werden den Knaben bei der Beschneidung, den Mädchen in einer besonderen Einsegnung in der Synagoge schon bald nach ihrer Geburt verliehen.

Der standesamtliche Vorname, den man einem Kind gibt, kann freilich derselbe sein wie der zusätzliche hebräische Vorname: so z. B. im Fall der biblischen Namen David, Ruth, Michael etc. ... Der standesamtliche Name kann auch eine Übersetzung des hebräischen Vornamens sein oder den Bedeutungsgehalt des hebräischen Namens wiedergeben. Jochanan wird so zu Hans, Johann; Miriam erscheint in der üblichen, latinisierten Gestalt als Marie; und weil Judah in der Bibel mit einem ‹jungen Löwen› verglichen wird, läßt man dem hebräischen Vornamen Judah den Zivilvornamen Leo entsprechen. Sehr weitverbreitet, aber weniger erfreulich ist indes der Brauch, die beiden Namen für das Kind stabreimartig aufeinander abzustimmen, d. h. sie mit den gleichen Anfangsbuchstaben beginnen zu lassen: Die Entsprechung zu Aaron ist dann Alfred, zu Samuel Siegfried, usw.

Nach- bzw. Familiennamen mußten die Juden auf entsprechende Erlasse der Staaten der napoleonischen Ära hin annehmen. Bei der Neuschaffung dieser Nachnamen bediente man sich oft des Namens der Städte, aus denen die betreffenden Judenfamilien stammten: Oppenheimer aus Oppenheim, südlich Mainz, Posner aus Posen. Oder man wies mit den neuen Nachnamen darauf hin, daß die Familie von Priestern oder Leviten der alten Zeit herstammte, so kamen Namen wie Cohen (d. i. Priester), Cahn, Katz (zusammengezogen aus *K*ahen *Tz*edek, d. i. frommer Priester), Segal, Sigel, Siegel (abgekürzt aus *Seg*an *L*evaja, d. i. Vorsteher der Leviten) zustande.

Aus hebräischen Wörtern gebildete Nachnamen werden etwa auch in bedeutungsgleiche Namen moderner Sprachen übersetzt und werden, wenn ihr Träger heute nach Israel übersiedelt, wieder in die hebräische Wortgestalt zurückübersetzt.

Im Mittelalter hatten viele Häuser über der Tür ein Schild wie ein Wappen oder Wirtshausschild oder besondere Kennzeichen, und ihre Bewohner wurden in der Stadt oft nach dem Unterscheidungsmerkmal ihres Hauses genannt. War das Haus durch ein rotes Schild gekennzeichnet und hieß ‹zum Roten Schild›, dann sagte man von denen, die in ihm wohnten, ‹die Rothschilds›. Hatte ein Haus vor dem Eingang z. B. eine Freitreppe, dann hießen seine Bewohner in der ganzen Stadt bald nur noch ‹die Trepps›. Sehr viele Nachnamen wurden den Juden jedoch ohne viel Federlesens von Amts wegen auf eine neue staatliche Verordnung hin aufgezwungen. Da die Standesbeamten in vielen Fällen bestechlich waren, kam es dabei zu Mißbräuchen: schmierte ein Jude den Beamten kräftig, dann erhielt er etwa den schönen Namen Blumenfeld oder Rosenberg, knauserte er aber, dann bekam er irgendeinen häßlichen Nachnamen.

Formen des Übertritts zur Hausgemeinschaft Israel

Angehöriger des Hauses Israel ist man entweder von Geburt oder durch Übertritt zum jüdischen Glauben. Als geborener Jude gilt, wer eine Jüdin zur Mutter hat. Wer zum Judenglauben übertritt, hat ganz selbstverständlich sämtliche aus der Zugehörigkeit zur jüdischen Konfession und zum jüdischen Volk folgenden Pflichten zu übernehmen. Der Konvertit muß ‹das Joch der Torah und Mitzwoth› ganz auf sich nehmen und auf Gedeih und Verderb fortan das Schicksal des Judenvolks als das seine mit tragen. Die Judenreligion hat den Bekehrungswilligen den Übertritt durchaus nicht leicht gemacht. Gleichwohl macht sich in den letzten Jahren eine immer größere Bereitschaft bemerkbar, Übertrittswillige in die jüdische Glaubensgemeinschaft aufzunehmen.

Vor der Bekehrung muß er dieses sein Vorhaben gründlich mit dem Rabbiner besprechen; denn seine Bekehrung muß aus Überzeugung geschehen. Der Rabbiner setzt ihm auseinander, was für eine Auszeichnung es für ihn bedeute, dem jüdischen Glauben beitreten zu dürfen, aber auch, welche Nachteile ihm daraus entstehen, wenn er nun Jude wird, und macht ihm klar, welche Pflichten ihm daraus erwachsen, welchen Benachteiligungen die Juden schon immer ausgesetzt waren. Der Rabbiner weist darauf hin, daß hinsichtlich der ‹Erlösung› ein Nichtjude keineswegs als minderwertiger oder weniger begünstigt gilt als ein Jude, ein Jude aber die Pflicht hat, die Mitzwoth, die Gottesgebote, zu erfüllen, um in den Stand zu gelangen, in den ein Nichtjude schlechterdings schon dadurch kommt, daß er sich an die elementaren Grundsätze der Ethik und der Gerechtigkeit hält.

Nach dieser Aussprache muß der Rabbiner den Bekehrungswilligen nach Haus schicken, damit er in einer Bedenkfrist noch einmal, und zwar ohne jeden Druck, gründlich mit sich ins Gericht gehe. Später durchläuft der Übertrittswillige eine Zeit des Lernens, damit er auch genau wisse, was das, wozu er sich bekehren möchte, denn eigentlich ist. Noch immer kann er zurücktreten.

Das Ritual der endgültigen Aufnahme besteht herkömmlicherweise bei Männern in Beschneidung und völligem Eintauchen ins Wasser, bei Frauen nur in Immersion. Zum Übertritt wird ebenfalls eine feierliche und bindende Erklärung des Kandidaten verlangt, daß er sich von nun an völlig zum Judentum, seinen Prinzipien, Geboten und dem jüdischen Schicksal bekenne. (Die Reformierten begnügen sich mit dem letzteren als ausreichend.) Der Gesamtakt muß vor drei als Gerichtshof zusammengetretenen Rabbinern vorgenommen werden. Der Konvertit bekommt dann einen zusätzlichen hebräischen Namen, bei Männern zumeist den Namen Abraham. Weil er als ein Sohn des Stifters des Judenglaubens, der ja viele Fremdstämmige zu dem Einen Gott bekehrte, angesehen wird, wird der Neubekehrte Abraham ben (Sohn des) Abraham genannt. Von nun an genießt er alle Rechte eines Juden, ist aber auch voll verantwortlich für die Erfüllung der Mitzwoth. Mit einer Urkunde wird sein Übertritt beglaubigt. Keiner darf ihm je noch vorhalten, daß er früher einmal nicht zur Hausgemeinschaft Israel gehörte (Talmud Baba Metzia 58b), sondern, «da die Übergetretenen die Umwelt ihrer Kindheit verlassen haben, verdienen sie unsere ganz besondere Hochachtung und Güte» (Bamidbar Rabba 8 : 2), und Gott liebt sie. Viele führende Köpfe der Judenheit hatten sich entweder selbst erst neu zum Judentum bekehrt oder waren Kinder oder Enkel von Konvertiten. «Er kann es noch erleben, daß sein Enkel Hohepriester wird» (Bereschith Rabba 70), genau wie Ruths, der Konvertitin, Urenkel David sogar König von Israel wurde.

Wann hört ein Jude auf, Jude zu sein? Diese Frage ist viel schwerer zu entscheiden. Ein Urteilsspruch des höchsten Gerichtshofs des Staates Israel hat den Grundsatz aufgestellt, daß ein Jude, der zu einer anderen Konfession übertritt, seine Zugehörigkeit zum jüdischen Volk aufgibt.

Die Beschneidung

Der Bund der Beschneidung, die *B'rîth Milah,* ist die erste Mitzwah, zu der der neugeborene Knabe hingeführt wird. Daß die Beschneidung etwas ausgesprochen Hygienisches ist, hat man inzwischen so sehr einzusehen gelernt, daß manche Ärzte fast routinemäßig und ohne Rücksicht auf die Konfession der Eltern, einzig aus Gesundheitsgründen alle Knaben unverzüglich beschneiden. (Aus medizinischen Forschungen geht hervor, daß dort, wo Beschneidung praktiziert wird, Penis- und Gebärmutterhalskrebs viel seltener vorkommt.) Für den Juden jedoch stellt die Beschneidung einen – nach dem Vorbild ABRAHAMS, in dessen Bund mit Gott der Neugeborene dadurch eintritt (1. Mose, ‹Im Anfang›, 17 : 10 ff, und 3. Mose, ‹Er rief›, 12 : 3), gebotenen – religiösen Akt dar. Man hat der Beschneidung eine so hohe Bedeutung beigemessen, daß man sie einst in der Synagoge vor der ganzen versammelten Gemeinde vornahm. So wichtig ist sie, daß man selbst am Sabbath oder Jom Kippur beschneidet, wenn diese mit dem achten Tag nach der Geburt des Knaben zusammenfallen («Mit acht Tagen soll alles Männliche unter euch beschnitten werden»; 1. Mose, ‹Im Anfang›, 17 : 12; Luther: «Ein jegliches Knäblein, wenn's acht Tage alt ist, sollt ihr beschneiden»). Nur wenn das Kind kränkelt, darf der Eingriff verschoben werden. Keinesfalls aber soll er vorgenommen werden, ehe das Kind acht Tage alt ist; so bestimmt es das religiöse Gesetz.

Eigens in der Ausführung dieses Eingriffs ausgebildete, fachlich geschulte gottesfürchtige Männer haben den Auftrag, die Beschneidungen vorzunehmen. Einen solchen Beschneider nennt man den *Mohel.* Es ist eine Ehre, zum Amt des Mohel bestallt zu sein: Es gibt prominente, mit Arbeit überhäufte Geschäftsleute, die lieber ihre Geschäfte hintansetzen, als daß sie es sich nehmen ließen, die Mitzwah des Mohelamtes, selbstverständlich ehrenamtlich, zu erfüllen. Erst in der letzten Zeit ist der Beruf des Beschneiders zu einem bezahlten Gewerbe geworden.

Nach altem Brauch müssen mindestens zehn Leute (die gesetzliche Mindestzahl für eine gültige Gemeindeversammlung) bei der Beschneidungszeremonie zugegen sein. Eine der Großmütter oder eine nahe Verwandte bringt das Kind herein. Sie gilt als seine Gevatterin. Ein naher Verwandter hält das Knäblein, während der Eingriff an ihm vorgenommen wird. Er wird so zu seinem Gevatter. Der Gevatter sitzt auf einem Stuhl, neben dem ein zweiter, unbesetzter Stuhl steht: er ist sinnbildlich ELIA, dem Wahrer des Bundes Israels mit Gott, zugedacht. Mit einem flinken Schnitt trennt der Mohel die Vorhaut von des Knaben Penis, wischt das Blut ab und versorgt den Hautrest so, daß keinerlei Vorhaut je nachwachsen kann. Der Kindsvater spricht das Gebet: «Geheiligt seist DU, oh Herr... der DU uns hießest, ihn in den Bund unsres Vaters Abraham aufzunehmen». Die übrigen Anwesenden respondieren: «So, wie er nun in den Bund eintrat, möge er auch eintreten in die Torah (d. h. in das Erlernen und Befolgen der Torah), in die Ehe und in die guten Werke (d. h. in die Erfüllung guter Werke)». Während der Mohel den Becher des Heils erhebt und betet, daß es ein Kelch geglückten Lebens sein möge, erhält das Kind seinen Namen. Die Lippen des Knäbleins benetzt man mit einem Tropfen Wein. Der Vater leert den Kelch. Ein Festmahl beschließt die heilige Handlung.

Der Bar Mitzwah, der Sohn des Gottesgebots

Das Kind soll möglichst früh seine Gebete lernen. Das Glaubensbekenntnis: «Höre Jissrael, ER unser Gott, ER Einer»; und die Verpflichtung auf Gottes Torah, Gottes Gesetz: «Die Torah, die Moses uns gebot, ist das Erbe der Gemeinde Jakobs.» Nach und nach lehrt man es, auch inhaltlich einzusehen, zu verstehen und sich im Alltag diesem Erkannten gemäß zu verhalten. Verantwortlich für seine Heranbildung sind die Eltern.

Mit 13 Jahren, zur Zeit der eintretenden Geschlechtsreife, erreicht der Knabe den Rang eines Bar Mitzwah, eines verantwortlichen ‹Sohns des Gottesgebotes›. Die erste Mitzwah, die er zu erfüllen hat, ist die Treueverpflichtung auf die Torah. Nun, da er als Teilnehmer eines *Minjan*, einer Gemeindeversammlung von mindestens zehn Leuten, auftreten darf, kann er zur Torah aufgerufen werden, um der Lesung aus der Schriftrolle zu folgen, oder, sofern er schon Hebräisch lesen kann, einen Textabschnitt aus der Torah vorlesen oder die Haftarah vortragen, vor allem aber den Segen sprechen, worin man IHM Treue zugelobt, «IHM, der uns die Lehre (Torah) der Wahrheit gegeben und mit ihr ewiges Leben in uns pflanzte». Mit 13 Jahren gelangt das jüdische Kind automatisch in den Stand der Verantwortlichkeit, ohne daß es an sich noch eines ausdrücklichen Übergangsrituals bedürfte. Viele Jahrhunderte lang hat man jedoch einen solchen Ritus geübt. (Er ähnelte althergebrachten Pubertätsriten.) Heute hält der Rabbiner dem mannbaren Knaben im Rahmen des Gottesdienstes auch noch eine ermahnende Ansprache und gibt ihm seinen Segen. In Anerkennung der Ebenbürtigkeit der Frauen haben viele Gemeinden eine ähnliche Zeremonie für Mädchen eingeführt, die dann Bath Mitzwah (Tochter der Mitzwah) werden. Bei dem darauf folgenden fröhlichen Fest erhält der Knabe Geschenke.

Der Judenglauben befürwortet frühe Eheschließung. Doch ist man der Ansicht, daß ein junger Mann, wenn er diesen folgenreichen Schritt tut, in der Lage sein sollte, seine Familie zu ernähren. Der Talmud empfiehlt, sorgfältigst zu durchdenken, ob Mann und Frau leiblich, dem Gefühlsleben nach, hinsichtlich der Herkunft und der Weltanschauung zueinander passen. Die Rabbiner raten von allen Ehen ab, bei denen die Frau ihrer Herkunft nach gesellschaftlich höher steht. Für die beste Gewähr eines gesegneten Heims halten sie jene Mutter, die Tochter eines ‹Schülers der Weisen› (Joma 71 a) ist: sie hat den Geist der Torah mitbekommen und ist imstande, ihn ihren Kindern weiterzugeben. Junge Leute tun darum auch heute noch klug daran, auf den Rat des Rabbiners, aber auch den ihrer Väter und Mütter zu hören, bevor sie den heiligen Bund der Ehe eingehen.

In alten Zeiten wurden die jungen Leute ein ganzes Jahr vor ihrem endgültigen Ehegelöbnis feierlich einander verlobt, so daß die Braut in aller Ruhe ihre Aussteuer zusammenstellen konnte und der Bräutigam nicht zu fürchten brauchte, «ein Nebenbuhler könne sie ihm wegnehmen». Heute ist diese Verlobungsfeier Teil der Eheschließung.

Die Trauung. Im alten wie im neuzeitlichen Israel sind zivilrechtliche und religiöse Trauung miteinander verbunden. (Auch in Amerika fungiert der Geistliche gleichzeitig als Standesbeamter, so daß nur eine kirchliche oder eine synagogale Trauung auch vom Staatsrecht her erforderlich ist.) Nach jüdischem Recht gilt ein Paar als vermählt, sobald der Bräutigam in offenkundiger Heiratsabsicht seiner Braut ein wertvolles Geschenk macht und sie dies von ihm in diesem Sinne annimmt. Dieses Geschenk nahm schließlich die Gestalt des Eherings an; der Tausch *zweier* Eheringe ist deshalb nicht Wesensbestandteil der jüdischen Trauung.

Eine zweite Heiratsart war die Vermählung auf Grund eines Ehevertrags, und eine dritte Weise der Vermählung geschah durch Vollzug des Beilagers. Alle drei Arten finden wir in den heutigen Hochzeitsriten wieder, bei denen noch Gottes Segen erfleht wird.

Nach altem Brauch wird der Bräutigam von Vater und Schwiegervater zum Altar geleitet (obwohl die Trauung nach jüdischem Recht an sich nicht in der Synagoge stattfinden muß, ist diese in der Regel doch der Ort der feierlichen Trauung), während die Braut den Raum in Begleitung ihrer Mutter und Schwiegermutter betritt. Die Brautleute stehen beieinander unter der *Chuppah*, dem Hochzeitsbaldachin, Symbol des Heims, in dem beide zusammenleben sollen. (Zumindest symbolisch wird so das Erfordernis des Zusammenlebens, die dritte Heiratsform, erfüllt.)

Nachdem der Rabbiner sich vergewissert hat, daß die beiden einander wirklich aus freiem Willen heiraten wollten, spricht er die Segnungsgebete des Verlöbnisses, und Braut und Bräutigam trinken beide aus dem Becher Wein, den er ihnen reicht, nachdem er ihn während des Segensspruchs erhoben hat. Der Bräutigam steckt der Braut den Ring an den Finger und spricht dabei die Formel: «Sei mir nach Moses und Israels Gesetz durch diesen Ring angetraut und zugeweiht.» Damit ist die erste Heiratsform, die Gabe, erfüllt.

Vorgelesen wird ein von Trauzeugen unterfertigter Ehevertrag: damit wird symbolisch die zweite Heiratsform, auf Grund eines Ehevertrags, vollzogen. Nun gilt das Paar als von Rechts wegen vermählt. Danach erhebt der Rabbiner einen zweiten Becher Wein und erbittet Gottes Segen für das Paar: möge der Kelch des Lebens, den sie von nun an teilen werden, wie sie jetzt miteinander den Hochzeitsbecher teilen, von Gott zutiefst gesegnet sein. In einer Ansprache (nicht unerläßlich) und einem Segensspruch verkündet der Rabbiner, daß sie nun Mann und Frau sind.

Es hat sich der Brauch eingebürgert, zum Schluß der Trauung ein Glas zu zerbrechen. Sogar mitten in der Festesfröhlichkeit wird damit bildlich auf Israels Leiden hingewiesen und obendrein den Neuvermählten zum Bewußtsein gebracht, wie leicht Liebe zerbricht; mögen sie sich gegenseitig mit zarter Rücksicht behandeln! Beim Festmahl wiederholt man die schon unter der Chuppah gesprochenen Segnungsgebete.

Ehe und Scheidung. Die jüdische Hochzeitszeremonie heißt hebräisch *Kidduschin*: Heiligung. Dieser Geist der Heiligung fand im jüdischen Haus auch tatsächlich seine Erfüllung. Das jüdische Heim war heilig, ein Zufluchtsort des Friedens, weil es eine Häuslichkeit von Bedeutung und Seele war. Die Jüdinnen wußten, daß ihnen die allergrößte Aufgabe oblag: die Kinder im Geist der Torah und Mitzwoth zu erziehen. «Fruchtet und mehrt euch» (1. Mose, ‹Im Anfang›, 1 : 28; Luther: «Seid fruchtbar und mehrt euch»), heißt uns die Torah. Im Kommentar dazu sagt der Talmud: Jedes Ehepaar soll mindestens einen Sohn und eine Tochter haben (Mischnah Jebamoth 6 : 6). Ebenso wichtig ist es aber, daß jeder der Gatten die Freuden der Ehe genieße. Unter gewissen Bedingungen läßt der Talmud den Gebrauch empfängnisverhütender Mittel zu, z. B. dann, wenn eine Schwangerschaft der Gesundheit der Mutter oder dem Wohlergehen des frühergeborenen Kindes abträglich wäre (wenn z. B. die Mutter das Kind allzu früh schon nicht mehr stillen könnte, weil ihr wegen erneuter Schwangerschaft die Milch wegbliebe).

Vielleicht hat aber auch noch ein anderes jüdisches Gesetz die Beständigkeit des Familienlebens unterbaut. Die Torah verbietet den

Beischlaf während und 7 Tage nach der Menstruation. Jeden Monat dürfen sich die Ehegatten also etwa zwölf Tage lang nicht einmal berühren. Nach Ablauf der Frist hat die Gattin, ehe der Geschlechtsverkehr wieder statthaben darf, ein rituelles Reinigungsbad zu nehmen. Namentlich im Mittelalter, als in den meisten anderen Kulturländern nur ganz selten gebadet wurde, war dieses regelmäßige Vollbad für die Reinlichkeit und Hygiene sehr wertvoll. Strenggläubige Jüdinnen befolgen dieses Gebot bis auf den heutigen Tag. Dadurch können die Gatten einander leiblich kaum überdrüssig werden, ein Umstand, der sehr zur Stabilität des Heims beizutragen imstande war.

Die Mutter führte die Herrschaft im Haus. Sie war es, die die Sabbathkerze anzündete, und ihr Mann ehrte sie dadurch, daß er jeden Freitagabend die Lobsagung: «Ein Weib von Tucht, wer findets!» spricht (Sprüche ‹Gleichsprüche›, 31 : 10–31); Luther: «Lob des tugendsamen Weibes: Wem ein tugendsam Weib beschert ist...»). Rechtlich gesehen war die Jüdin jedoch dem Mann nicht gleichgestellt. Von ihrer Verheiratung an verhüllte sie ihr Haar, schnitt es mitunter sogar ganz ab. Geschah es, daß ihr Gatte spurlos verschwand und niemand sonst bezeugen konnte, daß er den Tod gefunden hatte, dann durfte sie sich nicht mehr wiederverheiraten. Er durfte sich zwar von ihr, doch sie sich nicht von ihm scheiden lassen (einstmals pflegte jedoch der jüdische Gerichtshof, wenn schwerwiegende Gründe vorlagen, den Ehemann zu zwingen, seiner Frau die Scheidung zu gewähren.) Dies macht heute den orthodoxen Juden Kopfzerbrechen. Juden der konservativen Richtung fügen dem Ehevertrag eine Vorbehaltsklausel bei, wonach der Ehemann gehalten ist, seiner Frau eine Scheidung im religiösen Sinn zu gewähren, wenn die Umstände es erforderlich erscheinen lassen. Reformierte Juden geben sich mit der von der weltlichen Gerichtsbarkeit ausgesprochenen zivilgesetzlichen Scheidung zufrieden.

Scheidung ist also, wenn eine Ehe mißrät, erlaubt. Bei den Rabbinen heißt es zwar, der Altar vergieße Tränen, wenn ein Hausstand auseinanderbricht (Gitin 90 b), doch ist die Judenreligion so klug gewesen, eine Scheidung zuzulassen, ohne auf dem Nachweis einer ‹Schuld› des einen oder anderen Ehepartners zu bestehen.

Vor einem aus drei Rabbinern gebildeten Gerichtshof wird ein Scheidebrief, *Get*, ausgefertigt, nach Maßgabe besonderer, ins einzelne gehender Bestimmungen, die absichtlich streng gefaßt sind, um Scheidungen zu erschweren. Der Ehemann, der den Get beantragen muß, händigt ihn seiner Frau aus: nimmt sie ihn aus freien Stücken an, dann gilt sie als von ihm geschieden und darf sich nach 90 Tagen (damit keine Unklarheiten hinsichtlich der Vaterschaft entstehen, falls sie gleich nach ihrer Verheiratung in andere Umstände kommt) wiederverheiraten. Eine Frau darf auch den Mann, von dem sie geschieden wurde, wieder heiraten, sofern sie zwischendurch nicht mit einem anderen Mann verheiratet war.

Heutzutage dürfen Rabbiner Scheidungen erst aussprechen, nachdem das Ehepaar gemäß zivilrechtlicher Bestimmungen des Landes, in dem sie leben, von einem weltlichen Richter geschieden wurde. Damit wird der talmudischen Rechtsweisung entsprochen: «das Gesetz des Staates ist ebenfalls das (religiöse) Gesetz» (Talmud Baba Kamma 113 b).

Kranksein und Sterben

Der Mensch hat die Pflicht, seinen Leib gesund zu erhalten, weil sein Leib ein treffliches Werkzeug im Dienst Gottes ist. Allein, Krankwerden ist unser aller Geschick, und sobald es uns widerfährt, müssen wir sachgerechte ärztliche Hilfe suchen. Der Jude darf deshalb nicht an einem Ort leben, an dem es keinen Arzt gibt (Jeruschalmi, Kidduschin 4 : 12). Sobald Krankheit uns befällt, wenden wir uns an Gott und finden seelische Kraft im Beistand unserer Freunde, deren Pflicht es ist, nach uns zu sehen, müssen aber zur Wiederherstellung unserer Gesundheit selbst alles Menschenmögliche tun.

Liegt einer im Sterben, so bleiben die nächsten Angehörigen, zumal aber seine Freunde bei ihm. Mit ihm, oder, falls er dazu schon außerstande ist, für ihn und an seiner Statt sprechen sie das Sündenbekenntnis. Ein allerletztes Mal wiederholen sie das Schema, das Glaubensbekenntnis: «Höre Jissrael, ER, unser Gott, ER, Einer». Dabei richten sie es während des Aufsagens oder Wiederholens nach Möglichkeit so ein, daß die Rede von dem Einssein Gottes zusammenfällt mit dem letzten Atemzug des Sterbenden.

Während dieser letzten Lebensstadien darf der Sterbende über das, was rein ärztlich geboten ist, hinaus mit künstlichen Eingriffen nicht traktiert werden, weil man glaubt, das geringste Eingreifen könne das Leben des Todgeweihten verkürzen, wir aber kein Recht haben, diese gottgegebene Spanne auch nur um einen Augenblick zu mindern.

Nach altem Herkommen werden die letzten Werke der Liebe von Männern und Frauen der *Chevrah Kadischah*, der ‹Heiligen Gemeinschaft› geleistet, einer Gruppe von Leuten, die sich durch ihre Frömmigkeit auszeichnen und diesen Dienst als ein Werk freier Hingabe, als eine echte Mitzwah ausführen, für die der Tote nicht mehr danken kann; nur Gott wird es vielleicht tun. Ist der Tod eingetreten, so legen sie die Leiche auf die Erde nieder als Symbol ihrer Rückkehr zu dem Staub, aus dem sie einst entstand, waschen sie danach, hüllen sie in jene weißleinenen schlichten Gewänder, die der Tote einst als Lebender zu Jôm Kippur angelegt haben mochte, und legen ihr einen Tallith, einen Gebetsmantel, um die Schultern. Aus Holz fertigen sie einen einfachen Sarg an und betten die Leiche hinein.

Für Frauen nimmt man die gleichen schlichten weißen Leichengewänder und macht dadurch deutlich, daß im Tod alle Menschen gleich sind; zudem werden so den Armen hohe Bestattungskosten erspart. Keinerlei Prunk darf entfaltet werden. Der Tote ist möglichst rasch zu beerdigen. Einbalsamieren ist nur dann zulässig, wenn der Staat dies gesetzlich vorschreibt. Blumen sollen nicht geschickt werden, sondern etwaige Aufwendungen sollen lieber – dem Toten zu Ehren – zu mildtätigen Zwecken verwendet werden. Freunde schaufeln das Grab. Nach einem ehrenden Nachruf und einem Gebet senken sie den Sarg in die Grube. Nächste Angehörige und Freunde schaufeln das Grab wieder zu. Zurück zur Erde, woraus er einst ward, kehrt der Tote, so wie auch sein Geist heimkehrt zu Gott, der ihn ihm schenkte. (Im traditionsverhafteten Judenglauben ist Feuerbestattung nicht erlaubt.) In der Stunde ihres tiefsten Schmerzes sollen die Trauernden den Saum ihres Kleides oder den Aufschlag ihres Anzuges einreißen (aus gründlicher Seelen- und Menschenkenntnis gestattet so der Judenglaube seinen Anhängern, ihrem Schmerz freien Lauf zu lassen, so daß sie ihr Leid nicht in sich hineinfressen, was sich hernach nur zu leicht in neurotische Zustände umsetzt). Dann sprechen die Kinder des Toten den Kaddisch, das Heiligungs- und Segensgebet. Beim Verlassen des Grabes gehen die Hinterbliebenen am Spalier ihrer Freunde entlang, die die Trauernden mit einem «Gott tröste dich!» grüßen.

Wenn die Trauernden nach Haus zurückkommen, haben ihre Freunde eine Mahlzeit gestiftet, damit sie in ihrem Schmerz nicht das Wohl ihres Leibes vergessen. Sieben Tage lang sitzen sie auf Schemeln und nehmen das Beileid ihrer Nachbarn entgegen. Ihr Leid verschließen sie nicht in sich. Man muß ihm Luft machen, um bald zu gesundem Leben zurückzufinden. Die Freundschaft ihrer Mitmenschen hält die Trauernden aufrecht. Nach dreißig Tagen muß das Leben wieder seinen normalen Gang gehen. Die Trauerzeit ist vorüber. Nur wer Eltern verliert, trauert ein volles Jahr um sie: Die Söhne kommen jeden Morgen und jeden Abend zum Gemeindegottesdienst in die Synagoge und beten, elf Monate lang, den Kaddisch. Vor dem Gottesdienst am Vorabend des Sabbath nach dem Trauerfall empfängt der Rabbiner die Hinterbliebenen an der Synagogentür mit dem Zuspruch: «Gott tröste euch . . .».

Erhabenheit und Größe liegen in der Einförmigkeit des jüdischen Trauergottesdienstes, in seiner Schlichtheit, in der Unauffälligkeit der althergebrachten Totengewänder, des schwarzverhängten Holzsarges. Adel strahlt diese Einfachheit aus. Sie ist der Quell allen Trostes.

Die Kinder begehen alljährlich in treuem Gedenken den Todestag, die ‹Jahrzeit›. Vierundzwanzig Stunden lang läßt man das Licht brennen, denn des Menschen Seele ist ein Licht Gottes. (Das Jahrzeitlicht dürfte allerdings vom Brauch der katholischen Kirche, Kerzen zu entzünden, hergeleitet sein.) Im Gotteshause beten die Söhne den Kaddisch. Man besucht das Grab der Lieben am Jahrzeittag.

In alter Zeit waren Steinhügel die Grabdenkmäler, und jeder Besucher legte einen Stein darauf, um das Grabdenkmal zu erhalten. Die Sitte erhielt sich selbst nach Errichtung von Grabsteinen. Ehrfurchtsvoll legen auch heute das Kind und der Freund einen Stein auf das Grabmal der Lieben: ihre ‹Karte›. Am Jahrzeittag halten die Kinder Einkehr, Andacht, fasten, tun gute Werke, denken über den Lebensweg ihrer Lieben nach und mühen sich, deren vorbildlicher *Tzedaqah* (Rechtschaffenheit und Mildtätigkeit) nachzueifern, damit ihr eigenes jetziges Leben denen, die sie einst großzogen, zur Ehre gereiche. Das ist der Sinn des Kaddisch, den man an der Beerdigung, während des Trauerjahrs und zu jeder Jahrzeit betet. Er ist nicht ein Gebet für die Toten, sondern ein Bekenntnis zum Glauben, und als solches spricht man ihn auch an anderen Stellen der Andacht. Könnten Kinder denn den Glauben und die Seelenstärke, die ihre Eltern ihnen als Vermächtnis hinterließen, besser bezeugen als dadurch, daß sie sich in der Stunde bittersten Verlustes zu Gott bekennen? Wie könnten sie die toten Eltern höher ehren als dadurch, daß sie vor versammelter Gemeinde aussprechen:

«Gepriesen und geheiligt sei Sein großer Name in Zeit und Welt, die er nach Seinem Willen erschuf. Möge Er Sein Reich errichten während eures Lebens, während eurer Tage und während des Lebens des ganzen Hauses Israel. Dazu saget Amen (so sei es)».

Und die Gemeinde respondiert, neu gestärkt durch den Glauben derer, die ihre Liebsten durch den Tod verloren:

«Amen. Sein Großer Name sei geheiligt immerdar.»

Das Vertrauensbekenntnis geht weiter und endet mit den Worten:

«ER, der Frieden schafft in den Himmeln über uns, möge auch uns und ganz Israel Frieden schenken. Dazu saget Amen.»

Die Gemeinde antwortet:

«Amen».

In diesem Gebet, dem Vorfahren des christlichen Vaterunsers, liegt der ganze jüdische Lebensweg durch Tage, Jahreszeiten und Jahre hin beschlossen. Es ziemt sich wohl, daß es den Abschluß der Lebensbahn eines Juden bildet und ihn mit denen, die nach ihm kommen, verbindet, denn es ist wahrlich der Leitspruch jüdischen Lebens: die Heiligung des NAMENS.

14. Rückblick und Ausblick

Versuchen wir den Gegenwartsstand der Entwicklung des Judentums in einer Allgemeinbetrachtung zu würdigen. Wo stehen wir jetzt?

Torah

Die Vernichtung des osteuropäischen Judentums durch die Nazis hat den Rest der Judenheit vor Entscheidungen größter Tragweite gestellt. Selbst zahlenmäßig ist der Verlust unersetzlich. Darüber hinaus wurde das Reservoir des traditionellen Torah-Lehrgutes völlig zerstört. War es doch der Osten, dessen Judentum in ungebrochener Kraft das Lehrgut bewahrte, lehrte und lebte. Die Juden des Westens konnten immer mit einer Erneuerung vom Osten her rechnen und es daher riskieren, auf diesem Fundament moderne Formen auszubilden. Fehler waren bei dieser Umbildung unvermeidlich, wurden jedoch immer wieder vom Ostjudentum ausgeglichen. Man konnte es sogar mit dem religiösen Leben leichter nehmen, denn vom Osten kam ja immer der glaubensstarke Nachwuchs. So wandte man sich westlichem Wissen und Leben zu. Torah trat in den Hintergrund. Zur Zeit der Massenverfolgung mußte dann das Studium im Westen vor der unmittelbaren Aufgabe der Lebensrettung zurücktreten. Dadurch findet man das westliche Judentum heute an jüdischen Menschen und in der Lehre verarmt, und das zu einer Zeit, in der ihm die volle Verantwortung für die geistige und religiöse Zukunft auferlegt ist. Dieser Lage und dieser Aufgabe werden sich Führer und Gemeinschaft nun zunehmend bewußt. Die Suche nach Torah, nach jüdischem Lehrgut, Wissen und Leben hat wieder begonnen, doch sie bedarf der Stärkung. Hier liegt eine der großen Aufgaben des zeitgenössischen Judentums.

Aus der Liebe zum Lernen erwuchs die Liebe zur Forschung, zum Wissen und zur Wissenschaft. Diese Liebe hat sich vertieft und verstärkt. Die Zahl jüdischer Studenten, Forscher und Lehrer ist im Vergleich zur jüdischen Bevölkerungszahl sehr hoch. Die Rabbinen sagten einst: «Der Unwissende kann nicht in Furcht der Sünde sein», er kennt nicht ihre Folgen, und kann sie daher nicht überwinden. In Erweiterung dieses Grundsatzes haben die Juden erkannt, daß der Unwissende kein guter Bürger sein kann. Nur derjenige, der seine Gaben voll entwickelt und sie im Kampfe für eine bessere Gemeinschaft ganz und gar rückhaltlos der Gesamtheit widmet, hat seine Bürgerpflicht getan. Darum finden wir Juden in Kunst und Wissenschaft, für deren Verbreitung in der Gesamtbevölkerung sie streben und ringen.

Die Torah lehrt: «Hasse deinen Bruder nicht, nicht einmal in deinem Herzen, ermahne ihn» (3. Mose 19 : 17). Ohne diesen Grundsatz ist eine demokratische Gemeinschaft innerhalb eines Landes, ist internationale Zusammenarbeit zwischen den Völkern unmöglich. Als Opfer des Hasses und der Verfolgung haben die Juden mit ihren früheren Verfolgern zusammengearbeitet, um zu zeigen, daß Menschen und Völker ihre Feindschaft vergessen und in Frieden, der Zukunft dienend, zusammenarbeiten können. Juden haben Brücken gebaut, so sollte es auch die Welt können. Die Torah verkündet das Ideal der Zukunft. In unerschütterlichem Glauben haben die Juden an diesem Ideal festgehalten. Die Vision einer geeinten Menschheit ist kein Traum. Sie kann Wirklichkeit werden, wenn alle Menschen sich als Mitarbeiter Gottes und Bauleute einer besseren Welt erkennen und in dieser Erkenntnis leben. Dieser Wille, der Aufgabe wegen zu leben, zu streben und, wenn es not tut, zu leiden, ist ein Beitrag der Juden zur Menschheitsverbrüderung.

So wurde die Torah selbst für diejenigen, die sie heute nicht religiös erfassen, eine Kraft des innersten Wesens, im Wirken für die Gemeinschaft, für das Sozialrecht, in der Liebe zur Menschheit und in der Charakterstärke, die das Ziel nie aus dem Auge läßt.

Gott

Das Judentum hat keine Dogmen, jeder darf den einig-einzigen Gott auf seine Weise definieren. Der Begriff eines einig-einzigen Gottes der Liebe verbürgt die einige Menschheit. Nur als einig-einzig kann der Jude Gott sehen. In Gott findet der Mensch seine Größe und Würde, wurde er doch zu Seinem Ebenbilde geschaffen. Gott hat es uns mitgeteilt, daß jeder Mensch heilig ist und daß alle Menschen gleich sind, was immer ihre Hautfarbe oder Abkunft sei. Darum wurde der Mensch durch Abschaffung des Gottesglaubens, sowohl im Nazitum wie im Kommunismus, entwürdigt und brutalisiert. Nur unter Gott ist menschlicher Fortschritt möglich. Der große Rabbiner Leo Baeck sagte einmal, daß nur in solchen Ländern, wo der jüdische

Gottesbegriff Eingang fand, sei es durch Christentum oder Islam, das Schicksal des einzelnen sich langsam besserte. Ohne Gott wird der Staat oder der einzelne zu seinem eigenen Gott, und das Ende ist der Krieg. Ohne den Gott der Liebe, wie ihn das Judentum verkündete, verrennt sich die Welt in Haß. Die jüdische Gottesidee ist ein Leitmal der Menschheit.

Mitzwah

Die Mehrzahl der Juden im Westen folgt dem traditionellen Religionsgebot nur zögernd. Neue Formen werden gesucht. Vom Gottesdienst verlangt man eine Fassung, die die Not, die Aufgabe und die Hoffnung der Gegenwart zum Ausdruck bringt. Das ist für die christlichen Kirchen ebenfalls notwendig geworden. Wenn der Besuch des Gottesdienstes zu wünschen läßt, so mag das auch daran liegen, daß viele empfinden, er halte philosophisch und theologisch nicht mehr Schritt mit der modernen wissenschaftlichen Weltanschauung. Andere meinen, Gott, der sie liebt, werde diese Unterlassungssünde in seiner Gnade wohl übersehen. Hier liegen Probleme. Der Gottesdienst in seiner uralten Form spiegelt ja die Gesamtgeschichte des Judentums und der Juden, verknüpft die lebende Gemeinschaft mit der Ewigkeit und entfaltet symbolisch das Bild einer geeinten Menschheit vor Gott. Dieser Charakter muß ihm bei seiner Erneuerung erhalten bleiben. In der Befolgung der Mitzwoth liegt ebenfalls mehr als nur ‹Religion›. Die Mitzwoth gaben dem Juden zu allen Zeiten das Bewußtsein der Verbundenheit mit dem liebenden Gott, der zu ihnen stand, auch wenn die Welt sie ausstieß, sie liebte, auch wenn die Welt sie verachtete. So wurden die Mitzwoth zum psychologischen Abwehrmittel gegen den äußeren Druck. Die Juden verloren nie ihr seelisches Gleichgewicht. Dies ist in der Tat ein Wunder und zeigt der Menschheit die Kraft des religiösen Lebens gegenüber den Mächten der Zerstörung wie gegenüber den Mächten der Sorge, Angst und Unsicherheit. In Gott liegt Geborgenheit.

In einem weiteren Sinne blieben die Juden der Mitzwah treu, nämlich im Streben nach sozialer Gerechtigkeit. Der Jude kämpft dafür mit dem Einsatz seiner Person und seines Gutes, auch wenn er selbst durch solche Gesetzgebung schwer persönlich und finanziell belastet wird. Er kämpft für die Befreiung aller Unterdrückten. Dies ist Mitzwah im höchsten Sinne.

Das LAND

Die Juden sind stolz auf Israel, denn hier wird, trotz aller Fehler, eine Gemeinschaft angestrebt, die dem prophetischen Ideal entsprechen kann. Mit Liebe wurden die mittellosen Einwanderer sozialisiert, durch hartes Werk wurde das Land verjüngt. BEN GURION, Israels erster Ministerpräsident, wurde einmal ‹Messias im Straßenanzug› genannt. Israel hat selbst anderen neu entstandenen Nationen in Asien und Afrika aus seinen eigenen schmalen Mitteln durch Lehrer und Experten Hilfe gebracht. In seinen Cooperativen, den ‹Kibbutzim›, hat es gezeigt, daß Menschen in der Tat selbstlos einem gemeinsamen Ziel entgegen arbeiten können. Torah im weitesten Sinne führte zur Gründung von Universitäten, Hochschulen, Krankenhäusern, Theatern und Kunststätten, die zu den besten in der Welt zählen.

Die Mehrheit der Bevölkerung ist nicht ‹religiös›, da sie nicht orthodox ist, und Orthodoxie ist die einzige offiziell anerkannte Form der jüdischen Religion. Doch finden wir einen Durst nach dem Geistigen, der prophetische Geist durchzieht das Volk, dem die Propheten Lesebuch sind. Neue Formen der Religion sind im Entstehen. Der ehemalige Oberrabbiner KOOK sagte einmal: «Israel ist wie das Allerheiligste im alten Tempel. Nur der hohe Priester durfte es einmal im Jahre allein betreten. Doch während des Baues traten die Bauleute mit ihren Werkzeugen auf diese Stelle. Das Allerheiligste, Israel, ist im Bau, und die ‹unreligiösen› Arbeiter sind seine Erbauer.» Torah-Mitzwah-LAND sind hier verbunden, darum ist die Judenheit so stolz auf Israel; sie hat durch das LAND die Verjüngung des Geistes gefunden, die es ihr ermöglicht, das Werk in der Diaspora segensreich weiterzuführen.

Die Juden in der BRD

Wie sieht die Zukunft der deutschen Juden aus? Unter den zur Zeit in der Bundesrepublik lebenden etwa 30 000 Juden lassen sich drei Gruppen unterscheiden: Ehepartner arischer Männer oder Frauen, die dank ihrer ehelichen Bindung vor der Vernichtung bewahrt blieben, in den Jahren des Naziregimes aber größten Benachteiligungen und schwerstem Druck ausgesetzt waren; Rückwanderer, die infolge ihres vorgerückten Alters in dem jeweiligen Gastland nicht mehr festen Fuß hatten fassen können; und, als zahlenmäßig weitaus größte Gruppe, Flüchtlinge aus den osteuropäischen Staaten, die auf ihrer Flucht nach Westen in Deutschland hängengeblieben sind und sich dort eine neue Existenz aufzubauen suchen. Was fehlt, ist geistig und biologisch vitaler Nachwuchs; gerade die befähigteren unter den jungen Leuten wandern aus. Eine kraftvolle Intelligenzschicht, die seinerzeit die deutschen Juden nicht nur zu den Begründern des modernen Judentums, sondern auch zu Trägern und Förderern gerade deutscher Kultur und Kunst werden ließ, existiert nicht mehr und wird sich unter den gegebenen Umständen schwerlich neu bilden. Es ist symptomatisch, daß NELLY SACHS, die dem Schicksal und Leiden der deutschen Juden den dichterisch und zugleich sprachschöpferisch stärksten Ausdruck in deutscher Sprache verlieh, nicht wieder nach Deutschland zurückkehrte.

Zweifellos wird für die jüdische Minderheit in der Bundesrepublik manches getan. Mit Staatshilfe wurden einige schöne neue, allerdings nicht sonderlich stark frequentierte Synagogen gebaut, in denen von den wenigen wieder amtierenden Rabbinern vorwiegend neo-orthodoxer Gottesdienst abgehalten wird. Einige jüdische Schulen und Altersheime wurden errichtet, jüdische Zeitschriften gegründet. Doch läßt sich das Wesen des einst so profilierten und kultivierten deutschen Judentums aus dieser kleinen Gemeinschaft Versprengter, mehr oder weniger zufällig Vorhandener nicht mehr erschließen. Und doch, und um so mehr, sollte das Bemühen um Verständnis für das Judentum, das im kulturellen und sozialen Leben Deutschlands so tiefe und unauslöschliche Spuren hinterlassen hat, von allen aufrichtigen und verantwortungsbewußten Deutschen als echte Aufgabe erkannt und gefördert werden.* Alle, die sich um die Erhaltung dieses Erbes durch Kontaktaufnahme mit den lebendigen Quellen des Judentums, sei es in Amerika, sei es in Israel, bemühen – Schriftsteller, Wissenschaftler, Lehrer und vor allem die Jugend –, machen sich damit nicht nur um die Juden, sondern letztlich auch um Deutschland verdient. Das Judentum als Glaube und Lebensgemeinschaft ist zeitlos und unzerstörbar. Niemand kann wissen, was das Schicksal für die heute in Deutschland lebenden Juden bereithält. Das Vermächtnis der deutschen Juden an Deutschland aber bleibt bestehen: durch höchste Menschlichkeit unermüdlich beispielsetzend zu wirken.

---

* Dieser Aufgabe hat sich die nach dem Zweiten Weltkrieg gegründete Gesellschaft für christlich-jüdische Zusammenarbeit angenommen, die in vielen deutschen Städten Ortsgruppen besitzt. Die offizielle Vertretung der jüdischen Interessen liegt in den Händen des Zentralrats der Juden in Deutschland mit Sitz in Düsseldorf. Die Geschichte der einstigen deutschen Judenschaft wird vor allem vom Leo Baeck Institute in New York erforscht, wo auch ein ständig wachsendes Archiv besteht. Einige deutsche Universitäten haben Institute für Judaistik.

ÜBER DEN VERFASSER

Leo Trepp wurde 1913 in Mainz geboren. Nach Absolvierung des dortigen Realgymnasiums studierte er Philosophie und Philologie an den Universitäten Frankfurt/Main und Berlin und schloß seine Studien mit der Promotion zum Dr. phil. an der Universität Würzburg ab. Die gleichzeitige rabbinische Ausbildung, zunächst in Frankfurt/Main, führte 1936 am Rabbinerseminar in Berlin zu seiner Ordination zum Rabbiner. Anschließend wurde Leo Trepp zum Landesrabbiner von Oldenburg ernannt, welches Amt er bis zur «Kristallnacht» im November 1938 versah. In seine Amtszeit fiel die von ihm veranlaßte Gründung einer jüdischen Elementarschule in Oldenburg. 1938 ins KZ Sachsenhausen verbracht, wurde er infolge eines Einspruchs des inzwischen verstorbenen britischen Chief Rabbi Dr. Hertz nach einiger Zeit daraus entlassen und emigrierte nach England. Von dort ging Leo Trepp in die USA, studierte an der Harvard University und der University of California (an der er jetzt auch lehrt) und amtierte als Rabbiner in verschiedenen Gemeinden. 1951 wurde er an das Napa College (Kalifornien) berufen, dessen Geisteswissenschaftlicher Fakultät er heute als Professor für Philosophie und Geisteswissenschaften angehört, wobei er als Vorsteher der geisteswissenschaftlichen Abteilung wirkt. Daneben wirkte er als Mitglied der städtischen Planning Commission von 1964 bis 1969 und betätigt sich überhaupt aktiv im kommunalen Bereich und dem ökumenischen Dialog. Seit 1954 ist Professor Trepp als Initiator und Leiter von Studentenreisen wiederholt nach Deutschland gekommen. Im Jahre 1971 las er an der Universität Hamburg über jüdische Theologie und an der Universität Oldenburg über Grundzüge des Judentums. Im gleichen Jahre wurde ihm aus Anlaß seines 35. Amtsjubiläums der in Oldenburg begonnenen Rabbinertätigkeit das Große Siegel der Stadt Oldenburg verliehen. – Er ist Mitglied einer Reihe wissenschaftlicher Organisationen. Seine Biographie ist in «Who is Who» für den Westen Amerikas zu finden.

Wichtigste Veröffentlichungen:

Leo Trepp ist als Verfasser zahlreicher Arbeiten auf religionswissenschaftlichem, philosophischem und pädagogischem Gebiet hervorgetreten. Von seinen umfangreichen Veröffentlichungen seien genannt:
Eternal Face, Eternal People – A Journey into Judaism, Prentice-Hall 1962 / Die Landesgemeinde der Juden in Oldenburg, Stalling, Oldenburg 1965 / Judaism, Development and Life, Dickenson, Encino, Cal. 1966, völlig neu bearbeitete Zweitauflage, Dickenson, Encino, Cal. 1974 / A History of the Jewish Experience, Behrmann, New York 1973 / Die Oldenburger Judenschaft – Bild und Vorbild jüdischen Seins und Werdens in Deutschland, Holzberg, Oldenburg 1973 / Moderne jüdische Theologie – Ein kritischer Überblick, Lambert Schneider, Heidelberg 1976 / Milestones of the Jewish Year and Life, Behrmann, New York 1977.

GLOSSAR

Adonai — (Aussprache des Tetragrammatons JHWH) Gott; BUBER übersetzt: ER.

Aggadah — homiletische Interpretationen (u. a. auch in Form von Parabeln) im Rahmen des *Talmud* zur Vermittlung ethischer Vorstellungen.

Amidah — Bittgebet, stehend vorgetragen.

Amoraim — die rabbinischen Lehrer, die in der *Gemara* zu Worte kommen.

Baal Schem — Meister des (göttlichen) Namens; Bezeichnung für den Begründer und weitere hervorragende Vertreter des Chassidismus.

Bar Mitzwah — der Rang eines verantwortlichen «Sohnes des Gottesgebotes» (*Mitzwah*), in den ein Knabe mit 13 Jahren aufsteigt; die *Bar Mitzwah* ist mit einer Feier verbunden.

Bath Mitzwah — Tochter der *Mitzwah*.

Berachah — Segen, Segensformel.

Bimah — Kanzel für die *Torah*-Vorlesung.

B'rith Milah — Vorgang der Beschneidung. – Bund der –.

Challah — Brotlaib, der bei den Mahlzeiten des *Sabbath*, der Festtage und anderer religiös-festlicher Anlässe auf dem Tisch liegt und von dem die Tischgenossen zu Beginn des Mahles, nach dem Segensspruch, ein Stück erhalten.

Chametz — «Gesäuertes»; alle gesäuerten Speisen, die am *Pessach* nicht gegessen werden dürfen.

Chanukkah — achttägiges Lichterfest zum Gedächnis an die Wiedereinweihung des Tempels nach dem Makkabäeraufstand unter ANTIOCHUS IV. EPIPHANES.

Cheder — Schulzimmer; Grundstufe der Unterweisung im Judentum im Erziehungssystem der osteuropäischen Juden.

Chuppah — Hochzeitsbaldachin.

Elohim (El) — Gott als Begriff der Allmacht und als Wahrer des Rechts. BUBER übersetzt: Gott.

Gedaljah-Fasttag — Fasttag unmittelbar nach *Rosch ha-Schanah*; benannt nach dem jüdischen Statthalter von Palästina, der zur Zeit der Zerstörung des ersten Tempels von seinen jüdischen Volksgenossen erschlagen wurde.

Gemara — «Vervollständigung»; Aufzeichnung der auf der *Mischnah* fußenden Rabbi-Diskussionen. *Mischnah* und *Gemara* bilden zusammen den *Talmud*.

Get — Ehescheidungsbrief.

Habdalah — Abschiedsgebet, das den *Sabbath* (oder einen anderen heiligen Tag) von den gewöhnlichen Wochentagen abgrenzt.

Haftarah — Abschnitt aus einem der Propheten, verlesen am *Sab-*

	bath, an Festtagen und im Anschluß an die *Torah*-Lesung.
Haggadah	Text, der als Leitfaden des *Pessach-Seder* dient. (*Haggadah* = Erzählung; s. *Aggadah*)
Halachah	religionsgesetzlich bindende Verordnung (der Gesamtkomplex dieser Verordnungen, *Halachoth*, wird ebenfalls oft *Halachah* genannt).
Hallel	Lobgesänge; Psalmen 113–118, die an Festtagen – außer *Rosch ha-Schanah* und *Jom Kippur* – im Gottesdienst vorgetragen werden.
Jarmulke	jüdische Kopfbedeckung.
Jeschiwah	«Sitzungsplatz»; *Talmud*-Hochschule
JHWH	Name Gottes; Abkürzung aus dem hebräischen «Ich werde sein, der ich sein werde» oder «Gott, der ins Werden bringt»; ausgesprochen «*Adonai*» (s. o.).
Jom Kippur	Sühnetag, Versöhnungsfest.
Kaddisch	Lobpreisung Gottes, im Gottesdienst und von Trauernden gebetet als Bekenntnis ihres Glaubens an Gott.
Kaschruth	Koscher-Gesetze.
Kawwanah	Herzensandacht.
Kehillah (Kahal)	Religionsgemeinde.
Ketubim	gesammelte Schriften (Psalmen, Buch Hiob usw.); die *Ketubim* bilden den 3. Teil des *Tenach*.
Ketubah	Ehevertrag.
Kiddusch	Segnung des Weins am *Sabbath* und an anderen heiligen Tagen.
Kidduschin	Heiligung des Ehelebens, Hochzeitszeremonie.
Kol Nidre	Eröffnungsgebet am *Jom Kippur*.
Kos	Becher, Kelch (von *kossass*, ausmessen); beim *Kiddusch* wird der *Kos* zum Symbol des uns von Gott zugemessenen Schicksals.
koscher	einwandfrei; Bezeichnung der Speisen, die das jüdische Gesetz erlaubt.
Maariv	Abendgebet.
Magen Dawid	Schutzschild DAVIDS; sechszackiger Stern (Davidsstern).
Malach	Engel.
Matzah	ungesäuerte Fladen, die zur Erinnerung an die Befreiung aus ägyptischer Knechtschaft am *Pessach*-Fest gegessen werden.
Menorah	siebenarmiger Leuchter (Symbol des Judentums); am *Chanukkah*-Fest wird eine neunarmige *Menorah* benutzt.
Mesusah	kleine Schriftrolle mit Textstellen einschließlich des *Schema*, die an den Türpfosten jüdischer Häuser angebracht wird.
Midrasch	«Suche nach Bedeutung»; homiletischer Bibelkommentar.
Minchah	Nachmittagsgebet.

Minhag (Plur. *Minhagim*) — religiöse Bräuche, die nicht den verpflichtenden Charakter der *Halachah* haben und innerhalb des Judentums zeitlich und örtlich erheblich voneinander abweichen.

Mischnah — «Zweitschrift», «Überarbeitung»; die Auslegung der mündlich überlieferten *Torah*, die ca. 200 n. d. Z. schriftlich niedergelegt wurde (s. a. *Talmud*).

Mitzwah — Gottesgebot und Gebotserfüllung.

Mohel — gottesfürchtiger Mann, der die Beschneidung vornimmt.

Mussaf — Zusatzgebet für Feiertage.

Ne'ilah — Abschlußgebet am *Jom Kippur*.

Neviim — (die Bücher der) Propheten; 2. Teil des *Tenach*.

Pessach — Frühlingsfest; feiert die Wiedergeburt der Natur und Israels Befreiung aus der Knechtschaft; *Passah*-Fest.

Pilpul — haarspalterische Methode der *Talmud*-Auslegung.

Purim — Fest der Lose; fastnachtähnliches, auf der Esther-Erzählung beruhendes Fest, an dem Sich-Betrinken zur *Mitzwah* wird.

Rabbiner, *Rabbi*, *Rabbinen* — «Lehrer»; nach langjährigem Studium wird ihm das Recht zuerkannt, religionsgesetzliche Fragen bindend zu entscheiden; wird er in eine Gemeinde berufen, so stellt er die letzte Instanz für derartige Entscheidungen dar. Der moderne Rabbiner hat jedoch eine ganze Reihe anderer Funktionen: als Seelsorger, Prediger, im gesamten Leben der Gemeinschaft, im Dialog mit anderen Konfessionen usw. Daher gehört zu seiner Ausbildung der Abschluß sowohl eines akademischen wie auch eines religiösen Studiums, dessen Fachgebiete von den einst üblichen stark abweichen können. (In den USA dauert die Ausbildung etwa neun Jahre.) Durch die Bezeichnung *Rabbi* (Sing.) und *Rabbinen* (Plur.) haben wir die Meister der Antike und des Mittelalters vom modernen *Rabbiner*, dem neuzeitlichen religiösen Führer der Gemeinden, abgehoben. Der *Rabbiner* galt niemals und gilt auch heute nicht als Priester und hat keine priesterlichen Funktionen.

Rosch ha-Schanah — Neujahrsfest, im Herbst begangen; Beginn einer zehntägigen Bußzeit.

Seder — «Ordnung»; die Ordnung, nach der sich die häusliche Zeremonie am *Pessach* vollzieht.

Siddur — Gebetbuch.

Sselichoth — Gebet um Sündenvergebung, vor allem für die Bußzeit, die in den Tagen vor *Rosch ha-Schanah* beginnt und mit *Jom Kippur* endet.

Sukkah — Hüttchen mit einem Dach aus Zweigen und Laub, in dem die Familie am *Sukkoth* ihre Mahlzeiten einnimmt.

Sukkoth	Laubhüttenfest.
Schacharith	Morgengebet.
schächten	jüdisches Schlachtverfahren: Durchschneiden der Arterien des Halses und der Luftröhre, das dem Vieh Schmerz erspart.
Schalom	«Friede»; heute der allgemein übliche Gruß in Israel.
Schavuoth	Wochenfest (7 Wochen nach *Pessach*) zur Feier der Offenbarung der Zehn Gebote am Berg Sinai.
Schema	«Höre», das erste Wort des Glaubensbekenntnisses («Höre Jissrael, ER unser Gott, Er Einer...»); das Wort wird als Name für das gesamte Gebet verwandt.
Schocheth	ein Mann, der die Tiere in der vom jüdischen Gesetz vorgeschriebenen Weise schlachtet.
Schofar	Widderhorn, als Musikinstrument vor allem am *Rosch ha-Schanah* gebraucht.
Schulchan Aruch	«Der wohlgeordnete Tisch»; die verbindliche Gesetzessammlung für die Lebensweise der orthodoxen Juden, verfaßt von JOSEPH KARO.
Tallith	Gebetsmantel aus einem viereckigen Stück Stoff mit Quasten (*Tzitzith*).
Talmud	«‹Enzyklopädie› des Lehrguts»; beendet ca. 500 n. d. Z., bestehend aus *Mischnah* und *Gemara*.
Tannaim	die rabbinischen Lehrer, die in der *Mischnah* zu Worte kommen.
Tefillin	Gebetsriemen (Phylakterien); sie bestehen aus zwei Lederriemen, an denen je eine würfelförmige Lederkapsel befestigt ist, die Pergamentstreifen mit *Torah*mahnungen (einschl. des *Schema*) enthält. Der eine Riemen wird während des täglichen Gebets um den Kopf gelegt, um auszudrücken, daß Gott den Geist beherrscht, der andere wird, mit der Kapsel gegenüber dem Herzen, um den Arm gewunden, auf daß Gott Herz und Hand lenke. Der Singular, *Tefillah*, Gebet, wird sehr selten gebraucht.
Tehillim	Preisungen; Synonym für Psalmen.
Tenach	hebräische Abkürzung für Heilige Schrift (zusammengezogen aus den drei Wörtern *Torah, Neviim, Ketubim*).
Tischah b'Ab	der 9. Ab; Fasttag zum Gedenken an die Zerstörung des Tempels.
Torah	«Weisung, Unterweisung»; im engeren Sinn die Schriftrolle der 5 Bücher Moses, wie sie in jeder Synagoge aufliegt; im weiteren Sinn die Lehren der Heiligen Schriften.

LITERATURHINWEISE

1. Judentum

BAECK, LEO, Das Evangelium als Urkunde der jüdischen Glaubensgeschichte. Berlin 1938
–, Die Grundlagen der jüdischen Ethik. Berlin 1920
–, Aus drei Jahrtausenden. Wissenschaftliche Untersuchungen und Abhandlungen zur Geschichte des jüdischen Glaubens. Tübingen 1958
–, Von Moses Mendelssohn zu Franz Rosenzweig. Typen jüdischen Selbstverständnisses in den letzten beiden Jahrhunderten. Stuttgart 1958
–, Der Sinn der Geschichte. Berlin 1946
–, Dieses Volk. Jüdische Existenz. 2 Teile, Frankfurt/M. 1955–57
–, Wege ins Judentum. Aufsätze und Reden. Berlin 1933
–, Das Wesen des Judentums. 5. Aufl., Frankfurt/M. 1926
–, Judaism and Christianity. 3. Aufl., Philadelphia 1964
BANDY, NICOLAS, Les grandes questions juives. Préface de Robert Aron. Paris 1968
BARON, SALO W., A social and religious history of the Jews. 8 voll., 2. Aufl., New York 1952–58
BLOCH, JOCHANAN, Judentum in der Krise, Emanzipation, Sozialismus und Zionismus. Göttingen 1966
–, Das anstößige Volk. Über die weltliche Glaubensgemeinschaft der Juden. Heidelberg 1964
BUBER, MARTIN, Vom Geist des Judentums. Leipzig 1916
–, Die jüdische Bewegung. Ges. Aufsätze und Ansprachen 1900 bis 1915. Berlin 1916
–, Kampf um Israel. Reden und Schriften 1921–1932. Berlin 1933
–, Zwischen Gesellschaft und Staat. Heidelberg 1952
–, An der Wende. Reden über das Judentum. Köln 1952
–, Die chassidische Botschaft. Heidelberg 1952
–, Begegnung. Autobiographische Fragmente. Stuttgart 1960
–, Der Jude und sein Judentum. Gesammelte Aufsätze und Reden. Köln 1963
–, Israel und Palästina. Zur Geschichte einer Idee. München 1968
–, Die Schrift. Verdeutscht von MARTIN BUBER gemeinsam mit FRANZ ROSENZWEIG. 4 Bde., Köln 1953–62
COHEN, ARTHUR A., The natural and the supernatural Jew. London 1967
COHEN, HERMANN, Religion und Zionismus. Krefeld 1916
–, Deutschtum und Judentum. Gießen 1916
–, Religion der Vernunft aus den Quellen des Judentums. Hrsg. v. B. Strauss, Leipzig 1919, ²1929
–, Jüdische Schriften. Hrsg. v. B. Strauss, mit einem Vorwort v. Franz Rosenzweig, 3 Bde., Berlin 1924
COHEN, ISRAEL, Jewish Life in Modern Times. London 1929
–, The Jews in Europe. Their martyrdom and their future. London 1945
–, Contemporary Jewry. A survey of social, cultural, economic and political conditions. London 1950

Confrontations with Judaism. A symposium ed. by Philip Longworth. London 1967
EBAN, ABBA, My People – The Story of the Jews. New York 1968
ELBOGEN, ISMAR, und ELEONORE STERLING, Die Geschichte der Juden in Deutschland. Frankfurt/M. 1966
–, Ein Jahrhundert jüdischen Lebens. Die Geschichte des neuzeitlichen Judentums. Frankfurt/M. 1967
FEDERBUSH, SIMON (ed.), World Jewry Today. London 1959
FEUCHTWANGER, LION, und ARNOLD ZWEIG, Die Aufgabe des Judentums. Paris 1933
FINKELSTEIN, LOUIS (ed.), The Jews: Their History, Culture and Religion. 2 voll., New York 1960
FLANNERY, EDWARD H. (Pater), The Anguish of the Jews. – 23 Centuries of Antisemitism. New York 1965
GAMM, HANS JOCHEN, Judentumskunde. Eine Einführung. München 1964
GOLDSCHMIDT, DIETRICH, und H. J. KRAUS (Hg.), Der ungekündigte Bund. Neue Begegnung von Juden und christlicher Gemeinde. Stuttgart 1962
GOLDSCHMIDT, HERMANN LEVIN, Das Vermächtnis des deutschen Judentums. 3. Aufl., Frankfurt/M. 1965
–, Die Botschaft des Judentums. Frankfurt/M. 1960
GOLLWITZER, HELMUT, und ELEONORE STERLING (Hg.), Das gespaltene Gottesvolk. Stuttgart/Berlin 1966
–, (Hg.), Abhandlungen zum christlich-jüdischen Dialog. Band 1, München 1967
GORDIS, ROBERT, Judaism in a Christian World. New York 1966
HEER, FRIEDRICH, Gottes erste Liebe. 2000 Jahre Judentum und Christentum. München 1967
HORKHEIMER, MAX, Über die deutschen Juden. Ein Vortrag. Köln 1961
JACOBS, LOUIS, We Have Reason to Believe. London 1957
–, Principles of the Jewish Faith: An Analytical Study. New York 1964
KASTEIN, JOSEF, Eine Geschichte der Juden. Berlin 1931
KLAUSNER, JOSEPH, From Jesus to Paul. Boston 1943
KAPLAN, MORDECAI M., Judaism as a Civilization. New York 1934
KLESSE, MAX, Vom alten zum neuen Israel. Ein Beitrag zur Genese der Judenfrage und des Antisemitismus. Frankfurt 1965
LISOWSKY, GERHARD, Kultur und Geistesgeschichte des jüdischen Volkes. Stuttgart 1968
MELZER, JOSEPH, Deutsch-jüdisches Schicksal. Wegweiser durch das Schrifttum der letzten 15 Jahre. Köln 1960
MÜHLEN, NORBERT, The survivors. A report on the Jews in Germany today. New York 1962
MISRAHI, ROBERT, La condition réflexive de l'homme juif. Paris 1963
PARKES, JAMES, A History of the Jewish People. London 1962
PEYREFITTE, ROGER, Les juifs. Paris 1965
POLIAKOV, LÉON, Histoire de l'antisémitisme. 2 Bände, Paris 1955–61
REISEL, MAX, Het jodendom in de moderne samenleving. 's-Gravenhage 1959
ROSENZWEIG, FRANZ, Der Stern der Erlösung. Frankfurt/M. 1921, 3. Aufl. Heidelberg 1954

–, Briefe. Berlin 1935
–, Kleinere Schriften. Berlin 1937
ROTH, CECIL (ed.), The standard Jewish encyclopedia. Jerusalem 1958–59
ROTH, LEON, Judaism. London 1960
SANDMEL, S., A Jewish Understanding of the New Testament. Cincinnati 1957
–, We Jews and Jesus. London 1965
–, The Genius of Paul. New York 1958 / Boston 1961
SCHOEPS, HANS JOACHIM, Israel und Christenheit. Frankfurt/M. 1961
SCHOLEM, GERSHOM, Die jüdische Mystik in ihren Hauptströmungen. Frankfurt/M. 1957
SHAPIRO, HARRY L., The Jewish People. A biological history. Paris (UNESCO) 1960
SIMPSON, CUTHBERT A., The Early Traditions of Israel. Oxford 1948
STRAUS, RAPHAEL, Die Juden in Wirtschaft und Gesellschaft. Untersuchungen zur Geschichte einer Minorität. Frankfurt/M. 1964
SUSMAN, MARGARETE, Das Buch Hiob und das Schicksal des jüdischen Volkes. 2. Aufl., Zürich 1948
TREPP, LEO, Eternal Faith, Eternal People, A Journey into Judaism. New York 1962
VEIT, OTTO, Christlich-jüdische Koexistenz. Frankfurt/M. 1965
La vie juive dans l'Europe contemporaine. Colloque du 19–21 Sept. 1962. Bruxelles 1962

2. Israel

ASKE, GEOFFREY, The Land and the Book Israel. The perennial Nation. London 1965
BEN-GURION, DAVID, Israel: Years of Challenge. New York 1963
BOURDEILLETTE, JEAN, Pour Israel. Paris 1968
BRIGHT, JOHN, Geschichte Israels. Von den Anfängen bis zur Schwelle des Neuen Bundes. Düsseldorf 1966
DUBNOW, SIMON (MARKOVIČ), Weltgeschichte des jüdischen Volkes. Aus dem Russ. von A. Steinberg. 10 Bände, Berlin 1925–29
–, Die jüdische Geschichte. Frankfurt/M. 1921
FREUDENFELD, BURGHARD, Israel. Experiment einer nationalen Wiedergeburt. München 1959
FREUND, ISMAR, Diaspora und Israel. Das Problem der doppelten Legalität. Jerusalem 1950
FRIEDMANN, GEORGES, Das Ende des jüdischen Volkes? Reinbek 1968
HALPERN, BEN, The Idea of Jewish State. Cambridge/Mass. 1961
IMHOFF, CHRISTOPH VON, Israel. Die zweite Generation. Stuttgart 1964
IRWIN, WILLIAM, The Old Testament: Keystone of human culture. London 1959
KLAUSNER, JOSEPH, The Messianic Ideal in Israel. New York 1955
KOESTLER, ARTHUR, Promise and fulfilment. Palestine 1917–1949. London 1949

Kraines, Oscar, Government and Politics in Israel. London 1961
Landmann, Kamillo, Israel und die Juden der Welt. Tel Aviv 1962
Matras, Judah, Social Change in Israel. Chicago 1965
Parkes, James, End of an Exile. Israel, the Jews and the Gentile World. London 1954
Pedersen, Johannes, Israel. Its Life and Culture. 4 voll., London 1946–47
Roth, Cecil, Geschichte der Juden. Von den Anfängen bis zum neuen Staat Israel. Teufen 1954
Ruppin, Arthur, Three decades of Palestine. Jerusalem 1936
–, Soziologie der Juden. 2 Bde., Berlin 1930
Sontheimer, Kurt (Hg.), Israel. Politik, Gesellschaft, Wirtschaft. München 1968
Weingrod, Alexander, Israel. Group relations in a New Society. London 1965

REGISTER

Personenregister

Sachregister

Umschlagentwurf: Werner Rebhuhn
unter Verwendung der Wiedergabe einer neunarmigen,
dem Chanukkah-Fest vorbehaltenen Menorah
Gesetzt aus der Linotype-Aldus-Buchschrift
und der Palatino (D. Stempel AG)
Gesamtherstellung Clausen & Bosse, Leck/Schleswig

rororo wissen

rowohlts deutsche enzyklopädie

Soziologie

Raymond Aron, Hauptströmungen des klassischen soziologischen Denkens. Montesquieu – Comte – Marx – Tocqueville [386]
Hauptströmungen des modernen soziologischen Denkens. Durkheim – Pareto – Weber [387]

Ulrich Beck / Michael Brater / Hansjürgen Daheim
Soziologie der Arbeit und der Berufe. Grundlagen, Problemfelder, Forschungsergebnisse [395]

Christian und Lieselotte von Ferber, Der kranke Mensch in der Gesellschaft [380]

Jürgen Friedrichs (Hg.), Stadtentwicklungen in kapitalistischen und sozialistischen Ländern [378]

Igor S. Kon, Freundschaft. Geschichte und Sozialpsychologie der Freundschaft als soziale Institution und individuelle Beziehung [390]

Renate Mayntz, Soziologie der Organisation [166]

José Ortega y Gasset, Der Aufstand der Massen [10]

David Riesman / Reuel Denney / Nathan Glazer, Die einsame Masse [72]

Wilfried Röhrich, Sozialgeschichte politischer Ideen [392]

Leopold und Hilde Rosenmayr, Der alte Mensch in der Gesellschaft. Einführung in die Gerosoziologie [377]

Helmut Schelsky, Soziologie der Sexualität [2]

133/18